A

Helmut und Loki Schmidt waren so beliebt wie kein anderes Kanzlerehepaar. Sie galten als »Jahrhundertpaar«, definierten die Rolle der Kanzlergattin völlig neu und setzten sich auf einmalige Weise für den Aufbau der Demokratie in Deutschland ein. Zum ersten Mal stellt diese Paar-Biographie nun die Bezeihung der beiden zueinander in den Mittelpunkt. Reiner Lehberger zeichnet die bedeutendsten gemeinsamen Stationen des Ehepaars von der Schulzeit bis ins hohe Alter nach. Dabei werden NS-Zeit und der »Vorschuss auf die Ehe« ebenso beleuchtet wie die Belastungen der Nachkriegszeit, die Zeit der Fernbeziehung und die Bonner Jahre als »gemeinsames Projekt«.

Zum großen Bogen ihres Lebens gehören allerdings auch die Brüche und Krisen in der Beziehung der Schmidts. Die Herausforderungen im Kontext ihres gemeinsamen Lebens werden in dieser Biographie ebenso deutlich wie die bisweilen verblüffende Zielstrebigkeit, mit der sich die Schmidts ihre Zuneigung und tiefe Verbundenheit immer wieder bewahren konnten. Am Ende ihres gemeinsamen Lebens steht eine Altersbeziehung, die nach außen und innen als ein Glücksfalls einer so langen Ehe gelten kann

Reiner Lehberger, 1948 in Bochum geboren, ist Professor für Erziehungswissenschaft an der Universität Hamburg und Mitbegründer des Hamburger Schulmuseums sowie pädagogischer Leiter des Bildungsprogramms der *Zeit*-Stiftung. Bei Hoffmann und Campe erschien von ihm bereits *Loki Schmidt. Die Biographie* (2014) sowie mit Loki Schmidt *Auf einen Kaffee mit Loki Schmidt* (2010) und *Ein Leben für die Schule* (2005).

Reiner Lehberger

Die Schmidts
Ein Jahrhundertpaar

Atlantik

Atlantik Bücher erscheinen im
Hoffmann und Campe Verlag, Hamburg.

2. Auflage 2020
Copyright © 2018 by Hoffmann und Campe Verlag, Hamburg
www.hoffmann-und-campe.de   www.atlantik-verlag.de
Umschlaggestaltung: Hannah Kolling © Hoffmann und Campe
Umschlagabbildung Vorderseite: © Dieter Bauer / Imago
Umschlagabbildung Rückseite: © J. H. Darchinger / Friedrich-Ebert-Stiftung
Satz: Pinkuin Satz und Datentechnik, Berlin
Gesetzt aus der New Aster LT
Druck und Bindung: Druckerei C.H. Beck
Printed in Germany
ISBN 978-3-455-00877-7

HOFFMANN
UND CAMPE

Ein Unternehmen der
GANSKE VERLAGSGRUPPE

Inhalt

Einleitung:

»Ohne Helmut will ich keine Nacht mehr allein verbringen«

Oktober 2005. Vor einer Lesung aus dem Buch *Mein Leben für die Schule* 'saßen Loki und Helmut Schmidt bei einer Tasse Kaffee in dem Büro einer großen Rostocker Buchhandlung und warteten darauf, dass es losging. Als Co-Autor dieses Buches wartete ich mit ihnen in diesem kleinen, unaufgeräumten Raum – im Übrigen überhaupt nicht angespannt, denn Veranstaltungen mit Loki Schmidt waren ein Selbstläufer: Immer waren sie ausverkauft, immer gab es freudige Erwartungen bei den Zuhörern und nie wurden diese von ihr enttäuscht. Die Lesungen mit diesem Buch hatten wir als einen Mix aus gemeinsamem Gespräch und klassischem Vorlesen geplant, das gab Raum für spontane Anekdoten oder manche Erinnerung.

Die beiden Schmidts hatten diesen Termin in Rostock so gelegt, dass sie dort gemeinsam in einem Hotel übernachten konnten. »Ohne Helmut will ich keine Nacht mehr allein verbringen, zu viele Nächte waren wir getrennt«, hatte sie mir gegenüber bei Erscheinen unseres Buches klargemacht und Einladungen zu Lesungen, die mit einer Übernachtung verbunden gewesen wären, gar nicht erst in Erwägung gezogen. In Rostock aber hatte Helmut Schmidt am selben Tag einen Vortrag gehalten und war nun – unangekündigt – auch bei der Lesung seiner Frau zugegen.

Als die Lesung begann, wollte Loki Schmidt, wie oft bei öffentlichen Veranstaltungen, ihrem Mann den Vortritt lassen.

Das aber wollte Helmut Schmidt bei diesem Auftritt auf keinen Fall. »Nein, geh du mal vor, das ist dein Abend«, stellte er klar. Auch in der ersten Reihe mochte er nicht sitzen, er wählte einen Platz abseits für sich ganz allein. Alle Aufmerksamkeit sollte seine Frau haben. Allerdings konnte er an diesem Platz auch ungestört rauchen, wie ich bald bemerkte.

Einen solchen Abend vergisst man nicht. Nicht nur weil es immer etwas Besonderes war, die Schmidts bei öffentlichen Auftritten mitzuerleben und die Wertschätzung des Publikums förmlich zu spüren. Ein solcher Abend bleibt auch deshalb unvergesslich, weil in den kleinen Gesten des Ehepaars so viel über die Beziehung der beiden zueinander zu entdecken war.

Oktober 2005, das waren damals immerhin dreiundzwanzig Jahre, nachdem Helmut Schmidt durch ein konstruktives Misstrauensvotum sein Amt als Bundeskanzler an Helmut Kohl verloren hatte, und fast zwanzig Jahre, nachdem er sich als einfacher Abgeordneter endgültig aus dem Bundestag verabschiedet hatte. Seit diesem Zeitpunkt hatte er kein weiteres öffentliches Amt besetzt, aber dennoch war Schmidts Ansehen seitdem stetig angewachsen und seine öffentliche Präsenz kaum geringer geworden.

Auch Loki Schmidt war nach den Bonner Jahren von der Öffentlichkeit nicht vergessen worden. Als Aushängeschild der nach ihr benannten Stiftung war sie trotz der Grünen immer noch eine wichtige Gestalt des Naturschutzes – die von ihr kreierte »Blume des Jahres«, mit der sie das öffentliche Interesse auf bedrohte Pflanzen lenken konnte, fand damals ebenso wie heute hohe Aufmerksamkeit. Als sie das achtzigste Lebensjahr bereits überschritten hatte, wurde sie zudem zu einer erfolgreichen Autorin.

Beide zeigten sich in den wichtigen Talkshows des Fernsehens, und beiden schadete es nicht, wenn sie dort Meinungen vertraten, die so gar nicht mit dem Mainstream in diesem Land in Übereinstimmung waren. Im Gegenteil: Einer der Gründe für ihre Beliebtheit war, dass das Publikum es schätzte, dass sie offen und klar formulierten, zu ihren Meinungen standen und sie eher selten selbst korrigierten. Helmut Schmidts Bewunderung für China und sein politisches Verständnis für eine auf Unterdrückung setzende Innenpolitik der dortigen Machthaber ebenso wie die sehr kritische Haltung beider Schmidts gegenüber der 68er-Bewegung in Deutschland sind zwei Beispiele dafür. Was bei anderen Prominenten vielleicht als Starrsinn gesehen worden wäre, wurde bei den Schmidts als Geradlinigkeit wahrgenommen.

Die Schmidts spielten ohne Frage vor und nach der Jahrtausendwende in ihrem Ansehen in einer eigenen Liga, ein ähnlich populäres Paar würde kaum jemandem für die Bundesrepublik einfallen. Doch waren sie auch ein Jahrhundertpaar, wie es im Titel dieses Buches heißt?

Ein Jahrhundertpaar wird man zunächst einmal durch ein langes gemeinsames Leben. Bei Loki Schmidt und Helmut Schmidt sind daher schon die schieren Daten der Gemeinsamkeit beeindruckend: Einundachtzig Jahre ihres Lebens kannten sich die beiden, fast siebzig Jahre waren sie verheiratet, und mehr als vierzig Jahre davon waren sie aufgrund der hervorgehobenen Ämter des Politikers und späteren politischen Publizisten und Elder Statesman Helmut Schmidt auch ein Paar des öffentlichen Interesses.

Auf diese lange Gemeinsamkeit und ihre Präsenz bis ins hohe Alter zeigten sich die beiden irgendwie auch stolz. Und da kein öffentliches Paar in Sicht war, an dem sie ihre lange gemeinsame Zeit hätten messen können, hatten sie sich zum Ziel gesetzt, beide älter als Konrad Adenauer zu werden. Auch das haben sie geschafft.

Beliebt waren sie natürlich auch, weil sie es als Paar nicht nur so lange, sondern anscheinend auch so einträchtig miteinander ausgehalten hatten. Darauf spielte Helmut Schmidt zum Beispiel bei seiner Rede auf seinem achtzigsten Geburtstag an, als er – zum Schmunzeln der geladenen Gäste, darunter der mehrfach geschiedene Gerhard Schröder – die Konstanz seiner eigenen Ehe betonte. Dass er dabei die Brüche in seiner Ehe großzügig überging, war damals nur wenigen und sicher auch nur in Umrissen bekannt.

In einem Buch über das Ehepaar Loki und Helmut Schmidt können diese Brüche allerdings nicht ausgespart bleiben. Allein schon deswegen nicht, weil die außerehelichen Affären Helmut Schmidts seine Ehefrau schwer getroffen haben. Über lange Jahre war die Beziehung gefährdet, und es ist vor allem dem Entschluss Loki Schmidts, damit leben zu können, zuzurechnen, dass die Ehe nicht auseinander gegangen ist. Dass Loki Schmidt so sehr bemüht war, sich noch ein anderes, völlig eigenständiges zweites Leben als Naturforscherin und Naturschützerin aufzubauen, sagt durchaus auch etwas über die Beziehung zu ihrem Mann aus. Nach außen war das für die Schmidts lange kein Thema, die Binnenperspektive allerdings zeigt ein anderes Bild, auch das gehört zu einer realistischen Beschreibung des »Jahrhundertpaars«. Allerdings können tiefe Krisen in einer Beziehung langfristig auch zu einer Stärkung führen – die Schmidts sind dafür ein Beispiel.

Das Ehepaar Schmidt zeichnet sich jedoch nicht nur durch das lange Zusammenleben aus. Beide haben sich um das Gemeinwesen in diesem Lande in besonderer Weise verdient gemacht. Er als Politiker und später als kritischer Begleiter der Politik, sie als Naturschützerin und Initiatorin von pädagogischen Projekten. Beide haben dafür in der Öffentlichkeit hohe Anerkennung gefunden. Einen beträchtlichen Teil ihrer Beliebtheit darf man durchaus auch ihrer perfekten Darstellung in eigener Sache zuschreiben. In gewisser Weise haben die Schmidts sich selbst zu einem Jahrhundertpaar gemacht.

In besonderer Art und Weise sind die Schmidts auch zu Zeitzeugen des gesellschaftlichen und politischen Geschehens ihrer langen Lebensspanne geworden. Er im Dezember 1918, sie im März 1919 geboren, haben sie die großen Veränderungen und Brüche der deutschen Geschichte des 20. Jahrhunderts hautnah miterlebt.

Loki Schmidts Eltern, die auch Helmut Schmidt stark geprägt haben, hatten aktiv in der Novemberrevolution für die Errichtung einer Republik und gegen die Klassengesellschaft des Kaiserreichs gekämpft und waren vorbehaltlos für die neue Demokratie eingestanden. Als Kinder und Jugendliche profitierten Loki Glaser und Helmut Schmidt von der Bildungspolitik in der Weimarer Republik. Sie besuchten eine höhere Schule, in der auch Kinder aus der Arbeiterschaft einen Platz fanden und die sich einem demokratischen und vielseitigen Bildungsangebot verschrieben hatte. Die Auswirkungen der Nazizeit waren auch hier einschneidend, auch wenn die Schmidts selbst ihre Schule als eine Art Schutzraum empfunden haben.

Der Wehrmachtsoffizier Helmut Schmidt und die Lehrerin Hannelore Glaser heiraten im Kriegsjahr 1942. Man kann mit Recht sagen, dass der Krieg die beiden eigentlich erst zusammengeführt hat. Ihr erstes Kind, 1944 geboren, verlieren sie im Januar 1945, weil rettende Medikamente nicht vorhanden sind.

Nach dem Zusammenbruch des NS-Regimes, der Befreiung durch die Alliierten und der Rückkehr von Helmut Schmidt aus der Gefangenschaft gerät Loki Schmidt in die Mühlen der Entnazifizierung, das aber hält beide nicht davon ab, sich quasi von der ersten Stunde an für den demokratischen Aufbau eines neuen Staates zu engagieren. Die politische Karriere ihres Mannes wird von Loki ohne Einschränkung bejaht und unterstützt. 1971 gibt sie sogar ihren Beruf endgültig auf, um ihn in Bonn bei seinen Aufgaben zu unterstützen. Nicht nur der Kanzler Schmidt, auch das Paar Loki und Helmut Schmidt steht ab nun im »Schaufenster der Republik«. Eine der großen Herausforderungen in der Amtszeit von Helmut Schmidt, der Terrorismus der RAF, begleitet ab 1974 auch ihr Leben und das ihrer Tochter Susanne über lange Jahre hinweg. Ihre Gefährdungsstufe wird als sehr hoch eingeschätzt, alle drei leben fortan mit ständig anwesendem Personenschutz. Die individuelle Lebensgeschichte und die allgemeine Geschichte stehen bei jedem Menschen in einem Zusammenhang. Bei dem Paar Loki und Helmut Schmidt hat die Verwobenheit von Lebensgeschichte und allgemeiner Geschichte offenkundig eine besonders starke Ausprägung genommen.

Beeindruckend ist inzwischen die Anzahl der Bücher, in denen sich Historiker, Politologen und Journalisten mit dem Leben und Werk Helmut Schmidts auseinandersetzen,[1] zum Leben von Loki Schmidt habe ich selbst 2014 eine umfängliche Biographie vorgelegt. Ausgeblieben ist bislang allerdings der Blick auf die Schmidts als Ehepaar, auf das ihnen Gemeinsame und je Eigene, auf das, was sie zusammengeführt und zusammengehalten hat, aber auch auf die großen Herausforderungen ihrer Beziehung. Diese Lücke zu schließen, ist das Ziel der hier vorliegenden Publikation. Dabei werden nicht noch einmal die Lebensläufe der beiden im Detail ausgebreitet, vielmehr war es für mich von besonderem Interesse, in dem gemeinsamen Lebensweg der Schmidts jene Punkte zu identifizieren, die für eine solch ungewöhnlich lang andauernde und starke Beziehung nachhaltig wirkten und von Bedeutung waren. Dazu zähle ich das gemeinsame, in der Lichtwarkschule erreichte Bildungsfundament, die wichtigen Impulse, die beide aus dem Arbeiterhaushalt der Eltern von Loki Schmidt erhielten, die Kriegsheirat und die folgende schwierige Familienplanung, die große materielle Krise des jungen Paares in den Jahren nach 1945 sowie die Kanzlerschaft als eine gemeinsame Aufgabe des Ehepaares. Es galt aber auch herauszuarbeiten, was es denn eigentlich bedeutete, dass das lange Bestehen der Ehe primär als Verdienst seiner Frau zu werten sei, wie Helmut Schmidt wiederholt beteuert hat.

Auf die kurz vor seinem Tode aufgeworfenen Fragen einer zumindest zeitweisen Nähe zum Nationalsozialismus als Jugendlicher in der HJ und als Soldat der Wehrmacht, hat Helmut Schmidt selbst nicht mehr geantwortet.[2] Ihre Version einer eher »unpolitischen Jugend« und der nicht zu umgehenden Pflichterfüllung im Krieg hatten die Schmidts bereits 1992 ausführlich dargelegt[3] und in den folgenden Jahren mehrfach bestärkt. Auffallend dabei war die hohe Übereinstimmung in den Grundaussagen, aber auch die Aussparungen einiger biographischer Details. In einem gesonderten Kapitel komme ich darauf zurück. An dieser Stelle nur so viel: Wie immer man die persönliche Geschichte der Schmidts in der Zeit der NS-Diktatur bewertet, fest steht, beide waren in keiner Weise an Vergehen des Naziregimes beteiligt, die von ihnen selbst beschriebene wachsende abständige Haltung gegenüber den Nazis ist plausibel, und überzeugend ist vor allem, dass beide aus dem Desaster der Nazizeit für sich die richtigen Lehren gezogen haben.

Gleichzeitig glaube ich, dass die auffälligen Übereinstimmungen im Narrativ der jeweils eigenen Erfahrungen und Wertungen für die beiden ein außerordentlich gewichtiges und stärkendes Element ihrer Beziehung waren. Von beiden hörte ich bei Nachfragen einige Male den Satz: »Aktenkenntnisse sind das eine, die Wirklichkeit dieser Jahre ist das andere.« Diese Sicht der Dinge hat die beiden nicht nur tief verbunden, sie sicherte ihnen aber darüber hinaus auch die Deutungshoheit über ihre eigene Geschichte, das zumindest war ihre Intention.

Durch glückliche Umstände konnte ich den beiden Schmidts in ihrer Privatsphäre im Wohnhaus am Neubergerweg über viele Jahre begegnen. 1996 hatte Loki Schmidt mit mir zusammen eine Ausstellung des Hamburger Schulmuseums zu »ihrer«

Lichtwarkschule eröffnet; aus dieser Begegnung entwickelte sich eine enge Arbeitsbeziehung – und nach einiger Zeit auch eine Freundschaft. Regelmäßig habe ich sie seitdem in Langenhorn besucht und dort gesehen, wie das Ehepaar Schmidt miteinander umging: höflich, liebevoll und respektvoll, neugierig und immer interessiert, was den anderen gerade bewegte. Was sie nach außen demonstrierten, lebten sie in diesen Jahren auch im Privaten.

Nach dem Tod von Loki Schmidt im Jahre 2010 eröffnete mir Helmut Schmidt den Zugang zu seinem Archiv in Hamburg-Langenhorn. Dafür bin ich dankbar, denn dieses Buch wäre ohne die Dokumente und Fotos aus dem Archiv der Schmidts nicht möglich gewesen. Besondere Dankbarkeit empfinde ich auch für die vielen Gespräche, die ich in den Jahren 1996 bis 2010 mit Loki Schmidt und nach ihrem Tod dann auch mit Helmut Schmidt habe führen dürfen. Diese Gespräche bilden eine wesentliche Basis dieses Buches. Doch bei aller Sympathie für dieses außergewöhnliche Paar: auf solch private Gespräche kann man für eine kritische Betrachtung nicht allein vertrauen. So habe ich für alle wesentlichen Aussagen zu ihrer persönlichen Entwicklung einen Abgleich mit den zur Verfügung stehenden Quellen gesucht, weiterführende Literatur herangezogen und zahlreiche Gespräche mit Zeitzeugen und Weggefährten geführt.

Über die Planungen zu diesem Buch habe ich mit Helmut Schmidt noch im Juni 2015 sprechen können. Er fand, die Schmidts als Paar, das sei ein gutes Thema, er werde aber das fertige Produkt wohl kaum noch lesen können. Er hatte recht.

1.

Die frühen Jahre: Schülerfreundschaft an der Lichtwarkschule

Erste Begegnung

Die Lichtwarkschule hatte für die Schmidts eine große Bedeutung. Hier erhielten sie eine tragfähige Bildungsgrundlage für ihr Leben, und – für das Paar besonders wichtig – an dieser Schule lernten sich die beiden kennen. Das Datum ihrer gemeinsamen Einschulung ist Ostern 1929, genauer: Mittwoch, der 3. April. Der Unterricht war nach den Osterferien in diesem Schuljahr am 2. April wieder aufgenommen worden, einen Tag später versammelten sich die neuen Sextaner der Lichtwarkschule zu einer kleinen Aufnahmefeier in dem am Rande des Stadtparks gelegenen, prachtvollen Schulgebäude in Hamburg-Winterhude.

Zu den etwa sechzig sicher aufgeregten und erwartungsfrohen Schülerinnen und Schüler der neuen 5. Klassen gehörten auch die gerade zehn Jahre alt gewordene Hannelore Glaser und der nur zehn Wochen ältere Helmut Schmidt. Ihre Grundschulzeit hatten die beiden in pädagogisch sehr unterschiedlich ausgeprägten Hamburger Schulen absolviert. Sie in einer koedukativ geführten Reformschule in der Burgstraße im Stadtteil Hamm, er in einer autoritär geführten, der alten Pädagogik verpflichteten reinen Knabenschule in der Wallstraße in St. Georg. Den Tag der Aufnahme der beiden in die damals bereits weit über Hamburg hinaus bekannte Lichtwarkschule können wir als Tag einer ersten Begegnung des späteren Paares Loki und Helmut Schmidt werten.

Ob sie sich bei dieser Gelegenheit schon bewusst wahrgenommen haben, konnten die beiden später nicht mehr sagen, die Aufnahmezeremonie hingegen ist beiden in lebhafter Erinnerung geblieben.[1] Die Lehrerschaft der Lichtwarkschule hatte sich für die Einteilung der Schüler in die zwei neuen Klassen ein sogar für die damaligen Reformschulen bemerkenswertes Verfahren ausgedacht. Nicht die Schule wollte die Aufteilung auf die zwei Klassen vornehmen, die Schüler selbst sollten sich für den zukünftigen Klassenlehrer entscheiden. In der riesigen Aula hatten die Neuankömmlinge nun die Wahl zwischen der etwa vierzigjährigen Studienrätin Ida Eberhardt und ihrem fünf Jahre jüngerem Kollegen, dem Studienrat Dr. Hans Liebeschütz. Falls die Wahl der Schülerinnen und Schüler zu ungleich ausgehen würde, müsse man gegebenenfalls nachkorrigieren, ließ der Schulleiter Heinrich Landahl wissen.

Natürlich waren die Kinder mit dieser Wahl eigentlich überfordert. Helmut, so erklärte er sich später die eigene Entscheidung, wollte nach vier Jahren Grundschulzeit bei einem autoritären Klassenlehrer wohl einmal nicht einen so strengen Lehrer haben. Loki machte eher äußerliche Gründe geltend. Jung und sympathisch habe sie Frau Eberhardt gefunden, und vor allem habe sie ein Reformkleid getragen, so wie sie es von ihrer Mutter kannte – ein etwas weiter geschnittenes Kleid also, das den Körper nicht einzwängte und Bewegungsfreiheit gewährte.

Bei Hans Liebeschütz hätten sich vor allem die jüdischen Schülerinnen und Schüler eingefunden, so rekonstruierten später die Schmidts. Vielleicht wussten Schüler und Eltern, dass Hans Liebeschütz mosaischen Glaubens war. Bekannt ist, dass die Lichtwarkschule bei jüdischen Eltern beliebt war, da sie aufgrund der demokratischen Ausrichtung der Schule davon ausgehen konnten, dass es zu keinen Anfeindungen oder gar Benachteiligungen ihrer Kinder kommen würde. Nach der Erinnerung der Schmidts hatten sie aber damals gar nicht gewusst, wer jüdisch oder wer christlich war. Religion wurde an der Lichtwarkschule nicht konfessionell getrennt unterrichtet, sondern bildete mit Deutsch und Geschichte das im Curriculum neue Fach der »Kulturkunde«. Nach 1933 sollte das anders werden.

Für die damals von allen nur »Loki« genannte Schülerin Hannelore Glaser und ihren Mitschüler Helmut Schmidt wirkten bereits Größe und Ausstattung der Aula ihrer neuen Schule beeindruckend. In ihren Grundschulen hatte es keine eigene Aula gegeben, das war allein den höheren Schulen vorbehalten. Vor allem beeindruckte die beiden Kinder das einzigartige Orgelprospekt, welches die Aula dominierte. Da beide ein Musikinstrument spielten – Loki Geige und Helmut Klavier –, hatten sie ein Auge für die künstlerische Gestaltung und die erstaunlichen Ausmaße dieser von Hans Henny Jahnn entworfenen Orgel. Welch nachhaltigen Eindruck diese bedeutendste von Jahnns Orgeln auf die Schmidts hatte, lässt sich an ihrem Engagement ablesen, als Mitte der achtziger Jahre eine grundlegende Restaurierung der schon seit langem nicht mehr bespielbaren Orgel anstand. Das Paar machte sich für die Gründung eines Orgelvereins stark und half bei der Beschaffung der nötigen finanziellen Mittel.[2]

Die Schulwahl

Es war kein Zufall, dass die Schmidts und die Glasers ihre Kinder auf die Lichtwarkschule geschickt hatten. Die Schule lag schließlich nicht in der Nachbarschaft, ganz im Gegenteil. Beide benötigten für den Weg mit der Hochbahn und dann weiter zu Fuß jeweils mehr als eine Stunde pro Strecke.

In der Familie Glaser fiel die Wahl auf die Lichtwarkschule aus vornehmlich politischen und pädagogischen Gründen. Lokis Elternhaus war proletarisch: Mutter Gertrud war Schneiderin, ihr Vater Hermann Elektriker. Beide waren bildungsbewusst, politisch interessiert und engagiert.[3] Beide bezeichneten sich als Sozialisten und hatten sich für den Umsturz der Klassengesellschaft des Kaiserreichs eingesetzt. Gertrud Glaser hatte sich noch im November und Dezember 1918 an Versammlungen und Initiativen des Arbeiter- und Soldatenrats beteiligt, obwohl sie hochschwanger war und ihr erstes Kind in wenigen Wochen erwartete. Bei allen gesellschaftlichen Problemen, die der neue Staat hatte, waren die Glasers entschiedene Befürworter der Weimarer Republik und ihrer demokratischen Institutionen.

Als Grundschule hatten sie für ihre erstgeborene Tochter Hannelore die Schule Burgstraße ausgewählt, eine der vielen seit 1919 entstandenen Reform- und Versuchsschulen im Volksschulwesen der Hansestadt. Die Lehrerschaft an diesen Schulen fühlte sich als Vertreter eines neuen demokratischen Schul- und Erziehungswesens. Mädchen und Jungen lernten hier gemeinsam und wurden mit neuen Arbeitsformen wie Gruppen- und Partnerarbeit bekannt gemacht. Es gab ein vielfältiges kulturelles Programm sowie eine engagierte Mitarbeit der Elternschaft in den verschiedenen Bereichen des Schullebens.[4]

Mit dieser Schule identifizierten sich die Glasers so sehr, dass sowohl Gertrud wie auch Hermann Glaser zu den wohl aktivsten Eltern in der Schulgemeinde der Burgstraße gehörten. Sie gab Nähkurse, besuchte die Kulturveranstaltungen der Schule und verbrachte als Kochmutter jedes Jahr mehrere Wochen im Schullandheim der Burgstraße in Schönberg an der Ostsee. Hermann half als geschickter Handwerker bei der pädagogischen Ausstattung und allen Renovierungsarbeiten in der Schule und im Schullandheim. Darüber hinaus spielte er zusammen mit seinen Kindern im gemeinsamen Orchester aus Schülern, Lehrern und Eltern. Ein Leben ohne die Schule Burgstraße konnten sich die Eltern von Loki Glaser in den Jahren der Weimarer Republik kaum vorstellen. Es war selbstverständlich, dass auch Lokis drei Geschwister hier eingeschult wurden.

Mit der Lichtwarkschule hielt die Burgstraße enge Kontakte, denn unter allen höheren Schulen der Hansestadt war sie die einzige, die sich der Schulreform und der neuen Demokratie verpflichtet fühlte. Es war also ausgemacht, dass für die Glasers nur die Lichtwarkschule als weiterführende Schule infrage kam. Wäre da nicht das Schulgeld gewesen, das für den Besuch von höheren Lehranstalten wegen der angespannten Finanzlage der Stadt noch immer erhoben wurde. Doch zum Glück konnte auch hier die Arbeiterfamilie von den Errungenschaften der Weimarer Republik profitieren: Das Schulgeld war nämlich inzwischen sozial gestaffelt worden und wurde den Glasers sogar gänzlich erlassen. In der Kaiserzeit hätte Loki keine Chance für eine höhere Schulbildung bekommen! Denn Hermann Glasers Einkommen war gering, seine Frau musste mit Näharbeiten helfen, die Familie zu ernähren und die Miete zu bezahlen. Als Hermann 1931 arbeitslos wurde und für sein karges Arbeitslosengeld noch Arbeitseinsätze leisten musste, verschlechterte sich die Situation der Familie dramatisch. Gertrud musste von nun an jeden Tag von morgens bis abends mitverdienen, und so war es jetzt Lokis Aufgabe, neben der Schule den Haushalt zu machen und ihre drei kleineren Geschwister zu versorgen. Auch in der Weimarer Republik waren Anstrengung und Preis für eine höhere Schulbildung für Kinder aus ärmeren Verhältnissen noch beträchtlich.

Für Ludovika und Gustav Schmidt kann die Wahl der Lichtwarkschule für ihren Sohn Helmut nicht so eindeutig erklärt werden wie bei den Glasers. Gustav Schmidt, selbst ausgebildeter Volksschullehrer und inzwischen zum Leiter einer Gewerbeschule avanciert, hatte in seinem Leben einen beachtlichen sozialen Aufstieg durchlaufen.[5] Unehelich geboren, war er als Ziehsohn eines ungelernten Hafenarbeiters in sehr bescheidenen Verhältnissen groß geworden. Der Gustav Schmidt unbekannt gebliebene leibliche Vater, Ludwig Gumpel, war ein jüdischer Bankkaufmann, der den unehelichen Sohn gegen ein Entgelt in die Obhut der Familie Schmidt übergeben hatte. Nicht einmal der Name des leiblichen Vaters war in der Geburtsurkunde vermerkt worden.

Nach dem Besuch der Volksschule hatte Gustav Schmidt zunächst eine Lehre als Schreiber in einem Rechtsanwaltskontor absolviert und sich später durch den Besuch des dreistufigen Lehrerseminars zum Volksschullehrer fortbilden können. 1919 machte er die zweite Lehrerprüfung, nahm neben seinem Schuldienst ab 1922 aber noch ein Handelslehrerstudium auf, und unterrichtete seit 1925 als Studienrat an einer Handelsschule. Dass er dort einige Jahre später zum Schulleiter gewählt wurde, war der Höhepunkt einer bemerkenswerten Karriere. »All seine Energie [hatte dieser Mann] auf den beruflichen und sozialen Aufstieg verwendet«, so beschrieb Helmut Schmidt seinen Vater später.[6] Für Politik, wie bei Lokis Eltern, war da keine Zeit und wohl auch kein Interesse. Zumindest hatte der Sohn ein solches Engagement weder bei seinem Vater noch bei seiner Mutter beobachten können, und das obwohl sie aus der Familie eines Druckers und Setzers stammte, also aus einer Familie der sogenannten Arbeiteraristokratie. »Über Politik wurde nicht gesprochen. Mein Elternhaus war bewusst apolitisch, vielleicht sogar antipolitisch.«[7] Helmut Schmidt vermutete, dass sein Vater sich in der Weimarer Republik bei Wahlen für die nationalliberale Deutsche Volkspartei entschied, eventuell auch einmal für die linksliberale Deutsche Demokratische Partei, später Deutsche Staatspartei. Eine Nähe zu den Arbeiterparteien habe es beim Vater aber gewiss nicht gegeben.

Die Entscheidung, den ältesten Sohn für die Grundschuljahre auf die Knabenschule Wallstraße zu schicken, scheint aufgrund der Biographie Gustav Schmidts nachvollziehbar. Die Wallstraße war eine Ausbildungsschule für zukünftige Volksschullehrer und Gustav Schmidt somit gut bekannt. Hier wurde streng erzogen, auch mit körperlichen Strafen. Dass der Sohn Helmut nicht, wie er selbst einmal, Volksschüler bleiben sollte, kann man bei der Aufstiegsmentalität des Vaters mit Gewissheit annehmen.

Die Wallstraße war also aus der Sicht des Vaters eine gute Wahl, die Lichtwarkschule bot sich nach dieser Logik jedoch nicht gerade an. Auch der politische Ruf der Lichtwarkschule als eine Anstalt mit einer Vielzahl weit links stehender Lehrer dürfte ihm weniger gefallen haben. Warum also traf Gustav Schmidt diese Wahl, die so bedeutend für das Paar Loki und Helmut wurde, das fragten sich die beiden später im Rückblick auf ihr gemeinsames Leben. Eine mögliche Erklärung fanden sie bei einer mit den Eltern befreundeten Volksschullehrerin, die selbst an einer Reformschule unterrichtete. Vielleicht aber, so glaubten sie, war die Welt der klassischen Gymnasien Gustav Schmidt auch zu fremd, als dass er sich dort einen Platz und eine Ausbildung für den eigenen Sohn vorstellen konnte. Möglicherweise fürchtete er als Aufsteiger auch die dann notwendigen Kontakte zu den als sehr standesbewusst geltenden Oberlehrern der etablierten höheren Lehranstalten und er wählte aus diesem Grund die liberalere Lichtwarkschule. Genau ist das nicht mehr zu ergründen, aber immerhin wissen wir, dass die Schule einen guten Eindruck bei Helmuts Eltern hinterließ, denn zwei Jahre nach Helmuts Einschulung schickten sie auch ihren jüngeren Sohn Wolfgang an diese Reformanstalt.

Eine Schülerfreundschaft

Es kann nicht viel Zeit vergangen sein, bis sich die beiden neuen Klassenkameraden Loki Glaser und Helmut Schmidt anfreundeten. Der bereits geschilderte, längere gemeinsame Schulweg gab mit Sicherheit genug Gelegenheit, sich näher kennenzulernen. Sicher ist, dass Helmut Schmidt die Schulfreundin Loki als einziges Mädchen der Klasse zu seiner Geburtstagsfeier wenige Wochen nach der Einschulung einlud. Zwar hatte Helmut eigentlich am 23. Dezember Geburtstag, aber wegen der Nähe zum Weihnachtsfest war es Familienbrauch bei den Schmidts, dass sein Geburtstag zusammen mit dem des zweieinhalb Jahre jüngeren Bruders Wolfgang im Sommer gefeiert wurde.

Am 21. Juni 1929 feierte Helmut also seinen zehnten Geburtstag nach, sein jüngerer Bruder Wolfgang wurde acht. Von diesem Tag gibt es ein ausdrucksstarkes erstes Foto des späteren Paares Helmut und Loki Schmidt: Loki sitzt dort zwischen Helmut und Wolfgang, inmitten einer Reihe weiterer Freunde der beiden Geburtstagskinder. Loki in einem weißen, von der Mutter genähten Kleid, schaut ein wenig schelmisch, vor allem aber selbstbewusst in die Kamera.

Die Jungen neben ihr überragt sie deutlich, ihr körperlicher Ausdruck lässt vermuten, dass sie sportlich und kräftig ist. Sie hatte sich in der kurzen Zeit in der Klasse bereits einen Ruf als Beschützerin von schwächeren Schülerinnen und Schülern erarbeitet. Ihr Spitzname »Schmeling«, eine Anspielung auf den bekannten Boxer, war ein eindeutiges Indiz für ihre Stellung. Loki Glaser war bei allen beliebt, vielseitig talentiert und wusste meist, wo es langging. Sie war in der Klasse eine Art Anführerin. Es ist also nicht verwunderlich, dass Helmut gerade sie als einziges Mädchen zu seiner Geburtstagsfeier eingeladen hatte.

Zum ersten Mal gemeinsam auf einem Foto. Rechts von Loki: Helmut

Die bürgerliche Wohnung der Schmidts in der Richardstraße 65 in Barmbek muss für Loki Glaser damals sehr beeindruckend gewesen sein. Selbst war sie in beengten und ärmlichen Wohnverhältnissen aufgewachsen. Nun kam sie in eine Wohnung, wo die zwei Brüder je ein eigenes Zimmer hatten, die mit gediegenen Möbeln ausgestattet waren, und es im Wohnzimmer sogar genügend Raum für ein Klavier gab.

Der Geburtstag brachte aber auch für Helmut ein lang wirkendes Erlebnis mit sich. Loki hatte nämlich ihre Baskenmütze bei den Schmidts vergessen, und so machte er sich am Nachmittag des nächsten Tages auf, um sie Loki nach Hause zu bringen. Vielleicht war dies ein bewusst gesuchter Anlass, seine neue Klassenkameradin einmal besuchen zu können. Die Lebensverhältnisse, die er dann dort sah, bestürzten den Zehnjährigen zutiefst. Die Eltern von Loki lebten mit ihren vier Kindern in einer Wohnung, die nur wenig größer war als das Wohnzimmer seiner eigenen Familie. Knapp dreißig Quadratmeter hatten sie zum Leben, die Toilette befand sich draußen auf dem Flur, Sonnenlicht kam in diese Hinterhaus-Wohnung auch im Sommer nicht hinein.

Ende des Jahres 1929 bezogen die Glasers dann eine neue, mit sechzig Quadratmetern bis dato unvorstellbar große Wohnung in Horn. Sie lag in einem Wohnblock, der eigens für kinderreiche Familien gebaut worden war. Als Politiker interessierte sich Helmut Schmidt später immer für den sozialen Wohnungs- und Städtebau. Die Motivation dazu rührte nicht zuletzt von dem schlimmen Eindruck, den er in seiner Kindheit bei den Glasers gewonnen hatte.

Genau wie Loki war auch Helmut Schmidt in der damaligen Sexta der Lichtwarkschule ein auffälliger Schüler. Im Vergleich zu ihr war er zwar kleiner und schmächtiger, aber er war flink und wendig, ein guter Turner und Leichtathlet. Dazu spielte er schon damals erstaunlich gut Klavier. Von seinem Spiel des *Fröhlichen Landmanns* von Robert Schumann auf einem Schulkonzert schwärmte Loki auch achtzig Jahre später noch. Auch zeichnete er sich damals schon durch ein großes Interesse an der Geschichte und ein bemerkenswertes Redetalent aus.

Loki und Helmut wurden enge und gute Klassenkameraden, wobei Helmut sich wohl mehr erträumt hatte: »Heiß und innig« habe er sie in diesen Anfangsjahren geliebt. Aber Lokis Interesse galt zunächst einmal anderen Jungen an der Schule.

Ihr erster Freund hieß Gerd Watkinson, ein gut aussehender Schulkamerad aus einer wohlhabenden Familie. Für ihn schwärmten nahezu alle Mädchen in der Klasse, wie Helmut Schmidt noch Jahrzehnte später zu berichten wusste. Zu Gerds vielen Vorzügen kam hinzu, dass er mit *Percy* einen zweiten englischen Vornamen hatte, eine Sitte, die in großbürgerlichen hanseatischen Familien Tradition hatte. Dies machte ihn in den Augen der Mädchen besonders interessant. Die Freundschaft von Gerd Percy und Loki hatte mit einem Zettel begonnen, den

sie irgendwann am Ende der sechsten Klasse in ihrem Griffel-
kasten fand. »Willst du mit mir gehen?«, hatte er ihr geschrieben, und Loki hatte mit »Ja« geantwortet.

Die Beziehung der beiden war intensiv, sie besuchten sich
auch gegenseitig zu Hause, er Loki in der neuen Wohnung der
Familie im Arbeiterstadtteil Hamm und sie ihren Gerd bei den
Watkinsons in deren noblem Domizil in feiner innerstädtischer
Lage.

Unvergesslich blieb Gerd der mittägliche Heimweg mit Klassenlehrerin Ida Eberhardt und seiner Freundin Loki durch den
Stadtpark. In einem Beitrag zu einem Buch über Loki Schmidt
berichtete er 1988: »So zogen wir von der Schule heimwärts,
unterbrochen von Betrachtungen der Bäume, Sträucher oder
der unscheinbaren Pflanzen am Weg. Blüten mussten bestimmt
werden. Vögel zwitscherten über uns, ein Eichhörnchen husch-
te vorbei. Doch ich hätte viel lieber Lokis Hand gefasst, anstatt
mich mit der Flora des Stadtparks zu beschäftigen. Manchmal
allerdings war Ida Eberhardt nicht dabei. Dann wurde der
Heimweg länger. Küsse hinterm Holztor des Stadtpark-Stadi-
ons wurden zu roten Farbtupfern im Grün des Parks. Wie jung
wir damals waren – so 13–14 Jahre alt.«[8]

Vor allem aber liebten die beiden das gemeinsame Musizieren. Watkinson hielt dazu fest: »Musik verband uns während
der gemeinsamen Lichtwarkschulzeit. Loki spielte Bratsche
und ich Geige, zunächst im Vororchester, später im großen
Schulorchester unter Papi Schütt, dem exzellenten Musikpäda-
gogen, Menschen und musischen Mittelpunkt.«[9]

1935 hatte Loki Glaser ihr Interesse an Gerd Watkinson offenbar verloren. In diesem Jahr gab es eine kurze intensivere
Freundschaftsphase zwischen Helmut und ihr, auch ein erster Kuss wurde – wiederum im Hamburger Stadtpark – ausgetauscht. Lange kann diese Phase jedoch nicht angehalten
haben, denn die inzwischen sechzehnjährige Loki wendet sich

einem anderen jungen Mann zu, der deutlich älter ist als sie. Gleichaltrige Klassenkameraden haben für die mittlerweile junge Erwachsene als potenzielle Partner an Reiz verloren. Gerd Watkinson erlebte Loki in dieser Zeit auf einer gemeinsamen Klassenreise noch einmal aus der Nähe: »Ich schrieb Gedichte, aber Loki – kein Teenager mehr – liebte einen anderen. Der war Maler und wesentlich älter als ich. Und er malte viel besser!«[10]

Dieser neue Freund war für Loki die erste wirklich ernsthafte Liebesbeziehung: »Ich habe mich mit sechzehn in einen zwei Jahre älteren verliebt, den wollte ich auch heiraten.«[11] Willi Jacob, so hieß ihr neuer Freund, imponierte ihr. Er hatte nach der Mittleren Reife die Schule verlassen und machte eine Lehre zum Gebrauchsgraphiker, als er Loki kennenlernte. Die Beziehung zu diesem älteren Freund hatte schon etwas Erwachsenes, mit ihm konnte sie sich eine gemeinsame Zukunft vorstellen. Ihr erstes eigenes, großes Ölbild, ein Blumenmotiv, malte sie für ihn. Ihrem Klassenkameraden Helmut Schmidt hingegen schenkte sie in den Jahren der Freundschaft mit Willi Jacob wenig Beachtung.

Doch noch vor dem Abitur fand diese für Loki Glaser so bedeutsame Beziehung ein abruptes Ende: Willi Jacob hatte sich in eine andere verliebt und sie verlassen. Traurig blieb sie zurück, die Trennung schmerzte sie sehr. In seinen Aufzeichnungen für das Jahr 1939 schrieb Helmut Schmidt, der Loki nicht aus den Augen verloren hatte, dazu: »Loki enttäuscht und ernüchtert: er [Willi Jacob] scheint für immer abgetan.«[12]

Anfang der fünfziger Jahre nimmt Loki Schmidt zu dem ehemaligen Freund noch einmal Kontakt auf. »Ich weiß noch, dass ich ihn einmal – er wohnte in den Grindelhochhäusern – mit Susanne besucht habe, aber das war sehr freundschaftlich. Natürlich hat man sich einen Kuss gegeben, aber ich hatte ja meine Familie. Das war mehr eine freundschaftliche Erinnerung an längst vergangene Zeiten.«[13]

Ein zweiter Blick auf dieses Zitat eröffnet aber auch eine andere Vermutung: Willi Jacob hatte seine Ausstrahlung auf sie anscheinend nicht gänzlich verloren. Loki könnte bei dieser Begegnung durchaus auch andere Gefühle als nur Erinnerungen an »vergangene Zeiten« verspürt haben. Dafür spricht auch, dass sie selbst noch als Achtzigjährige von diesem Mann als »meine Liebe« sprach.

Ein von ihm gemaltes Landschaftsbild in Temperafarben hing bis über ihren Tod hinaus im Ferienhaus der Schmidts am Brahmsee. Da Loki Schmidt den Namen der ersten großen Liebe zu ihren Lebzeiten nie genannt hatte, fragte ich Helmut Schmidt nach ihrem Tod bei einem Gespräch danach. An den Namen konnte er sich zunächst nicht entsinnen, aber darauf angesprochen, wurde die Erinnerung lebendig. Ja, das sei eine ernsthafte, frühe Beziehung seiner Frau gewesen, und selbst der Vorname »Willi« fiel ihm wieder ein. Einige Zeit später erhielt ich eine schriftliche Nachricht von ihm. Er hatte im Ferienhaus das Bild noch einmal genauer angeschaut, die Signatur entdeckt und konnte mir nun den Nachnamen »Jacob« nennen.[14] Unser Gespräch über die Jugendliebe seiner verstorbenen Frau war ihm offenbar noch länger nachgegangen. Er selbst hatte nicht eine solch intensive Beziehung in seiner Jugendzeit durchlaufen, wie seine spätere Frau sie zu Willi Jacob erlebt hatte. Eine gewisse Zeit lang schwärmte er für Hilde Adams, Tochter des SPD-Bürgerschaftsabgeordneten und stellvertretenden Leiters der Hamburger Volkshochschule Dr. Kurt Adams. Es habe auch andere Freundschaften zu Mädchen gegeben, aber eigentlich sei Loki Glaser stets seine – leider unerwiderte – Schülerliebe gewesen.

Auch wenn es zu keiner tiefer gehenden Beziehung kam, immerhin pflegten Loki Glaser und Helmut Schmidt über all die Jahre der gemeinsamen Schulzeit kontinuierlich eine engere Klassenkameradschaft. Beide fanden besonderen Gefallen an

Gesprächen und Diskussionen über die wichtigen Themen ihres jungen Lebens. »Zanken« nannten die beiden das, das Wort »diskutieren« sei für sie damals noch unbekannt gewesen. Da diese Zankereien manches Mal sehr intensiv wurden, vergaßen sie auf dem Nachhauseweg ab und zu sogar das Aussteigen und mussten ein oder zwei Hochbahnstationen zurückfahren. Morgens in der Hochbahn reichte er ihr auch schon einmal sein Matheheft und bat sie, die Hausaufgaben für ihn einzutragen. Bei ihrer damals noch sehr ähnlichen Schrift fiel das dem Lehrer offenbar nicht auf.

Helmut besuchte Loki auch in der neuen Wohnung in Horn, wo er einen völlig anderen Eindruck von der Familie bekam: hier beeindruckte ihn der Umgang der Glasers miteinander. Alle gingen freundlich und offen miteinander um, es gab eine große Herzlichkeit, keine ständige Angst der Kinder vor den Eltern. An Lokis Mutter schätzte er die emanzipierte Haltung und zupackende Art. Hermann Glaser musizierte mit den Kindern, er leitete sie zum Malen und Zeichnen an. Dass er seine Kinder liebevoll behandelte, sie in den Arm nahm, war eine Selbstverständlichkeit. All das habe Helmut bei seinen Eltern gefehlt, erzählte Loki später einmal.

Eine Vaterfigur wie Hermann Glaser hatte Helmut Schmidt bis zu seinem Besuch bei Loki noch nicht erlebt. Über den eigenen Vater schrieb er später: »Es war nicht leicht, mit ihm umzugehen.«[15] Gustav Schmidt war streng, die körperliche Züchtigung mit dem Rohrstock gehörte zu seinem Erziehungsrepertoire. »Prügelpädagogik« nannte das Helmut Schmidt, »Brachialpädagogik« sein jüngerer Bruder Wolfgang.[16] Zärtlichkeiten gegenüber den Söhnen waren dem Vater fremd. Bei politischen Gesprächen mussten die Kinder aus dem Zimmer, seine Zeitung durften sie nicht lesen, sein Bücherschrank blieb ihnen verschlossen. Das muss bedrückend gewesen sein für den wissbegierigen und diskussionsfreudigen Helmut. Die Mutter, musikalisch und literarisch interessiert, versuchte die Verschlossenheit des Vaters auszugleichen, an ihren Büchern durfte auch Helmut sich bedienen. Zum Glück erlebten die beiden Jungen im Elternhaus der Mutter, bei den Großeltern Koch, die Wärme und Zuwendung, die sie zu Hause vermissten. Helmut Schmidts Mutter Ludovica hatte das alles wohl bemerkt, doch stellte sie die Autorität ihres Mannes gegenüber den Söhnen nie infrage. Ein Gefühl der Geborgenheit konnte so in der Familie von Helmut Schmidt nicht entstehen.

All das war bei den Glasers anders, dort konnte man sich wohlfühlen, fand Helmut. Er schwärmte also nicht nur für Loki, auch ihre Familie war für den Sohn eines kleinbürgerlichen, vor allem aber steifen und unpolitischen Elternhauses hoch attraktiv.

In der Kriegsgefangenschaft rekonstruierte Helmut Schmidt im Sommer 1945 die Jahre bis zum Kriegsende aus seiner noch frischen Erinnerung in Aufzeichnungen, die er etwas hochtrabend mit »Verwandlungen in der Jugend« überschrieb.[17] Betrachtet man darin die kurzen, aber prägnanten Beschreibungen seiner Freundschaft zu Loki, dann ergibt sich der Eindruck, dass es allein Loki war, die über den Verlauf, über Nähe und Abstand in dieser Freundschaft bestimmte. Er zeigt sich angetan, wenn Loki sich ihm zuwendet, in den Zeiten ihrer Freundschaft mit anderen bemüht er sich um Abstand und Eigenständigkeit. In einem Eintrag für das Jahr 1934, Helmut ist fünfzehn, liest man hinter ihrem Namen versonnene Bemerkungen: »Loki: Figuren im Schnee. Früh- und Spätstunden, Spielerei wird Ernst.«[18] Über das Jahr 1935: »Unter Lokis Leitung erwachendes Interesse für Blumen, Malerei, Musik.« 1936, Loki ist inzwischen mit Willi Jacob befreundet, schildert er ernüchtert: »Klasse in Sachsen: Loki schreibt zwei Mal! [...] Loki, die Undurchsichtige. Ich emanzipiere mich. [...] Im Herbst Trennung von den Mädels [die wegen des Koedukationsverbots der NS-Behörde 1936 an die Klosterschule umgeschult wurden]. Sehe Loki nur noch selten; Versuche, die Oberhand zu gewinnen, mißlingen.«

1937, inzwischen war Helmut Schmidt zum Reichsarbeitsdienst eingezogen worden, folgte eine vorläufige Abkehr von Loki und der von ihm bewunderten Familie: »Beginn der endgültigen Emanzipation von Loki. [...] Ab und zu Treffen mit Loki – schüchternes Tasten, die Schwärmerei für Gertrud und den Glaserschen Haushalt verfliegt.«

Die Jahre in der Lichtwarkschule haben Loki Glaser und Helmut Schmidt zusammengebracht, sie haben in diesen Jahren viele für sie prägende Einflüsse erlebt, ein Liebespaar sind die beiden in diesen Jahren allerdings nicht geworden. Dem Eindruck, dass es Loki war, die in den Jahren der Lichtwarkschule den Rahmen ihrer Freundschaft bestimmte, konnte Helmut Schmidt in einem persönlichen Gespräch nach dem Tod seiner Frau zustimmen. »Loki war damals deutlich reifer als ich«, erklärte er, »in ihrer Entwicklung war sie sicher zwei bis drei Jahre weiter. Ich selbst war eher ein Spätblüher.«[19]

Bemerkenswert ist, dass sich Lokis spätere Beschreibungen ihrer Beziehung zum Schulfreund Helmut Schmidt in den Jahren der Lichtwarkschule wesentlich nüchterner und vor allem weniger spannungsreich lesen als seine. Für sie ist er der »Klassenkamerad«, mit dem sie diskutieren kann: »Helmut und ich waren schon in der Sexta miteinander befreundet gewesen, und 1935 hatten wir auf einer Bank im Hamburger Stadtpark erste zarte Küsse ausgetauscht. Mit ihm konnte ich mich so gut zanken, wie wir es nannten; auf unserem gemeinsamen Schulweg diskutierten wir endlos über Gott und die Welt. Als Helmut dann im Arbeitsdienst war, waren wir gelegentlich ins Theater gegangen und noch von Hambergen aus [wo Loki ein Schulpraktikum machte] hatte ich den Rekruten Schmidt einmal in

Vegesack besucht. Wir waren uns damals recht fremd, und für einige Zeit riss die Verbindung ab ...«[20]

Erst Anfang 1941 gab es wieder Briefkontakt zwischen den beiden. Helmut, der Lokis Adresse in der Kinderlandverschickung im bayerischen Kulmbach nicht kannte, hatte ihr über die Eltern einen Brief zukommen lassen, den sie rasch beantwortete. Schnell stellte sich durch diesen Briefaustausch auch »die alte Vertrautheit wieder her«[21] – und wurde zum Auftakt einer lebenslangen Bindung.

Ein gemeinsames Bildungsfundament – Das Ergebnis der Lichtwarkschulzeit

Den meisten Menschen bleibt ihre Schulzeit stark im Gedächtnis. Für viele gilt allerdings auch – und dies insbesondere für Menschen, die vor 1945 in die Schule gegangen sind –, dass sich diese Erinnerungen eher mit negativen als mit positiven Bildern verbinden. Ihre Schulzeit gleicht oft einer Pauk- und Buchschule: strenge Lehrkräfte, strikte Rituale, Strafen. Dazu viel Auswendiglernen und Reproduzieren von Texten aus den Lehrbüchern.

Bei den Schmidts war das anders. Sprachen sie über ihre acht gemeinsamen Jahre an der Hamburger Lichtwarkschule, so klang ihr Urteil vom »Glücksfall einer guten Schule« fast ein wenig zu überschwänglich, überhaupt war die Schulzeit zwischen den beiden ein stetig wiederkehrendes Thema und ein gewichtiges Bindeglied zwischen den Eheleuten Loki und Helmut Schmidt.

Anlässlich der Eröffnung einer Ausstellung zur Lichtwarkschule des Hamburger Schulmuseums brachte Loki Schmidt ihre Erinnerungen beinahe sechzig Jahre nach ihrem Abitur so auf den Punkt: »Vielleicht sehen wir alten Lichtwarkschüler unsere Schule aus der Distanz von sechs Jahrzehnten zu ideal und rosig. Aber wir haben gelernt, selbstständig zu arbeiten, wir haben eine Fülle von Anregungen in der Musik, in der Kunst, in den Naturwissenschaften bekommen. Und wir haben uns wohlgefühlt in dem Miteinander von engagierten Lehrern und Schülern. Mein Mann und ich sind noch heute dankbar für unsere Jahre in der Lichtwarkschule.«[22]

Da die Bildungsausrichtung der Lichtwarkschule einen solch großen Anteil an der persönlichen Prägung der Schmidts hatte, soll an dieser Stelle etwas näher auf diese Schule eingegangen werden.[23] Ein Blick in die Schulgeschichte macht deutlich, dass die Lichtwarkschule nicht nur eine Sonderstellung im Gefüge des Hamburger Schulwesens hatte, sondern darüber hinaus im gesamten deutschen Schulwesen nach 1918.

Bereits Ende des 19. Jahrhunderts hatte es in Hamburg Versuche gegeben, dem autoritären, ausschließlich am Lehrbuch orientierten Unterricht der Kaiserzeit eine pädagogische Alternative entgegenzusetzen. Diese waren aber an den Machtverhältnissen in Gesellschaft und Schule gescheitert oder sehr vereinzelt geblieben. Nach der Novemberrevolution von 1918, dem Inkrafttreten einer demokratischen Verfassung und der in Hamburg nun maßgeblich von Sozialdemokraten verantworteten Schulpolitik veränderte sich die Lage. Die Schulen in der Hansestadt wurden freier und konnten, wenn sie denn wollten, neue Wege bei der Gestaltung der inneren Schulstrukturen, der Inhalte und Methoden einschlagen. In großen Teilen der Volksschullehrerschaft wurden diese Möglichkeiten gern genutzt, es entstanden zahlreiche Reform- und Versuchsschulen, die auf unterschiedlichen Wegen eine am Kind orientierte Pädagogik umzusetzen suchten.

Die politisch sehr konservative, teilweise kaisertreue Oberlehrerschaft der höheren Schulen in Hamburg hingegen lehnte eine Demokratisierung und pädagogische Neugestaltung der

Schulen strikt ab. Man zeigte seine Ablehnung der jungen Republik vor allem durch Beharren auf den alten autoritären Umgangs- und Lehrformen, durch Feiern zum Geburtstag des inzwischen abgedankten und im Exil lebenden Kaisers und Gedenkfeiern, wie beispielsweise der Sedanfeier, die eine Verherrlichung des Sieges über die Franzosen bei der Schlacht von Sedan am 2. September 1870 darstellte.

An der jungen Hamburger Lichtwarkschule war dies alles anders. Hervorgegangen aus der 1912 gegründeten »Realschule zu Winterhude« hatten sich hier nach 1918 Lehrkräfte zusammengefunden, die sich politisch der Weimarer Verfassung verpflichtet fühlten und die Formen und Inhalte der Schule des Kaiserreichs hinter sich lassen wollten. Der Name »Lichtwarkschule«, den man wählte, sollte an Alfred Lichtwark erinnern, den 1914 verstorbenen ersten Direktor der Hamburger Kunsthalle. Lichtwark hatte sich nicht nur als Förderer der Kunst, sondern auch als Kritiker der Schule des Kaiserreichs einen Namen gemacht: »Die Schule geht vom Stoff aus und bleibt am Stoff kleben«, das war seine Überzeugung. »Sie sollte von der Kraft ausgehen und Kraft entwickeln. [...] Mit ihrer ausschließlichen Sorge um den Lehrstoff hat die Schule satt gemacht. Sie sollte hungrig machen.«[24]

Was Alfred Lichtwark vorschwebte, war eine ganzheitliche Bildung. Die Schule sollte nicht nur allein das kognitive Lernen zum Ziel haben, wie wir heute sagen würden, sondern durch die Pflege der ästhetischen Fächer Musik, Kunst, Theater und der Leibesübungen auch die kreativen Kräfte ihrer Schüler wecken und entwickeln.

Für die damaligen Verhältnisse war die Schule hervorragend ausgestattet. Sie hatte bewegliches Gestühl anstatt der üblichen im Boden verankerten Bankreihen mit Schreibklappen, den »Subsellien«. In der Lichtwarkschule konnten sich die Schüler im Unterricht in Gruppen zusammensetzen, man konnte sich zu den Mitschülern umdrehen und sich dem Tischnachbarn zuwenden. Für uns heute ist das nichts Besonderes, in den zwanziger Jahren war das jedoch eine schulische Sensation. Zudem war die Schule mit zahlreichen, an anderen Schulen unüblichen Räumlichkeiten für die ästhetischen und musischen Fächer ausgestattet: Zeichensaal, Musikräume und Werkstätten für Holz und Metall. Dazu kamen naturwissenschaftliche Labore, eingerichtet für das eigene Experimentieren der Schüler in Physik, Biologie und Chemie. Für die Leibesübungen gab es eine Turnhalle und im Sommer eine nahe gelegene und von den Lichtwarkschülern eifrig genutzte Sportstätte, die Jahnkampfbahn. Für den Dauerlauf ging es in den auf der anderen Straßenseite beginnenden, weiträumigen Hamburger Stadtpark.

Für die beiden Schmidts standen, im Nachhinein betrachtet, an ihrer Schulbildung vor allem zwei Dinge im Vordergrund: die Erziehung zur Selbstständigkeit und die Betonung der künstlerischen Fächer sowie der Leibesübungen.

Die Erziehung zur Selbstständigkeit hatte sich die Schule nicht nur als abstraktes Ziel der Schulbildung gesetzt, sie wurde an der Lichtwarkschule didaktisch geradezu durchbuchstabiert. Die Schüler sollten in jeglicher Hinsicht selbst tätig werden, sei es durch das dialogische Unterrichtsprinzip anstelle des Lehrervortrags in allen Fächern, durch aktives Tun in den Werkstätten, durch Schüleraufführungen, das eigene Musizieren, das tägliche gezielte Training im Sportunterricht, die individuelle Vorbereitung, Teilnahme und Auswertung aller Schüler an den jährlichen Klassenfahrten bis hin zu den sogenannten Jahresarbeiten, die jeder Schüler für sich in Eigenverantwortung durchzuführen hatte. Bei ihren Jahresarbeiten lernten die Lichtwarkschüler, eigene Interessen zu entwickeln, Themen zu recherchieren, sie aufzubereiten und zu präsentieren.

Für heutige Verhältnisse waren solche Jahresarbeiten bemerkenswert anspruchsvoll. So erstellte Loki eine Biotopaufnahme des Eppendorfer Moors, erforschte die Pflanzen- und Tierwelt auf Helgoland, schrieb über Barockbauten in Dresden oder fertigte Puppen mit Trachten des Weserberglands an. Ihr späterer Mann beschäftigte sich mit einem Vergleich der Häfen Rotterdam, Antwerpen, Bremen und Hamburg, schrieb eine Arbeit über die Weserrenaissance in Hameln, und setzte zwanzig gegebene Melodien vierstimmig als Choräle. Die Neugierde und die Beharrlichkeit, mit der das Ehepaar Schmidt sich bis ins hohe Alter neuen Ideen und Themen zugewandt hat, speist sich aus den Bildungserfahrungen an der Lichtwarkschule ebenso wie ihr Drang, den Dingen stets umfassend und systematisch auf den Grund gehen zu wollen. In all ihren zahlreichen Tätigkeitsfeldern konnten sie die unterschiedlichsten Menschen mit ihren geistigen Fähigkeiten beeindrucken, manch einen sogar damit einschüchtern.

Die Erfolge der Lichtwarkschule in der Musik, den Künsten und in der Leibeserziehung beruhten im Wesentlichen auf zwei Ursachen: zum einen auf der fundierten programmatischen Ausrichtung der Schule in diesen Fächern – man würde heute von einer Profilbildung sprechen – und zum anderen auf hoch kompetenten und begeisterungsfähigen Lehrkräften.

So fühlten sich auch Loki und Helmut, wie viele andere Schüler, von den Musiklehrern Ludwig Moormann und Hermann »Papi« Schütt stark angezogen. Diese beiden Lehrer förderten effektiv ihre Talente und stärkten ihre Motivation für das eigene Musizieren; so spielten beide in den verschiedenen Orchestern der Schule und sangen ihre gesamte Schulzeit über im Chor.

Neben der Musik war für die Schmidts in der Schulzeit ebenso auch die vielgestaltige künstlerische Erziehung durch den Kunstlehrer John Börnsen prägend. Börnsen war vor allem wegen seines vielseitigen Unterrichts beliebt. Bei Börnsen wurde nach verschieden Stilformen gezeichnet und gemalt, die Schüler übten sich in der Porträt- und Landschaftsmalerei, es wurde auf Klassenreisen nach der Natur gemalt, und in den eigenen Werkstätten wurde gewebt, in Linoleum gedruckt sowie mit Holz und Metall gearbeitet. Von der Begeisterung, die dieser Unterricht bei den Schülern damals ausgelöst hatte, spürte man noch etwas, selbst wenn man mit der achtzig- oder neunzigjährigen Loki Schmidt darüber sprach: »Wir haben häufig Landschaften gezeichnet. Ich habe noch ein Aquarell von mir mit Kopfweiden, das ich mit elf Jahren gemalt habe und das im Keller der Schule den Krieg überstand. Wir malten aber auch Porträts, einer saß Modell, oder wir malten uns auch mal selbst. Wir haben auch abstrakt gemalt – mit Farb- und Formmustern, frei nach Vasarely. [...] und auf einer Klassenreise nach Stade, bei der uns John Börnsen begleitete, haben wir die Kirche in Stade gemalt. Ich habe die sehr alte Wilhadikirche gewählt, eine sehr trutzige, weitgehend romanische Kirche. Und fast kubistisch habe ich sie unten schmaler als oben und dann die Seitenwände weit in den Himmel ragend gemalt.«[25]

Etwas Eigenes, auf der Basis der in der Schule erworbenen Kenntnisse und Fertigkeiten herzustellen und dafür Anerkennung zu gewinnen, das kann man wohl zu Recht, wie Loki Schmidt es hier tut, als Bildungserlebnis beschreiben. Und man kann dann durchaus, wie es beide Schmidts taten, von einem »Glücksfall« schulischer Bildung sprechen.

Zwei weitere Pädagogen waren für die Schüler Loki und Helmut von prägender Bedeutung: der Turnlehrer Ernst Schöning und die Klassen- und Biologielehrerin Ida Eberhardt – zwei Lehrpersonen, die unterschiedlicher nicht hätten sein können.

Die spätere Lehrerin Loki Schmidt bewunderte an Ida Eberhardt besonders, wie diese durch gemeinsame Rituale und Aussprachen in der Klasse eine Schülerschaft aus sehr unterschiedlichen Grundschulen tatsächlich zu einer Klassen*gemeinschaft* zusammenführte. Aus vielen verschiedenen Individuen eine Lerngemeinschaft zu bilden, das hatte für sie pädagogischen

Vorbildcharakter. Ganz persönlich empfand Loki Schmidt Ida Eberhardts Erziehung zu Toleranz, ihr Werben für ein gegenseitiges Verständnis und ihre Warnungen vor Verallgemeinerungen und Vorurteilen gegenüber gesellschaftlichen Gruppen als besonders eindrücklich: »Hütet euch vor dem ›die‹: [...] *die* Jungs, *die* Mädchen, *die* Schwarzen [...] und ich hoffe, dass ich Ida Eberhardts Ermahnung immer beachtet habe.«[26]

Ida Eberhardts Einfluss war es auch zu verdanken, dass sich Lokis Interesse für die Biologie systematisch entwickeln konnte. Die engagierte Lehrerin gab Loki auch nach den Stunden Auskunft oder Ratschläge und bezog ihre Schülerin gelegentlich sogar in ihre Unterrichtsvorbereitungen mit ein.

Da Loki zu Hause so begeistert von Ida Eberhardt berichtete, ergab sich schnell auch eine engere Beziehung zwischen den Eltern und der Lehrerin. Als politisch aktive Kommunistin, die bei Wahlen für die KPD kandidierte,[27] fühlte sie sich dem politisch links orientierten, kulturinteressierten und offenen Arbeiterhaushalt von Gertrud und Hermann Glaser offenbar nahe. Da Lokis Mutter immer auch etwas dazuverdienen musste, nähte sie alsbald auch für die Lehrerin von Loki, was die gleichberechtigte Beziehung der Erwachsenen aber nicht weiter berührte. In Ida Eberhardt begegnete Loki neben ihrer eigenen Mutter einem weiteren, für die Weimarer Zeit typischen, neuen Frauentyp. Die Frauen hatten das Wahlrecht erkämpft, sie agierten selbstbewusst und waren in die akademische Arbeitswelt vorgerückt. Auch äußerlich zeigten die Frauen der Weimarer Republik Eigenständigkeit: Reformkleider, kürzere Röcke und Kurzhaarschnitt. Bob und Bubikopf waren besonders in den Zwanzigern äußerst populär, und Loki Schmidt hat diese Mode als erwachsene Frau übernommen. Der Bubikopf wurde geradezu ihr Markenzeichen.

Auch für Helmut Schmidt wurde die Schüler-Lehrer-Beziehung zu seinem Turnlehrer Ernst Schöning prägend, wenn auch

in eine durchaus andere Richtung. Mit der täglichen Sportstunde und einem ausgefeilten Leistungsbewertungskonzept
hatte dieser Ernst Schöning dem Fach Sport einen besonderen
Stellenwert im Fächerkanon der Lichtwarkschule in den Jahren vor 1933 gesichert. Er versuchte sogar, sein Konzept über
die eigene Schule und über Hamburg hinaus ins Gespräch zu
bringen. Das machte er in der Weimarer Republik, dann aber
auch mit erschreckender Wendigkeit nach 1933. Ernst Schöning kann man aus heutiger Sicht durchaus kritisch sehen.

Für Helmut Schmidt war er nach eigener Aussage jedoch ein
Glücksfall. Als schmächtiger zehnjähriger Junge kam er an die
Lichtwarkschule, wo er sich unter der Anleitung von Turnlehrer
Schöning zu einem körperlich gut trainierten und in mehreren
Sportarten geschickten Athleten mit einer besonderen Vorliebe
erst für das Rudern, dann für das Segeln entwickelte. Die An-
forderungen des damaligen Reichssportabzeichens und des
Leistungsscheins des DLRG erfüllte er mühelos, seine Sport-
zensuren waren immer gut oder sehr gut.

Auch für seine persönliche Entwicklung wurde der Lehrer
zu einer wichtigen Figur. Schöning hatte Verständnis für Fragen und Sorgen der Heranwachsenden und nahm sich Zeit für
ernste individuelle Gespräche. Die Defizite, die Helmut Schmidt
in der schwierigen Vater-Sohn-Beziehung so schmerzlich empfand, konnte Schöning wohl etwas ausgleichen. Besonders in
den Jahren seiner Pubertät schätzte Schmidt die Beziehung
zu dem Lehrer als Stütze und Hilfe und hob auch in späteren
Jahren die Bedeutung Ernst Schönings für seine eigene Entwicklung hervor. Als er 1975 als Bundeskanzler beim Festakt
des Deutschen Sportbundes sprach, stellte er Schöning sogar in
den Mittelpunkt seiner Rede. Dabei war Schöning NSDAP-Mitglied gewesen, hatte sich nach 1933 dem neuen Nazischulleiter
Zindler angedient, pries ohne Not bereits 1934 und 1935 sein
Modell des Sportunterrichts in der *Hamburger Lehrerzeitung*

als ideale Grundlage einer nationalsozialistischen Pädagogik.[28] Davon hatte der Lichtwarkschüler Helmut Schmidt nichts gewusst. Vor allem aber war er sich sicher, dass Schöning an der Schule keine Nazipropaganda betrieben hatte. Allerdings sei den Schülern bekannt gewesen, dass er im Ersten Weltkrieg Chef einer MG-Kompanie gewesen war. Dafür habe er, wie andere auch, Respekt empfunden.[29]

Die systematische Körperertüchtigung und die Klarheit der Leistungsbewertung seines Turnlehrers haben Helmut Schmidt weit über die Schulzeit hinaus imponiert. Bei Schöning hatte er gelernt, dass Erfolg nicht ohne eigene Disziplin und Beharrlichkeit zu erreichen ist. Belegt ist ebenfalls, dass er Schöning auch deshalb dankbar war, weil er sich als junger Wehrpflichtiger für die körperlichen Herausforderungen in der Wehrmachtsausbildung gut vorbereitet sah.[30]

Auch Loki Schmidt schätzte die von Schöning initiierte tägliche Sportstunde und die Vielfalt der an der Schule gelehrten Sportarten als pädagogische Errungenschaft. Anders als ihr Mann trieb sie ihr ganzes Leben lang regelmäßig Sport. Während Helmut nach dem Krieg zwar ein leidenschaftlicher Segler wurde, sich aber bis auf gelegentliches Tischtennisspielen im Kanzlerbungalow oder auf Urlaubsreisen für eine regelmäßige sportliche Ertüchtigung nicht erwärmen konnte, wurde aus Loki eine leidenschaftliche und ausdauernde Schwimmerin. Zum Leidwesen der sie stets begleitenden Sicherheitsbeamten liebte sie es, vom Frühsommer bis zum Herbst bei jeder Wassertemperatur im Brahmsee lange Strecken zu schwimmen. Auch auf ihren vielen Fernreisen ließ sie kein Gewässer aus. In Bonn hatte sie zudem eine feste Route entlang des Rheins, die sie mehrfach in der Woche in einer Art Marschtempo absolvierte. Es ist daher nicht verwunderlich, dass sie 1977 einem Vorschlag von Günter Warnholz, dem Leiter der Sicherheitsgruppe des Ehepaares, folgte, und die Anforderungen zum Sportabzeichen ohne Schwierigkeiten erfüllte. Immerhin war sie da schon fast sechzig Jahre alt.[31]

Helmut Schmidt zeigte sich sehr stolz auf die sportlichen Leistungen seiner Frau. Ob er damals selbst das Sportabzeichen geschafft hätte, darf man bei seiner bekannten Koffein- und Nikotinabhängigkeit und der ständigen physischen Überlastung durch die Art und Weise, wie er das politische Amt führte, durchaus bezweifeln. In Sachen Sport zumindest war der Einfluss der Lichtwarkschule auf Loki Schmidt wohl wirksamer als auf ihren Mann. Allerdings hätte sie dafür sicher eine Erklärung parat gehabt: Wann, bitte schön, hätte dieser Mann Zeit haben sollen, auch noch regelmäßig Sport zu treiben?

2.
Jugend unterm Hakenkreuz

Als am 30. Januar 1933 in Berlin Reichspräsident Hindenburg den Parteiführer der NSDAP Adolf Hitler zum Reichskanzler beruft, feiern Hitlers Anhänger seine Ernennung als Machtübernahme und veranstalten noch am gleichen Abend einen gespenstischen Fackelzug am Brandenburger Tor. Am nächsten Morgen sitzen die Schüler der Lichtwarkschule in ihren Klassenzimmern, der Unterricht verläuft noch in seinen gewohnten Bahnen. Was der 30. Januar 1933 für sie und das gesamte deutsche Volk an Veränderungen und Unheil bringen wird, weiß noch keiner, nur wenige ahnen es. Hermann Glaser, Lokis Vater, gehörte zu diesen wenigen: »Hitler bedeutet Krieg«, so sein Kommentar zu diesem Tag. In der Familie Schmidt hingegen war Politik auch an diesem Abend kein Thema zwischen den Eltern und ihren beiden Söhnen. Wenige Tage später, am 6. Februar, ziehen die Anhänger Hitlers auch durch die Straßen des als »rot« geltenden Hamburgs und bejubeln die »neue Zeit«.

Veränderungen an der Lichtwarkschule

Loki Glaser und Helmut Schmidt sind vierzehn Jahre alt, als die Nazis in Deutschland an die Macht gelangen. Sie sind zu jung, um alles, was damit zusammenhängt, richtig verstehen und einordnen zu können, aber alt genug, um die Veränderungen um sie herum zu bemerken. Die gesellschaftlichen

Veränderungen sind einschneidend und kommen schnell, vor allem an ihrer Schule, die den Nazis schon lange vor 1933 als pädagogisches Aushängeschild der verhassten Weimarer Republik ein Ärgernis und mehrfach Anlass für heftige Polemik war.

Nach den Reichstagswahlen vom 5. März 1933, bei der die NSDAP aufgrund brutaler Repressionsmaßnahmen gegen SPD und KPD im Vorfeld ihren Stimmenanteil auf fast 44 Prozent erhöhen konnte, gab auch in der Hansestadt eine von der NSDAP geführte Regierung die Richtung vor. Von diesem Zeitpunkt an hatten die Nationalsozialisten die Leitung der Hamburger Schulbehörde und damit den direkten Zugriff auf alle Hamburger Schulen und deren Lehrkräfte übernommen. Die Ziele ihrer Politik wurden schnell klar: ideologische Gleichschaltung der Schullandschaft und Unterdrückung bzw. Eliminierung ihrer politischen Gegner in der Lehrerschaft.

Die beiden Klassenkameraden Loki und Helmut erleben in den folgenden vier Jahren ihrer verbleibenden gemeinsamen Schulzeit, wie ein diktatorisches Regime vorgeht, um mit Gewalt und Verlockungen Einfluss zu nehmen, und wie Menschen sich in einer solchen Situation auf unterschiedliche Weise verhalten. Auch sie selbst sind Betroffene, Zeitzeugen und Akteure gleichermaßen. Die Erfahrungen, die sie in diesen Jugendjahren machen, werden sie ein Leben lang begleiten. Es sind gleichzeitig Erfahrungen, die ihnen Jahrzehnte später helfen, die Strukturen in den Diktaturen des Ostblocks, einschließlich der DDR, besser zu verstehen und die sie darin bestärken, vor allem mit den Menschen vor Ort den Kontakt zu suchen, in Verbindung zu bleiben und den Willen zur Veränderung bei ihnen wachzuhalten.

An der Lichtwarkschule setzten bereits im Frühjahr 1933 die ersten personellen Veränderungen ein. Für eine Erziehungseinrichtung, die so stolz auf ihr partnerschaftliches und solidarisches Miteinander war, muss dies ein erschütterndes Erlebnis gewesen sein. In einer spektakulären und auf Einschüchterung zielenden Aktion wurde der seit 1918 an der Schule tätige Lehrer Gustav Heine wegen seiner Mitgliedschaft in der KPD von der Gestapo aus dem laufenden Unterricht herausgeführt, verhaftet und mit sofortiger Wirkung aus dem Schuldienst entlassen. Zwar geschah dies nicht in der Klasse von Loki Glaser und Helmut Schmidt, aber Heine war lange Jahre Englischlehrer der beiden gewesen, er war ihnen wohlvertraut, und natürlich versetzte dieser beispiellose Vorfall die gesamte Schulgemeinde in Erregung.

Am ersten Tag nach den Sommerferien erfolgte dann auch die Ablösung des Schulleiters Heinrich Landahl. Seit 1920 war er Lehrer an der Schule, seit 1927 hatte er die Schule geführt, er war Mitglied der liberalen DDP, hatte Mandate in der Hamburger Bürgerschaft und 1933 für kurze Zeit auch im Reichstag ein Mandat wahrgenommen. An seine Stelle wurde als neuer Schulleiter das NSDAP-Mitglied Erwin Zindler eingesetzt. Für die Schüler war die Entlassung Landahls wohl das einschneidendste Erlebnis, bis die Schule im Jahre 1937 endgültig aufgelöst wurde. Ein damaliger Schüler erinnert sich: »Wir waren versammelt in der Aula. […] Heinrich Landahl wurde verabschiedet und Zindler hat eine flammende Rede gehalten. Und, und, und. Die ganze Schule versammelt. Dann wurde Heinrich Landahl rausgeleitet und wir mussten ihn verabschieden, hier mit dem alten Römergruß, also mit dem Salve, dort mit dem Deutschen Gruß. Die ganze Schule hat pauschal geheult. Das war grausam.«[1]

1934 und 1935 folgten weitere Entlassungen und Zwangsversetzungen von Lehrkräften der Schule. Auch die beiden jüdischen Lehrer Hans Liebeschütz und Ernst Loewenberg wurden entlassen. Die frei gewordenen Stellen wurden vorrangig mit Parteigängern der NSDAP besetzt.

Die erste größere Maßnahme des neuen Schulleiters Erwin

Zindler bestand darin, mit Beginn des neuen Schuljahrs alle Klassenlehrer auszutauschen, um so das gewachsene Vertrauensverhältnis zwischen Lehrern und Schülern aufzubrechen. Loki Glaser und Helmut Schmidt verloren mit dieser personellen Umbesetzung die von ihnen so geschätzte Klassenlehrerin Ida Eberhardt. Im Februar 1935 wurde Ida Eberhardt schließlich fristlos entlassen und endgültig aus dem Hamburger Schuldienst entfernt. Sie hatte sich privat mit Heinrich Landahl und dem in Hamburg zu Besuch weilenden ehemaligen Kollegen Gustav Heine getroffen und war denunziert worden. Zuvor hatte Ida Eberhardt gegenüber dem neuen Schulleiter bereits in anderer Sache mutig Stellung bezogen: Mit Rücksicht auf die verbliebenen jüdischen Schüler und Schülerinnen solle er die Auslegung der aggressiven und antisemitischen NS-Zeitschrift *Der Stürmer* unterbinden, forderte sie. Zindler zögerte nicht, dies sofort der vorgesetzten Schulbehörde zu melden.

Nicht nur die Lehrerschaft, auch Schüler und Eltern sahen sich mit drastischen Veränderungen konfrontiert. Alle Mitbestimmungsrechte wurden aufgehoben, die Aktivitäten von bündischen und sozialistischen Jugendgruppierungen wurden verboten. Gleichzeitig wurden im Curriculum der Schule gravierende Eingriffe vorgenommen: So wurde eine Vielzahl der bislang im Unterricht gelesenen literarischen Werke indiziert und deren Autoren auf eine Verbotsliste gesetzt. Das zum Markenzeichen der Schule zählende Fach Kulturkunde wurde aufgehoben, die Fächer Deutsch, Geschichte und Religion wieder getrennt voneinander unterrichtet und stattdessen Rassenkunde neu eingeführt.

Dramatisch wirkte sich die Machtübernahme der Nationalsozialisten für die jüdische Schülerschaft aus. Wenn Anfang 1933 der Anteil jüdischer Schüler an der Lichtwarkschule bei über 16 Prozent lag, so hatte er sich zu Beginn des Schuljahrs 1935/36 bereits auf 8,5 Prozent reduziert. Ein Jahr später betrug er gar nur noch 2,2 Prozent, womit er sogar deutlich unter der gesetzlichen Vorgabe »gegen die Überfüllung deutscher Schulen und Hochschulen« vom April 1933 lag, nach der der Anteil jüdischer Schüler an einer höheren Schule 5 Prozent nicht übersteigen durfte.[2] Loki Glaser und Helmut Schmidt beteuerten stets, von dem Zwangsexodus der jüdischen Schülerschaft an ihrer Schule nichts gewusst zu haben. Aus heutiger Sicht ist das schwer nachzuvollziehen.

So gravierend die Veränderungen an der Lichtwarkschule unter der neuen Leitung auch waren, es gelang nicht, das Klima der alten Lichtwarkschule, den vielbeschworenen »Geist der Lichtwarkschule« gänzlich und sofort zu tilgen. Der Unterricht in den künstlerischen Fächern und im Sport, den Kernfächern der »alten« Lichtwarkschule, wurde wie bisher weitergeführt. Auch gelang es vielen Schülerinnen und Schülern, ihr altes Vertrauensverhältnis zu den angestammten Lehrkräften beizubehalten. Und noch immer gab es Lehrkräfte, die den Hitlergruß zu umgehen suchen oder möglichst informell handhaben, um ihre Distanz auszudrücken. Nur wenige fügten sich anstandslos und übernehmen die propagierten neuen Ziele der NS-Pädagogik. Loki erinnerte sich etwa an ein eher subversives Umgehen mit dem Lernstoff der sogenannten Rassenkunde bei ihrem neuen Klassenlehrer Dr. Roemer: »›Wir müssen heute Rassenkunde machen.‹ Dazu hatte er eine Art Schublehre mitgebracht und sagte: ›Als erstes wollen wir mal feststellen, wer von euch nun wirklich ein reiner Arier ist.‹ […] Wir haben vorgeschlagen, er solle mal unseren blonden Klassenkameraden als erstes prüfen. Also, rein arisch war der nicht. So was könnte man ›dinarisch‹ nennen, sagte Roemer. Er hat noch ein paar andere geprüft, und schließlich meinte er: ›Also, jetzt wollen wir mal Lokis Schädel messen, denn die sieht ja schon aus wie ein Chinese.‹ Und siehe da, ich hatte den arischsten Schädel in der Klasse. Das hat er dann laut verkündet, unter brüllendem

Gelächter der ganzen Klasse natürlich, und das war auch schon das Ende der Rassenkunde in unserer Klasse.«[3]

Es gab auch Lehrerinnen wie Erna Stahl, die privat nach dem Unterricht mit einigen ihrer Schüler die Werke von inzwischen aus politischen Gründen verbotenen Autoren lasen. Für eine gewisse Zeit in den Jahren 1934/35 gehörten auch Loki Glaser und Helmut Schmidt zu dieser Lesegruppe. Erna Stahl, überzeugte Gegnerin der Nazis, vertraute den beiden ganz offensichtlich, ansonsten hätte sie die beiden wohl nicht mit den anderen Schülern zu sich nach Hause eingeladen. Später geriet sie ins Visier der Gestapo – einige ihrer ehemaligen Schüler hatten sich während des Krieges einer Widerstandsgruppe angeschlossen und waren verhaftet worden. Anfang 1943 wurde sie ebenfalls verhaftet und wegen Hochverrats angeklagt. Sie hatte das Todesurteil zu erwarten, wurde aber im April 1945 aus dem Zuchthaus Bayreuth von den Amerikanern befreit.

Helmut Schmidt erinnert sich später an sie: »Ab Ostern 1934 wurde Erna Stahl unsere Deutschlehrerin. Ob sie schon vor 1933 zur Lichtwarkschule gehört hat, weiß ich nicht mehr; jedenfalls verstand ich bald, dass sie gegen den Nationalsozialismus war. Das zeigte sich allerdings nicht in ihrem Unterricht – es sei denn indirekt, in der Auswahl von unpolitischem Lesestoff –, sondern an den Leseabenden, zu denen sie eine Gruppe von Schülern – darunter Loki und mich – des Öfteren in ihrer Wohnung einlud. Sie hat ein großes Verdienst daran, dass die gleichzeitige Beeinflussung durch die HJ und BDM unsere Aufnahmebereitschaft und unser Empfinden nicht auf jenen geistlosen, grobschlächtig-primitiven Blut-und-Boden-Mythos einengen konnte, der damals im Schwange war. Ich erinnere, dass sie mit uns Goethe gelesen hat, Hans Carossa, Albrecht Schaeffer und Thomas Mann – und auch Lyrik. Sie hat dafür gesorgt, dass ich im Umriss verstand, was Humanismus bedeutet, und auch, dass Literatur und Lesen Bildung sind.«[4]

Den neu an die Schule versetzten NS-Parteigängern begegneten Schüler wie Loki Glaser und Helmut Schmidt mit Vorsicht. Loki Schmidt beschrieb später, dass sie in diesen Jahren eine Art siebten Sinn für das Erkennen der politischen Einstellung von Lehrern und anderen Erwachsenen erworben habe.

Dieses Nebeneinander von einschneidenden Veränderungen und offensichtlichen politischen Nischen, die die Lichtwarkschule auch weiterhin bot, macht verständlich, dass die Schmidts wie auch andere Mitschüler ihre damalige Schule nicht als völlig unbelastet durch die NS-Zeit, aber schon als eine Art Insel im Gefüge des auf totale Erfassung drängenden NS-Staates erlebt haben.

Loki Glaser und der BDM

Die Veränderungen im Schulbetrieb haben Loki Glaser und Helmut Schmidt in gleicher Weise erlebt. Beide haben aber auch ganz individuelle Erfahrungen in diesen ersten Jahren der NS-Diktatur gemacht. Hierzu lohnt sich eine eigene Betrachtung, da die Erlebnisse sehr besonders und dazu noch voneinander abweichend sind.

Aus einem schriftlich überlieferten Rückblick von Lokis Mutter ist bekannt, dass die Machtübernahme der Nazis in ihrer Familie mit großer Sorge und eindeutiger Ablehnung wahrgenommen wurde. »Wir beobachteten genau das Wachsen der Nazipartei und waren uns klar über die Auswirkungen, wenn sie ans Ruder kommt. [...] 1933 sah so aus. Wir gingen abends durch den Hornerweg, eine Gruppe Jungvolk kam vorbei. Zwei junge Leute standen am Weg. Ein Befehl von einer schrecklich gemeinen Stimme, die Jungen standen still, ein paar ältere vom Jungvolk stürzten sich auf die beiden und verprügelten sie fürchterlich. Ein Befehl, ruhig zog das Jungvolk weiter. Später hörte ich, die beiden [Verprügelten] gehörten zum ›Reichsbanner‹«[5] – ein politischer Wehrverband, der sich zur Verteidigung der Weimarer Republik gegründet hatte.

Im gleichen Jahr musste die Familie bei einer Hausdurchsuchung in der Wohnanlage der Glasers in der direkten Nachbarschaft Bekanntschaft mit der Brutalität der Nazis machen: »Der ganze Block ist umstellt, auf den Dächern mit Gewehren. Wo ein Rauch aus dem Schornstein der Küchenherde dringt, sofort Hausdurchsuchung, es könnte ja Belastungsmaterial vernichtet werden. Vorn im Haus wohnt ein jüdischer Arzt. Zweite Etage. Den hatten sie die Treppe runtergeworfen, und er brach sich einen Arm. Er ist zum Glück bald ins Ausland gegangen.«

Dass die Familie Glaser bei politischen Anlässen nicht wie andere Nachbarn die Hakenkreuzfahne aus dem Fenster flaggte, wurde wahrgenommen und mit politischem Druck beantwortet: »Der Blockwart klingelt. ›Warum haben Sie keine Flagge?‹ ›Mein Mann ist erwerbslos.‹ ›Es gibt billige.‹ Hermann brachte in weiser Voraussicht zwei Hakenkreuzfahnen, Stück fünf Pfennig, mit, und wir stecken sie aus dem Klofenster(!).«[6]

Beeinflusst durch die politisch wachen und dem Nationalsozialismus gegenüber offen feindselig eingestellten Eltern, blieben die NS-Parolen und jugendspezifischen Angebote lange ohne Wirkung auf die Schülerin Loki Glaser. Dabei war der Bund Deutscher Mädel (BDM) mit seinen Freizeitangeboten insbesondere für junge Mädchen attraktiv, konnten sie sich doch bei den Treffen in den BDM-Heimen oder bei Ausfahrten an den Wochenenden zumindest zeitweise der Vormundschaft eines strengen Elternhauses entziehen. Für Loki Schmidt traf aber auch das nicht zu. Die freie Atmosphäre ihrer eigenen Familie erzeugte keine Notwendigkeit, sich gegen die Eltern aufzulehnen oder vor ihnen zu fliehen. Eine Mitgliedschaft im BDM kam für Loki Glaser nicht infrage.

1935 veränderten sich die Umstände jedoch. In den ersten

Tagen des April erhielten die Glasers ein amtliches Schreiben mit der Aufkündigung der Schulgeldbefreiung und der Mitteilung, dass Hannelore Glaser die Lichtwarkschule mit der Mittleren Reife, also am Ende des laufenden Schuljahrs, zu verlassen habe. Wegen der wirtschaftlichen Verhältnisse der Familie sei mit einem späteren Studium der Tochter nicht zu rechnen, der weitere Besuch einer höheren Schule käme daher nicht mehr infrage.[7]

Die kämpferische Gertrud Glaser wollte dies nicht hinnehmen. Sie bat den Schulleiter Zindler schriftlich um Unterstützung und setzte sogar ein »Heil Hitler« unter ihre Bittschrift. Dies muss die Mutter einige Überwindung gekostet haben, denn der sogenannte »Deutsche Gruß« war in der Familie Glaser verpönt. Was nicht zu erwarten war, trat dennoch ein. Erwin Zindler versprach, sich für Lokis Verbleib einzusetzen, ließ den Klassen- und den Mathematiklehrer unterstützende Gutachten schreiben, erwirkte einen einstimmigen Beschluss der Klassenkonferenz und schickte, dies alles befürwortend, an seine vorgesetzte Schulbehörde. Allerdings geschieht dies nicht ohne Forderung nach Gegenleistung. Loki Glaser muss zwei Versprechen abgeben: Sie soll ihre »fremdländische« Bubikopffrisur ändern und sie soll in den BDM eintreten. Dazu muss man wissen, dass nur ein Drittel der Lichtwarkschüler 1935 in BDM und HJ organisiert war und die Schule damit weit unter dem Durchschnitt der Hamburger Schullandschaft lag; bei den höheren Schulen stand sie mit dieser Quote sogar an letzter Stelle.[8] Den neuen Schulleiter Zindler setzte dies gewiss unter starken politischen Druck.

Die Frisurfrage löste Loki sofort, indem sie sich einen Mittelscheitel zulegte. Der Eintritt in den BDM fiel ihr offenbar nicht so leicht. Die Familie diskutierte lange darüber, und erst am Ende des Jahres 1935 vollzog sie den Schritt. Schulleiter Zindler hatte jedoch bereits am 1. Juni 1935 an Hermann Glaser geschrieben, dass seine »auf das eindringlichste begründete Eingabe zugunsten Ihrer Tochter Hannelore Erfolg gehabt hat. Hannelore bleibt nach wie vor in unserer Schule.«[9]

Die Einreichung des Aufnahmeantrags in den BDM mag eine Überwindung gewesen sein, die Erleichterung über den Schulverbleib überwog dennoch. Lokis braune BDM-Uniform wird von Mutter Gertrud genäht, zumindest will die Familie nicht noch Schulden für den Kauf einer NS-Uniform machen. Wenig später sieht Hermann Glaser seine Tochter zum ersten Mal in ihrer Uniform – und muss sich mit Abscheu abwenden. Gut ein Jahr später, am 1. 12. 1936, ist für alle Jugendlichen in NS-Deutschland die Mitgliedschaft in HJ oder BDM Pflicht.

Einmal in der Horner BDM-Gruppe, findet sich Loki erstaunlich schnell in diese Jugendorganisation ein. Auf ihre Initiative hin wird das schmucklose Heim verschönert. Mit Nähen und Malen ist sie vertraut, das Ergebnis wird von allen gelobt. Ohnehin ist sie sportlich, hell im Kopf, weiß Aufgaben und auferlegte Pflichten zu erfüllen, auch das Gemeinschaftsgefühl gefällt ihr. Die Straßensammlungen und Hausbesuche sind ihr lästig, aber das geht den anderen Mädchen nicht anders. Bereits im Sommer 1936 wird sie zur »Kameradschaftsführerin« ernannt. Das bedeutet, dass sie von nun an eine BDM-Gruppe mit einem Dutzend jüngerer Mädchen bei der Vorbereitung und Durchführung der Treffen im Heim anleitet und für die Organisation von Ausflügen verantwortlich ist. Weiter gehören zu ihren Aufgaben auch die politische Schulung, das Einüben und Singen von NS-Liedgut. Als ein grundlegender politischer Sinneswandel kann dieses Engagement in der Horner BDM-Gruppe jedoch kaum bewertet werden, denn etwa zur gleichen Zeit lehnt sie in ihrer Schule die geforderte Teilnahme am Kleinkaliberschießen ab. Das war mit Sicherheit ein mutiger Schritt. Ihrem weiteren Aufstieg beim BDM stand das jedoch nicht im Wege: 1937 wird sie zur »Scharführerin« befördert.

Ihre »Karriere« als Sechzehnjährige im BDM wird ihr nach 1945 im Entnazifizierungsverfahren ernsthafte Probleme bereiten. Ob ihre gleichzeitige Aufnahme als Bratschistin in das BDM-Orchester der Anlass für die »Beförderung« zur Scharführerin war, ist unklar. Man habe viel klassische Musik gespielt, erinnert sie sich, gewiss aber auch das politische Repertoire der damaligen Zeit. Im BDM-Orchester bleibt sie über die Schulzeit hinaus aktiv und kann auf diese Weise während ihres Lehrerstudiums eine Erfassung im NS-Studentenbund umgehen. Ihre offizielle BDM-Mitgliedschaft endet Anfang 1938 mit ihrem Eintritt in den obligatorischen Reichsarbeitsdienst.

Zu den Gründen ihres Aufstiegs im BDM mochte sich Loki Schmidt in späteren Erinnerungen nicht äußern. Dabei wäre es zeitgeschichtlich aufschlussreich gewesen, wie eine Jugendliche, die eine politische Bewegung explizit ablehnt, sich in einer Jugendorganisation dieser Bewegung so aktiv einbringt, dass ihr verantwortliche Positionen übertragen werden.

Worüber sie hingegen später berichtete, war die Wirkung, die das Gemeinschaftserleben, die innere Dynamik einer Gruppe und die feierlichen Rituale auf einen jungen Menschen haben konnten. Besonders hob sie dabei die Wochenendausflüge in die freie Natur, im Kreis vieler Jugendlicher, hervor: »Einmal habe ich eine Nachtwanderung mit einem großen Feuer miterlebt. Alle saßen um das Feuer herum, einige alte Lieder von der bündischen Jugend wurden angestimmt. Ich muss bekennen, dass dieses Feuer, dieses große Feuer und das Singen im Dunkeln mich damals durchaus beeindruckt haben.«[10] Auch die feierliche Übergabe der an der Uniform zu tragenden Kordel als »Kameradschaftsführerin« hatte sie bewegt. Es waren solche, auf das Gefühlsleben abzielenden Rituale, die für junge Menschen anziehend waren und Bindungen schufen. Die NS-Jugendverbände setzten diese Mittel gezielt ein, und zwar mit Erfolg, wie auch bei der sechzehnjährigen Loki Glaser.

Eine starke psychologische Wirkung auf Loki hatte auch der Hitler-Besuch in der Hansestadt vom August 1934, für den der NS-geführte Senat eine aufwändige Vorbereitung betrieb. Die gesamte Stadt wurde beflaggt, an den Schulen wurde der Unterricht ausgesetzt und die Lehrer- und Schülerschaft an die von der Wagenkolonne passierten Straßen beordert. Loki Glaser, die mit ihren Schulkameraden in Dreierreihen an der Alsterkrugchaussee stand, hatte sich fest vorgenommen, weder zu jubeln noch den rechten Arm zum Hitlergruß auszustrecken, berichtete sie später: »Wir warteten und warteten. Dann ein Brausen in der Ferne, das langsam anschwoll. Plötzlich entdeckte ich, dass ich laut brüllte und winkte. Ich bekam einen Riesenschreck und schämte mich wie wohl nie zuvor in meinem Leben. Als ich meinem Vater abends davon berichtete, erzählte er mir von Massenpsychose: mein Verhalten sei nur menschlich gewesen. Aber die Scham blieb.«[11]

Helmut Schmidt und die HJ

Während sich Loki in den ersten drei Jahren der NS-Zeit noch von der Jugendorganisation der Nazis fernhält, ist dies bei ihrem Schulfreund Helmut Schmidt anders. Bereits 1932 hatte er seine Eltern gebeten, in eine der Organisationen der bündischen Jugend eintreten zu dürfen. Die Gemeinschaft von Jugendlichen in einer festen Gruppe, vor allem aber Ausfahrten, Lager und äußere Insignien wie die »Kluft« hatten es ihm angetan. Sicher wird hier der Wunsch deutlich, in einem jugendlichen Leben einen Gegenpol zu dem distanzierten und kleinbürgerlichen Elternhaus zu finden. Die Eltern lehnten diesen Wunsch jedoch ab.

Im Jahr 1933 versucht er es erneut, nun will er in die HJ eintreten. Ganz offensichtlich ist das Werben des NS-Staates für einen Eintritt in die HJ bei ihm auf fruchtbaren Boden gefallen. Eine gewisse Verblendung habe es bei ihm als vierzehnjährigen Schulbuben schon gegeben, räumt er später ein. Wiederum sprechen die Eltern jedoch ein eindeutiges Verbot aus, eine Begründung geben sie dem Sohn allerdings nicht. Ende 1933 oder 1934 holt die Mutter das jedoch nach und vertraut dem Sohn das Familiengeheimnis des jüdischen Großvaters Gumpel an. Darüber verlangt sie von ihm Stillschweigen: »Du darfst mit niemandem über die Sache reden. Die Schulbehörde weiß nicht, dass Vati Jude ist; aber wenn die davon erfahren, dann werfen sie ihn raus«, erinnert sich Schmidt an dieses Gespräch. »Natürlich warf seit jenem Gespräch mit meiner Mutter im Jahre 1933 die Tatsache meiner jüdischen Abstammung einen Schatten auf mein Leben, zumal nach der 1935 bekannt gewordenen Nürnberger Rassengesetzgebung. […] So war seit jenem Gespräch mit meiner Mutter im Herbst 1933 für mich entschieden, dass ich innerlich kein Nazi werden konnte.«[12]

Wann immer dieses Gespräch genau stattgefunden hat – an anderer Stelle nennt Helmut Schmidt andere Daten –, dass es eine erhebliche Verunsicherung bei dem Jugendlichen auslöste, ist nachvollziehbar.

Ein Eintritt in die NS-Jugendorganisation erfolgte trotzdem, wenn auch nicht auf dem direkten Wege, sondern über seine Mitgliedschaft in der Ruderriege der Lichtwarkschule. Die zwölfköpfige Ruderriege der Schule war bereits Ende des Jahres 1933 in die neu gegründete HJ-Marine, später Marine-HJ (MHJ) genannt, zwangsüberführt worden. In einem Schreiben an den Dachverband heißt es: »Folgende Mitglieder haben sich bei uns zum Übertritt in die H.J.-Marine gemeldet: Helmut Schmidt, Wolfgang Tyra, Herbert Meinke und Julius Nowak.«[13]

Als Kapitän der Ruderriege wird Helmut Schmidt zum »Kameradschaftsführer« ernannt, 1936 sogar zum »Scharführer« der MHJ befördert. Damit war er verantwortlich für die Heimabende, in denen Theorie und Praxis des Ruderns und Segelns eine gewichtige Rolle spielten. Für die weltanschauliche Schulung standen Schulungshefte mit den einschlägigen Themen zur Verfügung: Rassengesetze, Entstehung der NSDAP, Geschichte des Ersten Weltkriegs. Ob und in welchem Umfang sie in der MHJ zum Einsatz kamen, bleibt offen. Bekannt ist, dass nicht alles, was die Nazis publizierten und propagierten, tatsächlich Eingang in Heimabende von HJ und BDM oder in den Schulunterricht fand.

Zackig und im Befehlston ging es aber schon zu in der MHJ-Gruppe von Helmut Schmidt, wie ein Mitschüler später zu berichten weiß. Aber es gab auch »Heimabende, an denen die ›Seemannschaft‹ ganz ohne weltanschauliches Beiwerk blieb«.[14] Das zackige Auftreten Helmut Schmidts, das ihn später auch in seiner Rolle als Politiker kennzeichnen sollte, wie auch seine aus fundierten Kenntnissen gespeiste Autorität, zeigen sich bereits hier in seinen Jugendjahren. Für seine Ernennung zum Scharführer der HJ waren diese Eigenschaften gewiss gewichtige Gründe.

Mit den Eltern gab es über seine Erlebnisse bei der HJ keinen Austausch, es scheint, dass sie das Thema vermeiden wollten. Auch über die Nazis und deren politische Ziele sprachen die Eltern kein Wort mit ihrem ältesten Sohn. Der Vater war inzwischen – wie gut die Hälfte aller Hamburger Schulleiter – aus seiner Funktion entlassen worden und nur noch als einfacher Lehrer tätig.[15] Er musste zudem immer befürchten, als »Halbjude« verfolgt zu werden. Das waren sicher Gründe für ihn, sich im häuslichen Kreis jedweder politischen Äußerung zu enthalten. Angst und Sorge um seine Stellung als Beamter waren übergroß. Nach 1945 habe er sich von dieser latenten Bedrohungssituation nie mehr richtig erholt, berichteten die Schmidts.

Für Helmut Schmidt stand bei der MHJ das Segeln im Vordergrund: »Das Beste an der MHJ war das Kutter-Segeln auf der Alster, das ich bald mit großer Begeisterung gegen das Rudern eintauschte.«[16] Kutter waren umgerüstete ehemalige Rettungsboote, schwer zu segeln, dafür aber praktisch nicht zum Kentern zu bringen. In einem Sommerlager der HJ an der Ostsee gelang es ihm, einen speziellen Seesportschein zu erwerben, der ihm die Führung eines Segelbootes im Küstenbereich und auf der Elbe erlaubte.

In der Schule und in seiner Freizeit vermied er die Zurschaustellung seiner HJ-Mitgliedschaft. Es kam ihm nicht in den Sinn, die Uniform in der Schule zu tragen, ein offenes Bekenntnis zur HJ oder den politischen Zielen des NS-Staates gab es von ihm nicht. Es mag verwunderlich klingen, aber der Schüler Helmut Schmidt hatte kein Problem damit, sich in der NS-Jugendorganisation MHJ zu engagieren und gleichzeitig aktiv am Lesekreis der Nazigegnerin Erna Stahl teilzunehmen.

Im Herbst 1934 erregte Helmut Schmidt in seiner MHJ-Einheit zum ersten Mal auch negatives Aufsehen: Ihm wurde »aufsässiges Verhalten« gegenüber dem Ruderwart am eigenen Bootssteg vorgeworfen. Konkret hatte er dem Ruderwart gegenüber den Hitlergruß unterlassen und dabei das von ihm – im Übrigen bis ins Alter – gern benutzte Fäkalwort benutzt. Der Fall zog weite Kreise, nur knapp entkam er einem Schulverweis.

Zwei Ereignisse im Jahr 1936 schärften seine Distanz zum NS-Staat: ein HJ-Lager bei Cuxhaven mit üblem Kasernenhof-Drill und stupider politischer Schulung sowie die Teilnahme am sogenannten »Adolf-Hitler-Marsch« der HJ zum Reichsparteitag der NSDAP in Nürnberg. Den Fußmarsch von Hamburg nach Nürnberg, immerhin über 500 Kilometer, hatte er als physische Herausforderung angesehen, der Parteitag selbst aber erregte seinen Widerwillen: »Ich empfand uns als missbrauchte Kulisse.«[17] In den Notizen aus der Gefangenschaft notierte er für das Jahr 1936: »Erstes Erkennen der Mißstände in Nazi-Deutschland. Krach in der HJ.«[18] Als Grund für den »Krach«

erwiesen sich seine abfälligen Äußerungen auf dem Parteitag in Nürnberg über den Reichsjugendführer Baldur von Schirach.

Er selbst berichtete auch von einer weiteren Aktion im Versammlungsraum seiner HJ-Gruppe, die für Aufsehen bei den HJ-Oberen sorgte. Auf einer der Wände des Gruppenraums hatten sie in roten Buchstaben einen Vers aus dem Liederschatz der HJ aufgemalt: »Freiheit ist das Feuer, ist der helle Schein, solang' sie noch lodert, ist die Welt nicht klein.« Eigentlich war hier nur ein von den HJ-Verantwortlichen anerkanntes Lied des NS-Komponisten Hans Baumann zitiert worden. Losgelöst aus seinem Kontext als NS-Kampflied hatte der Vers aber eine provokante Wirkung entfaltet und den HJ-Oberen missfallen. Im Dezember 1936 wird Helmut Schmidt als Scharführer abgesetzt und vom HJ-Dienst beurlaubt. Als einen bewussten politischen Akt wollte Schmidt sein damaliges Handeln jedoch nicht gewertet sehen: »Ich flog schlichtweg raus [...] weil ich ein freches Mundwerk hatte und oft abfällige Äußerungen über dieses und jenes machte, was mir mißfiel.«[19]

Für die Klassenkameraden Loki Glaser und Helmut Schmidt bleibt als Gemeinsames festzuhalten, dass sie – jeweils aus sehr eigenen Beweggründen – Mitglied in den NS-Jugendorganisationen wurden, bevor dies für Jugendliche allgemein verbindlich war. Die Zugehörigkeit zu diesen Organisationen hatte bei ihnen jedoch nicht zu der von den Nazis angestrebten Identifikation mit der NS-Ideologie geführt. Von einer aktiven, politisch motivierten Auflehnung waren sie allerdings ebenso weit entfernt. Der Wille, möglichst unbeschadet durch die Schulzeit zu kommen, war für beide gewiss stärker gewesen. In dieser Haltung unterschieden sich die beiden kaum von der großen Mehrheit ihrer Altersgenossen.

3.
Kriegsheirat

Ohne den Krieg wären die Schmidts vielleicht kein Ehepaar geworden. Die standesamtliche Hochzeit von Hannelore und Helmut Schmidt datiert auf den 27. Juni 1942 – der von Hitler-Deutschland entfachte Krieg währte da bereits fast drei lange Jahre. Zwar kannten die beiden sich seit ihrer Kindheit, dennoch sind die näheren Umstände ihres Eheversprechens so stark durch den Krieg geprägt, dass man von ihrer Ehe ohne Zweifel als einer typischen »Kriegsehe« sprechen kann.

Nach dem Ende ihrer gemeinsamen Schulzeit hatten sie sich so weit voneinander entfernt, dass in den Monaten vor und nach Beginn des Krieges eine gemeinsame Zukunft für beide weit außerhalb ihrer Vorstellungen und Wünsche lag. Für Helmut Schmidt lag die Zukunft im Sommer 1939 nicht einmal mehr im vertrauten Hamburg. Im Herbst ging seine Wehrpflichtzeit zu Ende, und er war fest entschlossen, eine berufliche Laufbahn außerhalb der Grenzen des Deutschen Reichs anzustreben. Während seines Wehrdienstes hatte er auch von seiner früheren Freundin und Klassenkameradin Loki Glaser Abstand gewonnen. Im Jahr 1939 kommt der Name Loki in seinen Aufzeichnungen nur noch vereinzelt, 1940 nicht ein einziges Mal mehr vor. Der Rekrut und spätere junge Soldat hatte inzwischen an seinem Standort Grohn bei Bremen andere junge Frauen kennengelernt, vor allem entwickelte er eine schwärmerische Beziehung zu der Malerin Olga Bontjes van Beek, die im nahe gelegenen Künstlerort Fischerhude lebte.

Lokis Beziehung war vor Kriegsbeginn zerbrochen, dennoch unternahm sie keinerlei Versuche, mit ihrem ehemaligen Klassenkameraden Helmut einen intensiveren Kontakt, geschweige denn eine Beziehung, aufzunehmen. Im Sommer 1939 besuchte sie ihn noch ein Mal. Mit dem Rad fuhr sie von Hambergen, wo sie ein Landschulpraktikum absolvierte, ins nahe gelegene Grohn, dem Standort des Rekruten Schmidt, um ihn dort zu treffen. »Wir waren uns damals aber recht fremd«,[1] so ihre Erinnerung. Danach verloren sie sich für mehr als eineinhalb Jahre völlig aus den Augen.

Ab Anfang 1941 entwickelte sich dann aber erneut ein Briefkontakt zwischen den beiden. Helmut war inzwischen in Berlin stationiert, Loki war mit einer Mädchengruppe ihrer Hamburger Schule für ein Jahr in die sogenannte Kinderlandverschickung nach Franken dienstverpflichtet worden. Bis in den Sommer 1941 tauschten sie Briefe aus, für die Sommerferien 1941 verabredeten sie sich auf Lokis Vorschlag hin für einige Tage in Berlin. Nach gut zwei Jahren sahen sie sich dort erstmals wieder, kamen sich näher und gaben sich am Ende dieser wenigen Tage das Versprechen auf die baldige Ehe. Am letzten gemeinsamen Tag in Berlin brachte Loki Helmut zum Bahnhof, er hatte einen Marschbefehl an die Ostfront erhalten. Wenn er zurückkehren sollte, wollten sie ihren Entschluss zur Ehe einlösen. »Ich habe mich damals wie verheiratet gefühlt. Und mit dieser Gewissheit bin ich nach Russland gezogen«, schilderte Helmut Schmidt später seine damalige innere Gefühlswelt.[2]

Bereits aus dieser äußerst gerafften Schilderung wird deutlich, dass der überstürzt wirkende Entschluss zur Heirat der Schmidts unter sehr besonderen Bedingungen zustande kam. Zum besseren Verständnis soll hier deshalb die Vorgeschichte näher beleuchtet werden.

In der Kaserne: Einflüsse und Entwicklungen

Nach dem Abitur hatte Helmut Schmidt im Frühjahr 1937 den Entschluss gefasst, sich vorzeitig für den Wehrdienst zu melden. Danach beabsichtigte er, ein Studium der Architektur aufzunehmen. Der Wehrpflicht vorzeitig nachzukommen, war bei damaligen Abiturienten nicht unüblich. 1935 hatten die Nazis – in grober Verletzung des Versailler Vertrags – die Wehrpflicht wieder eingeführt. Wenn man gewiss sein wollte, das Studium ohne Unterbrechung absolvieren zu können, bot sich die Ableistung der Wehrpflicht vor dem Studium als sinnvolle Entscheidung an. Dass mit dem Krieg alles anders kommen würde, konnte der Abiturient Schmidt nicht wissen.

Sein Wunsch, den Beruf des Architekten zu ergreifen, war durch eine Freundschaft mit dem Architektensohn Erwin Laage aus der Zeit der Marine-HJ beflügelt worden. Im Hause des Freundes hatte er den Vater, Richard Laage, kennengelernt, der ein in Hamburg bekannter Baumeister war und auch im kollegialen Austausch mit dem für die Hansestadt so wichtigen Städteplaner und Stadtbaumeister Fritz Schumacher stand. Es war Richard Laage, der Schmidt in seiner Heimatstadt Hamburg mit der Bauhausarchitektur, den Bauten von Fritz Schumacher und Fritz Höger bekannt und ihn auf deren Schriften aufmerksam gemacht hat.

Vor Antritt des Wehrdienstes musste er allerdings noch den für alle Abiturienten verpflichtenden halbjährigen Reichsarbeitsdienst absolvieren. Dieser führte ihn zum Deichbau an der Dove-Elbe und bedeutete sechs Monate harter körperlicher Anstrengung und primitiver nationalsozialistischer Schulung. Die von den Nazis erwünschte Identifikation mit der NS-Ideologie konnte in einer solchen Umgebung kaum aufkommen.

Im November 1937 begann seine Zeit als Wehrpflichtiger bei der Flak der Luftwaffe, nicht wie erhofft in Hamburg, sondern in Grohn in der Nähe von Vegesack, damals noch ein kleiner selbstständiger Ort vor den Toren Bremens. Hier lernte er Kameraden kennen, zu denen er auch nach dem Krieg weiterhin Kontakt pflegte. Ganz offensichtlich fühlte er sich in der neuen Umgebung – ganz auf sich gestellt und nach der Strenge des Elternhauses – befreit und gut aufgehoben. Der Kameradenkreis, die Vergnügungstouren ins benachbarte Vegesack, seit dem Sommer 1938 dann auch die Freundschaften zu einer Künstlergruppe im nahen Fischerhude und die ersten näheren Kontakte zu Frauen, wirkten emanzipierend auf den jungen Helmut Schmidt. Er hat später auf diese Zeit als die »unbeschwerteste Zeit der Jugend«[3] zurückgeblickt.

Von herausragender Bedeutung für ihn wurden die Besuche im Hause der Künstlerin Olga Bontjes van Beek, Tochter des Malers Heinrich Breling. Den Kontakt hatte er durch seine Familie erhalten. Der Weg ins eigentlich nicht sehr weit entfernte Fischerhude war mühsam, aber die Anregungen, die er dort erhielt, waren ein Ausgleich für die öden Routinen des Kasernenlebens. Von Vegesack ging es mit der Bahn über Bremen nach Sagehorn, dann zu Fuß durch die Niederungen der Wümme nach Fischerhude. Schmidt erinnert den Weg dorthin noch nach fast achtzig Jahren minuziös: Der Fußweg betrug »ungefähr acht Kilometer, und man musste über einundzwanzig Brücken gehen«.[4]

Olga Bontjes van Beek und deren Freundeskreis von jungen Künstlern und Kulturinteressierten zählte Helmut Schmidt bis zu seinem Lebensende als »wichtigste Quelle geistiger Orientierung [...] und zugleich in höherem Maße Heimat als Hamburg und mein Elternhaus«.[5]

Zu den jungen Leuten, die er hier kennenlernte, gehörte auch Cato, die Tochter von Olga Bontjes van Beek. Cato war eine engagierte Gegnerin des NS-Systems, ab 1940 beteiligte sie sich in Berlin an Widerstandsaktionen, wurde im September

1942 verhaftet und im August in Plötzensee hingerichtet. Auf dem Kurfürstendamm hatte Helmut Schmidt sie im Sommer 1942 zufällig wiedergesehen und war ihrer Einladung zu einer privaten Feier in einer großen Berliner Altbauwohnung gefolgt.[6] Die dort von den anderen jungen Leuten offen geübte Kritik am NS-System empfand er als leichtfertig und im hohen Maße gefährlich. An einem der nächsten Tage wollte er Cato warnen, hatte sie aber nicht erreicht. Es nicht noch einmal versucht zu haben, hat er sich später oft vorgehalten.

Helmut Schmidt, in seiner Zeit als Rekrut der Wehrmacht, 1938

In Fischerhude galt Helmut Schmidts Aufmerksamkeit allerdings nicht so sehr den Gleichaltrigen, sie galt vor allem der damals etwa vierzigjährigen Malerin Olga Bontjes van Beek. Sie sei seine »heimliche, aber große Jugendliebe« gewesen, bekennt er später.[7] Die starke Anziehung, die von dieser Frau auf den jungen Schmidt ausging, wirkte lange nach in seinem Leben. Er hielt Kontakt, setzte sich nach seiner Kanzlerzeit für Ausstellungen ihrer Werke ein, sprach bei Ausstellungseröffnungen in Bremen und Magdeburg, und natürlich erstand er selbst mehrere ihrer Bilder. »In meinem Schlafzimmer hängen […] fünf Landschaften aus ihrer späteren Schaffensperiode, an denen ich mich jeden Morgen und jeden Abend erfreue«, hielt er in seinem letzten Buch *Was ich noch sagen wollte* 2015 für die Nachwelt fest.[8] Es ist sehr wahrscheinlich, dass seine für die Jahre 1938 bis Anfang 1941 geschilderte Abkehr und Distanz in Hinblick auf Loki Glaser mit seiner Schwärmerei für diese für ihn einzigartig gebliebene Frau zu erklären ist.

Helmut Schmidts Wehrdienst endete im Herbst 1939. Vorausschauend bemühte er sich im Laufe des Sommers um seine zukünftige Berufslaufbahn. Mit der Wehrmacht und dem Soldatenleben hatte er abgeschlossen, deshalb kam eine Zukunft als Berufssoldat für ihn nicht infrage.[9] Den ursprünglichen Wunsch, Architektur zu studieren, hatte er allerdings verworfen: Er wollte raus aus Deutschland und bewarb sich, vom Vater mit neuer blauer Jacke und grauer Hose ausgestattet, bei der Deutschen Shell für eine Volontärstelle in Niederländisch-Indien, dem heutigen Indonesien. Dort betrieb die Royal Dutch Shell, die Muttergesellschaft der deutschen Shell, zahlreiche Bohrfelder. Wäre der Krieg nicht gewesen, hätte Helmut Schmidt wohl im Ölgeschäft seinen Beruf gefunden.

Doch mit dem 1. September 1939 muss Schmidt diesen Plan aufgeben. Der Kriegsbeginn bedeutet für ihn, wie für alle damaligen Wehrpflichtigen, dass er gar nicht erst entlassen, sondern sofort als Soldat der deutschen Wehrmacht zum Kriegsdienst einberufen wird. Er nimmt es hin wie ein Naturereignis, glaubt zunächst sogar der deutschen Propaganda, dass Polen den Krieg ausgelöst habe.

Kriegsbedingt nimmt seine militärische Laufbahn eine schnelle Entwicklung. Bereits zum 1. Oktober 1939 erhält er eine Beförderung zum Wachtmeister der Reserve, ein Dienstgrad im Rang eines Feldwebels, und zum 1. Februar 1940 wird er zum Leutnant der Reserve ernannt. Dazu muss man wissen, dass das Verhältnis von Berufs- zu Reserveoffizieren in der Kriegszeit etwa 1 zu 10 ausmachte. Schmidt besitzt die von Offizieren erwarteten geistigen und körperlichen Voraussetzungen, sein Batteriechef bescheinigt »sicheres und gewandtes Auftreten« sowie »Fleiß« und »festen Willen«.[10] Bei solchen Voraussetzungen ist die Beförderung eines Abiturienten zum Reserveoffizier die Regel. Die Aufforderungen einiger Vorgesetzter, die Laufbahn eines Berufsoffiziers anzutreten, lehnt er hingegen während seiner Wehrmachtszeit mehrfach ab. Mit der Beförderung zum Offizier der Reserve (später Kriegsoffizier genannt) zeigt er sich hingegen sehr wohl einverstanden.[11]

Ende Oktober 1940 wurde Helmut Schmidt von seinem bisherigen Standort Bremen an das Berliner Reichsluftfahrtministerium zur Lehrinspektion der Flak in der Knesebeckstraße nahe dem Kurfürstendamm abkommandiert. Zwischenzeitlich war er aber auch in Stolpmünde an der Ostsee und in Bonn stationiert. Sein letzter Standort war ab dem Spätsommer 1943 Bernau im Nordosten der Hauptstadt Berlin. Seine wichtigsten Aufgaben waren die Verbesserung von Schießvorschriften für Flakgeschütze und deren Umsetzung bei der Ausbildung. Bald hatte er sich den Ruf eines anerkannten Experten geschaffen, einigen seiner Kameraden galt er gar als »König der leichten Flak«.[12]

Die Junglehrerin: Gefordert und überfordert in der KLV

Loki Glaser befand sich bei Kriegsausbruch im letzten großen Schulpraktikum ihrer Lehrerausbildung, dem sogenannten Landschulpraktikum, in dem kleinen Ort Hambergen am Rande des Teufelsmoors, unweit von Bremen. Hier sollte sie Erfahrungen mit dem jahrgangsübergreifenden Unterricht sammeln. Es handelte sich um eine kleine Schule mit nur zwei Klassen: eine für die jüngeren Schüler im Alter bis zu zehn Jahren, die zweite für die älteren. Loki selbst hatte bereits deutliche Vorstellungen davon, wie sie eine Klasse und ihren eigenen Unterricht führen wollte. Ihre pädagogische Arbeit wollte sie eher an dem selbst erlebten Unterricht in den beiden Reformschulen Burgstraße und Lichtwarkschule ausrichten, als an den Methoden, mit denen sie in ihrer Ausbildung an der »Hochschule für Lehrerbildung« bekannt gemacht wurde.

In einem guten halben Jahr standen die Abschlussprüfungen an, danach konnte sie umgehend mit einer Lehrstelle an einer Hamburger Volksschule rechnen. Eine zweite Ausbildungsphase wie das heutige Referendariat war für Volksschullehrer in jenen Jahren nicht vorgesehen. Und so stand sie nach einer Ausbildung von nur zwei Jahren, nur wenige Tage nach der letzten Prüfung Anfang Mai 1940, ganz und gar auf sich gestellt, als Klassenlehrerin mit voller Stundenzahl, vor einer Klasse mit 54 Jungen und Mädchen in einer Schule im Arbeiterstadtteil Horn. Diese Schule am Bauerberg war die letzte Schule der Stadt, in der aus organisatorischen Gründen noch koedukativ unterrichtet wurde. Allerdings hatte man ihr in der einstellenden Behörde klargemacht, dass sie einen Antrag auf Mitgliedschaft in der NSDAP zu stellen hatte. Dem war sie nachgekommen. Die Notwendigkeit, endlich genug Geld für den eigenen Lebensunterhalt zu verdienen, und der Wunsch, die Eltern unterstützen zu können, wogen schwerer als die Bedenken gegen einen solchen Antrag. Allerdings sollte es zu keiner offiziellen Aufnahme in die NSDAP kommen. Doch davon später.

Vom Krieg und seinen Folgen war für die Junglehrerin anfänglich nicht viel zu spüren. Das änderte sich jedoch, nachdem Hamburg am 18. Mai 1940 zum ersten Mal bombardiert wurde. Im September kam aus Berlin die Anordnung, Kinder und Jugendliche aus Gebieten, die Luftangriffen ausgesetzt waren, in sogenannte bombensichere Gebiete des Reichs zu verlegen. Die Aktion firmierte unter dem Namen »Kinderlandverschickung«, kurz KLV genannt. Allein in Hamburg waren bis 1945 mehr als 150 000 Kinder und Jugendliche sowie etwa 3000 Lehrkräfte von der Verlegung in weit entfernte Regionen bis hin ins Sudetenland, nach Österreich und Ungarn betroffen.[13]

Hannelore Glaser, jung und unverheiratet, war eine der ersten aus dem Kollegium der Schule am Bauerberg, die für die

KLV ausgewählt wurde. So reiste sie nach den Herbstferien mit einer aus verschiedenen Klassen zusammengesetzten Mädchengruppe zunächst nach Kulmbach im fränkischen Teil Bayerns, danach in das benachbarte kleine Örtchen Hutschdorf. Ein Jahr, von Oktober 1940 bis Oktober 1941, sollte diese erste Phase der Kinderlandverschickung dauern. Allerdings wusste Loki bei Reiseantritt weder, wie lange die Maßnahme dauern, noch wo genau sie mit ihrer Gruppe unterkommen und welche Unterstützung sie vor Ort bekommen würde. Es war eine Reise ins Ungewisse – und das mit dreiundzwanzig Mädchen im Alter von neun bis fünfzehn Jahren, für die Loki als Einundzwanzigjährige nun die alleinige Verantwortung hatte. Man kann nur ahnen, mit welch schweren Gefühlen die Junglehrerin diese Reise vom Hamburger Hauptbahnhof nach Kulmbach angetreten hat.

Im hohen Alter beschrieb sie in einem Gespräch mit mir das Jahr ihres KLV-Einsatzes als das wohl schwerste Jahr ihres

In der KLV in Franken, 1940/41. Loki Glaser (vorne l.) mit ihrer »Klasse«

Lebens. Wir arbeiteten damals an ihrem Buch *Mein Leben für die Schule*, und sie hatte gerade die KLV-Zeit für sich noch einmal detailliert aufgearbeitet. Es schien, als ob all die Herausforderungen und schweren Situationen in ihr hochgekommen wären, und man konnte die damalige große Beklommenheit geradezu spüren – und das mehr als sechzig Jahre, nachdem sie dies alles erlebt hatte.

Als Loki im Oktober 1940 mit ihren Mädchen nach langer Fahrt Kulmbach erreichte, wurde schnell deutlich, dass für die Gruppe kaum etwas vorbereitet war. Die junge Hamburger Lehrerin musste sich um das meiste allein kümmern: von der Besorgung der Bettwäsche über die Organisation von Mahlzeiten für ihre Mädchen bis hin zum Nötigsten für den Unterricht. Erst als sie Anfang 1941 Unterkunft in den Räumen einer ehemaligen Trinkerheilanstalt im kleinen Hutschdorf fanden, entspannte sich die Lage etwas.

Der Plan für die KLV sah vor, dass die Kinder am Vormittag »normalen« Schulunterricht erhielten. Der Dienst der Lehrerin Loki Glaser endete aber natürlich erst abends, wenn alle Kinder zur Ruhe gekommen waren. Als einzige Begleitung hatte sie eine junge BDM-Führerin zur Seite, mit der sie Wanderungen, Spielzeiten, Singen, Lesungen und Alltagsbesorgungen plante und durchführte. Einen eigenständigen BDM-Dienst, der von den Organisatoren der KLV eigentlich für die Nachmittage vorgesehen war, gab es nach Loki Schmidts Schilderungen bei ihr nicht.

Der Unterricht in schlecht ausgestatteten Räumlichkeiten ohne hinreichendes Material und die faktische Ganztagsbetreuung der ihr anvertrauten Kinder führten die Junglehrerin bald an den Rand ihrer physischen und psychischen Kräfte. Sie war jeden Tag, sieben Tage die Woche, von morgens bis abends durchgehend gefordert. Die Mädchen, die zum Teil noch sehr jung waren, erlebten die Trennung von Eltern, Geschwistern und Freunden als äußerst schmerzvoll, alle hatten sie starkes Heimweh. Da Loki praktisch die einzige Erwachsene war, an die sich die Kinder wenden konnten, war sie nicht nur Lehrerin und Erzieherin, sondern übernahm bei vielen Mädchen auch die Rolle der Eltern und wurde im Krankheitsfall zur Pflegerin. Bei allen Alltagssorgen vom Stopfen und Nähen bis hin zur Beratung in der Pubertät, war sie immer die erste und oft einzige Ansprechpartnerin.

All diese Aufgaben und Pflichten waren für die am Ende der KLV-Zeit gerade einmal zweiundzwanzig Jahre junge Frau eine übermächtige Belastung. Obwohl sie abends todmüde war, konnte sie nur schlecht schlafen, hatte kaum eigene Zeit zur Erholung und merkte bald, dass die Kräfte schwanden. Der Arzt verordnete zwar Beruhigungsmittel, doch eine wirkliche Verbesserung bewirkten diese nicht. Dass sie keine erwachsene Ansprechpartnerin hatte, mit der sie ihre Sorgen teilen konnte, machte ihre Lage nicht einfacher. Fast ein wenig neidisch schaute sie auf einige der männlichen Kollegen in den anderen KLV-Gruppen der Region, welche ihre Ehefrauen an der Seite hatten. Einmal pro Monat traf sich die Kollegenschaft, dann aber war die Zeit zu kurz, als dass sie mit ihren Problemen in dieser Runde Hilfe finden konnte.

So fühlte sich Loki in dieser langen Zeit des KLV-Einsatzes überfordert und alleingelassen. Der einzige Lichtblick war der Briefaustausch mit ihrem Hamburger Schulrat Fritz Köhne, der ihr Verständnis entgegenbrachte und Mut zusprach.

Berlin, August 1941: Ein Treffen und ein Versprechen

In dieser persönlich äußerst schwierigen Situation erreichte Loki Glaser Anfang des Jahres 1941 ein Brief des früheren Klassenkameraden und Freundes Helmut Schmidt. Da er nicht wusste, wo sich Loki inzwischen aufhielt, hatte er den Brief an ihre Eltern adressiert, welche ihn wiederum an die Tochter im fränkischen Hutschdorf weitergeleitet hatten.

Der Brief von Helmut kam also völlig unerwartet, aufgrund ihrer isolierten Lage in der KLV bereitete er ihr aber eine umso größere Freude. Sehr schnell habe sie ihm geantwortet und über ihre Situation in der KLV berichtet, und so habe sich bald ein regelmäßiger Briefwechsel entwickelt, in dem sich die »alte Vertrautheit« zwischen ihnen wieder entwickeln konnte. Leider sind diese Briefe im Feuersturm vom Juli 1943 verbrannt.

Die schriftliche Wiederannäherung der beiden nimmt rasch Tempo auf. Beide sind weit von Hamburg und der vertrauten Umgebung entfernt, beide leben in Umständen, die durch die Kriegszeiten geprägt sind, und beide wissen nicht genau, wie es mit ihnen weitergehen wird. Auf ihren Vorschlag hin verabreden sie sich für Lokis Sommerferien in Berlin. Helmut Schmidt beweist Courage, mietet im Vorwege ein gemeinsames Zimmer in einer Pension an und gibt dafür Loki als seine Frau aus. Viel Zeit bleibt ihnen nicht, am 24. August geht sein Transport zum Einsatz an die Ostfront. Hitler hat am 22. Juni 1941 der Sowjetunion den Krieg erklärt, und obwohl Helmut Schmidt nach eigenen Angaben schon damals überzeugt war, dass dieser Krieg für Hitlers Wehrmacht nicht zu gewinnen ist, meldet er sich freiwillig zum Einsatz.

Den beiden bleiben also nur wenige Tage, an denen sie zueinanderfinden und glückliche Stunden verleben können – am Ende geben sie sich sogar ein Eheversprechen. Für ihn sind diese Tage mit Loki in Berlin die »bis dahin glücklichste Zeit« seines Lebens.[14]

Dennoch, sich nach einer so kurzen Zeit des Zusammenseins und der Annäherung bereits für eine Heirat zu verabreden, ist wohl ganz wesentlich nur mit der existenziellen Bedrohung durch den bevorstehenden Kriegseinsatz zu erklären. Die Gewissheit, dass zu Hause jemand auf einen wartet, dass es lohnt, unversehrt zurückzukehren und sich mit diesem Menschen eine gemeinsame, bessere Zukunft aufzubauen, davon hatte Helmut Schmidt sich offenbar eine stärkende innere Kraft versprochen. Im Übrigen war dies ein Wunsch, den auch viele andere junge Menschen in diesen Kriegsjahren hegten.

Auch in Loki Schmidts Erinnerungen stehen die Zeitumstände als Erklärung für das damalige Eheversprechen im Vordergrund: »Wir malten uns aus, wie die Welt wohl nach dem Krieg aussehen würde: schrecklich auf jeden Fall, ganz gleich, wie der Krieg ausgehen würde. Irgendwann bei diesen Gesprächen, die sich mit der Zeit nach dem Krieg beschäftigten, wurde uns jedoch klar, dass unser Leben auch in der Gegenwart wichtig sei, da wir am Ende des Krieges möglicherweise verbrauchte Menschen sein würden. Und da beschlossen wir eines Abends auf einer Bank in der Nähe des U-Bahnhofes Nollendorfplatz, dass wir, wenn Helmut gesund aus Russland zurückkäme, heiraten wollten.«[15]

Als Loki ihn am 24. August zur Bahn brachte, war sie nicht allein. Sie teilte die Sorge um die gesunde Rückkehr des Mannes mit den vielen anderen Frauen am Bahnsteig. Er hatte von ihr einen Ring erhalten, der für ihn ein wichtiges äußeres Zeichen ihrer inneren Verbundenheit wurde. Auch ihre verliebte Verabredung, beim Blick zum Sternenhimmel an den anderen zu denken, war ihm eine Hilfe in vielen angstvollen Nächten des Kriegsgeschehens.

Für Loki war Helmuts Entschluss, freiwillig an die Front zu fahren, schwer zu verstehen. Aus heutiger Sicht dürfte er gänzlich unverständlich sein. Die eigene »Tapferkeit vor dem Feind«, wie es damals hieß, unter Beweis zu stellen, galt allerdings für viele als Tugend und hohes Gut. Schon 1940 hatte sich Schmidt vergeblich um einen Fronteinsatz bemüht. Eigentlich hatte es in seiner Sozialisation genügend Ansatzpunkte gegeben, dass er eine solche Haltung nicht zwangsläufig hätte entwickeln müssen. Die Lichtwarkschule hatte ihm vielerlei Gelegenheit geboten, Geschichte und Politik kritisch zu betrachten. Bei einem Schüleraustausch nach England 1932 hatte er alte deutsche Feindbilder mit seinen positiven Erfahrungen vor Ort abgleichen können, und im Literaturkreis von Erna Stahl hatte er Antikriegsliteratur wie Remarques *Im Westen nichts Neues* kennengelernt. Aber all das war offenbar gegenüber den Wehrmachtsidealen nicht wirksam genug. Das Leitbild in der Wehrmacht war der kämpfende Soldat an der Front, dagegen wurden Kameraden, die hinter der Front – in der Etappe – ihren Dienst taten, etwas verächtlich »Etappenhengste« genannt. Diese Sicht war auch in der zivilen Gesellschaft weit verbreitet. Zu den »Etappenhengsten« aber wollte Helmut Schmidt ganz offenbar nicht gehören.

Eine Hochzeit in drei Akten

Der erste Kampfeinsatz Helmut Schmidts dauerte etwa fünf Monate. Im Januar 1942 kehrte er von der Front zurück und musste wegen einer schweren Rheumaerkrankung, die er sich bei seinem Fronteinsatz zugezogen hatte, in ein Lazarett auf dem Venusberg bei Bonn. Als er nach seiner Genesung bei Lokis Eltern der Form halber um deren Hand anhielt, waren Hermann und Gertrud Glaser natürlich längst eingeweiht. Die bemerkenswerte Antwort des Brautvaters haben die beiden nicht vergessen: »Du kennst sie lange genug. Komm hinterher nicht und beklage dich«, hatte Hermann Glaser dem künftigen Schwiegersohn mitgegeben.[16] Bei allen Schwierigkeiten, die das Paar in den langen weiteren gemeinsamen Jahren durchzustehen hatte, Lokis starke Persönlichkeit, ihr Wille, Verantwortung zu übernehmen und Dinge selbst zu gestalten, das alles waren nie Gründe für Beziehungsprobleme, im Gegenteil. Helmut Schmidt hat diese Charakterstärken seiner Frau immer besonders geschätzt.

Ihr Selbstbewusstsein konnte Loki dann auch gleich gegenüber den Einwänden des Schwiegervaters zur geplanten Heirat unter Beweis stellen. Gustav Schmidt, der aus eigener Erfahrung wusste, wie schwer es war, sich hochzuarbeiten und eine Familie zu gründen, hielt den beiden vor, dass sie für eine Heirat viel zu jung seien und dass sein Sohn ohne einen Beruf in Friedenszeiten keine Familie ernähren könne. Sie habe aber als Lehrerin einen anerkannten Beruf, war Lokis Entgegnung, und eine Familie könne sie, wenn es denn nötig werden sollte, zunächst auch allein unterhalten.

Eine gemeinsame Wohnstatt hatte das Paar bereits gefunden. Im Frühjahr 1942 war Loki aus der elterlichen Wohnung ausgezogen und hatte ein Zimmer in der Wandsbeker Chaussee angemietet. Mit etwa zwölf Quadratmetern war es nicht gerade geräumig, aber es bot den beiden die Gelegenheit, allein für sich zu sein. Wann immer Helmut am Wochenende nach Hamburg kam, wohnten sie hier zusammen. Da dieses Zimmer nach der Hochzeit ihre erste Ehewohnung war, konnte Loki Schmidt es später detailliert beschreiben: »Außer einem Bett und einem Kleiderschrank fanden dort noch ein kleiner quadratischer Tisch und zwei Sessel Platz, die mein Vater getischlert hatte und die ich mit Bezügen aus altem bunten Stoff versah; daneben passte gerade noch eine alte Mahagonikommode, bei der mein Vater aus den beiden oberen Schubladen mit Hilfe einer Sperrholzplatte einen Schreibschrank zum Arbeiten für mich gemacht hatte. Außerdem gehörte zu dem Zimmer ein schmaler, langer Raum; unter dem kleinen Dachfenster befand sich das Klo, am Eingang ein kleines Waschbecken, daneben – auf einem Schränkchen – ein zweiflammiger Gasherd, auf dem ich kochte. Eine etwas ungewöhnliche Mischung.«[17]

Später übernahmen sie in der Gluckstraße im Stadtteil Barmbek eine komplette Etagenwohnung. Deren Besitzer waren aus Hamburg weggezogen und hatten ihnen die Wohnung überlassen. Auch in dieser zweiten Wohnung gab es wenige Möbel, aber sie war mit zwei ineinandergehenden Wohnzimmern, einem großen Schlafzimmer, Küche und Bad riesengroß. Loki kaufte zwar von ihrem Ersparten einige Möbelstücke hinzu, eine Freundin erinnerte sich jedoch vor allem an das Provisorische: »Ihre Einrichtung bestand aus Kisten und Kasten, Decken und Kissen und alten Teppichläufern. Loki wusste aus allem etwas zu machen. Geschirrteile hatten sie von überall her geschenkt bekommen.«[18] Wenn Helmut Schmidt auf Heimaturlaub war, empfingen sie häufig Freunde zu Besuch – so viel Platz wie die Schmidts hatte keiner. Er selbst notiert am Ende des Jahres in Bezug auf die häusliche Situation: »Ich bin stolz auf die tüchtige Hausfrau Loki. […] Auch meine Verwandten schließen Loki ins Herz. Wir waren uns des Wagnisses einer Ehe bewußt – und sind beglückt, sicher zu sein, daß nun alles gut laufen wird.«[19]

Pfingsten 1942 feierte das Paar auf Wunsch seiner Eltern Verlobung. Da viele Gäste zugesagt hatten, versammelte man sich auf dem Gartengrundstück von Lokis Eltern in Hamburg-Neugraben. Für die Bewirtung hatten alle ihre Lebensmittelkarten zusammengelegt, es wurde musiziert und getanzt, und da aus beiden Familien fast alle gekommen waren, wurde es »das letzte halbwegs vergnügte Familienfest der Großfamilie«.[20]

Ihre Hochzeit begingen die beiden in drei Teilen. Standesamtlich heirateten sie in Hamburg am Samstag, den 27. Juni 1942, die eigentliche Feier fand am Sonntag in der Wohnung der Familie Schmidt in der Schellingstraße statt. Ähnlich wie früher, als man die Geburtstagsfeiern der beiden Söhne zusammengelegt hatte, wurde die Hochzeitsfeier von Helmut und Loki mit der Verlobung des jüngeren Sohns Wolfgang und seiner späteren Frau Gesa Teltau zusammen gefeiert. Auch diese waren ja ehemalige Lichtwarkschüler und gehörten damit ebenfalls zu den insgesamt über sechzig Ehepaaren, die aus gerade einmal fünf koedukativen Jahrgängen der Lichtwarkschule hervorgegangen waren.

Die dritte Sequenz der Schmidt-Hochzeit bildete die kirchliche Trauung in der Feldsteinkirche der evangelischen Gemeinde zu Hambergen am Mittwoch, den 1. Juli 1942. Dieser nicht unerhebliche organisatorische Aufwand hatte einen triftigen Grund: Lokis Eltern waren erklärte Atheisten, gehörten also keiner Kirche an und hatten ihre Kinder auch nicht taufen lassen. Daher wollten Loki und Helmut, die sich beide eine kirchliche Trauung wünschten, die Glasers nicht unnötig in einen Konflikt bringen und hatten sich zu einer Trauung gänzlich ohne die jeweiligen Eltern im fernen Hambergen entschlossen. In diesem kleinen Ort, etwa 25 Kilometer Luftlinie nördlich von Bremen, in dem Loki ihr Landschulpraktikum absolviert hatte, kannte sie den damaligen Ortspfarrer der St.-Cosmae-und-Damiani-Gemeinde, Rudolf Flügge. Er hatte Loki gleich seine Bereitschaft für die Trauung erklärt und sie auch selbst vollzogen. Gemäß Kirchengesetz musste Loki allerdings vor der Trauung noch getauft werden und dafür einen vorbereitenden Taufkurs durchlaufen. Dies geschah bei Pastor Richard Remé, dem Vater eines gemeinsamen Schulfreundes, in Hamburg. Ihre weltanschaulichen Grundüberzeugungen änderten sich dadurch allerdings nicht: »Ihr Pastor glaubte an die Schöpfungsgeschichte im Alten Testament – Loki hingegen war von Charles Darwin überzeugt«, fasste Helmut Schmidt nüchtern das Ergebnis dieses Taufkurses zusammen.[21] Zu ihrer Hochzeitskirche und der Gemeinde in Hambergen hielten die Schmidts auch nach dem Krieg den Kontakt; zweimal kamen sie hierher zurück, und bei einer anstehenden Renovierung halfen sie mit zwei großzügigen Geldspenden.

Dass Helmut, der wie alle anderen Familienmitglieder der Schmidts getauft, konfirmiert und Mitglied der evangelischen Kirche war, Loki zu einer kirchlichen Trauung gedrängt hat, ist wenig wahrscheinlich. Auch er stand dem christlichen Glauben eher skeptisch gegenüber, eine Haltung, die er bis zu seinem Lebensende nicht mehr geändert hat. Vielmehr beschrieb das Paar in der Rückschau die kirchliche Trauung als einen gemeinsamen Entschluss, den sie mit der »moralischen Kraft der Kirche« und ihrer Hoffnung auf deren zukünftige Rolle beim Aufbau einer neuen, demokratischen Gesellschaft begründeten. Es war, so gesehen, auch ein »gewisser Protest gegen die Zeit«, »gegen die Tatsache, dass die Kirche inzwischen von den Nazis ja sehr angefeindet wurde«, wie es Loki Schmidt formulierte.[22] Als eine politisch motivierte Provokation gegen das Naziregime war die kirchliche Trauung der Schmidts aber gewiss nicht geplant.

Für die standesamtliche Feier wählte Loki ein Kostüm, bei der kirchlichen Trauung trug sie ein weißes Kleid. Beide Kleidungsstücke hatte sie selbst entworfen und genäht. In diesem dritten Kriegsjahr war weißer Stoff jedoch knapp und teuer, für einen weißen Schleier reichte es nicht mehr; also heiratete sie mit einem rosafarbenen Schleier und trug dazu einen selbst gebundenen Myrtenkranz.

Helmut Schmidt erschien zu beiden Trauungsfeiern in Uniform, genau gesagt, in seiner Ausgehuniform mit blauer Feldbluse, weißem Hemd und Binder, dazu das für den Fronteinsatz im Januar 1942 verliehene Eiserne Kreuz II. Klasse. Bei der kirchlichen Trauung hatte er darüber hinaus die Achselschnur in Silber angelegt, die im Wehrmachtsjargon wegen ihres überzogenen dekorativen Charakters spöttisch auch »Affenschaukel« genannt wurde. Bereits bei der Verlobungsfeier auf dem Gartengrundstück seiner zukünftigen Schwiegereltern im April 1942 war er in Uniform erschienen.

Standesamtliche Trauung am 27. Juni 1942. Trauzeugen waren die Freunde Ursel Humke und Kurt Philipp

Diese auch bei der Hochzeit nicht durch einen Anzug zu ersetzen, muss als bewusster Entschluss gewertet werden, zumindest gab es keine militärische Vorschrift, die es verlangt hätte. Schaut man sich die Fotoalben der Schmidts aus den Kriegsjahren an, dann ist die Uniform auf fast allen privaten Fotos sein bevorzugtes Kleidungsstück. Nach dem Grund befragt, hatte er viele Jahre später dafür zunächst keine Erklärung. Seine Antwort nach längerem Zögern, da müsse er wohl keinen anständigen Anzug im Schrank gehabt haben, ist wenig plausibel. Selbst wenn dies so gewesen wäre, die Möglichkeit, einen Anzug zu erwerben, war 1942 durchaus gegeben, und auch mit seinem Sold als Oberleutnant wäre das problemlos möglich gewesen. Notfalls hätte er sich den repräsentativen Verlobungsanzug mit Weste von Bruder Wolfgang für Standesamt und Kirche leihen können.

Dass Helmut Schmidt bei seiner Hochzeit Uniform trug, muss also andere Gründe als eine materielle Notlage gehabt ha-

Ihre Vermählung geben bekannt:

Helmut Schmidt
Oberleutnant im R. L. M.

Hannelore Schmidt
geb. Glaser

27. Juni 1942

Hamburg 23   im Hause: Sonntag, 28. 6. 1942
Schellingstraße 9   15 — 16 Uhr

Die Vermählungsanzeige

ben. Man muss in dieser Bekleidungswahl nun nicht gleich ein
besonderes Treuebekenntnis zum NS-Staat und seiner Wehrmacht ableiten, schließlich war das Tragen der Uniform bei Offizieren auch bei privaten Anlässen durchaus üblich. Aber dass
hier ein gewisser Stolz über die eigene militärische Laufbahn
zum Vorschein kam, kann nicht bezweifelt werden. Er hatte
sich zu einem Experten in technischen Fragen der Flugabwehr
entwickelt, war zum Oberleutnant befördert worden und hatte
für seinen Fronteinsatz eine Tapferkeitsmedaille verliehen bekommen. Auch dass er im Reichsluftfahrtministerium tätig
war, wurde ausdrücklich auf den Karten der gedruckten Hoch-
zeitsanzeige vermerkt – »Oberleutnant im RLM«.

Helmut Schmidt hatte in der Wehrmacht einen anerkannten
Platz gefunden, und offenbar war es ihm bedeutungsvoll, dies
auch bei einem so privaten Anlass wie seiner eigenen Hochzeit öffentlich zu zeigen. Eine Diskussion über seine Hochzeits-
bekleidung hatte es zwischen dem Brautpaar nicht gegeben,
zumindest konnte sich keiner der beiden daran erinnern.

Die Autorin Sabine Pamperrien, die sich mit Schmidts früher Biographie befasst hat, fällt ein zugespitztes Urteil über
die Nähe Helmut Schmidts zum Militärischen: »Die Haltung
Schmidts war – äußerlich und innerlich – immer eine militärische«,[23] schreibt sie und bezieht sich damit nicht nur auf
die frühen Jahren. Diese Charakterisierung der Persönlichkeit Schmidts erscheint – gemessen an seinen ausgeprägten
künstlerischen Neigungen und Talenten sowie seiner enormen
Lebensleistung für soziale gesellschaftliche Belange – als eine
unzulässige Reduktion, die weder dem Menschen noch dem
Politiker Helmut Schmidt gerecht wird. Dass ihm aber ein Gefallen am militärischen Gestus zu eigen war, zeigt er ganz un-
verstellt bei seiner Heirat in Uniform.

Es bleibt ein Nachtrag. Als Helmut Schmidt bei der Vorbereitung der für die Heirat notwendigen Papiere aufgefordert wurde, den berüchtigten Nachweis arischer Abstammung vorzule-
gen, versetzte ihn dies in Alarmstimmung. Würde der Eintrag
»Vater unehelich, Großvater unbekannt« auf den eingereichten
Papieren ausreichen, oder würde die Geschichte des jüdischen
Großvaters ihn und seine Familie nun doch noch einholen? Die
Sorge stellte sich als unbegründet heraus. Der Kommandeur
stempelte und unterschrieb den eingereichten Nachweis ohne
weitere Fragen. Auch die Vorstellung seiner Frau beim Kommandeur verlief reibungslos. Als angehende Offiziersfrau musste sie sich bei seinem Vorgesetzten vorstellen und hatte sich
für diesen Akt eigens ein neues Kleid genäht. Allerdings gab
ihr der zukünftige Ehemann mit, den Mantel anzubehalten und
das Gespräch möglichst kurz zu halten, um so verfängliche Fragen – wie nach der unehelichen Geburt und Herkunft des Vaters – zu vermeiden. Den Mantel hatte sie dann doch abgelegt
und sich sogar über Kunst mit dem Kommandeur unterhalten,
wobei sie ihn so für sich einnahm, dass er der Verbindung ohne
Vorbehalte seinen Zuspruch gab.[24]

4.

»Ein Vorschuss auf die Ehe«

Die ersten Jahre des Zusammenlebens

Die Jahre von 1942 bis zum Kriegsende im Mai 1945 hat Helmut Schmidt in der Kriegsgefangenschaft als »Vorschuss« auf die im Frieden erst beginnende bürgerliche Ehe bezeichnet. Dieser »Vorschuss« beginnt genau genommen aber nicht mit der Heirat 1942, sondern erst 1943, als die beiden in Bernau zum ersten Mal in ehelicher Gemeinschaft zusammenleben. Bis dahin hatte sich das Ehepaar nur am Wochenende sehen können, und das auch nur ein- bis zweimal im Monat. Das erste Jahr ihrer Ehe unterschied sich also nicht wesentlich von der Zeit, in der sie verlobt waren. 1943 fanden sie schließlich eine Wohnung auf dem Gut Schmetzdorf, etwa vier Kilometer entfernt von seiner Kaserne im kleinstädtischen Bernau. Hier erst begann das tägliche Zusammensein der beiden Schmidts, hier bekamen sie ihr erstes Kind, das sie nach nur einem halben Jahr Lebenszeit auch hier wieder verloren.

Bis zu den Sommerferien 1943 arbeitete Loki Schmidt als Lehrerin der Hamburger Schulbehörde, Helmut Schmidt war im Stab in Berlin stationiert und hatte sich zu dem benannten Experten für die leichte Flak entwickelt. Zu seinen Aufgaben gehörte es inzwischen auch, auf Truppenübungsplätzen seine Kenntnisse in der Praxis weiterzugeben. Als er im Sommer 1943 für einige Wochen auf dem Truppenübungsplatz Rerik auf der Ostseehalbinsel Wustrow eingesetzt war, nutzte Loki

Schmidt ihre Sommerferien, um ihn dort zu besuchen und verbrachte offenkundig unbeschwerte Ferientage im nahe gelegenen Kühlungsborn. Erst in der letzten Juliwoche, als Briten und Amerikaner mit den bis dahin schwersten Luftangriffen auf ihre Heimatstadt Hamburg begannen, stellten sich Sorge und Angst um die in Hamburg verbliebenen Familien ein.

Als »Operation Gomorrha« sind diese über mehrere Tage und Nächte andauernden Bombardierungen der Hansestadt in die Kriegsgeschichte eingegangen. Mehr als 35 000 Menschen verloren ihr Leben. In der Nacht flog die britische Royal Air Force ihre Angriffe, am Tage griffen amerikanische Verbände Hamburg an. Beim zweiten Großangriff der Briten in der Nacht vom 27. auf den 28. Juli entwickelte sich aus den Flächenbränden ein Feuersturm unermesslichen Ausmaßes. Es ist der Angriff mit den weitaus höchsten Opferzahlen. Die riesigen schwarzen Wolken der Brände konnte man selbst im weit entfernten Kühlungsborn noch sehen. Mit Hilfe der Eintragungen im Taschenkalender von Helmut Schmidt lassen sich dieses Geschehen und die Sorgen des Paars in diesen Tagen recht gut rekonstruieren. Kurz vor den ersten Angriffen auf Hamburg war Schmidt allein nach Berlin zu seiner Einheit zurückgefahren, Bombardierungen und Fliegerangriffe hatten seine Fahrt begleitet.

»26. Juli: Sturz Mussolinis. Auf Hamburg waren schwere Angriffe. Ich fahnde unruhig nach Loki und den Hamburger Angehörigen.

27. Juli: Die Angriffe auf Hamburg wiederholen sich. Noch keine Nachrichten.

28. Juli: Karte und Lebenszeichen von Vati vom Sonntag (25. Juli), Verabredung mit Loki [zwecks Nachreise nach Berlin].

29. Juli: Loki kommt nachts an, demoralisiert und erschöpft. Unterwegs wieder Fliegerangriffe. Ich rechne nicht mehr mit unserer Hamburger Wohnung.

30. Juli: Wir sind vergnügt und freuen uns, daß wir leben.

31. Juli: Ich fahre nach Hamburg. Die Katastrophe ist unvorstellbar. Wiedersehen mit meinen Eltern ... 5 Stunden durch die Trümmerstätten. Die noch angetroffene Bevölkerung zeigt einen guten Geist.« [1]

Wie sich in den nächsten Tagen und Wochen herausstellt, sind zwei nähere Verwandte aus der Großfamilie der Glasers bei den Bombardierungen ums Leben gekommen, alle anderen haben die Katastrophe überlebt. In beiden Familien haben jedoch alle ihre Wohnungen verloren, auch das junge Ehepaar Schmidt. In der Nacht vom 29. auf den 30. Juli hatte die Royal Air Force Barmbek in Schutt und Asche gelegt, auch in der Gluckstraße. Alles, was Loki und Helmut Schmidt lieb und teuer war, ist vernichtet: die selbst gemalten Bilder des Vaters und die von Loki, Fotos, Briefe, Dokumente, Bücher und die gesamte Wohnungsausstattung. Mit all dem verloren sie – wie so viele Hamburger – auch einen Teil ihrer eigenen Geschichte und ihrer Identität.

Das Paar in Bernau

Als Loki Schmidt endlich in Berlin ankam, wurde schnell deutlich, dass es keinen Weg zurück ins zerstörte Hamburg für sie geben konnte. Einige Wochen wohnten die beiden im Haus von Verwandten in der Siedlung »Freie Scholle« im Berliner Stadtteil Tegel. Als die Dienststelle von Schmidt nach Bernau verlegt wurde, folgte Loki ihm dorthin. Inzwischen wusste sie, dass alle Schulen im Stadtgebiet der Hansestadt geschlossen waren, und eine andere Beschäftigung für sie offenbar nicht infrage kam. Ein Offizierskamerad überließ ihnen in Bernau ein Zimmer in seiner ehelichen Wohnung: Es war mit etwa sechs Quadratmetern die kleinste Unterkunft, die sie in ihrer langen Ehe jemals bewohnten.

Wenig später fanden die beiden auf dem Berliner Stadtgut Schmetzdorf Unterkunft in einem für Saisonarbeiter aus Polen errichteten Seitengebäude. Es war eine recht einfache, aber geräumige Wohnstatt, Wasser gab es an einer Pumpe draußen im Hof. Sie hatten eine eigene Küche, ein Schlaf- und Wohnzimmer. Nach den Wochen in der Wohnung des Offizierskameraden war das eine erhebliche Verbesserung. Das Gut Schmetzdorf gibt es heute noch, und auch das »Schnitterhaus«, wie die Schmidts das Haus für die Landarbeiter nannten, findet man noch. Es ist saniert und modernisiert, einfach wirkt es jedoch immer noch.

Gemessen an anderen Kriegsehen, in denen die Männer oft für Jahre an der Front blieben, getrennt von ihren Frauen und Familien, hatten es die Schmidts hier besser. Sie lebten an seinem Standort zusammen, konnten oft sogar die Nächte gemeinsam verbringen und bekamen in Bernau wenig von den direkten Auswirkungen des Krieges mit. Bei dem befreundeten Standortarzt Dr. Arnold und dessen Frau gab es gelegentliche Hauskonzerte, im Offizierskasino gesellige Zusammenkünfte, Lästereien über die »Braunen« eingeschlossen. Loki hielt auch privaten Kontakt zu einigen Ehefrauen der Offizierskameraden ihres Mannes. Einmal kamen sogar die Eltern von Helmut Schmidt nach Schmetzdorf zu Besuch und erstanden im nahen Berlin mit ihren Marken Wäsche und Bettzeug, alles Dinge, die sie bei der Totalzerstörung ihrer Wohnung im Juli 1943 verloren hatten und die es in Hamburg nicht mehr zu kaufen gab. Im Rückblick erlebte das junge Ehepaar trotz des Krieges durchaus kleine Freuden in Bernau, daran klammerten sie sich.

Dennoch wuchs die Sorge, dass das Kriegsgeschehen auch sie erreichen werde. Mit der Vernichtung der 6. Armee in der Schlacht bei Stalingrad zu Beginn des Jahres 1943 wurde die Niederlage der deutschen Wehrmacht an der Ostfront eingeleitet, und folgt man dem, was die Schmidts berichteten, war wohl den meisten Offizieren in Bernau klar, dass der Krieg nicht mehr zu gewinnen war. Umso unverständlicher war es für Loki, dass ihr Mann immer wieder seinen Wunsch nach einem Fronteinsatz bekundete. Diese Festigkeit des Pflichtgefühls, gepaart mit der Überzeugung, dass ein Soldat sich selbst zu diesem Zeitpunkt noch an der Front zu beweisen hätte, blieb Loki Schmidt zutiefst fremd und bereitete ihr Sorge.

Immer wenn ihr Mann aus dienstlichen Gründen unterwegs war, fühlte sie sich im abgeschiedenen Schmetzdorf isoliert, ein Gefühl, das man beim Besuch des Landstriches auch heute noch nachvollziehen kann. Bei seinen Dienstreisen ging es, wie schon erwähnt, um eine bessere Ausbildung an leichten Flakwaffen und eine Optimierung des Einsatzes. Immer wieder wird er zu Schießplätzen abkommandiert, fährt zu Schulungen und Vorträgen im gesamten Deutschen Reich, sogar zu Standorten in den besetzten Gebieten Belgiens, Frankreichs, Dänemarks und der Slowakei. Mehrfach war er in Paris, erkundete die Stadt und ihre Architektur, dachte aber auch an seine Frau und machte Besorgungen für sie. Die Damen am Place Pigalle oder im Casino de Paris scheinen ihn nicht sehr beeindruckt zu haben. »Viel Fleisch« ist das Einzige, was er davon in seinem Taschenkalender festhält.[2]

Bei den vielen Dienstreisen und den damit verbundenen längeren Abwesenheiten ihres Mannes traf es sich gut, dass Loki Schmidt im Herbst 1943 in Bernau noch einmal als Lehrerin arbeiten konnte. Da sie weiter ihr Gehalt per Postanweisung aus Hamburg erhielt, hatte der zuständige Hamburger Schulrat ihr geraten, vor Ort tätig zu werden. So unterrichtete sie im

Schuljahr 1943/44 an der Stadtschule für Mädchen in Bernau. Richtig glücklich machte sie das nicht, die strenge Pädagogik der Kollegen war ihr fremd, ihre eigene, auf das Kind gerichtete Art zu unterrichten, fand dort wenig Akzeptanz.

Der Sohn Helmut Walter

Im Februar 1944 erhielten die Schmidts eine unerwartete Botschaft. Loki hatte sich unwohl gefühlt und den befreundeten Doktor Arnold aufgesucht. Dieser hatte ihr nach der Untersuchung mitgeteilt, dass sie schwanger sei. Er riet zur Vorsicht und bewirkte ihre Freistellung von der neuen Schule. Für das Ehepaar war Lokis Schwangerschaft eine beglückende Nachricht. Trotz Krieg und unklarer Zukunft, Loki und Helmut freuten sich ohne jede Einschränkung auf ihr Kind. Beide vereinte ein starker Kinderwunsch, ja, beide wünschten sich eine möglichst große, gemeinsame Familie.

Am Morgen des 26. Juni bringt Loki Schmidt nach einer langen, schwierigen Geburt ihr erstes Kind zur Welt. Als sie aus dem Kreißsaal kommt, wartet ihr Mann mit einem Strauß duftender weißer Pfingstrosen auf sie. In den kommenden Jahren ihrer Ehe würde ihr Mann ihr noch viele Sträuße weißer Pfingstrosen schenken – jeder Einzelne hat sie an die Geburt ihres Sohnes erinnert.

Allerdings ist die Freude nach der Geburt des ersten Kindes getrübt. Helmut Schmidt spricht in seinen Aufzeichnungen von einer anfangs »entsetzlichen Enttäuschung« der jungen Eltern.[3] Der Grund ist, dass das Kind mit einer genetisch bedingten Anomalie geboren wurde. Die persönlichen Sorgen der Eltern um das Wohlergehen des Kindes wurden gewiss durch die zeitbedingten Umstände verstärkt. In der NS-Diktatur, in der alles, was der Norm nicht entsprach, abgelehnt wurde, löste

die Geburt eines Kindes mit einer körperlichen Fehlentwicklung mit Sicherheit Ängste bei den Eltern aus. Die Schmidts haben über ihr erstes Kind in der Öffentlichkeit zwar spät, dann aber ausführlich berichtet. Auf den Grund ihrer anfänglichen »Enttäuschung« haben sie allerdings nie eingehen wollen. Der Wunsch, dies im Privaten zu lassen, war ihnen bis zuletzt ein wichtiges Anliegen.

Den ersten Schock und die Sorgen hatten die Eltern aber bald überwunden, das Neugeborene wächst ihnen schnell ans Herz.

Von Loki selbst gefertigte Geburtsanzeige ihres Erstgeborenen

Auch spricht Dr. Arnold ihnen Mut zu. Die Entwicklung des Kindes verlaufe normal, auch könne man später eine korrigierende Operation in Betracht ziehen. Voller Freude und Stolz malt und beschriftet Loki per Hand die Geburtsanzeige für den kleinen Helmut Walter.

Bei dieser Geburtsanzeige fällt auf, dass es im Unterschied zur Heiratsanzeige keinen Hinweis mehr auf den Offiziersrang des Vaters Helmut Schmidt gibt. Ohne sein Einverständnis wird Loki dies nicht gemacht haben. War seine Desillusionierung durch den Verlauf des Krieges inzwischen so weit fortgeschritten, dass ihm sein militärischer Rang nicht mehr so wichtig war?

Am 28. Oktober lassen die Eltern ihr Kind auf den Namen Helmut Walter taufen: Helmut, der Name des Vaters, Walter, nach Walter Plennis, seit der Rekrutenzeit guter Freund und Kamerad von Helmut Schmidt. Ein Ruf- und Kosename war auch schnell gefunden: Moritz, oder auch zärtlich Moritzelchen, denn Helmut Schmidt und Walter Plennis firmierten im Freundeskreis als »Max und Moritz«. Als Taufpatin war Helmuts Mutter, Ludovika Schmidt, angereist, sie blieb die einzige Patin. Der eigentlich ebenfalls als Taufpate vorgesehene Walter Plennis war weit entfernt im Fronteinsatz. Von der Familie Glaser wollte das Paar niemanden bitten, denn die Themen Kirche und Religion blieben weiterhin tabu.

Da keine Wiederaufnahme ihrer Lehrtätigkeit in Bernau zu erwarten war, stand für die junge Mutter fortan der Alltag mit dem Kind im Mittelpunkt ihres Lebens. Ausflüge nach Bernau wurden selten, und ab der zweiten Januarwoche 1945 war sie mit dem Kind allein auf Gut Schmetzdorf. Ihr Mann war in die Eifel zum Kampfeinsatz an der Westfront abkommandiert worden. Schon Weihnachten und Silvester hatte die junge Familie in der Gewissheit zusammen gefeiert, dass die Tage des Zusammenseins gezählt waren. Der endgültige Abschied fiel schwer, und beide vergossen Tränen, blieb doch die Zukunft für die Kleinfamilie äußerst ungewiss. Würden sich die Rückzugskämpfe an der Westfront noch lange hinziehen, und was war zu erwarten, wenn die Rote Armee Bernau einnahm? Fragen, auf die es natürlich keine Antworten gab.

Für seinen nun zweiten Fronteinsatz nach 1941/42 war Helmut Schmidt das Kommando über eine leichte motorisierte Flak-Batterie übertragen worden. Der dafür eigentlich notwendige »Cheflehrgang« entfiel aus kriegsbedingten Gründen. Schmidt selbst sah in seiner Versetzung an die Front eine Schutzmaßnahme seiner Vorgesetzten, um ihn vor einem Verfahren wegen »Wehrkraftzersetzung« zu schützen. Denn bei seinem Einsatz auf dem Truppenübungsplatz Rerik hatte er im Kameradenkreis wieder einmal kritische Bemerkungen über einige Nazigrößen gemacht. Es hatte eine Anzeige gegeben, und man wusste, dass solche Verfahren in den letzten Kriegsmonaten meist mit der Todesstrafe endeten.[4]

Herbstliche Allee in der Nähe des Gutes Schmetzdorf,
November 1944

Nur wenige Tage nachdem Schmidt seine Frau und seinen
Sohn auf dem Gut Schmetzdorf zurückgelassen hatte, wurden
Lokis Sorgen um den Ehemann von schweren Ängsten um die
Gesundheit ihres Kindes überlagert. Helmut Walter hatte plötz-
lich hohes Fieber bekommen, die von ihr eingesetzten üblichen
Hausmittel zeigten keinerlei Wirkung. Der hinzugezogene
Dr. Arnold konnte zwar keine exakte Diagnose treffen, vermute-
te jedoch eine schwere Hirnhautentzündung. Dafür standen
dem Arzt jedoch nicht die Medikamente, die hätten helfen kön-
nen, zur Verfügung. Die Gabe von Sulfonamiden blieb bei der
Schwere der Erkrankung ein wirkungsloses Unterfangen, stattdessen verschlechterte sich die Situation des Säuglings rapide.
Außer Wadenwickeln, Schweißtrocknen und Zuwarten konnte Loki gegen das hohe Fieber und die Krämpfe des Kleinen

nichts ausrichten. Schließlich verlor das Kind unter den Augen der Mutter das Bewusstsein und starb am 19. Januar um vier Uhr morgens, wie auf der Sterbeurkunde des kleinen Helmut Walter Schmidt als Todeszeitpunkt vermerkt wird.[5]

Loki Schmidts seelischer und körperlicher Zustand nach dem Tod ihres ersten Kindes war besorgniserregend. Sie hatte während der heftigen Erkrankung ihres Sohnes kaum geschlafen und gegessen, die eigene Hilflosigkeit und Unfähigkeit, das Kind zu retten, lasteten schwer auf ihr. In den ersten Tagen kam sie bei der Arztfamilie Arnold unter. Der Zuspruch und die Unterstützung der Freunde halfen ihr in dieser Lebenskrise über das Schlimmste hinweg. Für die Bestattung ihres Sohns erstand sie einen kleinen weißen Sarg, auf dem wenige Kilometer entfernten Friedhof des kleinen Nachbarortes Schönow wurde der Leichnam zu Grabe getragen. Pfarrer Werner Kintzel, der den Erstgeborenen der Schmidts auch getauft hatte, hielt in der kleinen, kalten Friedhofskapelle eine kurze Trauerfeier ab. Die trauernde Mutter war mit dem Pfarrer fast allein. Nur zwei oder drei Offiziersfrauen waren gekommen, um Loki in dieser schweren Stunde beizustehen und Trost auszusprechen.

Ihrem Mann hatte sie gleich nach dem Tode des Kindes einen Feldpostbrief geschrieben, doch dieser sollte ihn genauso wenig erreichen wie ein weiterer Brief, den sie von Bernau aus abschickte. Aus seinen Aufzeichnungen ist zu ersehen, dass er sich noch Anfang Februar Sorgen um seine kleine Familie machte, da die Front im Osten unerbittlich näherrückte. Er wusste um die militärische Gefahr, doch er wusste nicht, dass seine Frau Bernau inzwischen längst verlassen hatte.

Nach der Beisetzung ihres Sohnes zog es Loki Schmidt zurück zu ihren Eltern. All die Belastungen konnte sie allein nicht mehr tragen, also machte sie sich auf den Weg nach Hamburg. Die Eltern lebten seit ihrer Ausbombung auf ihrem Wochenendgrundstück in Neugraben bei Harburg in einer Behelfshütte. Dort angekommen, schrieb sie erneut an ihren Mann, der endlich am 20. Februar die Nachricht vom Tode seines Kindes erhält. Sofort beantragt er Sonderurlaub und macht sich auf, seine Frau zu besuchen.

Wider alle Vernunft und auf abenteuerlichen Wegen machen sich Loki und Helmut Schmidt von Hamburg aus noch einmal auf den Weg nach Bernau. Schmidts ehemaliger Chef, General Rantzau, inzwischen Befehlshaber des Luftgaukommandos XI mit Sitz in Hamburg, hatte ihm dafür pro forma einen dienstlichen Marschbefehl erteilt und Loki Schmidt als Flakhelferin ausgewiesen.

Am Grab in Schönow ist die Trauer der beiden groß, beide weinen und trösten sich gegenseitig. Helmut macht sich genaue Aufzeichnungen zur Lage des Grabes. Sie ahnen, dass es einige Zeit dauern würde, bis sie hierher zurückkommen könnten. In der Wohnung auf dem Gut Schmetzdorf packen sie einige wichtige Sachen ein. Die wenigen Stunden dort lösen bei ihnen »Heimweh und den Wunsch dazubleiben« aus, wie Schmidt in seinem Taschenkalender festhält.[6]

Nach nur einem Tag geht es für die beiden zurück nach Hamburg, es folgt ein weiterer schwerer Abschied, als Helmut sich wieder auf den Weg zu seiner Truppe machen muss. Und wieder die Frage: Werden die beiden sich wiedersehen?

Die Geschichte um den Tod des kleinen Moritz wird hier so ausgiebig geschildert, da der Tod des ersten Kindes, die Probleme, Helmut Schmidt davon in Kenntnis zu setzen, und die gemeinsame letzte Reise nach Schönow für die beiden zu einem bedeutenden Baustein ihrer gemeinsamen Lebensgeschichte geworden ist. Mehrfach haben sie öffentlich darüber gesprochen. Wenn sie davon erzählten, konnte man auch nach Jahrzehnten die damit verbundenen schweren Gefühle spüren. Bis ins Detail hatten sie sich erinnern wollen. Die Nummerierung der Feldpostbriefe, die Loki Schmidt an ihn versandt hatte, ist dafür ein Beispiel: Immer gaben sie den entscheidenden Brief, mit dem er die Nachricht erhielt, mit einer genauen Ziffer an. Über die Jahre variierten die Ziffern der Feldpostbriefe in den verschiedenen Beschreibungen der Schmidts, doch das ist ob des langen Zeitraums verständlich und unwichtig. Bedeutsam ist viel mehr das Bemühen der beiden, den Vorgang immer möglichst genau beschreiben zu wollen.

Der Tod des Sohnes war ein bedeutungsvolles Ereignis in ihrem gemeinsamen Leben, und dennoch scheinen die beiden den Verlust bemerkenswert gut verarbeitet zu haben. Loki Schmidt hatte bereits wenige Tage nach der Beerdigung Abschied genommen, der Kampf um das Alltägliche in diesen letzten Wochen und Monaten des Krieges war schwer genug. Gemeinsam hatten sie noch einmal Anfang März 1945 bei ihrem letzten Besuch in Bernau getrauert und sich am Grab vom »Moritzelchen« verabschiedet. Innerlich immer wieder zu diesem Verlust zurückzukehren, das wollten aber beide nicht. In den Worten Loki Schmidts liest sich das so: »Der Sohn ist gestorben, um den konnte ich mich nicht mehr kümmern. In meinem täglichen Leben war so viel zu bewältigen – auch was meine weitere Familie, meine Eltern betraf –, da habe ich mir nicht die Zeit genommen, solchen sentimentalen Gefühlen nachzugehen.«[7] Ihr Mann dachte nicht anders. Beide Schmidts stellten sich der Realität.

Es dauerte schließlich bis zum Dezember 1979, ehe Loki Schmidt sich erneut auf den Weg nach Schönow machte. Die Pflege des Grabs wussten sie fortan gut aufgehoben in den Händen des ortsansässigen Pastorenpaars Angelika und Norbert Lautenschläger. Dafür waren sie den Lautenschlägers dankbar und zeigten ihnen das auch. Der umfangreiche Briefverkehr, den Loki Schmidt mit den Lautenschlägers über Jahrzehnte aufrecht erhielt, ist dafür ein eindrucksvolles Beispiel.

»Wenn nur Loki lebt ...« Kriegsende und Gefangenenlager

Als Helmut Schmidt zu seiner Truppe zurückkehrte, fand er sie in aussichtslose Kämpfe gegen die Amerikaner nahe Bullay an der Mosel verwickelt. Es waren reine Abwehrkämpfe, Unterstützung gab es keine, die Lage der Soldaten war verzweifelt. Am 19. März löste Schmidt in eigener Verantwortung die von ihm befehligte Truppe auf – jeder musste nun seinen eigenen Weg zurück finden oder sich freiwillig in Kriegsgefangenschaft begeben.

Auf Schusters Rappen machte er sich auf, zurück nach Hamburg. Zunächst zusammen mit zwei Kameraden, nachdem sie Bremen passiert hatten, jedoch allein. Über das Ende der Kämpfe war er erleichtert, der Weg zurück aber erwies sich als beschwerlich. Am Tage versteckte er sich, des Nachts marschierte er, Loki dabei sein »einziger Gedanke«.[8]

Zwei Marschtage von Hamburg entfernt wird er in der Lüneburger Heide von zwei britischen Soldaten aufgegriffen und festgenommen. Er kommt ins Kriegsgefangenenlager, zunächst unter freiem Himmel auf einer Schlosswiese bei Brüssel, nach wenigen Tagen in das Offizierslager 2226 in Jabbeke in Westflandern. Hier leben die Gefangenen bei schlechter Ernährung in Zelten zu jeweils sechs Mann.

»Haltung plus Anstand ist das einzige, was wir uns bewahren können. Ich fühle mich sehr sicher. Bin gewiss, dass Energie, Selbstbewusstsein plus Selbstbeherrschung stets ausreichen werden. Wenn nur Loki lebt. Nichts anderes ist wichtiger.« Fast selbstbeschwörend klingt dieser Eintrag vom 30. April in seinem Taschenkalender. Er zeigt aber auch, dass für ihn und seine Zukunft seine Frau Loki das Allerwichtigste ist.[9]

Im Gefangenenlager durchlebt er bis zu seiner Entlassung im August eine Mischung aus unterschiedlichen Gefühlen und Haltungen: Freude über das Ende des Krieges, Larmoyanz darüber, dass er nun gefangen war und nicht wusste, wie es weiterging, ernsthaftes Bemühen um Neuorientierung und Abstand zu denen, die an die Verbrechen der Nazis nicht glauben wollten und denen, die unter den engen und bedrückenden Verhältnissen des Lagerlebens den Anstand verloren hatten. Über allem aber standen Sorge und Sehnsucht nach Loki. Das Sternbild des Großen Bären, das die beiden als Symbol ihrer Verbundenheit vor seinem ersten Einsatz an der Ostfront ausgewählt hatten, suchte er nachts am Himmel:

> *Ich lerne es, in seiner Betrachtung mich völlig gegen die aufdringlichen Äußerungen der engen Außenwelt abzuschließen und mich zu versenken in die Gedanken an Dich, Loki, und in Dein Bild. Wenn ich unsere Sterne anschaue, so sehe ich Dich: schlafend oder in Schmetzdorf am Fenster stehend mir mit den Augen zuwinkend. […] Ich sehe Dich so unmittelbar, dass ich mit Dir sprechen und Dich streicheln kann. Liebste, wie lange noch?«* [10]

Als in den Wochen nach der Kapitulation ein erster Kamerad aus dem Gefangenenlager Jabbeke in die Freiheit entlassen wird, steckte er ihm einen Zettel für seine Frau zu, ein kurzes Lebenszeichen. Da er nicht wusste, wo Loki sich inzwischen aufhielt, adressierte er ihn an ihre Eltern in Neugraben. Zettel dieser Art kursierten in diesen Wochen und Monaten zu Tausenden. Sie wanderten mitunter von einem Boten zum anderen. Meist kamen sie an, so auch dieser. »Gefangen genommen kurz vor Hamburg, nach Belgien, aber ich lebe«, stand darauf. [11] Zumindest wusste Loki nun, dass ihr Mann den Krieg überlebt hatte.

Tagsüber liest Schmidt alles, was ihm im Lager zugänglich ist. Er bemüht sich, seinen Bildungshunger in dem von den Gefangenen organisierten »Vorlesungsbetrieb« zu stillen, besucht Veranstaltungen zu verschiedensten Themen und belegt Englischkurse. Vor allem beteiligt er sich an politischen Diskussionen und hält selbst einen Vortrag über den Prozess gegen die Angeklagten des 20. Juli. Darin lässt er keinen Zweifel an der Berechtigung der Rebellion, berichtet über die abscheuliche Verhandlungsführung Freislers, verurteilt gleichzeitig aber auch den Dilettantismus bei der Ausführung des Attentats.

Im Lager lernt er den Pädagogen und Lehrerbildner Hans Bohnenkamp kennen. Dessen Vortrag mit dem Thema »Verführtes Volk« hinterlässt bei Schmidt einen starken Eindruck, er empfindet ihn als »eine groß angelegte moralische und politische Generalbewertung des Dritten Reiches«.[12] Für Schmidts Neuorientierung wird Bohnenkamp zu einer wichtigen Bezugsperson. Ihm habe er »die ersten positiven Grundvorstellungen von Demokratie, von Rechtsstaat und vom Sozialismus« zu verdanken, schreibt er und fügt hinzu, dass Bohnenkamp ihn zu einem Sozialdemokraten gemacht habe.[13] Doch Bohnenkamps Lagervortrag zum »Verführten Volk« spaltet die gefangenen Offiziere. Viele beschimpfen Bohnenkamp als Nestbeschmutzer, andere, wie Schmidt, schließen sich seiner Bewertung des verbrecherischen Regimes der Nazis an.

Loki scheint in diesen Monaten seiner Gefangenschaft ein Synonym für die Zukunft geworden zu sein. Aus den Gedanken an sie gewinnt er eine »große innere Befriedigung«, er beschäftigt sich mit der gemeinsamen Familienplanung und »der Erziehung unserer Kinder(!)«. Und er schreibt: »Loki soll meine Hände führen, so bei dieser Arbeit [dem Schreiben], wie bei allen ferneren, die ich nach diesem Untergang weiter tun werde.«[14] Worte wie diese spiegeln starke innere Gefühle, vielleicht aber auch die Einsicht, dass Loki in der Vergangenheit ein besseres Leitbild gewesen wäre als das von ihm so lang befolgte Pflichtgefühl gegenüber einem verbrecherischen Staat.

Bereits am 23. August 1945 wurde Helmut Schmidt aus der Gefangenschaft in Jabbeke entlassen. Sein Auftreten im Kreise der Mitgefangenen, seine Parteinahme für Bohnenkamp, die Selbstauskünfte auf verschiedenen Fragebögen und die wiederholten Befragungen durch britische Offiziere hatten dazu geführt, dass er als unbelastet eingestuft wurde. Nach den internen Kategorien der Briten erhielt er die Farbe »grün«, und das hieß: kein NS-Anhänger. Von Männern wie Schmidt erhofften sich die Briten einen positiven Beitrag für den Neuanfang des zerstörten Landes, für die Überwindung des Nationalsozialismus und den Aufbau eines demokratischen Staates. Die frühe Entlassung mag für Schmidt »unverhofft« gewesen sein, für die Briten war es die Befolgung einer offenkundigen politischen Strategie zum Neuanfang im besiegten Deutschland.

Es gab nicht viel, was Helmut Schmidt auf seinen Heimweg mitnehmen konnte, das selbst hergestellte kleine Schachspiel und seine schriftlichen Notizen waren ihm wohl das Wichtigste. So ging es los, per Lastwagen nach Segeberg in Schleswig-Holstein, dem Entlassungslager der britischen Zone. Von da aus ging es zu Fuß nach Hamburg und weiter nach Neugraben, dieses Mal mit der Sicherheit, dass er ankommen würde. Und wieder war Loki sein »einziger Gedanke«.

Über die Zeit seiner Gefangenschaft in Belgien hat Helmut Schmidt seiner Frau viel und detailliert berichtet. Diese etwa vier Monate bedeuteten für ihn den Beginn eines neuen Lebens. Der »Vorschuss« auf die Ehezeit, wie er die Ehejahre in der NS-Zeit genannt hatte, war mit der Gefangenschaft in Jabbeke zu einem Ende gekommen. Damit Loki sich eine Vorstellung von dem Ort machen konnte, reisten sie später sogar gemeinsam dorthin, in diese kleine Gemeinde im Nachbarland Belgien. Auch in Lokis Vergangenheit machten sie eine gemeinsame Reise. In den frühen fünfziger Jahren fuhren sie mit Tochter Susanne nach Hutschdorf, wo Loki ihre KLV-Zeit verbracht hatte und von wo aus sie im Sommer 1941 ihre Reise nach Berlin zu dem folgenreichen Wiedersehen mit Helmut angetreten war.

5.
Die Schmidts in der NS-Zeit: »Durchwursteln«, Pflichtbewusstsein und Scham

Stolz waren die Schmidts bei weitem nicht auf ihr Leben und Handeln als Erwachsene in der NS-Zeit. Nicht, dass sie in schuldhaftes Verhalten verwickelt gewesen wären – keiner der beiden war in einer herausragenden Position, keiner war Mitglied in der NSDAP geworden, keiner hatte mit irgendwelchen NS-Stellen kollaboriert oder jemand anderem durch Weitergabe von Informationen geschadet. Dennoch beschrieb Loki Schmidt ihr Leben während der NS-Zeit wie folgt: »Man hat sich so in der Nazizeit durchgewurstelt.«[1]

Dabei hatte sie vielleicht an ihre Rolle im BDM gedacht, an den fehlenden Mut, bei den vielen Widerwärtigkeiten der Nazis im Alltag nicht entschieden zu widersprechen, oder auch an Kleinigkeiten wie das verabscheute, aber dennoch oft ausgesprochene »Heil Hitler« in Schule, Beruf und im öffentlichen Leben. Belastet hat sie vielleicht auch der von der NS-Behörde eingeforderte und letztlich von ihr selbst gestellte Antrag auf eine NSDAP-Mitgliedschaft, als sie 1940 Lehrerin werden wollte. Über viele Details aus den Jahren ihres Studiums und ihrer Berufstätigkeit während der NS-Zeit hat sie später in Gesprächen und Publikationen berichtet, aber über diesen Antrag ist sie in all ihren Berichten hinweggegangen. Da dieser Antrag nach dem Krieg mitverantwortlich war für ihre Suspendierung und die bis zum Dezember 1946 wirksame Entlassung aus dem Schuldienst, hat sie über diese einschneidenden Vorgänge im Rahmen ihres Entnazifizierungsverfahrens dann auch nicht berichtet. Wenn man sich vor Augen hält, dass es im Anschluss an ihren Aufnahmeantrag nie zu einer Mitgliedschaft gekommen ist, wirkt dieses Schweigen unverständlich. Letztendlich war sie schließlich im Entnazifizierungsverfahren am Ende zu Recht rehabilitiert worden.

Erstaunlich blass bleiben auch die Schilderungen, wie die Familie die Nazizeit erlebte und wie zu Hause darüber gesprochen wurde. Denn dass bei den Glasers darüber gesprochen wurde, davon kann man ausgehen. Bruder Christoph verkehrte offenbar in Kreisen der Swing-Jugend, die von den Nazis streng verfolgt wurde, und die Eltern waren ja schon in der Weimarer Republik strikte Gegner der Nationalsozialisten gewesen. Politisch sozialisiert wurden Hermann und Gertrud Glaser durch die Novemberrevolution von 1918. Beide hatten sich aktiv an Versammlungen, Aufrufen und anderen Aktivitäten zur Gründung einer sozialistischen Republik beteiligt. Nach Gründung der KPD gehörten sie in Hamburg sogar zu den ersten Mitgliedern dieser neuen Partei – ein Faktum, das im Übrigen bei den Schmidts auch nie Erwähnung fand –, dann aber zogen sie sich wegen des grassierenden Sektierertums wieder aus der Partei zurück.[2] Zumindest über Hermann Glaser lässt sich aber sagen, dass er Sympathie und Interesse am Aufbau eines kommunistischen Staats in der Sowjetunion nie verloren hat.

Das Anwachsen der Nazibewegung hatten sie, wie Gertrud Glaser schreibt, »sorgsam beobachtet«. Die Verfolgung der KPD, der SPD und der Gewerkschaften durch die Nazis nach 1933 waren bei den Glasers sicher ein Thema. Es wurden Bekannte wie Lokis Lehrerin Ida Eberhardt oder Freunde wie Kurt Adams, stellvertretender Leiter der Volkshochschule, von den Nazis drangsaliert und aus ihren Stellungen entlassen.

Kurt Adams wurde später sogar von den Nazis verhaftet und ins KZ verschleppt. Dort starb er im Oktober 1944 entkräftet und krank nur wenige Wochen nach seiner Einlieferung.

Gewiss war auch der Hitler-Stalin-Pakt vom 24. August 1939 für die Glasers wie für alle, die mit dem Widerstand der Kommunisten sympathisierten, ein Schlag ins Gesicht. Die Sowjetunion hatte ihnen als natürlicher Feind des Faschismus gegolten, und dass Stalin mit der Sowjetunion aus der Front der Hitler-Gegner ausscherte, sorgte bei vielen Unterstützern für schwerste Irritationen und Ablehnung.

Man darf annehmen, dass das alles bei den Gesprächen der Glasers zu Hause nicht unerwähnt blieb, und da Loki bis zum Frühjahr 1942 mit ihren Eltern in der kleinen Wohnung in der Snitgerreihe zusammenlebte, kann das meiste, das hier besprochen wurde, nicht an ihr vorbeigegangen sein, auch wenn die Eltern, wie sie berichtete, bemüht waren, sie aus Gründen der Vorsicht nicht in alles einzubeziehen.

Das Aussparen solcher biographischen Details ist auch deshalb so schwer verständlich, weil Loki bei ihrer konkreten Arbeit als Lehrerin ganz offensichtlich die politischen Ziele und Vorgaben der NS-Behörden ignorierte. Ein jüngerer Kollege, mit dem sie sich häufig in den Pausen außerhalb des Lehrerzimmers der Schule am Bauerberg austauschen konnte, wie auch ihr Schulrat haben nach 1945 ihre antinazistische Haltung bestätigt.[3]

Auch aus dem Kreis ihrer ehemaligen Schüler aus den Jahren 1940 bis 1943 ist nicht eine einzige kritische Anmerkung zur politischen Haltung ihrer Lehrerin bekannt geworden. Im Gegenteil, die Ehemaligen suchten auch nach dem Krieg Kontakt zu ihr, man traf sich zum Kaffeetrinken, und einzelne Schüler hielten über diese Treffen hinaus sogar engere Verbindungen zu ihr. Loki Schmidt war eine bei ihren Schülern beliebte und als integer geachtete Lehrerin, daran kam nie ein Zweifel auf.

Bemerkenswert ist ebenfalls, dass sie sich weder als Studierende noch als aktive Lehrerin dem NS-Lehrerbund (NSLB) angeschlossen hat, obwohl der Druck erheblich war. Bei einer Erfassung der Hamburger Lehrerschaft im NSLB von über 90 Prozent nahm Loki Schmidt damit eine Ausnahmestellung ein. Mit dem Verweis auf ihre Mitgliedschaft in der NS-Volksfürsorge rechtfertigte sie sich damals vor der Schulleitung. Allerdings war bekannt, dass die NSV-Mitgliedschaft von vielen als Alibi benutzt wurde, um nicht Mitglied in anderen NS-Organisationen werden zu müssen.

Bei allen kleineren Konzessionen, etwaigem »Durchwursteln« und späterem Auslassen von Details in ihrer Biographie, ein Sympathisieren von Loki Schmidt mit den Nazis hat es höchstwahrscheinlich zu keinem Zeitpunkt gegeben. Ihr eigenes Fazit, dass letztlich die sozialistisch geprägte Haltung der Eltern und das proletarische Milieu auf sie stärker gewirkt hätten als die Einflüsse der Nazi-Ideologie, steht außer Frage.[4]

Helmut Schmidt schildert seine Haltung gegenüber dem Nationalsozialismus ambivalenter, zumindest für die Anfangsjahre. Ziele und Werte wie Solidarität, Kameradschaft und Gemeinschaftssinn waren für ihn anziehend, und lange habe er sie aus politischer und historischer Unkenntnis heraus als genuine Kernbotschaften der NS-Ideologie gehalten. Zu einem richtigen Nazi habe er allerdings schon wegen seines Wissens um seinen jüdischen Großvater und schließlich auch wegen der Verfemung der von ihm hoch geschätzten Malerei der klassischen Moderne nicht werden können: »Die Ausstellung der Nazis über entartete Kunst im Sommer 1937 hat bei mir zu dem Urteil geführt: Das sind Verrückte, bei denen stimmt was nicht.«[5]

Der Suchprozess um eine eigene Haltung zum Nationalsozialismus endet damit aber noch nicht. Für das Jahr 1939 schreibt er: »Klare Frontstellung zum NS«, 1940 vermerkt er hingegen: »Immer wieder noch Annäherung an einzelne NS-Ideen.«[6]

Auch differenziert er offenbar zwischen Hitler als Person und den Nazis. Für das Jahr 1938 heißt es in seinen Notizen: »Nunmehr klare Kontra-Stellung zum N. S., lediglich Hitler persönlich noch ausgenommen.«[7] Erst im Jahr 1941, dem Jahr, in dem Hitler den Überfall auf die Sowjetunion befiehlt, schreibt er: »Erstmaliger Knacks im persönlichen Vertrauen zu Hitler«,[8] als dieser sich Ende 1941 selbst zum Oberbefehlshaber des Heeres ernennt, hält Schmidt das für »größenwahnsinnig«.[9]

Bei der Luftwaffe wähnt er sich jedoch weit entfernt vom Zugriff der Nazis und zeigt sich froh, endlich »im einzig anständigen Verein«[10] gelandet zu sein. Seine Aufgaben in der Wehrmacht zieht er bis zuletzt nicht in Zweifel, im Gegenteil, er erfüllt alle an ihn herangetragenen Erwartungen. Er zeigt hohe Einsatzbereitschaft, Kompetenz und Führungsstärke, seine Beurteilungen sind immer positiv, wenn auch meist gewisse Einschränkungen in Hinblick auf seinen Charakter nicht fehlen: Nicht immer konnte er sich beherrschen, äußerte Kritik in für seine Vorgesetzten unangemessenem Ton. In drei seiner Beurteilungen wird ihm jedoch bescheinigt, »auf dem Boden der nationalsozialistischen Weltanschauung« zu stehen bzw. eine »einwandfreie tadelfreie nationalsozialistische Haltung« einzunehmen.[11]

Ab 1942 war ohne den Nachweis solch einer »einwandfreien« Haltung gegenüber dem Nationalsozialismus eine weitere Beförderung der Offiziere nicht länger möglich. Von den zugrunde gelegten Kriterien bei der oben zitierten politischen Beurteilung Schmidts durch seine Vorgesetzten wissen wir nichts, auch fehlt es an jeglicher Konkretisierung dieser Einschätzung. Da den Vorgesetzten aber offenbar an einer weiteren Förderung seiner Laufbahn gelegen war, konnten sie allein schon aus diesem Grund zu keiner anderen Beurteilung kommen.

Aufschlussreich für eine authentische Bewertung Schmidts als Offizier ist die Beschreibung eines ihm unterstellten Offiziers aus dem Kampfeinsatz an der Westfront im Februar 1945. In einem Brief an seine Frau schreibt dieser – im Privatleben evangelischer Pfarrer –, Schmidt sei ein »Mann von Format«, ein Mensch, mit dem man gern auch die wenigen Mußestunden teilen und über Privates reden könne. Hervorgehoben werden Schmidts Übersicht und Einsatzbereitschaft: »Er bekümmert sich um alles, verlangt viel von sich und den anderen. Tadellos!«[12] Von einer nationalsozialistischen Haltung oder gar Beeinflussung seiner Untergebenen ist in diesem Brief keine Rede.

Sein Wille zur Pflichterfüllung ist bemerkenswert und hat Schmidt in der Rückschau wiederholt auch selbst beschäftigt. Wie kann jemand, der weiß, dass der Krieg nicht zu gewinnen ist, und dazu noch von Verbrechern geführt wird, an der Front kämpfen? Wie kann man sich dafür sogar freiwillig melden? Er selbst hat das mit einer Art von Bewusstseinsspaltung zu erklären versucht und holt dazu in einem Gespräch mit Sandra Maischberger bis zu den Widerstandskämpfern des 20. Juli aus:

»Diese Leute, ob Stauffenberg, Georgi oder der kleene Schmidt, waren alle von dieser Schizophrenie befallen. Vergessen Sie nicht, dass die Tresckows und die Stauffenbergs die Feldzüge generalstabsmäßig organisierten, sie dachten, das sei ihre Pflicht. Gleichzeitig war ihnen klar: Dieser Hitler muss weg, der ist ein Verbrecher. Die wussten es besser als unsereins, jedenfalls wussten sie es etwas eher – und trotzdem! Das ist sicherlich Millionen junger Deutscher damals so ergangen: einerseits wussten sie, dass das alles Unsinn ist – aber andererseits erfüllten sie, ohne zu zweifeln, die Pflichten, die das Vaterland ihnen auferlegte. In diesem übertriebenen Pflichtbewusstsein steckte eine ganze Menge preußisches Erbe. Die Schizophrenie ist wahrscheinlich für spätere Generationen nicht zu begreifen.«[13]

Mit dieser zuletzt ausgesprochenen Vermutung hat Schmidt sicherlich recht. Aber auch für seine eigene Frau war das übersteigerte Pflichtbewusstsein ihres Mannes schon damals schwer nachzuvollziehen. In einem Eintrag seines Taschenkalenders vom 25. Januar 1943 heißt es: »Loki hat Angst, weil ich wieder an die Front will.«[14] Das ist gewiss eine vorsichtige Formulierung, wie alle seine politisch zu wertenden Äußerungen in seinem Kalender. Schmidt musste zumindest ins Kalkül ziehen, dass dieser Kalender in die falschen Hände geraten könnte. Seine Frau wird sich wohl eher deutlich gegen seine Absichten ausgesprochen haben. Dass er selbst noch vor und nach der Geburt ihres ersten Kindes im Sommer 1944 den Wunsch verspürte und äußerte, an die Front versetzt zu werden, muss für sie dann völlig unverständlich gewesen sein.

Erst die schweren inneren Erschütterungen, die er im September 1944 bei seiner Abordnung zum Schauprozess gegen die Männer des 20. Juli erlebte, bewirkten die endgültige Abkehr vom Nationalsozialismus und brachten ihn zum ersten Mal auch an die Grenze der von ihm gespürten inneren Verpflichtung. Verhandelt wurde an diesem Tag, dem 7. September 1944, gegen Carl Goerdeler, Ulrich von Hassell, Wilhelm Leuschner, Paul Lejeune-Jung und Josef Wirmer. Schmidt berichtet später: »Die ganze Verhandlung war eine einzige Schaustellung Freislers, der dabei Goebbelsche Intelligenz und demagogische Zungenfertigkeit mit dem Jargon des Pöbels vereinigte.«[15] Erst bei diesem Prozess habe er begriffen, dass die Nazis Verbrecher seien.[16] Am Abend öffnet sich Schmidt seiner Frau gegenüber und schildert seine Erregung, am nächsten Tag bittet er seinen Kommandeur, ihn von dem vorgesehenen Besuch eines weiteren Prozesstages zu entbinden. Dieser schließt sich seinem Urteil über den Prozess an und entspricht seiner Bitte.

Besonders beeindruckt zeigte sich Schmidt von dem mannhaften und beherrschten Auftreten des Angeklagten Ulrich von Hassell. In einem Brief an die Witwe von Hassells vom 2. Juni

1946 schreibt er, dass dieser Schauprozess das »Abscheulichste« gewesen sei, was er im Krieg erlebt habe.[17] Zu den Auswirkungen des Geschehens auf sich selbst heißt es dann weiter: »Sie werden verstehen, gnädige Frau, dass von dieser Zeit an der Konflikt zwischen der Erkenntnis des Endes, dem wir zusteuerten, und der Idee der soldatischen Pflichterfüllung gegen das Vaterland, zu der wir doch einmal unabdingbar erzogen waren, gerade in uns jungen Offizieren unerträglich wurde.«[18] Was blieb, war die Scham, einem solchem Regime so lange mit unkritischem Pflichtbewusstsein gedient zu haben.

Scham war auch die Reaktion des Paars auf eine von ihnen abgeschlagene Bitte, die sie nach ihrer Erinnerung in den Wochen um den beschriebenen Schauprozess aus Hamburg erreichte.[19] An den Oberleutnant Helmut Schmidt adressiert, erhalten sie einen per Hand geschriebenen Brief einer ihnen unbekannten Frau namens Ilse Ahlgrimm. Dieser Brief bringt unerwartet die gemeinsam durchlebte Lichtwarkschulzeit zurück. In ihrem Schreiben berichtet Ahlgrimm von der Verhaftung Erna Stahls, der vormaligen Deutschlehrerin des Ehepaars, und bittet Helmut Schmidt, sich für seine ehemalige Lehrerin an geeigneter Stelle einzusetzen. Sie sei sich sicher, dass er als Offizier Möglichkeiten habe, ihr aus der bedrohlichen Lage heraushelfen zu können. Die Anklage lautete auf Hochverrat, konkret wurde Erna Stahl vorgeworfen, einige ihrer ehemaligen Schüler, die sich einer Widerstandsgruppe angeschlossen hatten, unterstützt zu haben. Nach 1945 wird diese Gruppe als Hamburger Ableger der Münchener Studentengruppe »Weiße Rose« eingeordnet werden.

Dass Ilse Ahlgrimm die Lebensgefährtin von Erna Stahl war, konnten die Schmidts nicht wissen, denn die beiden Frauen hatten sich erst nach der Zwangsversetzung Erna Stahls an die Oberrealschule für Mädchen im Alstertal im Laufe des Jahres 1935 kennengelernt.

Dieser Brief versetzt die Schmidts in große Aufregung. Da ist zum einen die Vorstellung, dass ihre ehemalige Lehrerin durch ein Todesurteil bedroht ist, zum anderen der Verdacht, dass dieser Brief eine gezielte Falle der Gestapo für den aufsässigen Oberleutnant Schmidt sein könnte.

Die beiden sprechen ausgiebig miteinander, wägen ab und spüren wohl, dass sie hier an einem Punkt ihres gemeinsamen Lebens im NS-Staat stehen, der sie persönlich herausfordert. Es ist eine schwere Entscheidung. Am Ende werden sie sich einig, dass sie auf das Ersuchen von Ilse Ahlgrimm nicht eingehen werden. Die Intervention eines im Grunde einflusslosen Offiziers ohne ranghohe Referenzen und Verbindungen würde ohnehin, so ihre Meinung, keine Wirkung vor dem Untersuchungsgericht entfalten können. Am nächsten Tag antwortet Helmut Schmidt auf den Brief und bedauert, nicht helfen zu können. Es ist eine rationale Entscheidung, so bewerten sie dieses Ereignis auch später. Doch das »Gefühl der Scham« bleibt bei beiden, der Brief von Ilse Ahlgrimm mit der Bitte um Hilfe für Erna Stahl wird zum festen Bestandteil ihres Narrativs über ihr Leben im NS-Staat.

Zum Glück blieb Erna Stahl das Schlimmste erspart. Der Prozess schleppte sich, mehrfach wird sie in andere Gefängnisse verlegt und schließlich durch das Kriegsende erlöst. Im April 1945 befreien die Amerikaner sie aus dem Zuchthaus Bayreuth, ihrer letzten Station durch die Orte des Grauens der Nazis.

Mit Erna Stahl hatten die Schmidts in den Jahren nach 1945 immer wieder einmal Kontakt. Sie wurde zu einer anerkannten Persönlichkeit in der Hamburger Schulpolitik, mit der Albert-Schweitzer-Schule baute sie eine Anstalt auf, in der die Pädagogik der Lichtwarkschule eine Art Renaissance erlebte, und eigentlich wäre die Albert-Schweitzer-Schule auch eine geeignete Schule für die Tochter der Schmidts, Susanne, gewesen. Zu einer Aussprache zwischen Erna Stahl und den Schmidts

über das Hilfeersuchen ihrer Lebensgefährtin ist es – vielleicht be-
zeichnenderweise – allerdings nie
gekommen. Beide Seiten vermie-
den das Thema, es scheint, dass
es darum umso schwerer an ihnen
haften blieb. Für die Schmidts zumindest war es einer der Flecken
im Gewebe der eigenen Geschichte, der nicht verschwinden wollte.

Was für viele Deutsche in den
Jahren der NS-Zeit gilt, das gilt
also auch für die Schmidts. Beide
wussten relativ bald um den Un-
rechtscharakter des Regimes. Als
sie im Sommer 1942 heiraten, sind

Erna Stahl, Lehrerin der
Schmidts an der Lichtwarkschule

sie bereits überzeugt, dass der Krieg für alle schrecklich enden
würde. Von der systematischen Vernichtung der Juden hätten
sie erst nach dem Krieg erfahren, behaupten beide, mit der
Drangsalierung und Verfolgung der Juden waren sie jedoch früh-
zeitig sehr eindrücklich in Kontakt gekommen. Loki Schmidt
schildert, dass ihre Eltern verfolgten jüdischen Freunden auf
dem Dach des Hauses Unterschlupf gewährt hatten, und Helmut
Schmidt hält in seinen Notizen für das Jahr 1938, dem Jahr des
Novemberpogroms, fest: »Scham über die Judenverfolgung.«[20]

Wie die Masse der Deutschen fügten sie sich dennoch weiter
in den Unrechtsstaat ein. Sie lebten hier nun einmal, wie Loki
sagte, und nach ihrem Heiratsversprechen wollten sie das gerade besiegelte private Glück möglichst nicht gefährden. Den
ihnen bekannten Satz ihres Freundes Willi Berkhan hätten sie
sicher unterschreiben können: »Ich war zwar gegen die NSDAP,
aber ich wollte nicht unter das Fallbeil, ich wollte überleben,
um ein freies Leben mit meiner Frau führen zu können.«[21]

Der erste deutsche Kanzler in Auschwitz

Dass sie damit einen eigenen Beitrag zur Perpetuierung des Systems leisteten, haben weder die Berkhans noch die Schmidts geleugnet. »Es war eine Mischung aus Angst und Pflichtgefühl, welche die große Mehrheit aller Deutschen tatsächlich und objektiv zu Beihelfern des Hitlerschen Krieges hat werden lassen«, schreibt Helmut Schmidt 1992 und rechnet sich selbst mit ein.[22] Es ist eine ehrliche Bilanz, wenn auch die Frage nach dem »Nicht-wissen« oder »Nicht-wissen-wollen« über die Verschleppung und Ermordung der Juden nicht nur die eigene Tochter der Schmidts in Gesprächen mit den Eltern weiter beschäftigt hat.[23]

Die Bilanz der Schmidts gewinnt dadurch an Überzeugung, dass beide nach 1945 die richtigen Lehren und Konsequenzen gezogen haben. Beide haben sich tatkräftig am Aufbau einer Demokratie in Deutschland beteiligt, als Politiker hat sich Helmut Schmidt für den Ausgleich mit den westlichen und östlichen Nachbarn eingesetzt. 1977 ist Schmidt der erste deutsche Kanzler, der Auschwitz besucht. Dazu erinnert er sich später: »Ich habe dort eine Rede gehalten, die mit den Worten anfing: ›Eigentlich gebietet dieser Ort zu schweigen. Aber ich bin sicher, dass der deutsche Bundeskanzler hier nicht schweigen darf.‹ Ich war sehr bewegt.«[24]

Für seine Frau, die ihn auf dieser Reise begleitete, galt das ebenso. 1966 hatten die beiden zum ersten Mal Israel und die Gedenkstätte Yad Vashem besucht, und auch an diesem Ort haben sie Verantwortung für Krieg und Verfolgung empfunden. Sie engagierten sich persönlich für den Staat Israel und pflegten Freundschaften mit bekannten Vertreten und einfachen Bürgern dieses Landes. Er unter anderem mit Teddy Kollek und Schimon Peres, sie mit dem ersten Direktor des Botanischen Gartens in Jerusalem, Dr. Michael Avishai. Es ist diese Gesamtbilanz, die die Schmidts für viele Menschen zu zwei so typischen wie gleichzeitig so herausragenden Vertretern dieses Landes hat werden lassen.

6.

Der 8. Mai 1945 –
Ein Neubeginn auch für die Schmidts

Wie viele Paare im Deutschen Reich erlebten Loki und Helmut Schmidt den 8. Mai 1945, den Tag der Kapitulation, getrennt voneinander. Helmut Schmidt befand sich in einem britischen Gefangenenlager in Belgien, Loki wohnte seit Ende Januar 1945 zusammen mit ihren Eltern in deren armseliger Behausung in Hamburg-Neugraben. Für beide bedeutete dieser Tag die Befreiung von den Schrecken des NS-Regimes, ihr persönliches Glück erfüllte sich aber erst etliche Wochen später, als sie sich am 24. August vor der Haustür der Glasers in die Arme nehmen konnten. In späteren Interviews berichtete Loki immer wieder von diesem einschneidenden Ereignis: wie sie plötzlich den Familienpfiff gehört habe, aus dem Haus gestürzt sei und dann ihr Mann in seiner abgerissenen Kleidung vor ihr gestanden habe, die aus Tarnstoff selbst genähte Hose nur mit einem großen Druckknopf am ausgehungerten Körper zusammengehalten.

Nach den schrecklichen Kriegsjahren konnten die beiden nun auf einen glücklichen, gemeinsamen Aufbruch in eine neue Zeit hoffen. Eine Woche später hält Helmut Schmidt in seinem Taschenkalender fest:

»*Man gewöhnt sich doch recht schnell an den Alltag – an die kleinen Sorgen und das große Glück. Die Jahre, die hinter uns liegen: Glück und Unglück – wir sind übereingekommen, sie als Vorschuss auf unseren jetzt erst regelrechten Beginn der Ehe aufzufassen, da doch der Soldat während des Krieges gar kein Anrecht auf persönliches Leben hat und unsere vier gemeinsamen Jahre uns somit unverdient in den Schoß gefallen sind. Vielleicht hilft uns diese Philosophie über das drückende Bewusstsein und die scheußliche Beschränkung unserer gegenwärtigen Armut hinweg.«* [1]

Bedrückende Armut und Hunger werden die Schmidts in den nächsten beiden Jahren jedoch vorerst weiter begleiten. Zunächst galt es, eine eigene Wohnstatt zu finden. Loki hatte bereits in Neugraben Ausschau gehalten und eine »Wohnung« für sich unter der Adresse Barkendal 22 ausfindig gemacht. Hier zog das junge Ehepaar am 1. September gemeinsam ein. Diese erste Nachkriegsunterkunft der Schmidts bestand aus einem einzigen Zimmer, zum Glück mit einem funktionierenden Ofen. Es hätte zwar nicht vieler Gegenstände bedurft, um die neue Bleibe einzurichten, aber die Schmidts verfügten buchstäblich über keinerlei Besitz mehr. Sie hatten alles in Schmetzdorf zurücklassen müssen, und an eine Reise in die nun sowjetisch besetzte Zone, um ihren Hausstand nach Neugraben zu überführen, war gar nicht zu denken. So war es an der Verwandtschaft, bei der Einrichtung zu helfen. Vom Brotmesser bis zum Kopfkissen musste alles organisiert werden, und mit der handwerklichen Unterstützung von Lokis Vater entstanden bald ein Bett und andere unentbehrliche Möbelstücke.

Zwar erhielt Loki Schmidt zunächst noch ihr Lehrerinnengehalt, aber allzu viel war damit in dieser ersten Zeit nach dem Ende des Krieges nicht zu erreichen. Hamstern und sogar auch Betteln gehörten für das Paar zum täglichen Leben. Später erzählt Helmut Schmidt von Tagen im Winter 1945/46, an denen sie beide gar nicht erst das Bett verließen: Draußen war es zu kalt, und sie waren beide zu hungrig, um aufzustehen.

In der Bedrückung richtete sich der Blick auf die Zukunft. Loki hatte einen Beruf, Helmut Schmidt jedoch stand mit seinen bald siebenundzwanzig Jahren ohne jede Ausbildung da. Schon in der Kriegsgefangenschaft hatte ihn diese existenzielle Situation stark beschäftigt und der Architektenberuf erschien ihm jetzt erneut bedenkenswert. So entwarf und zeichnete er im Lager ein bescheidenes »Zweizimmer-Kleinstadthäuschen«, und er dachte dabei vielleicht an seine und Lokis Zukunft im Hamburger Vorort Neugraben. Gleichzeitig beschäftigte ihn eine eher wirtschaftlich ausgerichtete Berufsperspektive und er besuchte die im Lager von Mitgefangenen angebotenen Vorlesungen zur Volkswirtschaftslehre und Buchhaltung.

Jetzt aber war es an der Zeit, eine Entscheidung zu treffen. Die beiden Schmidts saßen an ihrem selbst gezimmerten Esstisch und berieten über Helmuts berufliche Zukunft. Zu hochfliegenden Plänen bot ihre Lebenssituation keinen Anlass. Man war sich also schnell einig, dass Helmut das auf sechs Semester angelegte Studium der Volkswirtschaftslehre an der zum Wintersemester wieder eröffneten Universität Hamburg aufnehmen sollte. Ein Architekturstudium stand nicht zur Debatte, es hätte erheblich mehr Zeit und Kosten beansprucht und wäre zudem nur in Hannover oder an noch weiter entfernten Studienorten möglich gewesen. Insbesondere eine erneute Trennung kam für das Paar nicht in Betracht und wäre für Loki Schmidt auch in anderer Hinsicht eine unzumutbare Belastung gewesen: Im Juni hatte sie wie alle anderen Beamten und Angestellten der Stadt einen Entnazifizierungsbogen der britischen Militärregierung ausfüllen müssen und nun, im Herbst, noch immer keinen Entscheid erhalten. Wie das ausgehen würde, konnte niemand voraussagen.

Wenige Tage später erkundigt sich Schmidt bei einem Dozenten über das avisierte Studienfach. Noch ist allerdings gar nicht klar, ob er überhaupt zum Studium zugelassen wird. Zunächst einmal muss er sich an der Universität eintragen, dann wird aus dem Kreis der Bewerber entschieden, wer mit dem Studium beginnen darf. Mehr als 10 000 Bewerber gibt es, Studienplätze jedoch nur knapp 3 000. Nicht zuletzt spielt die politische Vergangenheit der Bewerber eine gewichtige Rolle. Für das Paar war das noch einmal eine beunruhigende Wartezeit. Im Oktober endlich erhält Helmut Schmidt eine Zusage. Am 30. Oktober 1945 immatrikuliert er sich formell an der Fakultät für Rechts- und Staatswissenschaft.[2]

Das im September 1945 von den beiden so einmütig verworfene Architekturstudium gewinnt in späteren Aufzeichnungen und Erinnerungen von Helmut Schmidt eine größere Bedeutung. Unter den beschriebenen Umständen der damaligen Wochen und Monate wirkt dies erstaunlich, bedenkt man aber, dass ihm sein späteres Image als »Macher« und Krisenmanager wenig gefallen hat, so wird die starke Betonung einer möglichen anderen Berufswahl als die des Ökonomen und Politikers zumindest aus der späteren zeitlichen Distanz nachvollziehbar und verständlich. Eine realistische Alternative war dies im Herbst 1945 aber nicht.

Seit Mitte Oktober wissen die beiden Schmidts auch, dass Loki erneut ein Kind erwartet. Im ersten Moment erschien eine Schwangerschaft den beiden »nicht gerade als das Allerwünschenswerteste«. Doch schon wenige Tage darauf notiert Helmut Schmidt: »Wir freuen uns heute schon sehr.« Danach wird auch die Familie in höchst origineller Form über die Aussicht auf ein Enkelkind informiert: Zum Geburtstag von Lokis Mutter überreichen die beiden mit unverhohlenem Stolz einen »Gutschein über ein Enkelkind, lieferbar im Juni 1946«.[3] Dass diese Schwangerschaft mit einer Fehlgeburt endete, war für das Paar ein schwerer persönlicher Schlag.

Die Entnazifizierung: Loki Schmidts schwerer Weg zurück in den Beruf

Ein geregelter Schulbetrieb ist für das Funktionieren einer Gesellschaft ein wichtiger und stabilisierender Faktor. Deshalb hatte die britische Besatzungsmacht bereits im August 1945 zunächst die Volksschulen, wenig später dann auch die höheren Schulen der Hansestadt wieder geöffnet. Allerdings unter sehr schwierigen Bedingungen: Nur noch knapp 40 Prozent der Schulgebäude waren in einem akzeptablen Zustand. Mehr als die Hälfte aller Wohnungen in der Stadt waren zerstört oder unbewohnbar, noch zwei Jahre später hatte nur jedes zweite Schulkind ein eigenes Bett, von einem eigenen häuslichen Arbeitsplatz gar nicht zu reden.

Auch die Ernährungslage war katastrophal, in den Wintermonaten 1945/46 und 1946/47 verschärfte sich die Lage noch.[4] Bei einer Erhebung von 1947 zeigten sich 40 Prozent der Schulpflichtigen in einem besorgniserregenden Zustand.[5] Hätte es die von den Briten und ausländischen Hilfsorganisationen ermöglichte täglich ausgeteilte Schulspeisung nicht gegeben, wäre die Situation noch um einiges dramatischer gewesen.

Die Lehrerin Loki Schmidt hatte bereits vor dem offiziellen Schulbeginn im August ihre pädagogische Tätigkeit in einem bei Harburg liegenden ehemaligen Waisenhaus mit dem Namen »Landhaus Freude« wieder aufgenommen. Hier betreute und unterrichtete sie Kriegswaisen, gestrandete Flüchtlingskinder und als schwer erziehbar geltende Jugendliche. Die Organisation eines geregelten Tagesablaufs war die Hauptaufgabe, der »Unterricht« beschränkte sich auf Vorlesen, Erzählen, Singen und gemeinsames Spiel.

Hier im Landhaus Freude erreichte sie Ende Juni 1945 auch der sogenannte Entnazifizierungsbogen der britischen Besatzungsmacht. Der Bogen umfasste vier Seiten, fragte detailliert nach Partei- und Organisationsmitgliedschaften in der NS-Zeit, nach politischen Tätigkeiten, öffentlichen Reden und Publikationen. Ziel der Briten war es, mit Hilfe dieser Fragebögen NS-belastete Beamte oder Angestellte aus dem öffentlichen Dienst zu entfernen und minder schwere Fälle durch besondere Kurse zu »entnazifizieren«. Loki Schmidt füllte den Bogen mit aller Sorgfalt aus. Über vierzig Mal kreuzte sie Nein an, viermal Ja: BDM vom 1.1.1936–1.4.1938 Scharführer; NSV; RAD; NSDAP. Bei Letzterem mit dem Zusatz »Anwärterin«.[6]

Einige Wochen später wurde sie zu dem von ihr ausgefüllten Entnazifizierungsbogen noch einmal mündlich befragt. Anfang Oktober erhielt sie dann in einem offiziellen Schreiben die Nachricht, dass sie mit sofortiger Wirkung vom Dienst suspendiert sei. Gleichzeitig wurde sie zur Teilnahme an einem Sonderlehrgang verpflichtet. Zum Entsetzen der beiden Schmidts wandelte die Schulbehörde kurz darauf im November die verordnete Suspendierung in eine fristlose Entlassung aus dem Schuldienst um. Die Anordnung zur Teilnahme an dem angeordneten Sonderlehrgang galt weiter.

Vom Herbst 1945 bis ins Frühjahr 1946 besuchte Loki Schmidt nun die von der Universität durchgeführten Sonderlehrgänge, im Jargon der Nachkriegszeit auch »Entbräunungskurse« genannt. In den einzelnen Sitzungen zeigte sie Interesse und beteiligte sich rege. In einer Art Protokoll aus der Schulverwaltung heißt es: »Dabei wurde eine entschieden demokratische und kriegsgegnerische Haltung deutlich. Dabei ist sie nicht eigentlich politisch interessiert, nimmt vielmehr zu allen Fragen aus dem Bewusstsein innerer Verbundenheit mit der Schuljugend unter dem Gesichtspunkt der Erziehung zur Menschlichkeit Stellung.«[7]

Der Zeitaufwand und die Belastung durch den Sonderlehrgang waren hoch. Der Weg von Neugraben in die Stadt erwies sich in dieser Zeit als lang und beschwerlich. Kam sie am Nachmittag zurück, warteten auf sie die für den Lebensunterhalt notwendigen Putz- und Näharbeiten für andere Leute. Dass Loki um Weihnachten 1945 die bereits erwähnte Fehlgeburt erlitt, kann wahrscheinlich den physischen und psychischen Belastungen ihrer damaligen Lebensumstände zugeschrieben werden.

Für das Paar war diese Zeit extrem schwierig. Loki Schmidt und ihr Mann konnten und wollten sich allerdings mit ihrer Entlassung aus dem Schuldienst nicht abfinden. Loki macht mehrere Eingaben an die Schulbehörde, in denen sie ihre Notlage schildert, und zumindest um eine finanzielle Beihilfe zur Linderung ihrer Notlage ersucht. Später bittet sie den ehemaligen Kollegen Christian Bollmann und ihren Schulrat Fritz Köhne um Gutachten und fügt diese ihren Eingaben hinzu. Beide entlasten sie und bescheinigen ihr, eine ablehnende Haltung gegenüber dem NS-System gehabt zu haben.

Loki Schmidts eigene Schreiben sind bewegend und dokumentieren die schwierige Lebenssituation des Ehepaars. Im März 1946 heißt es: »Ich bin seit vier Jahren verheiratet, mein Mann war acht Jahre Soldat (1937 eingezogen), er steht jetzt mit 27 Jahren am Beginn des zweiten Semesters und ist seit Mai 1945 ohne jedes Einkommen oder Beihilfen und dergl. Wir haben in diesem Krieg zweimal einen vollständigen Haushalt verloren, das zweite Mal im April 1945. Da wir für die zweite Wohnungseinrichtung alles Ersparte verbraucht hatten, sind wir zur Zeit ohne jegliche Mittel. Die beiderseitigen Eltern und alle näheren Verwandten sind gleichfalls total ausgebombt und wohnen in kümmerlichen Verhältnissen, so dass wir unseren eigenen Hausstand führen müssen. [...] Mein eigener Vater muss wegen Invalidität selbst unterstützt werden. Durch die Teilnahme am Sonderlehrgang kann ich neben meiner Hausarbeit nur unter großer Anspannung einem Nebenverdienst nachgehen. [...] Die Überlastung führte im Winter zu einer Fehlgeburt mit Bettlägerigkeit, Klinikaufenthalt und Operation.«[8]

Um ihrer Bitte Nachdruck zu verleihen, legt sie ein persönliches Anschreiben an den Senator Landahl, ihren ehemaligen Schulleiter an der Lichtwarkschule, bei: »Sehr geehrter Herr Senator! Eine drückende Notlage läßt mich diesen mir nicht leicht fallenden Schritt eines direkten Briefes an Sie tun.« Landahl bittet den zuständigen Schulrat um »Bericht und Stellungnahme«, dennoch geht die Sache für die Schmidts nicht erfolgreich aus.[9]

Im April 1946 erhält Loki Schmidt den Entnazifizierungsbogen ein zweites Mal. Nun liegt das Verfahren in den Händen der deutschen Behörden. Im Wesentlichen wiederholt sie ihre Angaben vom Juni 1945. Es gibt nur einige Präzisierungen zu Zeitangaben, vor allem aber lässt sie nun den Raum für »Anmerkungen« nicht mehr ungenutzt. So beschreibt sie den erzwungenen Eintritt in den BDM: »Gleichfalls wurde ich im Mai 1940 wider Willen gezwungen, die Aufnahme in NSDAP und NSV zu beantragen, da ich eine Bescheinigung dieser Anträge der Hamburger Schulverwaltung vorzeigen musste, um eine Anstellung zu erhalten. Nachdem ich meine Anstellung hatte, zog ich mich von NSDAP und NSV zurück, zahlte keine Beiträge und hatte seit März 42 nie wieder mit NSDAP oder NSV zu tun.«[10]

Das war zutreffend. Im Juni 1937 hatte der Leiter des Volksschulwesens und hohe NSLB-Funktionär Mansfeld in einem Schreiben an alle Hamburger Lehrer mitgeteilt: »Nach dem vom Führer aufgestellten Grundsatz ›Partei und Staat sind eins‹ wird es künftig immer weniger verstanden werden, wenn ein Beamter nicht Parteimitglied ist. [...] Es ist eine Selbstverständlichkeit, dass sich jeder hamburgische Erzieher und jede Erzieherin um die Aufnahme bewirbt.« Bei Loki Glasers Bewerbung im Mai 1940 verlangte die Schulbehörde eine NSDAP-Mitgliedschaft oder deren Beantragung. Genau ein Jahr später wird noch einmal postalisch nach dem Stand ihrer Mitgliedschaft nachgefragt. Auch dass sie über den Status einer »Anwärterin« auf den Parteibeitritt nicht hinausgekommen ist, ist glaubwürdig – das Berlin Document Center bestätigt mir auf Anfrage im März 2012, dass nach Prüfung aller vorliegenden Quellen keinerlei Angaben oder Hinweise über eine NSDAP-Mitgliedschaft von Hannelore Schmidt vorliegen.

Aus Unterlagen im Privatarchiv der Schmidts wird aber auch deutlich, dass sie beim Ausfüllen dieses zweiten Fragebogens von ihrem Mann tatkräftig unterstützt wurde. Er hatte Notizen über mögliche Antwortvarianten erstellt und sogar einige Passagen für sie ins Englische übersetzt. Offenbar gingen beide davon aus, dass möglicherweise noch einmal eine mündliche Aussage vor britischen Stellen nötig sein würde.

Dazu kam es jedoch nicht mehr. Der zuständige Schulrat befürwortete unverzüglich die Wiedereinstellung, allerdings zog sich das Verfahren noch bis in den Herbst. Ende November 1946 wurde über die Akte Hannelore Schmidt noch einmal entschieden: Loki Schmidt wird als »entlastet« eingestuft, die fünfte und höchste Kategorie, die den zuständigen Stellen zur Beurteilung der vorgelegten Fälle zur Verfügung stand.

Im Januar 1947 stand Loki Schmidt in der Schule Fischbek, nicht weit von ihrer Wohnung in Neugraben gelegen, wieder vor einer Klasse. Der Neuanfang hatte für sie damit nun endlich auch beruflich eingesetzt. Zu ihrem persönlichen Glück kam hinzu, dass sie erneut schwanger war. Im Mai 1947 kommt ihre Tochter Susanne zur Welt. Die beiden glücklichen Eltern werden sie von Beginn an nur noch Suse nennen.

Der späte Student

Am 8. November 1945 hatte der ehemalige Lichtwarkschulleiter und jetzige Senator Heinrich Landahl den Vorlesungsbetrieb der Universität Hamburg mit einer Ansprache feierlich wiedereröffnet. Die Jahre der NS-Zeit hatte er als Verlagslektor überstanden, nun führte er seit dem Sommer 1945 mit dem Einverständnis der Briten das Amt des Senators für Schule und Universität. Damit war er auch der oberste Dienstherr von Loki Schmidt.

Die Bedingungen für ein Studium an der Universität waren allerdings sehr notdürftig. Das Hauptgebäude war zerstört, so musste man in andere Gebäude ausweichen. Die Volkswirtschaftsstudenten fanden sich beispielsweise in den Hörsälen des Völkerkundemuseums wieder und bezogen Seminarräume im sogenannten »Pferdestall« am Bornplatz. Erst ab dem Sommersemester 1947 standen die beiden ersten kleineren Vorlesungsräume im Hauptgebäude wieder zur Verfügung.[11] Selbst bei größter Kälte blieben die Räumlichkeiten unbeheizt, Bücherausleihe und Arbeitsmöglichkeiten waren arg begrenzt, die schlechte Ernährungslage machte den Studenten und auch ihren Lehrern zu schaffen. Nicht wenige brachen ihr Studium unter diesen Umständen vorzeitig ab. Auch Helmut Schmidt nimmt im ersten Semester sein Studium nur zögerlich auf. Die oben beschriebenen Umstände, aber auch der weite Weg von Neugraben und die Unzuverlässigkeit der Verkehrsverbindungen machen ihm zu schaffen. Mit Buchhaltungsaufträgen und Steuererklärungen für kleine selbstständige Betriebe versucht er seinen Beitrag für das Überleben der Kleinfamilie zu sichern. Ab 1946/47, als er sich in der Hamburger SPD als guter Redner bereits einen Namen gemacht hat, verdient er mit Vorträgen für Partei und Gewerkschaften, aber auch mit Expertisen für die SPD-Fraktion in der Bürgerschaft und Wohnungsbaugenossenschaften, und gelegentlich auch mit Artikeln im sozialdemokratischen *Hamburger Echo* weiteres Geld hinzu. Bis zu fünf Mark erhält er für einen Vortrag.

Von dem Studienbetrieb ist er nicht allzu begeistert. »Es fiel mir [...] jedoch schwer, alle Professoren ernst zu nehmen«,[12] eine Haltung, die er im Übrigen auch in späteren Jahrzehnten behielt. Zu weltfremd erscheinen ihm viele seiner Dozenten, vor allem aber vermisst er den Anschluss an den Stand der Disziplin im Ausland. »Mit einigen Ausnahmen: [...] unter diesen ragt in meiner Erinnerung Eduard Heimann heraus, der in die USA emigriert war, dort mit Paul Tillich an der New School for Social Research in New York lehrte und der mich während eines oder zweier Gastsemester in Hamburg gefesselt hat. Im Gegensatz dazu erscheinen mir die meisten Pflichtseminare ziemlich langweilig, weil sie die zentralen Gegenstände der Wissbegierde und der Erkenntnissuche der aus dem Kriege und aus der Nazi-Zeit überlebenden Studentengeneration gar nicht berührten.«[13]

Schmidts wichtigste Universitätslehrer werden die drei jüngeren Professoren Heinz-Dietrich Ortlieb, Hans Ritschl und Karl Schiller, der 1947 an die Universität Hamburg berufen worden war. Schiller und Ortlieb waren Mitglieder in der SPD, der parteilose Ritschl engagierte sich aktiv im Wiederaufbau der Gemeinwirtschaft.

Karl Schiller imponierte Helmut Schmidt besonders. Zwar sei er anfänglich ein »miserabler Redner« gewesen,[14] aber er lehrte das Fach auf der Basis zeitgemäßer Theoriebildung und unter Einbeziehung US-amerikanischer und britischer Forschung. Aber auch dem Professor fällt der begabte und politisch aktive Student Helmut Schmidt auf. Als späterer Wirtschaftssenator wird Schiller den ehemaligen Studenten 1949 als persönlichen Referenten in die Wirtschaftsbehörde holen.

Loki Schmidt nimmt inhaltlich an dem Studium ihres Mannes keinen großen Anteil, Volkswirtschaftslehre ist für sie kein interessantes Fachgebiet. Sein studentisches Engagement in der Hochschulpolitik interessiert sie schon mehr, aber auf keinen Fall soll sich sein Studium deshalb in die Länge ziehen, und so drängt sie ihren Mann zu einem raschen Abschluss. Bei der Vielzahl seiner politischen Aktivitäten benötigt der aber tatsächlich länger als vorgesehen. Um die Semestergebühren für ein Extrasemester zu sparen, exmatrikuliert sich Schmidt nach dem Sommersemester 1948,[15] obwohl er noch seine mündlichen und schriftlichen Prüfungen absolvieren muss. Da sei sie schon »gnatterig« gewesen, erinnert sich Loki Schmidt, denn die Aufgaben als alleinverdienende Lehrerin mit der gleichzeitigen Belastung durch den Haushalt und die Betreuung des Kindes waren ihr inzwischen zu viel geworden: Loki wartete ungeduldig auf die Berufstätigkeit und einen geregelten Verdienst ihres Ehemannes.

Anfang März 1949 beginnt die sechswöchige Frist für die Erstellung seiner Diplomarbeit. Im Taschenkalender vermerkt er: »Nachmittags meist in Bibliothek, die Nächte meist bei der Arbeit.«[16] Morgens, wenn seine Frau zur Schule geht, schläft er. Die inzwischen zweijährige Susanne musste sich derweil in ihrem Ställchen selbst beschäftigen. Am 13. April reicht Helmut Schmidt seine Arbeit schließlich bei der Fakultät ein. Am Ende wäre es ohne die Hilfe seiner Frau noch einmal eng geworden: Die etwa hundert Seiten über die deutsche und japanische Währungsreform nach 1945 werden säuberlich und formgerecht auf einer Reiseschreibmaschine von Loki zu Papier gebracht. Und auch finanziell muss sie ihm aushelfen. Damit die Gebühren für sein Examen beglichen werden können, bittet sie die Schulverwaltung um einen »Vorschuss von 50 DM«, das entsprach etwa einem Viertel ihres damaligen Gehalts. Finanzielle Reserven besaß die Familie keine.[17]

Am 1. Juni 1949 erhält Helmut Schmidt von der Universität Hamburg sein Zeugnis zum »Diplomvolkswirt«. All das, was

117

ihm an studierten Fächern bescheinigt wird – neben Volkswirtschaft Wirtschafts- und Sozialpolitik, Betriebs- und Finanzwirtschaft, Bürgerliches Recht und Staatsrecht – bildet das Fundament für sein späteres Berufsleben. Zieht man in Betracht, dass er seit Mitte 1946 wahrscheinlich genauso viel Zeit in die Politik investierte wie in seine Studienfächer, waren eine Studien- und Examenszeit von knapp acht Semestern nicht nur aus heutiger Sicht eine beachtliche Leistung. Mit Blick auf die Partnerschaft von Loki und Helmut Schmidt muss jedoch festgehalten werden, dass er in diesen fast vier Jahren nicht nur Student und Jungpolitiker war, sondern auch Vater einer kleinen Tochter und Lokis Ehemann. Wenn man also Bilanz zieht, so ist sowohl der Einstieg von Helmut Schmidt in seine berufliche wie politische Karriere als auch der geglückte Aufbruch der jungen Familie in die Bundesrepublik Deutschland ohne die enorme Lebensleistung seiner Frau nicht zu denken.

Frühes politisches Engagement

Helmut Schmidt hat mehrfach konstatiert, dass er im Kriegsgefangenenlager in Belgien unter der Anleitung von Hans Bohnenkamp zum Sozialdemokraten geworden ist. So steht es sicher in einem engen Zusammenhang, dass er, nachdem er seinen damaligen Mentor im April 1946 in Celle noch einmal aufgesucht hatte, nun auch den formalen Schritt des Parteieintritts geht: Laut seinem Parteibuch tritt Helmut Schmidt am 22. Mai 1946 in die SPD ein.

Loki Schmidt unterstützte ihn in diesem Schritt. Mit einem Mann zusammenzuleben, der sich nicht auch am politischen Neuaufbau Deutschlands aktiv beteiligte, das wäre für sie kaum akzeptabel gewesen. Außerdem lag es auch für sie nahe, dass er sich in der SPD engagierte. Sie selbst war ja in einem

Arbeiterhaushalt groß geworden, die Eltern fühlten sich als Sozialisten und hatten ihr in der Erziehung Wertvorstellungen wie Solidarität, Selbstbestimmung und Freiheit mitgegeben. Für Helmut Schmidt kann man ebenfalls festhalten, dass er die ersten sozialistischen Grundideen, die lebendige Vorstellung von Solidarität und Freiheit nicht im Kriegsgefangenenlager, sondern in der Familie Glaser gewonnen hatte.

Auch hatte ihn das aktive Bemühen der Glasers beeindruckt, sich trotz widriger sozialer Verhältnisse beständig kulturelle Bildung und Wissen anzueignen. Gertrud und Hermann Glaser waren Sozialisten im Wortsinne, Menschen, mit denen er sich identifizieren konnte und für die er sich nun auch politisch engagieren wollte. Ein politisch aktiver und kulturell interessierter Arbeiter, so wie ihn Hermann Glaser repräsentierte, blieb für Schmidt immer Inbegriff und Wunschbild des sozialdemokratischen Parteimitglieds. Auch wenn Helmut Schmidt diese politische Prägung durch die Glasers nie so explizit formuliert hat, der Einfluss, den Lokis Elternhaus auf seine politische Ausrichtung hatte, scheint mir unbestreitbar.

Loki Schmidt trat erst fünfzehn Jahre später, im Jahre 1961, in die SPD ein. Sie brauchte keine formelle Mitgliedschaft, um ihre sozialdemokratische Grundhaltung zum Ausdruck zu bringen, das Soziale lag quasi in den familiären Genen. Mitglied wollte sie nur sein, wenn sie auch aktiv tätig sein konnte, das war die plausible Begründung für den späten Eintritt.

Mit Helmut Schmidts Eintritt in die SPD im Mai 1946 beginnt seine frühe politische Karriere. Bereits wenige Tage nach dem Parteieintritt besucht er einen ersten Distriktabend der SPD-Gruppe Hamburg-Neugraben, nur vier Wochen später ist er schon Vorsitzender der Jungsozialisten dieses Distrikts. Seine Genossen – die Älteren allesamt Parteimitglieder schon vor 1933 – findet er sympathisch, vor allem wirtschaftspolitisch aber ein wenig naiv: »Die guten Leutchen haben nur sehr unklare Vorstellungen«[18] – insbesondere wenn es um die Neuordnung der Wirtschaft geht.

Einige Wochen vor der ersten Wahl zur Hamburger Bürgerschaft am 13. Oktober 1946 zeigen sich Loki und Helmut Schmidt bereits als aktive »Parteiarbeiter«. Gemeinsam malen sie zu Hause Werbeplakate für die örtlichen SPD-Kandidaten. Der Küchentisch ist zu klein, also nutzen sie auch den Fußboden für ihre in Manufaktur hergestellten Wahlplakate. Papier und Stifte hatte die Partei ihnen zur Verfügung gestellt. Die erste freie Wahl nach der Nazizeit ist für sie ein Erfolg. Die SPD erhält 43,1 Prozent der Stimmen, und da die Briten das eigene Mehrheitswahlrecht angeordnet haben, erringt die SPD eine satte Dreiviertelmehrheit der Bürgerschaftsmandate. Max Brauer, vor 1933 sozialdemokratischer Bürgermeister im damals noch zu Preußen gehörenden Altona, war in der Nazizeit in die USA emigriert und wird nun der erste frei gewählte Bürgermeister der Hansestadt.

Helmut Schmidt ist aber nicht nur als Wahlhelfer aktiv. Mit Vorträgen und öffentlichen Auftritten hat er sich in der Partei und über seinen Distrikt Neugraben hinaus schnell bekannt gemacht. Er entwickelt sich zu einem beliebten und viel gefragten Redner in ganz Hamburg, zunächst noch in der Jugendorganisation der SPD, dann aber auch in der gesamten Partei und auch über die Grenzen der Hansestadt hinaus. Zu seinen Themen gehören die neue Wirtschaftsordnung sowie die Sozialversicherung, aber auch Familienplanung und die notwendige Reformierung des § 218, der für den Schwangerschaftsabbruch hohe Strafen vorsieht.

An der Universität schließt sich Helmut Schmidt zusätzlich dem Sozialistischen Deutschen Studentenbund (SDS) an. Auch hier übernimmt er bald Verantwortung: Im Sommersemester 1947 wählen ihn die Kommilitonen – zusammen mit der Genossin Helga Timm – in den Vorsitz des Hamburger SDS. Im August des gleichen Jahres wird er in Bielefeld von den Delegierten des SDS zum Vorsitzenden für alle drei Westzonen bestimmt. Mit seiner politischen Tätigkeit im SDS ist ein reges, soziales Miteinander verbunden. Die Hamburger Studentengruppe trifft sich regelmäßig, sogar an Wochenenden veranstalten sie Treffen in Tagungsstätten im Umland der Hansestadt. Wohl darauf gemünzt hat Loki Schmidt später festgehalten: »Helmut hat während des Studiums [...] ein wenig Jugendzeit nachholen können.«[19] Was Helmuts Nachholbedarf für sie genau bedeutete, bleibt allerdings unklar. Ihre Jugendzeit war längst vorbei. Ihre Schwangerschaften und nach der Geburt der Tochter Susanne die Versorgung des Kindes ließen ihr neben Beruf und Haushalt mit Sicherheit keine Spielräume für unterhaltsames Treiben.

Ein Höhepunkt der SDS-Tätigkeit wird im April 1948 die Organisation und Durchführung eines internationalen Treffens sozialistischer Studentengruppen in Barsbüttel bei Hamburg. Es geht um die zukünftige politische und wirtschaftliche Zusammenarbeit in Europa und um die Rolle des demokratischen Sozialismus dabei. Bemerkenswert ist für dieses Treffen die frühe Anerkennung der deutschen Gruppe durch die ausländische Studentenschaft so kurze Zeit nach Kriegsende. Helmut Schmidt tritt hier prominent als Organisator und – so würde man heute sagen – Moderator auf. Der große Erfolg des Treffens wird dann auch dem überzeugenden Einsatz der Person Helmut Schmidt zugeschrieben. Die in Barsbüttel entstandenen internationalen Kontakte pflegt er sorgsam, so erhält er etwa Einladungen nach England und Holland, die er gerne wahrnimmt. Sein starkes Interesse am politischen Geschehen im Ausland und sein großes Geschick, sich in direkten Gesprächen ein eigenes Bild zu machen und Kontakte zu festigen, finden hier einen ersten Ausdruck.

An dem Treffen in Barsbüttel nimmt auch Loki Schmidt mit der bald einjährigen Tochter Susanne teil. Sie erlebt das Zusammensein mit den ausländischen Studierenden als große Bereicherung, nachdem sie so lange von allem, was außerhalb der deutschen Grenzen passierte, abgeschirmt gelebt hatte. Hier konnte sie sich zum ersten Mal in ihrem Leben mit Menschen aus anderen Ländern austauschen, über Gemeinsamkeiten in den Wertvorstellungen diskutieren, die Abende gesellig verbringen, zusammen mit den internationalen Studenten singen und tanzen – all dies mit Menschen aus Ländern, die noch drei Jahre zuvor als Feinde und Gegner galten.

Die Aktivitäten ihres Mannes im SDS gewinnen auch für das Privatleben des Paares an Bedeutung, denn Loki und Helmut Schmidt lernen in diesem Kreis Friedel und Willi Berkhan kennen. Die Berkhans sind gut drei Jahre älter als die Schmidts, ihre Erfahrungen in einem sozialistischen Jugendverband gehen also schon auf die Zeit vor 1933 zurück. Aus dieser Begegnung wird im wahren Sinne des Wortes eine Lebensfreundschaft. Ebenso gehören die späteren Freunde Walter und Hilde Tormin zum Kreis des SDS. So sind die frühen Jahre der politischen Laufbahn von Helmut Schmidt nicht nur die Basis für seine spätere Karriere, sie bilden auch den gemeinsamen Grundstein für das private Leben des Ehepaars. Politik und Privates haben sich im Leben der Schmidts schon früh zusammengefügt.

Vor allem aber erwarb sich der spätere Bundeskanzler Helmut Schmidt bereits in diesen frühen SPD- und SDS-Jahren eine solide, wohl austarierte Grundhaltung für das politische Handeln in einer parlamentarischen Demokratie. In einer Rede vor der Hamburger Gruppe des SDS im Januar 1948 wird das bereits deutlich: »Demokratie als das Prinzip, mit der Opposition zu regieren, ja sie für lebensnotwendig zu halten. Humanitas als Prinzip der Mitmenschlichkeit und Sozialismus als Prinzip der Verantwortung des Einzelnen für das Ganze.« Weitere Wegmarken bilden die demokratische Kontrolle der Wirtschaft, »gleiche Chancen für alle« und die »Nichterblichkeit der Funktionen«.[20]

Diese Positionen konnte Schmidt in den Diskussionen seiner Partei mit kühler Vernunft, aber eben auch rhetorisch geschickt vertreten. Er wollte die Richtung vorgeben, aber er wollte auch überzeugen. Nicht überall fand er mit seiner Rhetorik Anklang, stattdessen gab es schon in diesen frühen Jahren seiner politischen Laufbahn die Vorwürfe der Arroganz und das Gefühl, dass er in Gesprächen »kalt und feindselig« sein konnte.[21] Schon damals hat er sich auch, wie sein Biograph Hartmut Soell ausführt, einen »Panzer« zugelegt, an dem er solche Anfeindungen abprallen ließ. Junge Genossinnen und Genossen, die das Ehepaar Schmidt und das Baby zu Hause besuchten, erlebten ihn ganz anders: entspannt, solidarisch und gastfreundlich.

Beide im Beruf

Nach dem beruflichen Einstieg als persönlicher Referent des Wirtschaftssenators Karl Schiller Ende Juni 1949 startete Helmut Schmidt alsbald eine rasante innerbehördliche Karriere. Bereits im Frühjahr 1950 wird er Abteilungsleiter, im Februar 1952 Leiter des Amtes für Verkehr. Damit wendete sich endlich auch die wirtschaftliche Lage der Familie Schmidt zum Besseren. Als Referent des Senators verdiente er mit 300 DM bereits etwa 100 DM mehr als seine Frau, und als Amtsleiter stieg sein Gehalt noch einmal. Allerdings hatte er den Rechtsschutz seiner ÖTV-Gewerkschaft bemühen müssen, um die amtsübliche Bezahlung durchzusetzen. Schiller hatte versucht, für den frisch Beförderten die höheren Bezüge erst einmal auszusetzen. Damit hatte sich Schmidt gegen seinen Vorgesetzten durchgesetzt, aber als ihm im Frühjahr 1953 ein Wechsel in den Vorstand der Hamburger Hafen und Lager-AG (HHLA) angeboten wurde, rächte sich Schiller. Er verweigerte die dafür nötige Befürwortung. Nicht zuletzt aufgrund dieses Zwischenfalls entwickelte sich ein bis in das spätere Kabinett von Willy Brandt, dem beide als Minister angehörten, bestehendes frostiges und auf Rivalität beruhendes Verhältnis zwischen den beiden.

Der rasche berufliche Aufstieg Schmidts beweist, dass er seine personalen Fähigkeiten, wie schnelle Auffassungsgabe und ausgezeichnetes Gedächtnis sowie Entschlusskraft und Führungskompetenz, auch in einem zivilen Beruf gewinnbringend einzusetzen vermochte. Auch außerhalb Hamburgs war man inzwischen auf ihn aufmerksam geworden. So unterbreitete ihm 1953 der Kieler Oberbürgermeister Andreas Gayk das Angebot, als Dezernent für Wirtschaft und Verkehr in die schleswig-holsteinische Landeshauptstadt zu wechseln. Die Stadt Kiel war jedoch keine Perspektive für die Schmidts, sie blieben in Hamburg.

Wirtschaftlich ging es bei der Kleinfamilie ab der zweiten Hälfte des Jahres 1949 also bergauf. Bereits im April 1948 waren sie aus ihrer Einzimmerwohnung in Neugraben auf die andere Seite der Elbe gezogen, in eine Villa in der Lindenallee 23, im vergleichsweise vornehmen Stadtteil Othmarschen. Diese Villa existiert seit Jahrzehnten nicht mehr, die Lindenallee heißt heute Corinthstraße. Nun hatten die Schmidts die Villa natürlich nicht für sich allein: Die Besitzer des Hauses wohnten im Erdgeschoss, und die Schmidts teilten sich eine Art Einliegerwohnung im ersten Stock mit mehreren anderen Parteien. Bad und Küche wurden von allen Bewohnern genutzt, nur zwei Zimmer bewohnte die dreiköpfige Familie Schmidt allein. Im neuen Wohnzimmer fanden sie sogar Platz für ein gemietetes Klavier.

Räumlich stellte die Wohnung im Vergleich zu Neugraben zwar eine Verbesserung dar, aber das Zusammenleben auf engem Raum mit den anderen Mietern erwies sich auf die Dauer als schwierig. Ihren Wunsch nach einer eigenen Wohnung konnten die Schmidts allerdings erst 1952 verwirklichen. Im Arbeiterstadtteil Barmbek mieteten sie sich in einen Wohnblock der gewerkschaftsnahen Wohnungsbaugesellschaft »Neue Heimat« ein. Es war zwar eine große Wohnanlage, aber es gab viel Grün auf dem anliegenden Schwalbenplatz und die Häuser, ursprünglich aus den zwanziger Jahren stammend, waren alle gerade erst wieder aufgebaut worden, modern zugeschnitten und gut ausgestattet.

Außerdem konnten es sich die Schmidts inzwischen finanziell leisten, die Wohnung neu einzurichten. Freunde berichten über den »Luxus« in der Wohnung am Schwalbenplatz: »Sie war mit eigenen Möbeln eingerichtet, und Loki hatte Fenstervorhänge aus Dralon genäht. Sie sahen wie handgewebt aus und brauchten nach dem Waschen kaum geplättet zu werden. Wir waren begeistert von dieser Neuerung.«[22]

Für Susanne erwies sich die Spielanlage auf dem Schwalbenplatz als ein besonderes Vergnügen: »Da gab es eine Grünfläche zum Spielen, mit viel Klee bewachsen, und meine Mutter und ich haben vierblättrige Kleeblätter gesucht. Es gab auch einen Sandkasten, in dem ich mich getummelt habe, und wir haben mindestens in einem Jahr die Sommerschulferien dort verbracht. Für meine arme Mutter kann das nicht besonders aufregend gewesen sein, denn sie war die ganze Zeit da und hat mit mir gespielt.«[23]

Für Loki Schmidt war der Umzug allerdings auch mit einem schwerwiegenden Nachteil verbunden. 1949 war sie an die Schule Othmarscher Kirchenweg gewechselt und unterrichtete damit nicht allzu weit entfernt von ihrer Wohnung in der Lindenallee. Nun benötigte sie mit der Straßenbahn vom Schwalbenplatz bis zur Schule mehr als eine Stunde. Den Othmarscher Kirchenweg wollte sie jedoch auf keinen Fall aufgeben, die Schule hatte sie sich sorgfältig ausgesucht. Schulleitung und Kollegium am Othmarscher Kirchenweg galten nämlich als reformorientiert, und Loki Schmidt war davon begeistert. Sie sah in der Revitalisierung der Pädagogik der Reformschulen der zwanziger Jahre einen wichtigen Beitrag für die Neuorientierung der Schulen nach der Nazizeit. Gut zwölf Jahre blieb sie am Othmarscher Kirchenweg. Hier entwickelte sie einen Unterricht, der auf Eigenständigkeit, auf ein Lernen »mit Kopf, Herz und Hand« und auf ein sozial-verträgliches Miteinander ihrer Schüler abzielte. Ihr jahrelanges unterrichtliches Engagement in dieser Schule war mit Sicherheit ihr ganz persönlicher Beitrag zum Aufbau der jungen deutschen Demokratie. Mit ihrer Arbeit am Othmarscher Kirchenweg schließt sich in gewisser Weise auch der Kreis zur Lichtwarkschule: Das Vorbild der Klassenlehrerin Ida Eberhardt hat in der Lehrerin Loki Schmidt über Diktatur und Unterdrückung hinweg Früchte getragen.

1954 fand mit einem erneuten Umzug der lange Schulweg für Loki Schmidt ein Ende. Der Wohnblock der »Neuen Heimat«, in dem die Schmidts in Barmbek wohnten, wurde von der Wohnungsbaugesellschaft zu einer Geschäftsstelle umfunktioniert, und die Schmidts mussten ausziehen. Sie liehen sich von der Bank Geld und kauften ein kleines Reihenhaus der »Neuen Heimat« im Zickzackweg in Othmarschen, wieder in der Nähe von Lokis Schule. Das Reihenhaus hatte zwar zwei Stockwerke, war aber so schmal, dass die Schmidts es etwas ironisch als ihr »Scheibenhaus« betitelten. In der großbürgerlichen Othmarscher Umgebung mit den oft prächtigen Villen auf großzügigen Grundstücken wirkte die »Neue Heimat«-Siedlung mit ihren einfachen Häuschen wie ein Fremdkörper. Dieser Kontrast zwischen der bescheidenen Nachkriegssiedlung und der großbürgerlichen Nachbarschaft des Stadtteils Othmarschen fällt auch dem heutigen Besucher sogleich ins Auge.

Der kulturelle Neuanfang

Für die Schmidts war der politische und wirtschaftliche Neuanfang nach 1945 untrennbar verbunden mit dem lang ersehn-
ten Neubeginn in der Kulturlandschaft. Zwölf Jahre lang waren
sie vom Kulturschaffen anderer Länder abgeschnitten gewesen
und hatten keinen Zugang zu der vom NS-Regime verbotenen
Literatur, ihre so sehr geliebten Künstler des Expressionismus galten als »entartet«. Nun endlich war dies alles vorbei,
und wann immer es möglich war, nutzten die Schmidts in den
Nachkriegsjahren das neue kulturelle Leben und die freie politische Information in ihrer Stadt. Mit den Verbrechen der Nazis
in den Konzentrations- und Vernichtungslagern war Helmut
Schmidt bereits in der belgischen Gefangenschaft konfrontiert
worden. Jetzt informierte das von den Briten herausgegebene
Hamburger Nachrichtenblatt und der im September 1945 neu
entstandene Nordwestdeutsche Rundfunk (NWDR) die Öffentlichkeit über die Verbrechen der Nazis. Ab dem Frühjahr 1946
verschafften die Briten mit von ihnen vergebenen Lizenzen neu
gegründeten deutschen Zeitungen einen Zugang zur Öffentlichkeit. Die *ZEIT* war eines der ersten neuen Presseorgane in der
Hansestadt. Und natürlich lasen die Schmidts die Tageszeitung
der SPD, das *Hamburger Echo*. Auch in dem Sonderlehrgang
zur Entnazifizierung, den Loki Schmidt 1945/46 besuchen
musste, waren die Verfolgung und Ermordung der jüdischen
Bevölkerung in Deutschland und in den von der Wehrmacht
besetzten Gebieten ein Thema. Wie viele andere Deutsche, erfuhren die Schmidts jetzt erst vom ganzen Ausmaß der Nazi-
verbrechen. Die Jahre unmittelbar nach dem Krieg werden für
das Paar zu Jahren, die »zum Nachdenken, zur Selbstprüfung
und zur Läuterung geführt haben«.[24]

Mit zwei Personen des Kulturlebens verbanden Loki und Helmut Schmidt nach 1945 den Neuanfang des kulturellen Lebens

in ihrer Stadt: mit der Schauspielerin Ida Ehre und dem Verleger Ernst Rowohlt. »Zwei Menschen [...], die ihren Zeitgenossen die Augen zu öffnen halfen und die allen Deutschen jener ersten Nachkriegsjahre geistige Neu-Orientierung anboten.«[25]

Ida Ehre spielte mit ihrem Theaterensemble in den im Grindelviertel gelegenen »Hamburger Kammerspielen«, genauer in der Hartungstraße. Noch heute firmiert das Theater unter dieser Adresse. Als Jüdin hatte die Schauspielerin in der NS-Zeit Berufsverbot. 1939 war sie nach einem missglückten Versuch, mit der Familie nach Südamerika auszuwandern, von der Gestapo verhaftet und im Hamburger KZ Fuhlsbüttel inhaftiert worden. Sie selbst hatte die NS-Diktatur überlebt, Mutter und Schwester waren jedoch von den Nazis ermordet worden. Ida Ehre hätte also allen Grund gehabt, Deutschland den Rücken zu kehren. Doch sie blieb und wollte mit ihrem Theater einen Beitrag zur geistigen Neuorientierung in der Stadt leisten. »Ida Ehre brachte uns Giraudoux, Anouilh, Sartre, T. S. Eliot, Tennessee Williams, Wilder, Max Frisch, Dürrenmatt, Wolfgang Borchert; aber eben auch Lessing, Schiller, Shaw, Werfel, Brecht«,[26] erinnert Helmut Schmidt, und seine Frau fügte in einem anderen Kontext hinzu: »Was sie uns geschenkt hat, war neu. Wir waren ja von der internationalen Literatur abgeschnitten und saugten uns bei ihr voll wie die Schwämme.«[27]

Zwischen den Schmidts und Ida Ehre entwickelte sich später eine Art Freundschaft. Sie begegneten sich auf öffentlichen Veranstaltungen und schrieben sich mit unverkennbarer Zuneigung. Ihre früheste Erinnerung an das Paar schilderte Ida Ehre so: »Unbedingt erwähnen sollte ich noch, dass Loki und Helmut Schmidt zu den allerersten Besuchern meines Theaters, der Hamburger Kammerspiele, gehörten. Die Theaterbegeisterung, überhaupt die Kulturbegeisterung, war – was leider vergessen ist – nach dem Krieg grenzenlos. [...] Bei uns stellten sich die Besucher oft stundenlang nachts an, um am Morgen nach der Kassenöffnung um 9:00 Uhr bestimmte Karten zu bekommen. Dazu gehörte auch wiederholt das Ehepaar Schmidt. Einmal reichte ich ihnen, die in der Schlange standen, heißen Tee. Solche begeisterten Besucher regten uns Theaterleute auch an, immer noch besseres zu leisten.«[28]

In die im Dezember 1945 eröffneten Hamburger Kammerspiele pilgerten die Schmidts ab 1946 mit einer gewissen Regelmäßigkeit. Der Anfahrtsweg von Neugraben war beschwerlich, manchmal mussten sie nach den Abendvorstellungen bei Freunden übernachten, weil kein Zug mehr zu erreichen war. Die Kosten der Theaterbesuche waren allerdings besucherfreundlich. Vor der Währungsreform, »als unsereiner vom Verkauf der eigenen Raucherkarte lebte, vom Verkauf selbst gestrickter Pullover, von allerhand Gelegenheitsarbeiten [...], damals, als man sich Holz und Kohle im Wald und auf den Güterzügen zusammenklaute, damals waren die Kammerspiele für jedermann erschwinglich. Sie boten Offenbarungen, die wir ohne fühlbare eigene finanzielle Opfer erlebten.«[29]

So wohnten auch die Schmidts den drei großen Produktionen an den Kammerspielen bei, die die Situation und die Gefühle der Menschen in den damaligen Jahren besonders trefflich widerspiegelten: Wolfgang Borcherts *Draußen vor der Tür*, Robert Ardreys *Leuchtfeuer* und Thornton Wilders *Wir sind noch einmal davongekommen*. Theater- und bald auch Konzertbesuche blieben – wenn immer es zeitlich möglich war – eine freudvolle Begleitung in ihrem Leben.

Zu Hause stillten die Schmidts ihren Bildungshunger in diesen Aufbaujahren mit der Lektüre insbesondere amerikanischer, englischer und französischer Autoren. Ernst Rowohlt hatte bereits im März 1946 die Erlaubnis zur Neugründung seines von den Nazis 1943 geschlossenen Verlags erhalten. Ende 1946 wartete er mit einer Sensation auf: dem Abdruck von Romanen im großformatigen Zeitungsdruck zum Preis von 50 Pfennig, Rowohlt Rotationsromane, kurz »RoRoRo« – damals das Synonym für preiswerte Bücher. Die Schmidts erinnerten sich nur allzu gut daran. Die ersten vier erhältlichen Titel waren Ernest Hemingway *In einem anderen Land*, Kurt Tucholsky *Schloß Gripsholm*, Joseph Conrad *Taifun* und Alain-Fournier *Der große Kamerad*. Ab 1950 waren es dann auch richtige Taschenbücher im Oktavformat. Die Schmidts hatten davon fast eine kleine Bibliothek zusammengekauft, etliche dieser Taschenbücher der ersten Generation fanden später in den Bücherregalen im Ferienhaus am Brahmsee ihren Platz – eine schöne Erinnerung an den Bildungsdrang der Aufbruchsjahre und der Neuorientierung nach 1945.

Kontakte ins Ausland und eine wichtige Entscheidung

Mit Hilfe der Lektüren vom Rowohlt Verlag konnten die Schmidts die moderne Literatur aus den europäischen Nachbarländern und aus Übersee kennenlernen. Sobald die Familienkasse es erlaubte, begannen sie auch – man könnte fast sagen systematisch – die Nachbarstaaten zu bereisen. Helmut Schmidt erklärte seine ausgiebige Reisetätigkeit später einmal mit einer chinesischen Spruchweisheit: »Einmal sehen ist besser als hundertmal hören.«[30] Dieses Prinzip galt nicht nur für ihn, hier waren sich beide Schmidts einig: Wann immer sich die Möglichkeit bot, gingen sie auf Reisen.

Die erste große gemeinsame Reise führte sie 1951 mit einem Frachter der Reederei Uhlmann nach Schweden. Die Kontakte zu der Reederei hatte Schmidt über seine berufliche Tätigkeit im Amt für Verkehr herstellen können. 1952 folgte eine Reise ins österreichische Salzburg, 1953 unternahmen sie eine Rundreise mit zahlreichen Stationen durch Frankreich. Letztere hatten sie zu Hause detailliert vorbereitet, die Reiseroute genau festgelegt.

Alle ihre Reisen dokumentierten sie mit zahlreichen Fotos, die sie in diversen Fotoalben ausführlich beschrifteten. Fast dreihundert dieser Alben gibt es im Archiv der Schmidts, viele davon mit Fotos von dienstlichen Anlässen und Begebenheiten, viele aber auch mit privaten Fotos. Wer die Gelegenheit hat, diese Alben durchzublättern, begibt sich auf Weltreise, die Schmidts waren im wahrsten Sinne des Wortes »weitgereiste Menschen«.

Seine erste große berufliche Reise absolvierte Helmut Schmidt im August 1950. Seiner Familie sollte diese Reise eine schwierige Entscheidung abverlangen. Hamburgs Bürgermeister Max Brauer wollte mit einer Delegation aus Wirtschaft und Politik in die USA, um dort die Leistungsfähigkeit der Hamburgischen Hafenwirtschaft publik zu machen. Zu seiner Begleitung gehörten auch Wirtschaftssenator Karl Schiller und dessen Abteilungsleiter im Amt für Verkehr Helmut Schmidt. Während die Delegation nach Gesprächen und Besichtigungen in New York und Chicago bereits nach wenigen Tagen nach Hamburg zurückkehrte, hatte Helmut Schmidt seinen Aufenthalt um mehrere Wochen verlängert. Er wollte Amerika näher kennenlernen, und er wollte zu Verwandten nach Duluth, einer kleinen Hafenstadt am Lake Superior im Bundesstaat Minnesota. Diese hatten nach 1945 die Großfamilie Schmidt mit Carepaketen versorgt und ihnen damit eine heute kaum noch vorstellbare Freude bereitet: Kaffee für die Erwachsenen, Schokolade für die Kinder.

Zu Helmut Schmidts Erstaunen stellte sich heraus, dass sein Onkel August Hanft – die Hanfts und die Schmidts hatten denselben Urgroßvater mütterlicherseits – ein begüterter Fabrikant und Unternehmer war. Er führte eine kleine Eisengießerei mit etwa zwanzig Arbeitern und Angestellten. »Das faszinierende aber war: es standen genauso viele Autos davor, wie Leute dort beschäftigt waren, jeder besaß ein Auto! Dergleichen hätten wir in Deutschland nicht zu träumen gewagt.«[31] Helmut Schmidt bewunderte auch die Wohnverhältnisse der Arbeiter, viele von ihnen hatten sogar ein eigenes Häuschen.

Die größte Überraschung allerdings folgte noch. Nachdem August Hanft den offenbar agilen und gut Englisch sprechenden Neffen näher kennengelernt hatte, machte er ihm ein verlockendes Angebot. Hanft wünschte sich Unterstützung in der Leitung des Unternehmens und offerierte dem deutschen Neffen eine gut bezahlte Stellung in seinem Betrieb. Am besten sollte er gleich dableiben und Frau und Tochter so schnell wie möglich nachkommen lassen.

Von einem Neustart in den USA träumten damals Zehntausende Deutsche. Das zerstörte Deutschland zurückzulassen und hier in Duluth sorgenfrei in eine gut bezahlte Stellung zu wechseln, das war auch für Helmut Schmidt mehr als nur eine Überlegung wert. Zurück bei seiner Frau in Hamburg besprachen die beiden ausführlich dieses Angebot, wägten Vor- und Nachteile ab. Am Ende entschieden sie sich dagegen: »Wir haben uns nicht entschließen können, Deutschland zu verlassen, obschon wir damals mit vier Familien in einer Vierzimmerwohnung ziemlich trostlos hausten«, berichtet Helmut Schmidt, ohne noch weitere Gründe zu benennen.[32]

Letztendlich verfügten die beiden über genügend Zuversicht, dass sich für sie auch in dem zerstörten Deutschland neue Chancen auf ein besseres Leben eröffnen würden. Er stand am Anfang einer verheißungsvollen und relativ gesicherten Berufslaufbahn, und sie hätte bei einer Umsiedelung in die USA ihre Berufstätigkeit als Lehrerin aufgeben müssen. Auch die vielen guten Freunde und die starke Verbundenheit zu ihrer Heimatstadt spielten eine Rolle bei der Entscheidung gegen das verlockende Angebot des erfolgreichen amerikanischen Onkels.

Wenn das Paar später auf die gemeinsame Vergangenheit schaute, erzählten sie auch immer von dieser ernsthaft erwogenen, durchaus realistischen Berufsalternative für Helmut

Schmidt. Das Angebot aus Duluth zeigt, dass sich der gemeinsame Lebensweg der Schmidts auch in ganz anderen Bahnen hätte entwickeln können.

Die Tochter Susanne

Als Ende April 1947 der Geburtstermin für das sehnlichst erwartete Baby näher rückte, logierten sich die Schmidts bei Freunden in der Stadt, genauer in der Oberstraße in Hamburg-Harvestehude ein. Von hier aus konnten sie schnell das Bethanien-Krankenhaus in Hamburg-Eppendorf erreichen. Dort hatten sie sich für die Geburt angemeldet, der Weg von ihrer Wohnung in Neugraben zur nächsten Geburtsstation war ihnen zu lang und risikoreich erschienen. Auch wenn die Geburt eines Kindes damals noch »nicht so ein großes Ereignis wie in späteren Jahren war«, wie Loki Schmidt später meinte,[33] die Schmidts wollten bei Susannes Geburt medizinisch gut aufgehoben und sicher sein.

Die Entbindung verlief ohne Komplikationen, das Kind war gesund und die Eltern waren glücklich: »[…] da Susanne etwas später, als ich ausgerechnet hatte, geboren wurde, war sie sehr gut entwickelt, das war ein properes Kind«.[34]

Was immer die beiden Schmidts für die Betreuung der gemeinsamen Tochter abgesprochen haben mögen, in der Praxis lag die Verantwortung nahezu ausschließlich bei Loki. Während der Vorlesungszeiten im Semester konnte ihr Mann tagsüber nicht beim Kind sein, also nahm Loki ihre kleine Tochter mit in die Schule. Abends war er wegen der Aktivitäten im SDS und in der SPD oft unterwegs, manchmal übernachtete er sogar wegen der schlechten Zugverbindungen in Hamburg.

In der Erinnerung von Loki Schmidt stellt sich der Alltag mit dem Neugeborenen als eine große Herausforderung dar.

Die stolzen Eltern mit Tochter Susanne,
Sommer 1948

Morgens bereitete sie das Fläschchen vor, schob Susanne im Kinderwagen zur Schule und stellte ihn auf dem Gelände der Schule Fischbek unter einem schützenden Strauch ab: »In der großen Pause brauchte ich keine Aufsicht zu führen, damit ich mich um mein Kind kümmern konnte: füttern, neu bünzeln, und dann habe ich sie wieder unter einen Fliederbusch gestellt. 1947 war ein ausgesprochen freundlicher Sommer, es hat so gut wie nie geregnet, sodass ich keine Sorge zu haben brauchte, dass das Kind nass würde.«[35]

Susanne scheint das alles problemlos mitgemacht zu haben: »Sie war ein geeignetes Kind für eine berufstätige Mutter – also ausgesprochen friedlich, wollte nicht ständig unterhalten werden; wenn sie genug zu essen bekam, legte sich hin und schlief oder spielte mit ihren Fingern. Das war also sicher einfacher für mich, als wenn es ein quengeliges Kind gewesen wäre.«[36]

Mit dem zunehmenden Alter Susannes musste sich auch Helmut Schmidt an der Betreuung des Kindes beteiligen, aber nicht immer klappten die gemeinsamen Absprachen. Manchmal musste Loki in unvorhergesehenen Situationen das Kind sogar für Stunden allein im Laufstall zurücklassen. »Heute würde man wegen Grausamkeit verklagt!«, sagt sie später dazu. Aber auch schon damals musste sich die Mutter in einer erheblichen Notlage befunden haben, bevor sie sich zu einer solchen Maßnahme entschloss. Im Dezember 1948 machte ihr Mann eine längere Studienfahrt nach England. »Da wusste ich nun gar nicht mehr, was ich mit unserer Tochter machen sollte. Jeden Tag wollte ich sie nicht alleinlassen. […] Ich hab dann ein Kinderheim gefunden bei der Klopstockkirche in der Nähe des Altonaer Rathauses, wo man sie aufgenommen hat. Ich bin also morgens vor der Schule über eine halbe Stunde mit dem Kind nach Altona geradelt und dann von dort eine Stunde zur Schule. Und das Ganze retour.«[37]

Im Nachhinein stellt man sich als außenstehender Betrachter die Frage, warum eine Studienreise unter diesen Umständen überhaupt Vorrang hatte, denn Helmut Schmidt war an der Universität bereits in seiner Prüfungsphase und die Reise kann gewiss keine Pflichtveranstaltung gewesen sein. Die Prioritäten des Familienvaters Helmut Schmidt haben zu diesem Zeitpunkt ganz offensichtlich bei seinem Studium und den politischen Aktivitäten in der SPD und beim SDS gelegen. Wenn Loki Schmidt rückblickend formulierte: »Zeitlich hat Susanne von Helmut nicht sehr viel gehabt«, dann galt das wohl bereits für die frühen Jahre der jungen Familie.[38]

Ein Jahr nach dem Umzug von der Othmarscher Lindenallee nach Barmbek, zu Ostern 1953, wurde Susanne an der Schule ihrer Mutter am Othmarscher Kirchenweg eingeschult.

Diese Schule war Susanne schon gut vertraut, da Loki ihre Tochter bereits vor der Einschulung manchmal in den eigenen Unterricht hatte mitnehmen müssen. Obwohl die Schmidts mittlerweile eine Frau gefunden hatten, die am Vormittag auf Susanne aufpasste, klappte das manchmal nicht, und Susanne fuhr mit ihrer Mutter zum Unterricht nach Othmarschen. Auf dem langen, gemeinsamen Weg in der Straßenbahn zählte sie die Autos und lernte die Beschilderungen in der Bahn zu entziffern. In der Klasse von Loki Schmidt saß sie dann auf einem eigenen Platz, ein wenig abseits von den Schulkindern. Sie war immer noch ein selbstgenügsames Kind, sie beschäftigte sich selbst, malte, beobachtete die anderen Kinder und bekam, wie sich dann bald zeigte, auch einiges vom Lernstoff im Nebenbei mit.

Schon bevor sie sechs war, konnte sie fließend lesen, in Druckschrift schreiben und erstaunlich gut mit Zahlen umgehen. Susanne wurde deshalb gleich in die zweite Klasse eingeschult und fügte sich dort problemlos ein. Wenn tatsächlich etwas intensiver nachzuarbeiten war, kümmerte sich der Klassenlehrer geradezu vorbildlich um die Tochter der geschätzten Kollegin. In der dritten und vierten Klasse musste Loki Schmidt bei ihrer Tochter das Fach Handarbeiten unterrichten. Das Sticken, Häkeln und Stricken fand Susanne prima, aber dass ihre Mutter nun ihre Lehrerin war, fand sie »als Kind nicht so toll«, wie sie sich 2012 anlässlich der Umbenennung ihrer früheren Schule in »Loki-Schmidt-Schule« erinnerte: »So hat mir meine Mutter häufiger gesagt: Das hast du wirklich schön gemacht und hättest eigentlich eine Eins verdient, aber die kann ich dir nicht geben, denn sonst sagen die Leute, die bevorzugt ihre Tochter. Das verstehst du doch? Und ich hab immer ganz brav genickt, denn sie hatte ja recht, aber fair fand ich das überhaupt nicht.«[39]

Die Familie des zukünftigen Bundestagsabgeordneten Schmidt

Auch nach seinem Eintritt in das Berufsleben gab Helmut Schmidt seine politischen Aktivitäten nicht auf. Er publizierte weiter im *Hamburger Echo* und blieb ein gefragter Redner auf politischen Versammlungen, inzwischen in ganz Norddeutschland. Eine Art »politischer Wanderprediger ehrenhalber« sei er damals gewesen, sagte er selbst einmal über sich. So nimmt es nicht Wunder, dass ihm die SPD im Vorfeld der Bundestagswahlen vom Herbst 1953 ein Angebot für die Kandidatur im Hamburger Wahlkreis Nord offerierte. Hamburg-Nord bestand aus den Stadtteilen Eppendorf, Alsterdorf, Ohlsdorf, Fuhlsbüttel und Langenhorn und galt als umkämpft. Dass zwei Wahlkreise in Niedersachsen Schmidt ebenfalls gern als Kandidaten aufstellen wollten, zeigt überdeutlich, wie populär der Jungpolitiker innerparteilich war und wie überzeugt die Genossen sich von seiner politischen Eignung zeigten. Er entschied sich für den Wahlkreis Hamburg-Nord, vorsichtshalber sicherte ihn die Partei auch über die Landesliste ab.

Die Entscheidung, für den Bundestag zu kandidieren, habe er seinerzeit rein »aus Daffke« getroffen.[40] Er hätte ja eigentlich in seiner Heimatstadt eine aussichtsreiche Laufbahn vor sich gehabt. Etwas »aus Daffke« tun, diesen Ausdruck benutzen die Berliner, wenn man etwas ohne besonderen Grund tut, oder »nur zum Spaß« macht. Es darf jedoch bezweifelt werden, ob das die tatsächliche Basis für Helmut Schmidts damalige Entscheidung war. Zwar hatte er sich nicht um eine Kandidatur beworben, aber er hatte inzwischen sowohl an einigen Konferenzen der Verkehrsminister des Bundes als auch an Sitzungen des Bundesrats teilgenommen und somit erste vertiefte Eindrücke in die Bundespolitik erworben. Man hat deshalb guten Grund anzunehmen, dass er die Aufgaben in

Bonn für hoch interessant hielt, sich sicher war, auf der Bonner Bühne reüssieren zu können und gewiss hoffte, dass die Bonner Herausforderung ihn auch persönlich weiterbringen würde.

Außerdem hatte auch Loki Schmidt ihr Einverständnis zur Kandidatur des Ehemannes auf Bundesebene gegeben. Die gegebenenfalls räumliche Trennung der Familie – ein Gesichtspunkt, der bei der Studienwahl 1945 noch zentral gewesen war – stellte das Paar nunmehr hintan. Zudem hatten die beiden die Frage der weiteren Familienplanung inzwischen entschieden. Nachdem sich der Wunsch der beiden nach weiteren Kindern bei insgesamt sechs Fehlgeburten immer wieder nicht erfüllte hatte, erklärten sie das Kapitel Nachwuchs für beendet. »Der liebe Gott hatte Loki nicht für mehrere Kinder geschaffen, bemüht haben wir uns redlich«, so beschreibt Helmut Schmidt die für seine Frau nachgerade traumatische Lebenserfahrung der Fehlgeburten.[41]

Zu der Bundestagskarriere ihres Mannes gab Loki Schmidt nicht nur ihre klare Zustimmung, sie unterstützte ihn und beteiligte sich sogar am Wahlkampf. Aufgrund ihrer vielfältigen Verbindungen und Verpflichtungen in der Stadt kannten die Schmidts den aus Ungarn stammenden Gyula Trebitsch, Inhaber der erfolgreichen Produktionsfirma Real-Film. Gyula Trebitsch war jüdischen Glaubens und hatte das Filmhandwerk in Budapest gelernt und dort erste Erfolge mit eigenen Filmproduktionen gehabt. Aber die Nazis verschleppten ihn 1942 zunächst zur Zwangsarbeit, dann deportierten sie ihn in verschiedene Konzentrationslager, zuletzt ins KZ Wöbbelin bei Ludwigslust, einer Außenstelle des KZ Neuengamme. Nach der Befreiung ebneten ihm die Briten in Hamburg den Weg zurück ins Filmgeschäft. Schon 1947 gründete er in der Hansestadt die Real-Film und machte eine einzigartige Karriere in der Hamburger Medienlandschaft.

Für Gyula Trebitsch verband sich mit dem vier Jahre jüngeren Helmut Schmidt eine große politische Hoffnung.[42] Er empfand Schmidt als zupackend und gewinnend, von ihm erhoffte er sich einen gewichtigen Beitrag zum Aufbau eines demokratischen Deutschlands. Wie Schmidt war auch er Mitglied in der SPD. Für den Politiker Schmidt und dessen Wahlkampf entwickelte der Filmexperte Trebitsch eine für die damalige Zeit erstaunlich moderne Strategie: Er stellte einen kurzen Wahlkampffilm her, der an geeigneten öffentlichen Orten gezeigt werden sollte. Da er recht begütert war, übernahm er auch die Produktionskosten. So postierte er in Schmidts Wahlkreis an stark frequentierten Ausgängen der Hamburger Hochbahn Leinwände und Projektoren und ließ, immer wenn ein Zug eingefahren war, einen Wahlspot des Kandidaten Schmidt abspielen. Per VW-Bus wurde die Ausstattung hin und her gefahren, sodass an einem Tag gleich mehrere Hochbahn-Stationen bespielt werden konnten.

Dieser Film setzt in etwa neunzig Sekunden die wesentlichen Forderungen Schmidts nach einer Erneuerung von Wirtschaft und Verkehr in Szene. Zu Beginn tritt die sympathische Familie Schmidt mit Tochter Susanne auf. Loki hatte speziell für den Film ein neues Kleid und einen neuen Mantel für Susanne und sich selbst genäht. Ein solcher Wahlkampffilm stellte 1953 eine echte Besonderheit dar, etwas ganz anderes als der übliche Wahlkampf mit großen Reden und viel Parteiwerbung auf Papier. Auch war es bislang ohne Beispiel, dass die Familie in die Präsentation des Kandidaten einbezogen wurde. Die Filmaktion von Gyula Trebitsch erregte dementsprechend einiges Aufsehen, bei der Wahl von 1957 kam es zu einer Neuauflage.

Ohne Zweifel, die Schmidts zeigten sich modern. Sie waren in der neuen Zeit angekommen und engagierten sich für den jungen demokratischen Staat. Nazizeit und Krieg waren Vergangenheit, und acht Jahre nach der Befreiung von der NS-

Diktatur sehen wir eine zuversichtliche und sympathische Familie. So betrachtet, wirken die Schmidts fast wie ein Paradebeispiel für die jüngere Generation, welche die Kriegszeit hinter sich gelassen hat und jetzt den Aufbau eines demokratischen Deutschlands energisch anpackt.

7.
Die fünfziger Jahre: Fernbeziehung

Als am 9. Oktober 1953 die neuen Abgeordneten des 2. Deutschen Bundestags in Bonn zusammenkamen und Konrad Adenauer erneut zum Bundeskanzler wählten, war dies nicht nur ein besonderer Tag für den jungen Abgeordneten aus dem Wahlkreis Hamburg VI, sondern auch für dessen Familie in Hamburg. Helmut und Loki Schmidt hatten sich – bei aller Enttäuschung über seine Niederlage im Wahlkreis – dann sehr darüber gefreut, dass er über die Landesliste der Partei in den Bundestag einziehen konnte und nun zu den 487 Mitgliedern des Deutschen Bundestags gehörte. Helmut Schmidt, MdB, stand nun auf seiner Visitenkarte.

Zur Vorbereitung auf seine künftigen Aufgaben war er einige Tage zuvor mit dem Zug nach Bonn gereist. Während der vielen Stunden im Zug ist ihm sicher nicht in den Sinn gekommen, dass dies der Beginn einer bis 1987 währenden politischen Karriere in der Bundeshauptstadt Bonn werden sollte, die nur durch sein Hamburger Senatorenamt, das er vier Jahre innehatte, unterbrochen wurde.

Der Tag seiner Ankunft in Bonn markiert zugleich den Beginn einer etwa zwölf Jahre währenden Fernbeziehung des Ehepaares Loki und Helmut Schmidt. In den fünfziger Jahren sprach man noch nicht von einer Fernbeziehung, sondern nannte die beruflich bedingte Trennung eines Paares beschönigend »Wochenend-Ehe«. Mit den Herausforderungen, die eine Fernbeziehung an eine Familie stellt, dürften die Schmidts allerdings schon damals zur Genüge vertraut gewesen sein: wenig gemeinsame Zeit, hohe Erwartungen an die Wochenendtage, an denen man zusammen ist, häufiges Warten, Phasen der Traurigkeit – und nicht zuletzt höhere Ausgaben für zwei getrennte Wohnungen und Haushalte.

»Nun aber, in Bonn angekommen, war ich zunächst ratlos. Es stellte sich sogleich heraus, dass ich finanziell – wegen all der zusätzlichen Kosten – schlechter gestellt war als vorher im Beruf. Auch gab es keine Altersversorgung, so dass ich meine Angestellten-Rentenversicherung ›freiwillig‹ auf eigene Kosten fortgesetzt habe.[1] Die Arbeitsmöglichkeiten in Bonn waren äußerst kümmerlich; man hatte keinen Mitarbeiter und keine Sekretärin. Ohne Lokis Lehrerinnengehalt wäre unser Leben sehr schwierig gewesen.«[2]

Die Familie in Hamburg – Helmut Schmidt in Bonn

So also stellte sich das neue Berufsleben des Abgeordneten Schmidt auf persönlicher Ebene dar. Auch seine Frau dokumentiert ihr knappes Auskommen in Hamburg konkret am Beispiel ihres Haushaltsbudgets: »Jedenfalls war es so knapp, dass ich mir überlegt habe, ob ich mir überhaupt noch ein paar Strümpfe kaufen konnte. Darum habe ich damals Buch geführt, Haushaltsbuch, in einer alten Schulkladde. Zufälligerweise ist ein Heft erhalten geblieben. Deshalb kann ich sagen: 1953 kostete ein Ei 30 Pfennig. Wenn Sie sich jetzt einmal überlegen – 250 DM bekam ich im Monat, ein Ei 30 Pfennig, 1 Pfund Kaffee 10 DM, und wir waren Kaffeetrinker, Susanne kriegte einmal im Monat eine ganze Tafel Schokolade, sie war ja ein kleines Kind, 1,10 Mark die billigste. […] Als wir [1952] nach Barmbek zogen […] bin ich sonntagmorgens zum Fischmarkt gefahren, um billiges Gemüse und billige Wurst einzukaufen. Und das als Frau eines Abgeordneten, die einen eigenen Beruf hatte.«[3]

Dass sich die wirtschaftliche Situation der Familie eines deutschen Bundestagsabgeordneten finanziell so gestalten und ihr Lehrerinnengehalt vollständig beanspruchen würde, hatten beide nicht eingeplant und Loki Schmidt sich offenkundig auch nicht so vorgestellt.

Lokis Leben mit Tochter Susanne in der Barmbeker Wohnung am Schwalbenplatz unterscheidet sich völlig von dem des MdBs Helmut Schmidt in Bonn, aber es ist ebenso eng getaktet wie das Berufsleben ihres Mannes. Beruf, Haushalt und die Fürsorge für Susanne fordern ihr Zeit und Kraft ab, faktisch ist sie nun alleinerziehend und allein verantwortlich. Mutter und Tochter gelingt es aber, sich gut aufeinander einzustellen. Susanne ist mittlerweile am Othmarscher Kirchenweg, Lokis Arbeitsplatz, eingeschult und an den Nachmittagen nimmt sie die Angebote zu eigenen Aktivitäten gerne an: Handarbeiten, Lesen, Zeichnen und auf dem Spielplatz auf dem Schwalbenplatz gegenüber ihrer Wohnung zusammen mit anderen Kindern spielen. Auch musisch ist sie interessiert. Sie beginnt mit dem Instrument Blockflöte, später kommt das Klavier dazu – doch auf Dauer kann sich Susanne für dieses Instrument nicht begeistern. Unter der Woche schläft Susanne bei ihrer Mutter im Ehebett. Wenn der Vater am Wochenende bei der Familie ist, muss sie ins eigene Zimmer »ausziehen«, nicht gerade zu ihrer Begeisterung.

Das von Loki Schmidt penibel geführte Haushaltsheft

143

Die Lehrerin

Für Loki Schmidt wird in den Jahren der Fernbeziehung die Schule Othmarscher Kirchenweg auch persönlich ein wichtiger Faktor in ihrem sozialen Leben. Mit einigen Kolleginnen und Kollegen ist sie inzwischen befreundet. Sie singt im Schulchor und kommt mit drei Lehrern ihrer Schule regelmäßig zu einer Kartenrunde zusammen. Das findet einmal im Monat statt. Sie treffen sich abends immer abwechselnd bei einem der vier Mitspieler zu einem »rustikalen Abendessen«, zu Gesprächen und zum Skatspiel. Loki hatte sich den drei Männern schon bald nach dem Umzug ihres Mannes nach Bonn angeschlossen. Die neue »Skatschwester« spielte »einen guten, bedächtigen Skat«, erinnert sich einer der Kollegen.[4] Diese Runde ist Loki offensichtlich wichtig und sie hält sie auch aufrecht, als sie die Schule wechselt und in Langenhorn wohnt. Sogar noch als Kanzlergattin lud sie die drei Kollegen einige Male in den Kanzlerbungalow ein.

In der Schule ist Loki eine bei den Schülern beliebte Lehrerin und findet im Kollegium hohe Anerkennung und viel Sympathie. Ein Kollegiumsfoto aus den späten fünfziger Jahren illustriert ihre Stellung: Sie sitzt zentral in der ersten Reihe, gleich neben dem Schulleiter. Als Einzige raucht sie und hält selbstbewusst, fast schon mondän, die Zigarette in der rechten Hand.

Das Markenzeichen ihres Unterrichts ist das fächerverbindende und projektbezogene Arbeiten. Der Hamburger Hafen ist beispielweise ein über mehrere Wochen bearbeitetes Standardthema bei ihr. Zudem ermöglicht sie den Schülern auf von ihr entwickelten »Lehrspaziergängen« Realbegegnungen mit dem Leben außerhalb der Schule. Regelmäßig ging es hinaus, etwa zu einer Großbaustelle in der Umgebung, ins Ortszentrum zur Erkundung von Verkehr und Geschäftswelt oder in die Kunsthalle, ein von Loki Schmidt besonders geliebtes Museum.

Die Lehrerin Loki Schmidt (vorn, 3. v. l.) im Kreis der Kollegen, 1959

Mit Unterrichtsinnovationen dieser Art hatte Loki Schmidt nicht nur im eigenen schulischen Umfeld Erfolg, ihr pädagogisches Konzept wurde auch in der Lehrerausbildung an der Universität Hamburg geschätzt. Man schickte ihr Studenten zum Hospitieren, manchmal kamen gleich ganze Seminargruppen in ihren Unterricht. Diese quasi wissenschaftliche Anerkennung ihrer fortschrittlichen Unterrichtspraxis trug ebenfalls dazu bei, dass Loki Schmidt in den ersten Jahren ihrer »Wochenend-Ehe« im eigenen Beruf Erfüllung und Zufriedenheit fand: Sie war eine über ihre Schule hinaus anerkannte und erfolgreiche Pädagogin.

Helmut Schmidt bekam von all dem nur gelegentlich etwas mit. Einige Male holte er sie in der Schule ab; im Sommer 1953 fand er Zeit, sie für ein Wochenende ins Schullandheim bei Mölln zu begleiten und ihr bei den Nachmittagsaktivitäten für die Schulkinder zu helfen. Im Privaten mokierte er sich allerdings darüber, wenn seine Frau ihren pädagogischen Gesprächston zu Hause fortsetzte: »Du musst nicht mit mir wie mit deinen Viertklässlern reden«, war eine spitze Bemerkung, die Loki Schmidt aus diesen Jahren erinnerte.[5]

Der Abgeordnete

Heute raten Psychologen Paaren, die in einer Fernbeziehung leben, sich an den Wochenenden abwechselnd an einem der beiden Arbeitsorte zu treffen. Das würde die Vertrautheit zwischen den Partnern aufrechterhalten und beiden helfen, sich in die Lebenssituation des jeweils anderen einzufühlen. Für die Schmidts gibt es diese Option leider nicht: Loki hat bis Samstagmittag Schuldienst, und Helmuts sehr kleine Wohnung in Bonn bietet nicht genug Platz für Frau und Tochter. Zudem warten in Hamburg selbst an den Wochenenden sehr häufig auch Verpflichtungen in Partei und Wahlkreis.

Als Loki ihren Mann das erste Mal in der Bundeshauptstadt besucht, zeigt sie sich nicht wenig verwundert über die Arbeitsbedingungen der Abgeordneten. Sein Büro muss sich ihr Mann mit dem Kollegen Karl Wienand teilen. Es ist so klein, dass es mit den beiden Schreibtischen voll ausgenutzt ist. Wenn Loki das Büro betreten und auf einem Stuhl sitzen will, ist es am günstigsten, wenn Wienand den Raum gleich ganz verlässt. Auf Besucher ist man hier nicht eingestellt. Nach diesem Erlebnis fährt Loki für Jahre nicht mehr nach Bonn. Die damals noch sehr lange Zugfahrt, mit mehrmaligem Umsteigen verbunden, tut ihr Übriges.

Als ihr Mann 1954 vorschlug, einen gebrauchten Mercedes zu kaufen, um die Reise nach Bonn komfortabler zu gestalten, war sie, trotz des hohen Anschaffungspreises, sofort damit einverstanden. Bislang war er mit der Bahn gefahren oder hatte den alten Volkswagen der Familie genutzt. Der VW Käfer befand sich in einem erbärmlichen Zustand, fast durchgerostet, und der Motor klang eher wie eine Nähmaschine. Für den ins Auge gefassten Mercedes Diesel 170 konnte die Familie aber nicht die erforderlichen 5000 DM aus eigenen Kräften aufbringen. Also wandte sich Schmidt direkt an Karl Klasen, SPD-

Mitglied und Vorstand der Norddeutschen Bank, eine von drei Vorläufern der erst 1957 wieder gegründeten Deutschen Bank, und bat ihn um einen Personalkredit – im Bankjargon ein Begriff für eine Anleihe, ohne förmliche Sicherheiten bieten zu können. Zweifellos war das ein ungewöhnlicher Schritt, aber da die beiden sich seit 1950 kannten und Klasen an der zukünftigen Bonität der Schmidts keinen Zweifel hatte, machte er die Kreditaufnahme möglich. Es stellte sich dann heraus, dass die Finanzierung des Mercedes mit Hilfe des Kilometergeldes, welches der Bundestag seinen Abgeordneten als Reisekostenerstattung zahlte, die Familienkasse der Schmidts nicht noch zusätzlich belastete. Auch wenn der neue Wagen nur von Helmut Schmidt genutzt wurde, denn Loki Schmidt erwarb erst Mitte der sechziger Jahre ihren Führerschein, empfand auch sie die Anschaffung des Mercedes als Glücksfall: Die Familie besaß nun ein sehr repräsentatives Auto, und der Wochenendfahrer Schmidt, der gern und flott fuhr, hatte ein bequemes und sicheres Transportmittel. Einen weiteren menschlichen Vorteil bringen Kauf und Finanzierung des Autos mit sich: Zu Karl Klasen und seiner Frau Ilse entwickelte sich eine freundschaftliche Beziehung. Die Einladungen zu privaten Treffen oder Hausmusik im Haus der Klasens in der Brabandstraße am Alsterlauf nahmen sie über lange Jahre gern an.

Auf der politischen Bühne in Bonn musste sich der Neuling erst einmal orientieren. Die Fraktion der SPD war im Verhältnis zum 1. Deutschen Bundestag noch kleiner geworden. Mit knappen 29 Prozent gegenüber den 45 Prozent der Regierungsparteien CDU/CSU hatte sie gerade einmal 162 Sitze errungen. Schmidt hatte seinen Wahlkreis an einen gemeinsamen Kandidaten der bürgerlichen Parteien verloren. Beworben hatte Schmidt sich bei seinen Wählern als Fachmann für Verkehrswesen, folglich lag in diesem Feld auch der Schwerpunkt in dieser Legislaturperiode. Da es aber in der Fraktion nur eine

Handvoll Abgeordneter gab, die sich in Wirtschafts- und Fi-
nanzfragen profund auskannten, entwickelte sich Schmidt
auch auf diesem Gebiet bald zum Experten in der SPD. Ebenso
engagierte er sich in der zunehmend intensiv geführten Debatte
um die Wiederbewaffnung und Gründung der Bundeswehr. Er
war einer der wenigen in der SPD, die sich eindeutig für die
Wiederaufstellung von Streitkräften auf deutschem Boden ein-
setzten, aber ebenso unmissverständlich deren Einordnung in
den demokratischen Staat forderten.

Politische Themen gab es für den neuen Bundestagsabgeordneten aus Hamburg also in reicher Zahl, und Schmidt hatte
gemerkt, dass er mit seiner Expertise und seinem rhetorischen
Talent in Bonn reüssieren konnte. Schon seine erste große Rede
im Januar 1954 fand Beachtung über die Reihen der Genossen
hinaus. Bei allen Erfolgen auf dem politischen Parkett drückte ihn aber offenbar seine insgesamt doch enge wirtschaftliche
Situation, nur so ist es zu verstehen, dass er im selben Jahr 1954
die Fühler ausstreckte nach einer finanziell besser honorierten
Berufsalternative in Hamburg. Mit Vermittlung der Hamburger Handelskammer absolvierte er in den Parlamentsferien des
Sommers 1955 eine Art Erkundungspraktikum in der Seehafen-
spedition Uhlmann & Co., ließ es damit aber auf sich beruhen
und verfolgte letztlich seine Pläne, in die Wirtschaft zu wechseln, nicht weiter. Auch scheint ihm seine Frau nicht zu einem
Ausstieg aus der schlecht bezahlten Politik geraten zu haben.

Zusätzlich zu seinen Bonner Aufgaben übernahm Schmidt
1956 den Vorsitz des SPD-Kreises Hamburg-Nord, der mit über
10 000 Mitgliedern der mitgliederstärkste und damit auch ein-
flussreichste SPD-Kreis der Hansestadt war. Für die mit dem
Vorsitz verbundenen Aufgaben investierte er viel Zeit und Arbeit. Aber es war wohl auch eine erfüllende Aufgabe. In der
Rückschau spricht Schmidt sogar von »herrlichen Zeiten, ganz
intensiver, herzlicher und begeisternder Zusammenarbeit«.[6]

Schmidt trat dafür ein, die Partei zu modernisieren und sich gegenüber den aktuellen Fragen zu öffnen. Der spätere Bundesminister Hans Apel erinnert sich: »Helmut Schmidt gibt sich in diesen Jahren mit uns Jungen in Hamburg viel Mühe. Er will uns von unseren pazifistischen Eierschalen befreien und unseren Verstand öffnen für die wirtschaftspolitischen Realitäten der Zeit. Geduldig sitzt er mit uns zusammen, raucht mit Loki eine Zigarette nach der anderen und hört sich unsere blauäugigen Sentenzen an.«[7]

1957 initiiert Schmidt unter dem Titel »Erste Garnitur der deutschen Politik« eine Serie von Vortragsveranstaltungen, zu denen hochrangige Bundespolitiker der Partei eingeladen wurden. Diese Reihe wendet sich explizit nicht nur an Parteimitglieder, sondern zielt auch auf das politische Interesse des allgemeinen Publikums ab. An fast allen diesen Veranstaltungen, die immer im »Winterhuder Fährhaus« stattfinden und immer bis auf den letzten Platz besetzt sind, nimmt auch Loki Schmidt teil und lernt dabei die wichtigen Weggefährten ihres Mannes aus der Bundes-SPD persönlich kennen, darunter Willy Brandt, Fritz Erler, Georg Leber, Alex Möller, Carlo Schmid und Hans-Jochen Vogel. Überhaupt sind die Treffen und Veranstaltungen der Partei für Loki die einzigen Gelegenheiten, ihren Mann in seinem politischen Umfeld zu erleben und zusammen mit ihm am Zeitgeschehen Anteil zu nehmen. Dies verweist gleichzeitig darauf, wie stark die innere Struktur der Ehe von den Verpflichtungen und Aufgaben des Politikers Schmidt bestimmt wird. Loki Schmidt muss und wird sich daran ausrichten, das sollte sich auch in den folgenden Jahren nicht ändern.

Die zweite Legislaturperiode 1957–1961

Am Ende der ersten Legislaturperiode war zwischen den Eheleuten Schmidt der Entschluss gereift, dass Helmut Schmidt
sich bei der Wahl vom Oktober 1957 erneut um einen Sitz im
Bundestag bewerben würde. Die Niederlage im Wahlkreis von
1953 sollte sich möglichst nicht wiederholen, also widmete
sich Schmidt mit großem Einsatz dem zweiten Bundestagswahlkampf. Dieser wird anstrengend, der SPD-Kandidat ver-
liert in den Wochen vor der Wahl fünf Kilo an Gewicht, und
in dem neuen Wahlspot von Gyula Trebitsch sieht man seinem
scharf geschnittenen Gesicht die Strapazen des Wahlkampfes
deutlich an. Wiederum zeigt der Film zu Beginn eine Szene
mit seiner Frau und der mittlerweile zehnjährigen Tochter. Im
Mittelpunkt des Wahlspots steht die zu diesem Zeitpunkt hef-
tig diskutierte atomare Aufrüstung der im November 1955 gegründeten Bundeswehr. Der Bundestagsabgeordnete Schmidt
warnt mit starken Worten und gewichtigen Argumenten, auch
im Hinblick auf die politische Vergangenheit Deutschlands, vor
Atomwaffen im eigenen Land. In diesem Wahlkampffilm kann
man in den Grundzügen bereits seine bedeutende und über die
Grenzen Deutschlands hinaus beachtete Bundestagsrede gegen
den drohenden Atomtod vom März 1958 erkennen.

Im Wahljahr 1957 können die Kandidaten der SPD und ihre
Themen die Hamburger offensichtlich besser überzeugen als
vier Jahre zuvor. Schmidt gewinnt seinen Wahlkreis mit 44,1 Prozent, das sind 6 Prozent mehr als 1953. Insgesamt kommt die
SPD in Hamburg auf 45,8 Prozent. In der zwei Monate später
stattfindenden Bürgerschaftswahl erhält die SPD sogar über
50 Prozent der Stimmen, löst damit den von einem konservativen Bürgerblock gebildeten Senat ab und stellt mit Max Brauer
erneut den Bürgermeister in der Hansestadt. Bundesweit ist
die Wahl von 1957 für die SPD und ihren Spitzenkandidaten

Erich Ollenhauer jedoch eine Enttäuschung: Die CDU erreicht 50,2 Prozent, Adenauer bleibt Bundeskanzler und die SPD muss mit knapp 32 Prozent aufs Neue in die Opposition.

Im eigenen Wahlkampf erhielt Helmut Schmidt aktive Unterstützung insbesondere von seinen jüngeren Genossen aus Hamburg-Nord. Die jungen Genossen sind auch deshalb vor Ort unentbehrlich, weil der Kandidat Schmidt als Wehrexperte der SPD zahlreiche Auftritte außerhalb Hamburgs hatte, vor allem in den vielen Garnisonsstädten Norddeutschlands. Über den Hamburger Wahlkampf berichtet Hans Apel mit lebhaften Worten: »1957 mache ich für Helmut Schmidt in seinem Wahlkreis Hamburg-Nord Wahlkampf. Ihn sehen wir kaum. Wir Jungen kleben Wahlplakate, stellen sie auf, reparieren sie. Und bewachen sie nachts. Einmal erwischen wir zwei, die unsere Stellschilder in den Goldbekkanal geworfen hatten. Das wird ohne Polizei geregelt. Sie müssen sich bis auf ihre Unterhosen ausziehen, in den Kanal springen und unsere Stellschilder bergen. Nachts gegen 22 Uhr stelle ich mit Ruth, Helmuts Bonner Sekretärin, auf der Alsterkrug-Chaussee Stellschilder auf. Sie werden mit Bindedraht an die Straßenbäume festgebunden. Sie legt die Drahtrolle auf den Fahrradweg, um mir zu helfen. Prompt fährt ein Fahrradfahrer hinein. Ein Sirren und die Drahtrolle sitzt in seinen Speichen. Wir müssen ihn ›losschneiden‹ und haben nun Hunderte von kleinen Drahtstückchen. So kämpfen wir damals für den freiheitlichen Sozialismus.«[8]

Die von Hans Apel erwähnte junge Ruth Wilhelm, spätere Loah, arbeitet seit 1955 als Schmidts Sekretärin in Bonn, 1957 und 1961 organisiert sie seine Wahlkämpfe in Hamburg, leitet sein Büro, als er Senator in der Hansestadt wird, und begleitet ihn in den nächsten Jahrzehnten auf weiteren Stationen seines beruflichen Lebens. Ruth Loah wird eine wichtige persönliche Vertraute für Helmut Schmidt.

Die nächsten vier Jahre in Bonn formen Helmut Schmidt endgültig zum Berufspolitiker. Im Zuge dieser Entwicklung wird aus Loki Schmidt, wie sie selbst einmal formuliert, »eine Angeheiratete der Politik«. Ihrem Ehemann gelingt es in seiner zweiten Legislaturperiode, wichtige Positionen in Fraktion und Partei zu besetzen; im Plenum sowie in der Öffentlichkeit vermag er die Aufmerksamkeit auf sich zu lenken. Er wird in den Vorstand der Fraktion und in den Parteivorstand gewählt, im Parlament etabliert er sich im Ausschuss für Verteidigung und wird als einer der Vertreter des 3. Bundestags in das Europäische Parlament der Europäischen Gemeinschaften gewählt. Dieser Sitz im Europäischen Parlament war zwar nicht mit großem Einfluss, aber mit einigem Prestige verbunden. Und da auch sein Mit-Parlamentarier und Freund Willi Berkhan zu den Vertretern im Europäischen Parlament gehörte, wurden schon die gemeinsamen Autofahrten von Bonn nach Brüssel zum Erlebnis. In der Regel ging es in aller Frühe los, eine Autobahn ins benachbarte Belgien gab es noch nicht. Ruth Wilhelm saß am Steuer, und die beiden Abgeordneten »schliefen auf den Rücksitzen. Jedes Mal trat sie irgendwann ruckartig auf die Bremse und schrie ›Frühstück‹, wir rutschten von der Bank, wachten auf und fanden uns vor unserem Lieblingslokal in Maastricht.«[9]

Im Bundestag machte Schmidt vor allem durch zwei Auftritte Furore. Der eine war seine Rede zu der Ablehnung einer vom Verteidigungsminister Strauß angestrebten atomaren Bewaffnung der Bundeswehr, der andere seine Teilnahme an einer Reserveübung der Bundeswehr, die in der Truppe positiv aufgenommen wurde, ihm in der eigenen Partei aber nicht nur Freunde gemacht hat.

In der Redeschlacht über die atomare Bewaffnung war Schmidt im März 1958 zwar nur einer von vielen Rednern, aber es war seine Rede, die große Emotionen im Hohen Hause erregte. Mit seinem »erbarmungslosen eiskalten Ton« verkörpere er »einen neuen Typus des Parlamentariers«, der aus der »Theaterwelt der Desillusionierungsdramen und der Killer-Filme stammen könnte«, schrieb der *Rheinische Merkur*, und die *Rheinische Post* empörte sich über Schmidts provozierende Äußerungen, die er äußerlich ungerührt »mit den Händen in den Hosentaschen« im Bundestag vorgetragen habe.[10] Die andere politische Seite reagiert positiv. Schmidt erhält viel Zustimmung nicht nur aus der Fraktion, sondern auch in Hunderten von Briefen und Telegrammen aus Gesellschaft und Politik. Spätestens mit dieser Rede hatte sich der Hamburger Abgeordnete Schmidt den Beinamen »Schmidt Schnauze« verdient, sein Biograph Hartmut Soell konstatiert zur Wirkung dieser Rede: »Über Nacht schien Schmidt zu einer Persönlichkeit von nationaler Bedeutung geworden zu sein.«[11]

Bei so viel Erfolg nimmt es nicht Wunder, dass Helmut Schmidt 1960, also am Ende seiner zweiten Periode als Abgeordneter, über das Leben als Politiker ein zwar kritisches, aber im Resultat positives Urteil fällt: Das Reizvolle in der Politik überwiege gegenüber Aufwand und Belastung. »Trotzdem vermag derjenige, der einmal seiner politischen Passion gefolgt ist, sich kaum leicht wieder zu lösen. Das ist manchmal bitter, denn Politik kann durchaus auch enttäuschend, aufreibend und schrecklich zermürbend sein. Sie ist zu allermeist ein sehr undankbares Feld menschlicher Betätigung. Aber es liegt eine große Genugtuung darin, am Schicksal des Vaterlandes mitzuwirken und seinem Leben und Wohlergehen zu dienen.«[12]

Bemerkenswerterweise schreibt Schmidt in diesem Beitrag nichts über die Auswirkungen der politischen Tätigkeit auf persönliche Beziehungen und die Familien von Berufspolitikern. Bei den Schmidts waren diese Auswirkungen jedoch erheblich. Hatte man bis 1953 noch häufig Kontakt zu der Familie des jüngeren Bruders Wolfgang Schmidt gehabt, so waren diese mit der Fernbeziehung der Eheleute stark zurückgegangen. Außer an den Geburtstagen von Helmut Schmidt sahen sich die beiden Familien nur noch vereinzelt. Ebenso hatte Helmut Schmidt wenig Anteil an der Entwicklung von Tochter Susanne – immerhin hatte seine Tochter in den zwei Bonner Legislaturperioden eine Entwicklung von der Einschulung als Sechsjährige am Othmarscher Kirchenweg bis zum Schulbesuch als Teenager am Gymnasium vollzogen. Zwar gibt es einige Fotos, auf denen man die Familie zusammen bei Brettspielen sitzen sieht, oder auf denen Vater und Tochter zusammen musizieren, das aber blieben vereinzelte Momente im Familienleben.

Susanne hatte, nahezu unbemerkt vom Vater und in der alleinigen Verantwortung der Mutter, ihre schulischen Stationen durchlaufen. Nach der vierten Klasse wechselte sie auf das benachbarte Gymnasium Blankenese, das für sie mit der S-Bahn von ihrem Haus am Zickzackweg einfach zu erreichen war. Da die Schmidts mit der Lichtwarkschule selbst eine koedukative Schule besucht hatten und von der gemeinsamen Erziehung von Jungen und Mädchen überzeugt waren, erstaunt die Wahl eines reinen Mädchengymnasiums. Der Grund ist jedoch simpel: An den höheren Schulen in Othmarschen und Blankenese lag in den fünfziger Jahren die Koedukation als pädagogisches Ziel noch in weiter Ferne.

Für das Familienleben wurde das Jahr 1958 zu einem wichtigen Einschnitt, denn zusammen mit dem befreundeten Ehepaar Willi und Friedel Berkhan konnten sie ein Grundstück am Brahmsee in Schleswig-Holstein erwerben. Über einen Kieler Busunternehmer, den Schmidt auf einer Heimreise im Januar 1958 im Zug kennengelernt hatte, waren sie auf das Grundstück aufmerksam geworden. Nur vier Wochen später standen die Schmidts mit den Berkhans am Ufer des zugefrorenen Brahmsees, etwas außerhalb des Örtchens Langwedel, und waren von Lage und Zuschnitt des angebotenen Grundstücks begeistert. Mit der Familie des Busunternehmers und den Berkhans einig-

Spielabend der Kleinfamilie, Ende der fünfziger Jahre

ten sich die Schmidts über die Aufteilung des Grundstücks und schlugen zu. Schon im Frühjahr 1958 ließen sich die Schmidts ein kleines Fertighaus aus Holz errichten und verbrachten bereits im Sommer ihre ersten Ferien am See.

Loki, die in Langwedel die Einkäufe für den Haushalt machte, war den Ortsbewohnern schnell vertraut, man kannte sie als die »nette junge Lehrerin aus Hamburg«. Ihr Mann war in diesen ersten Jahren weniger bekannt in Langwedel.

Für Mutter und Tochter war das Haus am Brahmsee ein besonderes Geschenk, denn von nun an ging es zu fast allen Ferien- und Feiertagen ins Ferienhaus. Susanne nahm auch Freundinnen mit an den Brahmsee und verbrachte dann mit ihnen viel Zeit bei den Pferden auf der benachbarten Koppel und beim Spiel auf dem Seegrundstück. Waren Mutter und Tochter allein, erkundeten sie die Natur der umgebenden Seenlandschaft. Wie es sich für eine Lehrerin gehört, musste dafür eigens ein Heft angelegt werden, in dem die Beobachtungen von Tier und Natur detailliert festgehalten wurden. Meist fuhren die beiden allein, manchmal kam der Ehemann und Vater nach, nur in den Sommerferien war die Kleinfamilie immer komplett.

Im Wohnzimmer am Brahmsee lag lange etwas versteckt ein von Loki handgeschriebener Zettel mit der Zeile: »Ich warte auf dich. Deine Loki.« Da es Osterzeit war, hatte sie noch ein Osterei dazu gemalt. Am Ende war dieser Zettel arg vergilbt, wann sie ihn geschrieben hatte, wusste die fast Neunzigjährige nicht mehr zu sagen. Es könnte durchaus sein, dass er schon aus einem der frühen Osteraufenthalte der Familie hier am Brahmsee stammte. Als Ehefrau eines so erfolgreichen Politikers hat Loki Schmidt in ihrem langen Leben oft auf ihren Mann warten müssen.

8.

Die sechziger Jahre: Tiefe Ehekrise

Für die Familie Schmidt beginnen die sechziger Jahre mit einer freudigen Entwicklung. Durch seine guten Verbindungen zur »Neuen Heimat« erfährt Helmut Schmidt Anfang 1961, dass diese auf einem großzügig geschnittenen Gelände in Hamburg-Langenhorn eine Wohnanlage von drei Doppelhäusern gleicher Bauart plant. Die Häuser sind geräumig, und besonders gut gefällt den Schmidts auch, dass sie ihre eigenen Ideen für die innere Ausgestaltung einbringen können.

Von ihrem Scheibenhaus in Othmarschen liegt Langenhorn gut 20 Kilometer entfernt, am nördlichen Ende der Stadt. Doch Langenhorn bietet den Vorteil, dass dieser Stadtteil – anders als Othmarschen – zu Schmidts Bundestagswahlkreis gehört. Auch wenn das Paar bislang keine privaten Berührungspunkte mit Langenhorn hatte, der Stadtteil war den Schmidts mit der von Fritz Schumacher in den zwanziger Jahren erbauten Staatssiedlung für kleine Angestellte und Arbeiter nicht völlig unbekannt.

Auch die aus der Siedlungsgemeinschaft Langenhorn heraus entstandene Griffelkunstvereinigung, eine bis heute sehr nachgefragte Kultureinrichtung, die ihren Mitgliedern bei einem kleinen Jahresbeitrag originale Druckgraphiken anerkannter Künstler anbietet, war ihnen vertraut. Wenn man mit den Schmidts über Langenhorn redete, war die Griffelkunst immer ein Thema. 1975, zum fünfzigsten Jubiläum der Vereinigung, steuerte der damalige Bundeskanzler Schmidt ein Geleitwort zur Festschrift bei und wusste zu berichten: »Im Bekannten-

und Freundeskreise meiner Eltern spielten damals die Blätter, die man für sich bei der Griffelkunst auswählte und erwarb, eine große Rolle: Sie waren praktisch der einzige Zugang zum originalen Kunstwerk.«[1]

Im Dezember 1961 beziehen die Schmidts das neue Haus am Neubergerweg 80 in Langenhorn. Es sollte ihr letzter Wohnungswechsel in Hamburg sein. Der Neubergerweg blieb das Zuhause bis zum Lebensende des Paares. Nahezu zeitgleich mit dem Umzug ereignete sich eine weitere große Veränderung im Leben der Familie: Gerade für eine dritte Legislaturperiode in den Bundestag gewählt, kehrt Helmut Schmidt nach acht Jahren als MdB aus Bonn nach Hamburg zurück, um im Senat seiner Heimatstadt das Amt des Innensenators anzutreten – bei Amtsantritt heißt er noch Polizeisenator. Er gilt zugleich als ein möglicher Kandidat für eine spätere Übernahme des Bürgermeisteramtes in der Hansestadt. Sein Partei- und Fraktionsvorsitzender Erich Ollenhauer hatte ihm im Vorfeld insbesondere im Hinblick auf eine Bonner Karriere geraten, in einem herausgehobenen Amt seiner Heimatstadt praktische politische Erfahrungen zu sammeln. Und das setzte Schmidt nun in die Tat um.

Mit den Osterferien 1962 wechselt Susanne zum Gymnasium Alstertal im benachbarten Stadtteil Alsterdorf. Gut erreichbar wäre für sie auch die von Erna Stahl geführte Albert-Schweitzer-Schule gewesen, die sie in der Tradition der ehemaligen Lichtwarkschule entwickelte und die als deren Fortführung galt. Aber an Susannes neuem Gymnasium ist der Schulleiter ebenfalls ein ehemaliger Lichtwarkschullehrer: Es ist der frühere Klassenlehrer der Schmidts, Dr. Hans Roemer. Gleich sei das alte, gute Verhältnis wieder da gewesen, berichtete Loki Schmidt. Dass Dr. Roemer sie und ihren Mann mit ihren Vornamen Loki und Helmut anspricht, finden sie vollkommen in Ordnung.

Gleichzeitig mit Susannes Schulwechsel verändert sich auch die berufliche Situation ihrer Mutter, die einen neuen Arbeitsplatz in der Schule Ebershofweg findet. Da Loki Schmidt jedoch die eigene Klasse am Othmarscher Kirchenweg zu Ende führen will, fährt sie noch ein Vierteljahr täglich von Langenhorn nach Othmarschen. Das bedeutet, dass sie nur für den Arbeitsweg etwa drei Stunden mit öffentlichen Verkehrsmitteln unterwegs ist. Probleme dieser Art kennt ihr Mann nicht, denn als Senator wird er nun jeden Morgen abgeholt und in die Innenstadt zu seiner Behörde gefahren. Nach Ostern 1962 wird es aber auch für Loki bequemer, ihre neue Schule liegt im Zentrum von Langenhorn, ist also gut zu erreichen. Ob sie es als Frau eines Senators denn nötig habe, weiter zu arbeiten, wird sie vom Schulrat anlässlich des Schulwechsels gefragt. Diese Frage des Vorgesetzten entspricht sicher dem damaligen Zeitgeist, doch Loki vernimmt sie nicht ohne Erstaunen. Ihr ist es bis dahin nicht in den Sinn gekommen, ihren Beruf und damit auch ihre Selbstständigkeit aufzugeben. Sie ist glücklich mit dem neuen Haus, sie ist froh, dass ihr Mann nun in Hamburg arbeitet und – bei aller Liebe zu ihrer alten Schule – sie war nun auch erleichtert, dass sie gleich in der Nachbarschaft unterrichten kann. Eigentlich wäre nun eine gute Zeit für die Familie und ruhigeres Fahrwasser zu erwarten gewesen.

Der neue Innensenator ist erst wenige Wochen im Amt, als er schon seine erste große Bewährungsprobe zu bestehen hat. In der Nacht vom 16. auf den 17. Februar 1962 überflutet eine verheerende Sturmflut große Teile des Stadtgebiets und bedroht das Leben Zehntausender Menschen. Couragiert übernimmt Schmidt die Gesamtkoordination und die Verantwortung für eine bis dahin beispiellose Rettungsaktion der gefährdeten Menschen. Bundeswehr- und NATO-Verbände werden angefordert und nach seinen Weisungen eingesetzt, Bewohner werden gegen ihren Willen zwangsevakuiert. Auch werden – wahrscheinlich entgegen den Vorschriften des Haushaltsrechts – der notleidenden Bevölkerung Handgelder für das Nötigste ausgezahlt.

Am Ende gibt es dennoch 315 Tote zu beklagen. Ohne den von Schmidt geleiteten Großeinsatz wäre der Schaden an Leib und Leben sicher ungleich höher gewesen. In den Tagen der Sturmflut hat er sich als verantwortungsvoller Politiker und herausragender Organisator der Exekutive bewährt, der von ihm selbst nicht sonderlich geschätzte Beiname »der Macher« ist eng mit seinem Handeln bei dieser Naturkatastrophe verbunden. Bei den Schmidts in Langenhorn konnte man den heftigen Sturm ebenfalls spüren, aber von der Dramatik in den Gebieten nahe dem Hafen und der Elbe bekam die Familie am Abend und in der Nacht kurioserweise nichts mit. Stattdessen erlebten die Schmidts glückliche und fröhliche Stunden des Wiedersehens mit der Arztfamilie Arnold aus Bernau, mit denen sie in den Jahren 1944/45 Freundschaft geschlossen hatten. Den drei Mädchen der Arnolds war es schon in den Jahren zuvor gelungen, die DDR über Westberlin nach Hamburg zu verlassen, nun hatte das Ehepaar eine Schiffsfahrt auf der Ostsee zur Flucht aus der DDR genutzt und sich bei einem Landgang in Schweden abgesetzt. Erst mit den gefälschten Papieren, die Helmut Schmidt dem Arztehepaar besorgt hatte, war das möglich geworden. Mit der Fähre nach Kiel erreichten sie die Bundesrepublik, und just am Abend des 16. Februar 1962 trafen sie bei den Schmidts in Langenhorn ein. Kein Wunder, dass die geglückte Flucht der Arnolds die Gespräche am Abend bestimmten und man gar nicht auf die Idee kam, Radio oder Fernsehen einzuschalten.

Helmut Schmidt stieß zur Runde dazu, als er etwas später von einer Innenministerkonferenz in Berlin zurückkehrte. Die Nachrichten über die Flutkatastrophe erreichten das Ehepaar Schmidt dann am frühen Morgen des 17. Februar. Ab diesem Zeitpunkt war Schmidt nur noch stundenweise am Neubergerweg anzutreffen: für kurze Schlafpausen, zum Kleiderwechsel und Duschen.

Sein scheinbar allgegenwärtiger persönlicher Einsatz und sein Krisenmanagement bei der Hamburger Sturmflut machen Helmut Schmidt über den Stadtstaat Hamburg hinaus in der ganzen Republik schlagartig bekannt.[2] Spätestens jetzt wird deutlich, dass er in der Politik ein Mann mit großer Zukunft ist. Das weiß auch seine Frau und sie ahnt, dass er in seinem Amt als Senator in Hamburg nicht allzu lang verweilen würde. Sie nimmt auch wahr, dass er neben seinen Aufgaben in Hamburg seine Verbindungen nach Bonn und in die Bundespolitik aufrechterhält und intensiv pflegt. Inzwischen gehört er auf Bundesebene zum inneren Führungskern der SPD. Kanzlerkandidat Willy Brandt holt ihn 1964 in sein zehnköpfiges Schattenkabinett für die Bundestagswahl des folgenden Jahres. In diesem Wahlkampf gehört Schmidt zu einem der gefragtesten Wahlkämpfer seiner Partei. Zwar kann die SPD den erhofften Machtwechsel bei der Wahl im September 1965 mit gut 39 Prozent der Wählerstimmen nicht erreichen, doch Schmidt beendet dennoch seine politische Laufbahn in Hamburg nach vier Jahren und zieht über die Landesliste der SPD als Abgeordneter zurück in den Bundestag. 1966 wird er dort geschäftsführender Fraktionsvorsitzender, ab 1967 Fraktionsvorsitzender der SPD. Seine Frau ist mit der Tochter Susanne nach nur vier Jahren gemeinsamen Familienlebens wieder allein im neuen Haus am Neubergerweg in Langenhorn. Mit seinem rasant verlaufenden Aufstieg in der Bonner SPD wird sie ihren Mann dort nur noch selten sehen.

Ehekrise

Der 30. Mai des Jahres 1966, ein Montag, war für die Schmidts und ihre Ehebeziehung ein schwerer Tag. Ohne dass sie vorab informiert gewesen wären, wurden sie an diesem Montag in der neuesten Ausgabe der Wochenzeitschrift *Stern* mit einem Enthüllungsbericht über ihre Ehe konfrontiert – er im fernen Bonn, sie im heimatlichen Hamburg. Zwar wusste Loki seit längerem von der im *Stern* detailliert geschilderten außerehelichen Affäre ihres Mannes, dieses nun aber in einer beliebten und auflagenstarken Wochenzeitschrift lesen zu müssen, versetzte ihr einen heftigen Schlag. Schon wenige Tage später musste sie ihre Ärztin aufsuchen, die ihr eine »vegetative Dystonie« attestierte.[3] Gründe für eine solche vegetative Dystonie sind in der Regel starke psychische Belastungen, Schicksalsschläge oder niederdrückende soziale Umstände. All das traf auf Loki Schmidts Situation zu. Die Veröffentlichung des Artikels konnte sie Henry Nannen, dem Herausgeber des *Sterns* und auch guten Bekannten der Schmidts, ihr Leben lang nicht verzeihen. Selbst mehr als vierzig Jahre später berichtet sie über die tiefe Kränkung, die ihr damals in aller Öffentlichkeit zugefügt wurde.[4]

Was war geschehen? Unter dem anzüglich anmutenden Titel »Treue Genossen – Stille Genießer« berichtete der *Stern*-Artikel vordergründig über den gescheiterten Versuch Helmut Schmidts, den Parteivorsitz in der Hansestadt gegen den Mitkandidaten und ehemaligen Ersten Bürgermeister Paul Nevermann zu erringen. Dieser war wegen einer außerehelichen Beziehung 1965 aus dem Bürgermeisteramt ausgeschieden und hatte nun mit seiner Wahl in den Hamburger Parteivorsitz eine Art Comeback gefeiert und dem ausgewiesenen Bundespolitiker und Hamburger Senator Helmut Schmidt, der vielen Genossen inzwischen offenbar etwas zu agil und selbstbewusst geworden war, eine herbe Niederlage beigebracht.

Dabei ließ es der *Stern* jedoch nicht bewenden, sondern breitete unter der Teilüberschrift »Stille Genießer« aus, dass Schmidt infragen der außerehelichen Beziehungen dem älteren Nevermann keineswegs nachstehe. Seit Jahren habe er eine Affäre mit einer jüngeren Frau und Genossin. Diese sei inzwischen geschieden, während »Helmut Schmidt mit seiner Frau Hannelore, 47, nach außen ungetrübte Ehefreuden« demonstriere.[5]

Weiter wusste der *Stern* zu berichten, dass der geschiedene Ehemann von Schmidts Freundin Helga R. im Vorfeld der Hamburger Parteiwahl tatkräftig gegen den Kandidaten Schmidt agiert und zu dessen Niederlage beigetragen hätte. Mit der Enthüllung, Helmut Schmidt führe eine außereheliche Beziehung mit Helga R., hatte der *Stern* zweifelsfrei recht. Ein öffentliches Bekenntnis zu dieser lang andauernden Affäre gab es von ihm allerdings erst 2015 nach dem Tod seiner Frau in seinem letzten Buch *Was ich noch sagen wollte*. Dort heißt es:

>*In unserer 68 Jahre währenden Ehe hat es ein einziges Mal etwas gegeben, was ein Außenstehender eine Krise nennen könnte. Ich hatte eine Beziehung zu einer anderen Frau. Es muss Ende der sechziger oder Anfang der siebziger Jahre gewesen sein, als Loki mir deswegen die Trennung angeboten hat. Ich war völlig fassungslos: Ich kann mich doch nicht von dir trennen. Es war in meinen Augen eine ganz und gar abwegige Idee – aber für Loki war es bitterer Ernst. Es tut mir heute noch weh, wenn ich an jenen mehr als vier Jahrzehnte zurückliegenden Tag denke. Wahrscheinlich habe ich die Dramatik, die für Loki mit ihrem Schritt verbunden war, unterschätzt. Ich hatte ein tief empfundenes Schuldbewusstsein. Aber Loki hat mein völliges Unverständnis für ihr Angebot sogleich und zutreffend als Zeugnis meiner Treue zu ihr gewertet. Damit war die Ehekrise schon wieder aus der Welt, sie hat auch später zwischen uns keinerlei Rolle gespielt.«[6]*

Dass die Ehekrise für Loki mit dem Festhalten Helmut Schmidts an ihrer Ehe durchaus nicht »aus der Welt« war und dass wiederum seine Beziehung zu Helga R. für ihn ein Lebensthema blieb, zeigt sich daran, dass er dies zu den bedeutungsvollen Dingen zählt, die er am Ende seines Lebens »noch einmal sagen wollte«. Auch seine Teilnahme bei der Trauerfeier und Beerdigung von Helga R. auf dem Ohlsdorfer Friedhof im April 2012 bekräftigt diese These.

Was Helmut Schmidt in seiner letzten Veröffentlichung über die Auswirkungen seiner Verbindung zu Helga R. auf seine Ehefrau berichtet, entspricht ausschließlich seiner Erinnerung und Wahrnehmung. Die tatsächliche Dramatik der Ehekrise hatte er aber wohl nicht nur damals, er hat sie auch am Ende seines Lebens unterschätzt. Dass diese außereheliche Beziehung gewiss auch starke Auswirkungen auf die »andere Frau« – wie es bei ihm heißt – hatte, darf man in diesem Zusammenhang ebenfalls nicht vergessen.

Als Helmut Schmidt Anfang der sechziger Jahre die deutlich jüngere Helga R., Jahrgang 1936, kennenlernt, ist sie verheiratet und Mutter zweier Töchter. Ihr Mann ist ein erfolgreicher Kaufmann im Exportgeschäft, dreizehn Jahre älter als sie, wohlhabend und mit Helmut Schmidt befreundet. Sie hatte mit Anfang zwanzig geheiratet und lebt jetzt mit der Familie in Hamburg, nahe am Zentrum und in bester Lage. Obwohl soziologisch gesehen sowohl Helga als auch Hanns Joachim R. nicht dem typischen SPD-Milieu entsprechen, sind beide Mitglieder der Partei, Helga seit 1961. Wie der *Stern* 2015 berichtet, lernen Helmut Schmidt und Helga R. sich bei einem Essen kennen, das von einem Parteifreund ausgerichtet wurde.[7] Zwischen den beiden entwickelt sich schnell eine ernsthafte Beziehung. Auch parteipolitisch arbeiteten sie fortan eng zusammen, da Helga R. zu einem Kreis von Aktiven gehörte, die zusammen mit dem SPD-Kreisvorsitzenden und Bundestagsabgeordneten Helmut Schmidt die Partei in Hamburg attraktiver machen und die Bundeswahlkämpfe erfolgreicher gestalten wollten. In diesem besonderen Zusammenhang erwähnt Helmut Schmidt sie auch in seinem 1996 erschienenen Buch *Weggefährten*.

Schmidt galt allgemein als attraktiver Mann, er achtete auf sein Äußeres, konnte charmant und gewinnend sein und war ein Politiker mit großen Erfolgsaussichten. Dass er achtzehn Jahre älter ist, schien Helga R. vor diesem Hintergrund nicht gestört zu haben. Sie hoffte stattdessen auf eine gemeinsame Zukunft mit dem erfolgreichen Politiker. Mitte der Sechziger erlangte sie ihre Scheidung und zog mit den zwei Kindern in eine kleinere Wohnung an den damals eher kleinbürgerlichen Lattenkamp im Stadtteil Winterhude. Sie arbeitete zunächst beim Schulfunk des NDR, später an der Pressestelle der Universität Hamburg. Das alles waren starke Zeichen. Die »andere Frau« war bereit, mit dem Geliebten Helmut Schmidt eine feste Verbindung einzugehen.

Wie man weiß, gab es für Helmut Schmidt jedoch wohl zu keinem Zeitpunkt die Perspektive, seine Ehe mit Loki aufzukündigen. Trotzdem war die Verbindung zu Helga R. ganz offenkundig mehr als nur eine Affäre oder kurzzeitige Beziehung. Bis in die achtziger Jahre hielt er enge Verbindung zu Helga R., die inzwischen in der Nähe von Bad Bramstedt in Schleswig-Holstein lebte. 1974 war sie in den kleinen Ort Hartenholm gezogen, hier besucht er sie, hat auch einen guten Kontakt zu ihren beiden Kindern. Im Bundestagswahlkampf 1976, als er kleinere Veranstaltungen im Süden Schleswig-Holsteins absolviert, ist Helga R. dabei. Viele Anwohner wussten dem *Stern* auch noch 2015 von den Besuchen des Kanzlers im Hause von Helga R. und seiner auffälligen Wagenkolonne zu berichten. Irgendwann in der zweiten Hälfte der achtziger Jahre war die Beziehung dann wohl beendet.

Helga R. lebte mehr als drei Jahrzehnte in Hartenholm und arbeitete über lange Jahre als Kunsttherapeutin in der Rehaklinik in Bad Bramstedt. Auch in der örtlichen SPD blieb sie aktiv, wenngleich eine dauerhafte Einbindung in die Ortsgemeinschaft offenbar nicht gelang. 2005 verkaufte sie schließlich ihr Haus in Hartenholm und zog nach Hamburg zurück, um näher bei den Töchtern zu sein. Laut *Stern* habe sie dem Käufer ihres Hauses über ihre Vergangenheit gesagt: »Ich habe mal jemanden kennengelernt, aber das ist nichts geworden.«[8] Später, nachdem Helga R. schwer erkrankt war und in einem Seniorenheim in Hamburg lebte, besuchte sie Helmut Schmidt regelmäßig zu ihrem Geburtstag, überbrachte Blumen und zeigte so, dass er sie nicht vergessen hatte. Seine Frau, die davon wusste, fand das richtig.

Es ist bemerkenswert, dass ausgerechnet der *Stern* im März 2015 die Vorabdruckrechte für Schmidts spätes öffentliches Bekenntnis zu seiner Beziehung mit Helga R. erhält.[9] Zwei Wochen später legen die Journalisten des *Sterns* noch einmal nach und rekonstruieren über mehrere Seiten den zeitlichen Verlauf der Beziehung.[10] Die Geschichte der »anderen Frau« im Leben des Helmut Schmidt gehört publizistisch somit nahezu exklusiv dieser auflagenstarken Zeitschrift.

»Helmut kann sehr gut schweigen«,[11] hat Loki Schmidt mir gegenüber einmal über ihren Mann gesagt und dabei auch auf sein privates Handeln abgehoben. Wie lange er über seine Beziehung zu Helga R. geschwiegen hat, weiß man nicht. Spätestens im Frühjahr des Jahres 1964 wird Loki aber davon Kenntnis gehabt haben. In diesen Monaten beginnt die Periode, die sie als »eine nicht leichte Zeit« in ihrem Leben beschrieben hat. Es waren Jahre, in denen »Schwächen des Körpers und der Seele zusammenkamen«,[12] wie sie es selbst ausdrückte.

Nach einem mehrwöchigen Aufenthalt in der Kardiologie des nahe gelegenen Krankenhauses Ochsenzoll berichtet sie im Juni 1964 in einem Schreiben an ihren Arbeitgeber von einem Herzanfall und starken »Herzbeschwerden«. Sogar das Gehen fällt ihr schwer, sie hat Wassereinlagerungen an mehreren

Stellen des Körpers: »Zurzeit stellt selbst der Weg zur U-Bahn-Station noch eine so große Belastung dar, dass sie sogleich zu Herzbeschwerden führt. Ich werde sehr ernsthaft zu beobachten und zu prüfen haben, ob ich auf Dauer überhaupt im Schuldienst verbleiben kann. Da ich aber sehr an meinem Beruf hänge, so möchte ich auf jeden Fall den Versuch unternehmen, ihm treu zu bleiben.«[13] Im gleichen Schreiben bittet sie bei einer hoffentlich möglichen Wiedereingliederung in den Dienst um eine Stundenreduktion auf zwanzig Stunden.

Zu einer Wiederaufnahme des Schuldienstes kommt es jedoch nicht. Nach den Sommerferien und erneuten Untersuchungen im Krankenhaus wird sie vom personalärztlichen Dienst der Schulbehörde für eine Kur in Bad Pyrmont angemeldet. Sechs lange Wochen bleibt sie dort und kann danach zum Ende des Jahres immerhin als Vertretungslehrerin in den Schuldienst zurückkehren. Allerdings wird Loki Schmidts Stundendeputat von der Schulbehörde wegen ihrer gesundheitlichen Einschränkungen auf fünfzehn Wochenstunden reduziert. Doch auch diese begrenzte Lehrtätigkeit sollte nicht lange andauern. Offenbar ist es ihrem geschwächten Immunsystem geschuldet, dass sich Loki im folgenden Sommer mit einer in der Nachbarschaft grassierenden Gelbsucht ansteckt und auf eine Quarantänestation eingewiesen wird. Es dauert abermals Monate, bis an eine Wiederaufnahme ihrer Lehrertätigkeit zu denken ist. Zu Beginn des Jahres 1966 unternimmt sie noch einmal einen Arbeitsversuch, muss aber bereits nach wenigen Wochen erneut aufgeben. Der Amtsarzt der Schulbehörde schreibt sie erneut »bis auf weiteres« dienstunfähig. In diese Zeit der schwerwiegenden Erkrankungen fallen zusätzlich mehrere Untersuchungen und kleinere Eingriffe wegen des Verdachts auf einen bösartigen Brusttumor. Dass ihre jüngere Schwester Linde 1961 an einem Krebsleiden verstorben war, verstärkt die Ängste um ihre Gesundheit.

Im September 1966 muss sie sich wieder beim personalärztlichen Dienst vorstellen. Das Ergebnis ist niederschmetternd: Eine Schultätigkeit der Lehrerin Hannelore Schmidt sei zurzeit aus gesundheitlichen Gründen definitiv auszuschließen und in näherer Zukunft auch nicht mehr zu erwarten. Der Amtsarzt legt gar eine Entlassung aus dem aktiven Dienst nahe. Wenige Wochen später erhält sie ein Schreiben ihres obersten Dienstherrn, dem Schulsenator und Zweiten Bürgermeister, Wilhelm Drexelius, in dem dieser ihr höflich, aber eindeutig mitteilt: »Dem Gutachten des Personalarztes vom 19.9.1966 habe ich leider entnommen, dass Sie trotz allen guten Willens nicht mehr in der Lage sind, Ihren Dienst voll zu versehen. Bei dieser Sachlage muss ich Ihre Versetzung in den Ruhestand nach § 47, Abs. 1 des Hamburgischen Beamtengesetzes einleiten.«[14]

Loki erhebt gegen diese vorzeitige Pensionierung keinen Einspruch. Als sie ein Jahr später erneut amtsärztlich untersucht wird, erlaubt ihr gesundheitlicher Zustand zwar, dass sie in den aktiven Dienst einer Beamtin des Hamburgischen Stadtstaates zurückversetzt wird, sie selbst aber sieht sich nicht zu einer Wiederaufnahme ihrer Lehrertätigkeit imstande. In einem Gespräch bei ihrer vorgesetzten Behörde macht sie dann auf Verpflichtungen aufmerksam, die ihr durch die beruflichen Tätigkeiten ihres Mannes als Fraktionsvorsitzenden der SPD entstanden seien und beantragt eine Beurlaubung vom Schuldienst ohne Dienst- und Sachbezüge. In diesem Gespräch wird deutlich, dass es Loki sehr wichtig ist, sich die Möglichkeit einer etwaigen Rückkehr in den Schuldienst offenzuhalten und damit ihre wirtschaftliche Selbstständigkeit abzusichern, womöglich auch aufgrund der Eheprobleme und im Hinblick auf eine eventuelle Scheidung.

In einem Vermerk des zuständigen Schulrates werden die Einlassungen Loki Schmidts wie folgt zusammengefasst: »Es kommt Frau Schmidt aber darauf an, sich die Möglichkeit zu erhalten, bei entsprechender Gestaltung ihrer persönlichen Verhältnisse wieder voll als Lehrerin tätig sein zu können. Außerdem liegt ihr daran, ihre Altersversorgung zu sichern. Sie erklärte mir, sie sei einfach nicht imstande, neben ihrer häuslichen und insbesondere ihren repräsentativen Pflichten vollen Schuldienst zu machen. Es liege ihr jedoch nicht, nur mit halber Kraft und nicht mit ihrem ganzen persönlichen Einsatz in der Schule tätig zu sein. Frau Doktor W. [die Amtsärztin] habe ihr bei der Untersuchung erklärt, sie sei dienstfähig, wenn sie sich nicht so sehr in der Schule und in ihrer Arbeit engagiere. Sie solle die Dinge mehr auf sich zukommen lassen. Frau Schmidt erklärte, mit einer solchen Einstellung könne sie aber nicht an ihren Beruf herangehen.«[15]

Bei allem Respekt für die diskreten Formulierungen der Schulbehörde, so wird doch in diesem Vermerk überdeutlich, wie sehr Loki Schmidt sich zum damaligen Zeitpunkt um Gegenwart und Zukunft sorgte, wie wichtig es ihr war, die Sicherung ihrer materiellen Existenz auch weiterhin in den eigenen Händen zu halten. Der Schulrat und die von ihm vertretene Behörde folgten ihrem Ersuchen. Wie beantragt, wurde Loki vom Dienst freigestellt, allerdings zeitlich begrenzt bis zum Jahresende 1969.

Bei allen inneren Problemen ihrer Ehe, in der Außendarstellung als Ehepaar Schmidt bemühten sich die beiden weiter um Normalität. Noch im Juni 1966, also nur wenige Wochen nach der Veröffentlichung des *Stern*-Artikels, begleitete Loki Schmidt ihren Mann auf eine Reise nach Israel. Die israelische Arbeiterpartei Mapai hatte den inzwischen wichtigen Politiker der Sozialdemokratie in Deutschland zu einem Besuch mit einem dicht getakteten Programm eingeladen. Es gab Gespräche mit Golda Meir und anderen Politikern der Arbeiterpartei. Sie besuchten die Holocaust-Gedenkstätte Yad Vashem in Jerusalem ebenso wie einen Kibbuz nahe dem See Genezareth.

Fast ostentativ hielt die Familie auch an den Plänen einer gemeinsamen Reise durch verschiedene Staaten des Ostblocks fest. Mitte Juli des gleichen Jahres startete das Paar zusammen mit Tochter Susanne und einem Bonner Mitarbeiter eine vierwöchige Reise mit dem eigenen Pkw nach Prag, Warschau, Moskau und Leningrad. Der Rückweg erfolgte mit der Fähre über Helsinki nach Lübeck. Es war eine im Hinblick auf die Lebensverhältnisse der Menschen im Ostblock sehr aufschlussreiche, wenn auch in vielerlei Hinsicht anstrengende Reise: weite Wegstrecken über schlechte Straßen, sehr einfache Unterkünfte und sehr viel Familiennähe in Schmidts engem Opel Rekord. Der Fotograf Sven Simon, ein Freund insbesondere von Loki Schmidt, war eigens in die sowjetische Hauptstadt Moskau angereist und schoss Bilder von dem Politiker und seiner Familie. Auf den Fotos sieht man, dass die schwierigen letzten Jahre ihre Spuren bei Loki hinterlassen hatten. Sie ist sehr dünn geworden, und man könnte meinen, dass ihr die seelischen Sorgen ins Gesicht geschrieben stehen.

Natürlich blieb auch in den Reihen der Partei die Krise der Schmidts nicht unbemerkt. Auf dem Parteitag der SPD in der ersten Juniwoche 1966, also genau in der Woche, in welcher der *Stern* mit der Ehegeschichte der Schmidts überall zu kaufen war, versucht eine in der SPD bekannte Persönlichkeit auf einem geselligen Abend, Helmut Schmidt zu einer Beendigung seiner außerehelichen Beziehung zu bewegen. Loki Schmidt, die zugegen ist und die Intervention des Parteifreundes mitbekommt, verwahrt sich entschieden gegen die Einmischung. Das sei eine Frage, die allein sie und ihren Mann angehe.[16] Bei allem Kummer halten beide Schmidts selbst in der tiefsten Krise am gemeinsamen Prinzip fest: Private Angelegenheiten werden nicht nach außen getragen und ausschließlich untereinander geklärt.

Zur Zeit der Bundestagswahl im Herbst 1969 setzt Loki je-

Loki und Susanne in Moskau 1966. Sven Simon im Hintergrund

doch einen Schlusspunkt: Sie scheint das Nebeneinander mit der »anderen Frau« ihres Mannes nicht weiter hinnehmen zu wollen und bietet ihm die Scheidung an. Wie immer dieses Gespräch damals zwischen den Eheleuten tatsächlich verlaufen ist, das endgültige Ende der Ehekrise konnte es nicht bewirken. Trotzdem war es ein deutliches Zeichen für Loki Schmidts Wunsch nach einem Neubeginn.

Als nach der gewonnenen Wahl klar war, dass Helmut Schmidt das Amt des Verteidigungsministers übernehmen würde, entschied sie sich, ihren Lebensmittelpunkt zu verlagern und ihrem Mann nach Bonn zu folgen. Ihre Fernbeziehung sollte ein Ende finden. Bringt man auf den Punkt, was ihr Mann zu diesem Schritt gesagt und geschrieben hat, so sah auch er darin eine richtige Entscheidung – für sich, für seine Frau und für ihre Ehe. Auch wenn das Verhältnis zu Helga R. nicht beendet war, es trat in den Hintergrund, und die Zeitspanne der Unterbrechung erlaubte den gemeinsamen Aufbruch des Paares nach Bonn, er als Minister der Verteidigung in der Regierung Brandt und sie nun als Ministergattin Loki Schmidt.

Von nun an wird sie an dem erneuerten Eheversprechen ihres Mannes mit Entschiedenheit festhalten. Selbst angesichts weiterer Spekulationen der Printmedien im Wahljahr 1972 über die Krise, in welcher die Ehe der Schmidts stecke, knickt sie nicht ein, obwohl das bei den Kränkungen, die ihr mit einigen Andeutungen zugefügt werden, durchaus nachvollziehbar gewesen wäre. So insinuiert die *Welt am Sonntag*, dass Helmut Schmidt die Scheidung von seiner Frau »nur aus Staatsräson« habe »ausfallen lassen«.[17] Unter dem Titel »Abhauen, wenn die Reize schwinden« stellt die *ZEIT* in einer Reportage über die Ehen von Politikern Helmut Schmidt als Prototyp des prominenten Ehemanns dar, der seine Frau zwar nicht verlässt, sondern lieber betrügt: »Auszuweichen statt auszubrechen. Sie halten es lieber […] wie Helmut Schmidt, der etlichen Krisen und Krankheiten zum Trotz noch immer mit Frau Hannelore verheiratet ist. Die Ehe in Dosen ist dauerhaft und stabil.«[18]

Man muss davon ausgehen, dass Helmut Schmidts Einstellung, aus seiner Ehe immer wieder – dosiert – ausscheren zu können, damit zutreffend charakterisiert ist. Bis in die neunziger Jahre hat es Affären gegeben. Loki Schmidt hat es durchgestanden.

9.
Die Bonner Jahre: Ein gemeinsames Projekt

Die Bonner Jahre waren für die Schmidts harte, aber auch erfolgreiche Jahre. Helmut Schmidt kam in das politisch wichtigste Amt der Republik, errang hohe Zustimmung im In- und Ausland. Seiner Frau Loki gelang es, die nicht offiziell definierte Rolle einer Kanzlergattin im Vergleich zu ihren »Vorgängerinnen« politisch neu zu prägen und sich an der Seite des Bundeskanzlers mit bemerkenswerter Eigenständigkeit zu behaupten. Nach außen wirkten die beiden Schmidts so erfolgreich und sympathisch, dass der Publizist und einstige Chefredakteur der *ZEIT*, Theo Sommer, sie einmal als das »Paar der Bonner Republik« bezeichnet hat.[1] Eine Wertung, die sicher auch viele Beobachter teilen können, die den Schmidts weniger nahe standen als Theo Sommer.

Die gemeinsamen Bonner Jahre beginnen mit dem Einzug Loki Schmidts in den Bungalow des Verteidigungsministers auf der Hardthöhe zu Beginn des Jahres 1970. Sie enden offiziell mit der Aufgabe des Bundestagsmandats von Helmut Schmidt im Jahr 1987, auf die Ehe bezogen allerdings schon Ende 1982, als das Ehepaar seinen Lebensmittelpunkt zurück nach Hamburg verlagert, nachdem Helmut Schmidt sein Amt als Bundeskanzler der Bundesrepublik Deutschland durch ein konstruktives Misstrauensvotum verloren hatte.

Loki Schmidts Umzug nach Bonn brachte natürlich ebenfalls einige Veränderungen im Zusammenleben von Mutter und Tochter mit sich: Die zweiundzwanzigjährige Susanne lebte nun allein im elterlichen Haus am Neubergerweg und sah ihre Eltern nur noch gelegentlich an Wochenenden oder bei gemeinsamen Ferien.

Susanne hatte 1965 das Abitur bestanden und das Studium der Volkswirtschaftslehre an der Universität Hamburg aufgenommen. In der Studienwahl folgte sie also ihrem Vater. Ihr Zimmer im elterlichen Haus verließ sie erst, als ihr Großvater 1971 in einem Seniorenheim Quartier bezog und sie in der Doppelhaushälfte der Großeltern ihr eigenes Wohnen und Leben gestalten konnte.

Auf der Hardthöhe: Ein Neuanfang – auch für die Ehe

Die Bonner Hardthöhe darf man sich nicht gerade als eine freundliche Wohnstatt vorstellen. Sie ist ein militärisch abgeschirmtes, von Soldaten bewachtes, weitläufiges Areal mit Zweckbauten für die Mitarbeiter des Ministeriums und wenigen zivil anmutenden Gebäuden. Einer dieser Zivilbauten war und ist ein eigens für den Verteidigungsminister der Bundesrepublik Deutschland errichteter, heute aber nicht mehr genutzter, Bungalow. Für etwa zweieinhalb Jahre sollte dieser Bungalow die erste gemeinsame Wohnung der Schmidts in der Bundeshauptstadt Bonn werden. Er sei ein wenig zu groß geraten, fanden beide, aber sie fühlten sich dort dennoch wohl.

Loki Schmidts Umzug nach Bonn hatte, von außen gesehen, zunächst einmal pragmatische Gründe. Mit der Übernahme des Verteidigungsministeriums im Oktober 1969 war klar, dass sich Schmidts Präsenz in Bonn noch einmal deutlich erhöhen würde im Vergleich zu den vorherigen Verpflichtungen als Fraktionsvorsitzender der SPD. Private Auszeiten und Familienleben in der Heimatstadt wären zur Rarität geworden, wenn Loki weiterhin in Hamburg gelebt hätte. Wollte das Ehepaar weiterhin ein gemeinsames Leben führen, war der gemeinsame Umzug also plausibel und nachvollziehbar. Freimütig haben beide jedoch später angemerkt, dass die Entscheidung auch aus der Binnenperspektive ihrer Ehe unbedingt notwendig war. Sollte die Ehe weiterhin Bestand haben, mussten sie nach der vorangegangenen schweren Krise und nach Helmut Schmidts langen Jahren des Pendelns endlich die Fernbeziehung zwischen Hamburg und Bonn beenden.

Loki Schmidt hat in allen entscheidenden Momenten der Karriere ihres Mannes ihre Möglichkeiten, Einfluss zu nehmen, selbstbewusst genutzt. Dem SPD-Politiker und späteren Verteidigungsminister Rudolf Scharping berichtet sie später in einem Brief über das entscheidende Gespräch des Ehepaares vor Schmidts Übernahme des Verteidigungsministeriums: »›Du bist der Wehrexperte deiner Partei gewesen‹, habe ich zu Helmut gesagt. ›Du bist der erste Sozi gewesen, der eine Ersatzübung gemacht hat. Du kannst jetzt nicht nein sagen, wenn Du Verteidigungsminister werden sollst.‹ Und dann habe ich ihm eine grüne, stacheligen Esskastanie gegeben und zu ihm gesagt: ›Von außen ist sie stachelig, es ist aber möglicherweise ein essbarer Kern darin.‹ Diese Esskastanie, mit den Jahren etwas verschrumpelt und bräunlich geworden, hat Helmut immer auf seinem Schreibtisch liegen gehabt, auf der Hardthöhe, im Finanzministerium und auch noch während der Kanzlerzeit.«[2]

Im selben Brief vom Oktober 1998 ermuntert sie Rudolf Scharping, das ihm von Gerhard Schröder angebotene Amt des Verteidigungsministers anzunehmen. Das Ganze war Teil einer konzertierten Aktion der Schmidts, denn wenig später besuchte Helmut Schmidt Scharping in Berlin und übergibt ihm die von seiner Frau im Brief bereits beschriebene und avisierte Kastanie.[3]

Helmut Schmidt erwies sich als Wehrexperte seiner Partei für das Amt des Verteidigungsministers bestens vorbereitet, ganz wie seine Frau es vermutet hatte. Er hatte seine neuen Aufgaben rasch im Griff und führte das Ministerium erfolgreich. Schmidt konnte nicht nur forsch und eloquent reden, auch die Ausübung eines Ministeramtes gelang ihm auf Anhieb. Seine Amtszeit auf der Hardthöhe währte bis zum Sommer 1972, dann wechselte er, nach dem Ausscheiden von Karl Schiller aus dem Kabinett, auf Drängen des Kanzlers und Parteivorsitzenden Brandt in das Superministerium für Finanzen und Wirtschaft. Nach der vorgezogenen und von der SPD überragend gewonnenen Wahl Ende 1972 wurde er schließlich Finanzminister im zweiten Kabinett Brandt.

In seiner relativ kurzen Zeit auf der Hardthöhe lieferte der Verteidigungsminister Schmidt eine überzeugende Bilanz ab. Auf der Habenseite stehen die Beschlüsse zur Gründung der Bundeswehr-Universitäten in Hamburg und München, der Ausbau der sogenannten »Inneren Führung« mit dem ambitionierten Konzept des »Staatsbürgers in Uniform« und der damit intendierten Verankerung der Armee in die demokratische Werteordnung, die Verkürzung der Wehrpflicht von 18 auf 15 Monate sowie schließlich die notwendige Verjüngung in der Generalsriege, die dem Verteidigungsminister allerdings auch einigen Ärger eingebracht hatte.

Wie nicht anders zu erwarten, konnte sich Helmut Schmidt mit dem neuen Amt auch persönlich in einem hohen Maße identifizieren. Die militärischen Strukturen und das Umfeld waren ihm vertraut, der Umgang mit Offizieren und Generälen stellte ihn vor keine Probleme. Seine Ministerkarriere in diesem Ressort zu beginnen, war vielleicht ein Glücksfall.

Loki Schmidt sah sich – gänzlich anders als ihr Mann, der sich auf bekanntem Bonner Terrain befand – einer in jeder Beziehung vollständig veränderten Lebenssituation ausgesetzt. Außer den engsten Mitarbeitern ihres Mannes, den kurzfristig von der *ZEIT* »ausgeliehenen« Theo Sommer und den beiden von Schmidt berufenen »Hamburger« Staatssekretären Johannes Birckholtz und Willi Berkhan, kannte sie so gut wie niemanden. Mit einer sich schnell entwickelnden Freundschaft zu Eva de Maizière, Ehefrau des Generalinspekteurs der Bundeswehr Ulrich de Maizière, konnte sie aber bald einen guten Kontakt zu den Offiziersfrauen herstellen und in diesem Kontext wichtige Aufgaben finden. Sie organisierte Konzerte, Sommerfeste und Adventstreffen. Zum ersten Mal in der Geschichte der Hardthöhe lud sie gesondert auch alle weiblichen Mitarbeiter ein, machte offizielle Ausflüge mit den Generalsfrauen und baute ein Unterstützungssystem für die ständig wechselnden Soldatenfamilien auf, die unter Loki Schmidts Ägide alsbald über Listen mit Schulen, Ärzten und Behörden verfügten und sich als neu Hinzugezogene an eigene Ansprechpartner wenden konnten.

All das wurde geschätzt, für das Arbeitsklima und das Wohl der Soldatenfamilien auf der Hardthöhe war das Engagement der Ministerfrau sehr förderlich. Helmut Schmidt verlangte einen hohen zeitlichen Einsatz von seinen Mitarbeitern, beide Schmidts hatten von Klagen aus den Familien erfahren. Darauf bezog sich Loki in einer kurzen Ansprache beim ersten Weihnachtskonzert auf der Hardthöhe, mit der sie Dank und Lob an die Musiker aussprach und dann humorvoll fortsetzte: »Nach der Musik treffen wir uns im Nebenraum zu einer kleinen Erfrischung und können uns etwas näher kennenlernen und Kümmerchen austauschen. Mein Mann kommt zum Beispiel auch immer so spät nach Hause.«[4] Loki Schmidt lernte auf der Hardthöhe also schon früh, wie sie die Arbeit ihres Mannes unterstützen und manches Ärgernis auch ausgleichen konnte: Freundlich und zugewandt geht sie auf die Menschen zu, bleibt diplomatisch und höflich in der Form, ist aber in der Sache klar und unterstützend.

Dass sich Loki an der Seite von Helmut im politischen Bonn unverzüglich zurecht findet und im Rahmen seines Amtes

Aufgaben übernimmt, die für das Ansehen ihres Mannes förderlich sind, trägt zur Stabilisierung der Ehe mit Sicherheit maßgeblich bei. Was in den Jahren der Kanzlerschaft offensichtlich wurde, deutete sich auf der Hardthöhe bereits an: Die Bonner Jahre werden ein gemeinsames Projekt des Ehepaares Schmidt.

Eine zentrale und auch für die Ehe wichtige Entscheidung musste Loki Schmidt 1971 allerdings erst noch fällen: Was sollte mit ihrer Lehrerstelle als Beamtin im Hamburger Schuldienst werden? Eine schwere Lebensentscheidung für eine Frau, die die eigene Berufstätigkeit und wirtschaftliche Unabhängigkeit an erste Stelle setzte. Als Kind einer materiell immer bedrohten Arbeiterfamilie und in den Nachkriegsjahren als Alleinverdienerin für die Familie hatte ihr die Berufstätigkeit als Lehrerin wirtschaftliche Sicherheit, Unabhängigkeit und Selbstvertrauen gegeben. Loki Schmidts Lehrerberuf gehörte zu ihrer Identität.

Trotz der Krankheiten, die durch die Krise ihrer Ehe mit ausgelöst worden waren, hatte sie mit der Hamburger Schulbehörde immer wieder Möglichkeiten gefunden, den Weg zurück in den Beruf offenzuhalten. Wegen ihrer schwierigen Situation Mitte der sechziger Jahre war sie, wie beschrieben, über eine sehr lange Zeit arbeitsunfähig gewesen, mehrere Versuche der Wiederaufnahme waren faktisch gescheitert. Um nicht aus dem Dienst ausscheiden zu müssen, hatte sie sich ohne Bezüge beurlauben lassen. Inzwischen hatte die Hamburger Schulbehörde die Beurlaubung mehrfach großzügig verlängert, aber auch darauf verwiesen, dass das Dienstrecht für Beamte eine dauerhafte Beurlaubung nicht zulasse.

Im Sommer stand eine erneute Verlängerung der Beurlaubung an. Wie aus den Dokumenten aus dem Privatarchiv am Neubergerweg zu ersehen ist, war die Hamburger Schulbehörde durchaus bereit, eine weitere Beurlaubung bis 1973 zu genehmigen. Eine »Beurlaubung bis auf weiteres«, wie sie Loki Schmidt beantragen wollte, war jedoch nicht möglich. Falls die gewährte Beurlaubung nicht ausreiche, würde nur eine Kündigung ihrerseits und damit die Entlassung aus dem Beamtenstatus infrage kommen.

Natürlich war eine solche Entscheidung nicht allein für Loki, sondern auch für ihren Mann und für sie als Paar keine leichte Angelegenheit. Was passierte, wenn seine politische Karriere durch eine Abwahl oder Absetzung abrupt beendet würde? Was wären die Folgen, wenn ihre Ehe doch nicht halten würde? Hätte Loki in so einer Situation noch einmal eine Chance, ihren Lehrerberuf wieder aufzunehmen? Was bedeutete eine Kündigung für ihre bislang so sehr geschätzte Unabhängigkeit? Helmut Schmidt war zu diesem Zeitpunkt zweiundfünfzig Jahre alt, die Ungewissheit einer Politikerkarriere und die Fragen ihrer Ehe waren gewiss ein Thema für die beiden. Hinzu kam, dass die Schmidts den aufgenommenen Kredit für das Haus im Neubergerweg noch lange nicht abgezahlt hatten.

In diesem Entscheidungskonflikt suchte Helmut Schmidt sogar den Rat von Genossen in der Hamburger Verwaltung, ob Loki Schmidts Kündigung nicht zu umgehen sei. Er rechnete die vorliegenden Zahlen zu den Rentenansprüchen seiner Frau nach, er machte sich Notizen zum gesamten Vorgang. Betrachtet man diese Quellen, so kann man erahnen, wie intensiv – und auch verantwortungsvoll füreinander – das Ehepaar Schmidt über Lokis weitere Berufslaufbahn auch gemeinsam gerungen hat.

Schließlich entschieden sie sich für die Kündigung. In dem für Loki Schmidt typischen nüchternen Sprachduktus klingt das in ihrer Rückschau so: »Wir haben uns dann so geeinigt: Gleich nach dem Krieg musste ich meinen Mann ernähren, er hatte ja noch keinen Beruf, und nun musste er mich ernähren, und damit sind wir bis heute gut hingekommen.«[5] Man muss nicht viel zwischen den Zeilen lesen, um zu erkennen, dass in dem gemeinsamen Entschluss auch die Bekräftigung ihrer Ehegemeinschaft eingeschlossen ist.

Im Herbst 1971 wies die Schulbehörde die Auszahlung ihrer Pensionsansprüche an. Nach Abzug der langen Beurlaubungen wurden ihr knapp fünfundzwanzig Jahre Dienstzeit angerechnet, die Auszahlungssumme belief sich auf exakt DM 53 462. Das Geld nutzte das Ehepaar für eine Erweiterung und den Umbau seines Ferienhauses am Brahmsee. Ihr Mann profitierte davon besonders, denn er bekam von dem Geld ein eigenes Arbeitszimmer im Ferienhaus. Noch einmal hatte sich Lokis Berufstätigkeit erfreulich für ihn ausgewirkt!

Kanzlerjahre

Für die Kanzlerschaft Konrad Adenauers steht die Westbindung, für Willy Brandt die Ostpolitik und für Helmut Kohl die Wiedervereinigung Deutschlands. Eine vergleichbar große politische Chiffre wird man für die Jahre der Kanzlerschaft Helmut Schmidts nicht finden, und dennoch ordnet ihn die Geschichtswissenschaft inzwischen in die Reihe der großen Kanzler der Republik ein. An den Erfolgen in seiner Kanzlerschaft hatte seine Frau einen gewichtigen Anteil.

Am 16. Mai 1974 wurde Helmut Schmidt zum fünften Kanzler der Bundesrepublik Deutschland gewählt, seine Frau und Tochter saßen zusammen mit den beiden Sekretärinnen des künftig mächtigsten Politikers der Republik auf der Besuchertribüne des Hohen Hauses. Sie sei angespannt gewesen, aber auch voller Stolz auf ihren Mann, wusste Loki Schmidt später zu berichten. Ähnliche Gefühle hatte wohl auch Susanne. Nach der Enttarnung von Günter Guillaume als Spion der DDR war Brandt am 10. Mai zurückgetreten und hatte schon zuvor seinen Finanzminister Helmut Schmidt als seinen Nachfolger vorgeschlagen. Nach Schmidts eigenem Bekunden habe er sich nicht um das Amt bemüht, er habe im Gegenteil Brandts Rücktritt wegen der Spionagetätigkeit eines faktisch untergeordneten Mitarbeiters für unangebracht gehalten.

16. Mai 1974, Plenarsaal des Bundestags, Kanzlerwahl. Susanne, Loki und die Sekretärinnen von Helmut Schmidt

Helmut Schmidt musste also, zusammen mit seiner Frau, in einer politisch außerordentlich brisanten Situation rasch zu einer Entscheidung gelangen, wie er auf das dringliche Ansinnen Brandts zu reagieren hatte und ob er die Kanzlerschaft annehmen wollte. In diesem Klärungsprozess fiel Loki Schmidt eine nicht unbedeutende Rolle zu. Dazu muss man wissen, dass seine Bereitschaft zu einer Kandidatur im Bundestag nach einem Treffen führender Vertreter der SPD und Gewerkschafter am 5. und 6. Mai in Bad Münstereifel fest stand. Man hatte sich anschließend in einer kleineren Runde in der Wohnung des SPD-Schatzmeisters Alfred Nau zusammengesetzt. Zugegen war auch Loki Schmidt, und gesichert ist, dass sie ihrem Mann sowohl bei den Naus als auch danach noch einmal im Zwiegespräch in der eigenen Wohnung mit Nachdruck zuriet, sich im Bundestag der Wahl zum Bundeskanzler zu stellen. Sie war sich sicher, dass er der geeignete Kandidat war, dass er dieses Amt würde ausfüllen können – und dies unter Umständen besser als sein Vorgänger Brandt, an dem sie fehlende Bodenhaftung kritisierte und der ihr in der Führung zu zögerlich schien. In ihrer Wahrnehmung Brandts unterschied sie sich von der Einstellung Helmut Schmidts, der in dem durchaus komplizierten Verhältnis der beiden Männer zwischen öffentlicher Kritik bis hin zu einer geradezu um Freundschaft werbenden Haltung geschwankt hatte. Rut Brandt hingegen mochten beide, wenngleich aus dieser Sympathie keine wärmere Beziehung entstanden war.

Helmut Schmidt trat sein Kanzleramt in bewegten Zeiten an. Die Bewältigung der schweren wirtschaftlichen Folgen des Ölpreisschocks vom Herbst 1973 und die Herausforderung des deutschen Staates durch den Terrorismus der RAF haben ihm – schon während seiner Amtszeit – die Bezeichnung des erfolgreichen »Krisenmanagers« eingebracht. Er war, wie Heinrich August Winkler es pointiert formuliert, ein »Kanzler der Krisen«.[6] Außen- und wirtschaftspolitisch wird seine Kanzlerschaft mit der Etablierung von Strukturen für eine verbesserte internationale Zusammenarbeit und mit der Einführung eines europäischen Währungssystems verbunden. Die gemeinsam von Schmidt und seinem französischen Partner Giscard d'Estaing eingeführte Währungseinheit Ecu war der Vorläufer des heutigen Euro. Was heute der G20-Gipfel ist, begann 1975 als G7-Zusammenkunft der Staatsführer der sieben wichtigsten westlichen Industrienationen.

Der atomaren Bedrohung Deutschlands durch die Stationierung moderner Mittelstreckenraketen im europäischen Teil der Sowjetunion plante Schmidt mit dem sogenannten NATO-Doppelbeschluss zu begegnen. Er verstand sich als Verfechter eines Gleichgewichtes der militärischen Macht: Verhandeln und Nachrüsten lautete die Strategie. Große Teile in der eigenen Partei und eine in der deutschen Öffentlichkeit erstarkte »Friedensbewegung« mochten dieser Logik nicht folgen. Den Ertrag und Nutzen des von Schmidt auf den Weg gebrachten NATO-Doppelbeschlusses erntete die Nachfolgeregierung unter Helmut Kohl. Am 22. November 1983 stimmt die Mehrheit der Abgeordneten im Deutschen Bundestag dem Beschluss zu, der Zusammenbruch der Ostblockstaaten und im Ergebnis die deutsche Wiedervereinigung stehen damit in einem engen Zusammenhang.

All diese zeitgeschichtlichen Momente verdichteten sich mit der Kanzlerschaft Helmut Schmidts auch in der Lebensgeschichte des Ehepaares zu einer einzigartigen Situation von besonderer Bedeutung. Gemeinsam stellten sie sich ihrer bislang größten Herausforderung und Verantwortung.

Kaum war ihr Mann im Amt, gab Loki Schmidt als neue First Lady der Zeitschrift *Für Sie* ein großes Interview und erläuterte, worin sie ihre zentrale Aufgabe sah. Sie werde ihren Mann aktiv unterstützen und wolle ihm helfen, das Amt erfolgreich zu führen. Erfahrungen habe sie ja bereits als Ministergattin auf der Hardthöhe sammeln können. Als Frau des Bundeskanzlers werde ihre Arbeit naturgemäß komplexer und aufwändiger sein, vor allem aber werde sie nun an wesentlichen Aufgaben noch öffentlichkeitswirksamer mitwirken können. In Bonn hatte man ein solch aktives Rollenverständnis einer Kanzlerfrau bis dato noch nicht erlebt. Die Ehefrauen von Kurt Georg Kiesinger und Ludwig Erhardt waren öffentlich kaum in Erscheinung getreten. Rut Brandt hatte zu repräsentieren verstanden, sich aber aus dem politischen Geschäft herausgehalten.

Nach dem Amtswechsel zogen die Schmidts sehr bald aus ihrer kleinen Wohnung in der Schedestraße in den sogenannten Kanzlerbungalow um. Der Weg war nicht weit, nur wenige

Hundert Meter trennten die beiden Wohnungen. Helmut und Loki Schmidt waren also schon vor der Übernahme der Kanzlerschaft ihren neuen Wirkungsstätten sehr nahe gekommen. Zum Umzug in den Kanzlerbungalow musste man die beiden nicht lange überreden. Ein Bundeskanzler und seine Familie hätten im Kanzlerbungalow zu wohnen, schließlich sei der eigens dafür gebaut worden. Rut und Willy Brandt hatten ihn nur für repräsentative Anlässe benutzt und dort nicht dauerhaft wohnen wollen, eine Regelung, die den Schmidts unverständlich war: »Uns hat der Bungalow jedenfalls gefallen. Mit seinen klaren Konturen und Anklängen von Bauhaus entsprach er mehr unserem Stil als irgendwelche Jahrhundertwende-Prachtbauten.«[7]

Ludwig Erhardt hatte den Bau bei Sep Ruf, einem bedeutenden Architekten der Nachkriegsmoderne, in Auftrag gegeben. Der hatte einen funktionalen Bau geliefert, der, moderat in den Ausmaßen, auf jegliche Geste der Einschüchterung durch großflächige Räumlichkeiten oder Dekor verzichtet. Der jungen deutschen Republik, die auf Modernität und Bescheidenheit setzte, stand dieser Kanzlerbungalow gut zu Gesicht. Ohne Zweifel passten die hanseatisch geprägten Schmidts, nüchtern, pragmatisch und unprätentiös, wie sie waren, gut in dieses Gebäude.

Der Bungalow besteht aus zwei quadratischen Bauteilen. Der eine, etwa 80 Quadratmeter groß für repräsentative Zwecke, der andere, etwa 140 Quadratmeter groß, für den Wohnbereich des Kanzlerehepaars: Wohn- und Essbereich, Arbeitszimmer für den Kanzler, ein kleineres Zimmer für die Dame des Hauses, zwei Schlafzimmer und drei Gästezimmer. In zwei von diesen Gästezimmern wohnten im Wechsel die vier Hamburger Sicherheitsbeamten des Kanzlers, die jeweils zu zweit 14 Tage am Stück Dienst hatten und dann für einen zweiwöchigen »Heimaturlaub« von den beiden anderen Kollegen abgelöst wurden. Auf Helmut Schmidts persönlichen Wunsch kamen sie alle aus dem Hamburger Polizeidienst. Das war seine Reaktion auf die Gerüchte, nach denen BKA-Beamte den Medien Informationen über Willy Brandts Privatleben weitergegeben hätten.

Für die folgenden acht Jahre wurde der Bungalow das zweite Zuhause der Schmidts. Dass beide mit dem Herzen an Hamburg und dem eigenen Haus in Langenhorn hingen, daraus machten sie allerdings kein Geheimnis. Wenn es irgend möglich war, flogen sie nach Hamburg, manchmal für nicht mehr als vierundzwanzig Stunden. Das Langenhorner Domizil blieb die Heimat der Schmidts. Hier konnten sie tatsächlich privat sein und Bonn mitsamt dem politischen Geschäft wenigstens für einige Stunden ausblenden.

Bei allem Wunsch nach Privatheit, die Schmidts nutzten den Neubergerweg auch für politische Begegnungen. Zahlreiche Staatsgäste wurden in den acht Jahren der Kanzlerschaft hier empfangen. Diese Einladungen ins Hamburger Wohnhaus der Schmidts waren entweder ein besonderes Zeichen von Verbundenheit, wie bei Valérie Giscard d'Estaing oder dem schwedischen Königspaar, oder – wie bei Leonid Breschnew und seinem Gefolge – ein bewusstes politisches Kalkül, denn manchmal konnten schwierige Gespräche in der privaten Atmosphäre entspannter geführt werden. Die Nähe zum Gastgeber sollte Vertrauen schaffen. Die Schmidts bewahrten unverbrüchlich das mit einer solchen privaten Einladung implizit gegebene Versprechen zur Vertraulichkeit. Als der Leibarzt von Leonid Breschnew seinem Patienten im Bad der Gastgeber mehrere Injektionen verabreichte und ungerührt sowohl Spritze wie auch Ampullen zurückließ, beseitigte Loki Schmidt diese Hinterlassenschaften Breschnews diskret mit dem eigenen Hausmüll, ohne irgendjemanden weiter hinzuzuziehen. Schon möglich, dass der deutsche Geheimdienst an Erkenntnissen über den Gesundheitszustand des Kremlchefs interessiert gewesen wäre, aber die Privatsphäre der prominenten Gäste wurde im Hause Schmidt geachtet und geschützt.

Im Auftrag des Kanzlers

Für das »gemeinsame Projekt« lassen sich mannigfaltige Belege anführen: Für den viel beschäftigten Kanzler übernahm seine Frau Termine im Hamburger Heimatwahlkreis und sorgte damit für eine indirekte, aber vernehmbare Präsenz ihres Mannes. In Bonn hielt sie Kontakt zu der einflussreichen Parteigruppierung der sogenannten »Kanalarbeiter« um Egon Franke. Auch auf den großen Parteitagen der SPD war sie stets zugegen, strahlte gute Laune aus und fand für viele Genossen ein freundliches Wort. Eine bessere Unterstützung für seine Stellung in der Partei konnte sich der oft eher abweisend wirkende Kanzler kaum wünschen. Loki war die sympathische Außenvertretung des Bundeskanzlers.

Bei Staatsbesuchen ausländischer Gäste in Bonn kümmerte sie sich – vorbereitend und begleitend – um ein interessantes Damenprogramm. Dass dabei immer auch einmal Themen zu Umwelt und Natur dabei waren, gehörte zur ihrer Grundüberzeugung.

Selbst ließ sie kaum eine wichtige Auslandsreise des Kanzlers aus, erfüllte gut unterrichtet und vorbereitet die gegebenen protokollarischen Termine eines Kanzlerehepaars mit Bravour und wusste Zeichen zu setzen. In Abu Dhabi setzte sie sich, entgegen dem Protokoll, das die Anwesenheit von Frauen bei offiziellen Gesprächen eigentlich gar nicht vorsah, neben den Scheich und verwickelte ihn in ein Gespräch über die Möglichkeiten von Bewässerungssystemen für Pflanzen in seinem Land. In Riad nahm sie selbstbewusst an der Begrüßungszeremonie auf dem Flughafen teil. Später erinnert sie sich an ihre damaligen Gefühle: »Du stehst hier für alle Frauen der Welt. Das ist noch nie passiert, dass in Saudi-Arabien eine Frau bei der Ankunftszeremonie dabei sein darf.«[8] Loki war stolz auf sich und hatte auch die Zustimmung und Anerkennung vieler Frauen daheim gefunden. Für einen sozialdemokratischen Kanzler, für den die Gleichstellung der Geschlechter ein wichtiger politischer Auftrag war, erwies sich diese Haltung seiner Frau auch beruflich als Vorteil.

Gute Kontakte pflegte Loki Schmidt auch zu fast allen Ehefrauen der wichtigen ausländischen Partner ihres Mannes. Sie sprach zwar nicht so perfekt Englisch wie ihr Mann, war aber geübt und sicher genug, um den notwendigen Smalltalk zu beherrschen und spontan eine kleine Rede auf Englisch zu halten. So konnte man sich im Kanzleramt darauf verlassen, dass die Kanzlergattin im Ausland souverän auftrat und nicht nur dem Ehemann mit ihren Auftritten allerorten Sympathien erwarb.

Bei den Auslandsreisen machte sie es sich auch zur Aufgabe, den Begleittross aus Journalisten, Wirtschaftsführern und Gewerkschaftern (oft waren zudem Wissenschaftler und Kulturschaffende dabei) in das Reiseprogramm einzubinden und zu betreuen. Die einzelnen Gruppen hatten bei den Besuchen oft sehr unterschiedliche Termine. Deshalb kam man abends mit der Kanzlergattin im Hotel zusammen und besprach den kommenden Tag. Das erfolgte meist allein mit ihr, da der Kanzler selbst häufig noch zu anderen Terminen oder Gesprächen unterwegs war. Die Anwesenheit von Loki Schmidt, mit ihrer Fähigkeit zuzuhören und sich auf Gespräche einzulassen, vermittelte allen den Eindruck, dass ihre Tagesplanung und ihr Einsatz bei der Kanzlerreise bedeutsam war. Sie leistete damit unschätzbare Dienste, denn im politischen Geschäft wünschte man sich, dass die Auslandsreisen mit dem Kanzler als Erfolg wahrgenommen wurden und aus den Reihen der begleitenden Gruppen positiv darüber berichtet wurde. Bei den Hintergrundgesprächen des Kanzlers mit Journalisten in kleiner und größerer Runde nahm sie mit großer Selbstverständlichkeit ebenfalls fast immer teil, und so wurde Loki Schmidt allgemein als wichtige Beraterin ihres Mannes wahrgenommen. Die beiden waren ein Team, das hatten alle bald gemerkt. Klaus Bölling, lange Pressechef von Helmut Schmidt, war sich sicher, dass bei Journalistengesprächen die Atmosphäre spürbar freundlicher und entspannter war, wenn die Frau des Kanzlers anwesend war.[9]

In Sachen Kommunikation landete Loki Schmidt bereits im ersten Jahr der Kanzlerschaft ihres Mannes einen bemerkenswerten Coup. Im Dezember lud sie über die Parteigrenzen hinweg alle weiblichen Abgeordneten des damaligen 7. Deutschen Bundestags zu einem Kaffeetrinken in den Kanzlerbungalow ein. So ein Treffen hatte es zuvor noch nie gegeben, und so folgten tatsächlich alle der Einladung der Frau des Kanzlers. Platz-

Besprechung mit dem Kanzler im Flugzeug, 1979

probleme gab es nicht, denn für die drei im Bundestag vertretenen Fraktionen CDU/CSU, SPD und FDP saßen gerade einmal dreißig Frauen auf den Bänken des Hohen Hauses. 5,8 Prozent betrug der Frauenanteil in den Jahren 1972 bis 1976, damit unterschritt man selbst die 6,8 Prozent des 1. Deutschen Bundestags.

Das Treffen hatte Loki mit ihrem Mann abgestimmt, politische Themen im engeren Sinne sollten nicht angesprochen werden. Vielmehr wollte die Kanzlergattin den weiblichen Abgeordneten ihre Wertschätzung vermitteln und mit der Einladung zur Stärkung ihrer Rolle im politischen Geschehen beitragen. Wenn zwischen den Vertreterinnen der drei Fraktionen ein besseres Verständnis füreinander erreicht werden könnte, wollte sie zufrieden sein. Das Treffen war ein unerwarteter Erfolg, nicht nur bei den SPD-Frauen, auch bei den Kolleginnen von CDU und FDP. Im Jahr darauf gab es eine Wiederholung.

1979 wandte Loki Schmidt die gleiche Idee auf die Presse an und lud alle in Bonn tätigen Journalistinnen ein. 1980 standen Bundestagswahlen an, und so mutmaßten sicher viele der etwa vierzig Journalistinnen, dass die Kanzlergattin sie positiv auf Schmidts Wahlkampf einstimmen wollte. Die Atmosphäre entwickelte sich vielleicht auch deshalb bei diesem Treffen nicht so wie gewünscht. Auch dass sie das Kamerateam eines Fernsehsenders zuließ, kam bei den Journalistinnen nicht sehr gut an.[10] Alles konnte eben auch einer Loki Schmidt auf der politischen Bühne der Hauptstadt nicht gelingen.

Dennoch, die Schmidts waren ein sehr erfolgreiches Kanzlerpaar. Ihre Rolle im »Schaufenster der Republik«, wie der *Stern* es einmal treffend beschrieb, nahmen sie mit Bravour wahr. Schmidts Ansehen war national wie international groß, er galt als hoch kompetent und welterfahren. In all den Jahren übertrafen seine Beliebtheitswerte die seiner Partei. Das hatte besonders damit zu tun, dass er bei aller Weltläufigkeit dennoch bodenständig blieb – das hatte er zuvörderst seiner Frau zu verdanken. Loki Schmidt war volksnah, ausgleichend und sie wurde als politisch kluge und in der Sache engagierte Frau wahrgenommen. Sie hatte nicht den Glamoureffekt einer Rut Brandt, aber ihre Rolle auf dem internationalen Parkett wusste sie umso souveräner zu spielen. Als 1988, anlässlich ihres anstehenden sechzigsten Geburtstags, ein Buch mit dem Titel *Loki – Die ungewöhnliche Geschichte einer Lehrerin namens Schmidt* erschien, konnte man darin geradezu schwärmerische Beschreibungen ihrer Person von Weggefährten, vor allem auch von führenden ausländischen Staatsmännern lesen.[11]

Die Schmidts im Wahlkampf

Es gibt Fotos von den Schmidts im Wahlkampfzug irgendwo auf der Strecke zwischen zwei Städten in der Republik, auf denen das Paar an einem Tisch inmitten großer Betriebsamkeit sitzt und Schach spielt. Beide werden an einem solchen Tag lange Stunden eines engagierten Wahlkampfs hinter oder vor sich haben. Schmidt wurde häufig nach Dienstgeschäften mit dem Hubschrauber oder Pkw zu einem großen Wahlkampfauftritt gebracht, nach der Veranstaltung ging es dann oft mit der Bahn weiter. Wenn das Kanzlerpaar gemeinsam mit dem Sonderzug unterwegs war, fanden die beiden tatsächlich ein wenig Zeit füreinander. Mehr vielleicht sogar als im Bonner Alltag, meinte Loki später. Sie berichtete Helmut dann von ihren eigenen Veranstaltungen. Er kannte die SPD-Genossen landauf und landab und konnte seiner Frau wichtige Hinweise für die nächsten Termine geben. Oft nahmen sie sich aber auch Zeit für ein Schachspiel. Fast demonstrativ saßen sie dann in trauter Zweisamkeit am Tisch ihres Salonwagens, tief konzentriert, scheinbar unberührt von dem Rummel um sie herum.

Loki Schmidt übernahm auf den Wahlkampfreisen auch praktische Aufgaben für ihren Mann. So achtete sie auf seine Ernährung und bügelte auf der Tour auch mal ein frisches Hemd. Zum Wahlkampf gehörte es, solche Informationen gezielt weiterzugeben – die Presse berichtete gern darüber.

Es kam allerdings niemand darauf, Loki Schmidt deshalb als Hausfrau zu sehen. Zeigten doch im Gegenteil die Bundestagswahlkämpfe Helmut Schmidts von 1976 und 1980, dass sie eigenständig handelte und sehr bewusst die politischen Ziele des Ehemannes mittragen wollte. Bei ihrem Wahlkampfengagement handelt es sich durchaus nicht um isolierte Auftritte, sondern vielmehr um eine eigene Loki-Schmidt-Kampagne, die das Ehepaar am Brahmsee und im Kanzlerbungalow sorgfältig ausarbeitete und mit Hilfe der SPD-Zentrale perfekt plante und umsetzte.

Bereits im Februar 1976, also lange vor der heißen Wahlkampfphase im Sommer des Jahres, schrieb Helmut Schmidt einen Vermerk an den Leiter des Kanzlerbüros Klaus-Dieter Leister, mit der Bitte, seine Frau in die Vorbereitung des Wahlkampfes aktiv einzubinden. So reiste sie schon im Vorwahlkampf im März durch Baden-Württemberg und besuchte ausgewählte Betriebe und Berufsbildungswerke.

Ihr großer Wahlkampf begann mit einer spektakulären Aktion in ihrer Sommerfrische in Langwedel am Brahmsee. Viel Publikum und vor allem viele Medienleute waren gekommen, um den Auftakt der »Sozialdemokratischen Wählerinitiative« zu erleben, in dessen Zuge Loki Schmidt den Wahlkampfbus taufen wollte, der eine Art Schiffsaufbau hatte: »Bei bester Stimmung und unter dem Beifall der Brahmsee-Urlauber bestieg sie eine große Leiter, schmetterte ein Riesensektglas [sic!] gegen den Bug des Schiffs, taufte den Bus-Kahn auf den Namen ›Vorwärts‹ und wünschte gute Fahrt bis zum 3. Oktober«[12] – dem Tag der Bundestagswahl.

Natürlich waren nicht alle über Loki Schmidts politisches Engagement begeistert. Die *Welt* schrieb, dass sich die Politikerfrauen der Republik in der Regel aus dem politischen Geschehen fernhielten und, wie Hannelore Kohl beispielsweise, allein wegen der Sorge für die Familie »gar keine Zeit« für Politik hätten. »Die Ausnahme unter den besseren Hälften der Spitzenkandidaten macht nur die ehemalige Lehrerin, Kanzlerfrau und Genossin Hannelore (Loki) Schmidt. Seit gestern mit ihrem Mann auf Urlaub am Brahmsee im eigenen Eternit-Ferienhaus, plant Frau Schmidt zur Zeit die Termine für ihre Wahlkampf-Auftritte.«[13] Loki Schmidt ließ sich von solchen Spitzen keineswegs beirren. Ohnehin wussten die Schmidts, dass spätestens »sechs Monate vor wichtigen Wahlen bei der Springer-Presse mit Distanz zu rechnen war«.[14]

Schon wenige Wochen nach dem Auftakt am Brahmsee startete Loki eine von ihrer Vertrauten und Bundestagsabgeordneten Angela Grützmann gemanagten und von der Parteizentrale der SPD unterstützten Wahlkampftournee, die sie kreuz und quer durch das ganze Land führen sollte.

Insgesamt 180 eigene Veranstaltungen absolvierte sie, machte Pressetermine und Telefonaktionen für Leserinnen und Leser von Zeitungen, gab Interviews und hatte trotzdem noch Energie und Zeit genug, alle großen Wahlkampftouren ihres Mannes in dem von der SPD gemieteten Sonderzug zu begleiten. Ihre eigenen Veranstaltungen waren Auftritte und Gesprächsrunden in öffentlichen Betrieben, bei Gewerkschaften, in Seniorenheimen und Jugendwerkstätten. Alles funktionierte reibungslos, und Loki Schmidts Einsatz für den SPD-Kanzlerkandidaten wurde auch dringend benötigt. Im Sommer 1976 lag die SPD in Meinungsumfragen bei 42 Prozent und damit 5 bis 6 Prozent hinter der CDU und ihrem Kanzlerkandidaten Helmut Kohl. Die gestiegenen Arbeitslosenzahlen und die Frage nach der Sicherung des Rentenniveaus waren die heiklen Themen des

1941, Das erste Foto der Schmidts als Paar. Loki hatte zwei Portraitfotos zusammengefügt, die bei ihrem Treffen in Berlin entstanden waren.

1. Juli 1942, Kirchliche Trauung in Hambergen.

1978, Besuch der Freiwilligen Feuerwehr beim Kanzlerpaar in Bonn.

Mitte April 1948
Balkon Corinthstr.

Ihr gemeinsames Leben dokumentierten die Schmidts in nahezu 300 Fotoalben,
mal von ihm, mal von ihr beschriftet.

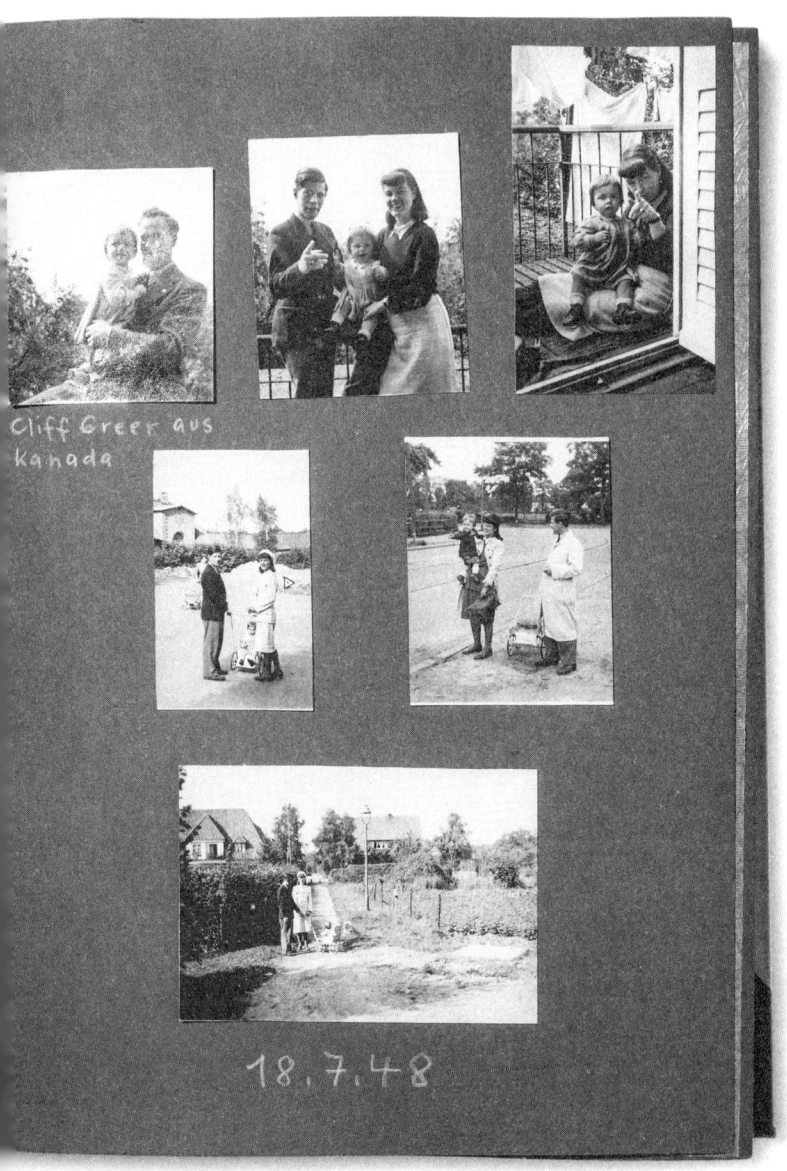

Cliff Greer aus
kanada

18.7.48

Das abgebildete Album ist wohl erst in den fünfziger Jahren erstellt worden:
Die Corinthstraße hieß bis 1950 Lindenallee.

1992, Foto für die Einladung zum 50. Hochzeitstag des Ehepaars Schmidt.

August 2006, Ruhepause im Botanischen Garten Hamburg.

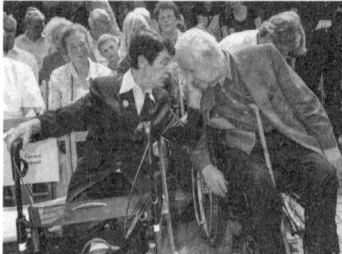

Juli 2010, Eines der letzten Fotos des Ehepaars Schmidt, Botanischer Garten Hamburg.

Loki und Helmut mit dem Erstgeborenen Helmut Walter.

Vater und Tochter am Brahmsee, 1969.

Zuhause

Ein stolzes Paar vor dem Haus am Neubergerweg, 1962 von Sven Simon fotografiert.

Das Doppelhaus am Neubergerweg. Rechts das Haus von Helmut und Loki Schmidt.
Links wohnten bis 1971 die Eltern von Helmut, daneben am Bildrand das Gewächshaus.

Das Esszimmer der Schmidts.

Hier fühlten sie sich wohl: das Wohnzimmer.

Verschiedene Welten

Noch im engen Rahmen: der Bundestagsabgeordnete 1958 in seinem Bonner Büro.

Bundeskanzler Helmut Schmidt in seinem Dienstzimmer im Kanzleramt.

Loki Schmidt mit ihrer Klasse im Hamburger Hafen, zweite Hälfte der fünfziger Jahre.

Aufbruch: Ihre erste Forschungsreise führte Loki Schmidt 1976 an den Nakuru-See in Kenia.

Die vorletzte Forschungsreise ging 1993 nach Venezuela.
Hier hält Loki eine Thurnia sphaerocephala. Die Pflanze wächst
unter Wasser und blüht nur bei Niedrigwasser.

Helmut Schmidt als früher Politstar, aufgenommen von Charles Wilp, 1970.

Politik

Unter Sozialdemokraten: mit Rut und Willy Brandt in Bonn, 1971.

Staatsbesuch im Weißen Haus: mit Betty und Gerald Ford, 1976.

... und jenseits der Politik

Das Schachspiel – eine starke gemeinsame Leidenschaft, Brahmsee im Sommer 1973.

Standweitsprung auf dem Sportplatz Langwedel, Sommer 1977. Der Kanzler verlor nur denkbar knapp gegen seinen trainierten Personenschützer.

Gemeinsame Arktiserkundung mit dem Forschungsschiff »Polarstern«, 1989.

Am Brahmsee wurde nicht nur gesegelt und geschwommen, sondern auch gewandert: die drei Schmidts im Sommer 1974.

Der Besuch des Derbys auf der Horner Rennbahn war halb Plicht, halb Vergnügen, Sommer 1970.

Sehr privat: das Paar mit Tochter Susanne auf Helmut Schmidts 70. Geburtstagsfeier.

Auftritt: die drei Schmidts, 1970 auf dem Hamburger Presseball.

Wahlkampfes und nagten an dem Ruf des Ökonomen Schmidt. Hinzu kamen in der Presse kritische Stimmen, die ihm mangelnde Verbindlichkeit, Arroganz und fehlende Sensibilität im Umgang mit den Menschen vorwarfen.[15]

Was ihm im sozialen Umgang fehlte, konnte sie mit ihrem freundlichen Auftreten und ihrer Zugewandtheit mehr als kompensieren: Wo immer sie erschien, »gewann sie durch ihre fast altmodisch wirkende Bescheidenheit, ihren natürlichen Charme und ihr unauffälliges, aber doch eindringliches Interesse an den Problemen älterer Bürger, Behinderter oder auch den Fragen des Naturschutzes, die Sympathie ihrer Zuhörer«, hieß es etwa in der hessischen Presse.[16] Und: »Eine bessere Wahlkämpferin als Loki Schmidt kann der Bundeskanzler gar nicht ins Feld schicken.«[17]

Für beide Schmidts war der Wahlkampf eine große physische Herausforderung. Über 35 000 Kilometer reiste der Kanzler für seine Auftritte durch die Republik, Loki Schmidt kam auf über 20 000 Kilometer. Das waren doppelt so viele Kilometer wie der im Wahlkampf sehr aktive Parteivorsitzende Willy Brandt absolviert hatte. Eigentlich waren diese Bundestagswahlkämpfe für beide Fulltime-Jobs, für den Kanzler eine normale Herausforderung, für seine Ehefrau aber eine außergewöhnliche, wenn nicht sogar singuläre Leistung.

Bei den großen Veranstaltungen ihres Mannes, mit meist mehreren Tausend Zuhörern, saß Loki Schmidt immer vorne in seinem Blickfeld in der ersten Reihe. Für solche Gelegenheiten hatten die Schmidts im Laufe des Wahlkampfes eine eigene kleine Eheszene arrangiert. Der Auftritt des Bundeskanzlers begann ohne sie, sodann stieß Loki ein wenig später hinzu und wurde jedes Mal von ihrem Mann mit denselben Worten begrüßt: »Oh, da sehe ich ja meine Frau kommen. Herzlich willkommen. Sie war noch ein wenig unterwegs als Ein-Mann-Wählerinitiative, Verzeihung, als Ein-Frau-Wählerinitiative.«[18]

Darauf folgte stets ein herzlicher Empfang und großer Applaus für die Wahlkämpferin. »Mit dem gleichen Jubel wie ihr Mann« sei sie begrüßt worden, »charmant winkte sie mit beiden Armen der Menge zu – und Ehemann Schmidt konnte sich ein leises, stolzes Lächeln über die Erfolge seiner Frau nicht ganz verkneifen.«[19]

Das Kanzlerpaar Schmidt war ein reibungslos funktionierendes politisches Team geworden, ihre offenbar aufrichtige gegenseitige Unterstützung war für jedermann ersichtlich. Nahm Loki Schmidt so auch Einfluss auf die politischen Haltungen und konkreten Entscheidungen des Kanzlers? Zwar suchte er ihren Rat nicht in politischen Detailfragen, doch war das, was seine Frau beim gemeinsamen Frühstück und am späten Ende eines Arbeitstages zum politischen Geschehen äußerte, bedeutsam für ihn. Loki war dann »Volkes Stimme« für ihn.[20]

In zwei politischen Themenfeldern aber hatte Loki im Wahlkampf 1976 mit Gewissheit mehr als nur einen bestärkenden Einfluss auf ihren Mann: bei den Frauenrechten und beim Thema Bildung. Dass er in seinen Wahlkampfreden regelmäßig diese beiden Fragenkomplexe ansprach, wurde in der Öffentlichkeit explizit Loki Schmidts politischem Zuspruch gutgeschrieben.[21] 1974 hatte die von Schmidt geführte sozial-liberale Koalition den im § 218 geregelten Schwangerschaftsabbruch durch eine Fristenregelung liberalisiert, war aber 1975 am Bundesverfassungsgericht gescheitert und sah sich daraufhin gezwungen, die Fristenlösung durch ein erweitertes Indikationsrecht zu ersetzen. Das Thema elektrisierte die Frauen in der Republik bis hinein in diesen Wahlkampf, denn heftige Debatten im Parlament und in den Medien hatten vor und nach dem Rechtsstreit um den § 218 die Öffentlichkeit bewegt und gespalten. Kanzler Helmut Schmidt unterstützte in dieser zugespitzten Situation ebenso wie seine Frau öffentlich die Frauen, die für eine Selbstbestimmung kämpften. Den 374 Frauen, die sich im

Stern unter dem Titel »Wir haben abgetrieben« selbst bezichtigten, sprach Loki Schmidt noch fünfunddreißig Jahre später ihre Hochachtung aus.[22]

Auch der zweite Schwerpunkt in Schmidts Wahlkampf, nämlich die Verbesserung der Bildungschancen von Mädchen und jungen Frauen, war für Loki Schmidt ein zentrales Thema. Die sozialen Benachteiligungen, die Mädchen und Frauen gerade auch in Arbeiterfamilien erfuhren, mussten beseitigt werden. Ihre eigene Biographie war ja das beste Beispiel für den steinigen Weg, den sie als Arbeiterkind *und* Mädchen hatte gehen müssen, um das Abitur und den qualifizierten Lehrerberuf zu erreichen.

Unterstützung für den Kanzler

Auf seine Frau konnte sich Helmut Schmidt nicht zuletzt auch in Personalfragen und bei ihren menschlichen Einschätzungen zu Weggefährten, aber auch politischen Gegnern verlassen. »Loki hatte ein Gespür für die charakterliche Anlage eines Menschen und durchschaute schnell, ob einer im Kern anständig und auf Dauer zuverlässig war,«[23] beschrieb er ihre Menschenkenntnis. Ebenso hatte sie ein gesundes Urteil zu seinen öffentlichen Auftritten. Wenn er bei Diskussionen mal wieder um einiges zu scharf mit seinen Konkurrenten umgegangen war, dann erfuhr er es von ihr zuerst. Meist gab er ihr recht, aber eine dauerhafte Wirkung zeitigten ihre kritischen Rückmeldungen nicht. Schaut man sich heute die großen Wahldebatten der Spitzenpolitiker aus den Jahren 1976 und 1980 noch einmal an, so ist man erstaunt, welche verletzende Schärfe den Debattenton prägte, und wie arrogant und herrisch sich auch Kanzler Schmidt gegenüber seinen Herausforderern geben konnte.

Eine besondere Art der Arbeitsteilung hatten die Schmidts für die zahlreichen kulturellen Einladungen des Kanzlers an seinem Dienstort Bonn entwickelt. In der eher überschaubaren Universitätsstadt, mit damals gerade 250 000 Einwohnern, war man bemüht, auch in kultureller Hinsicht einen Hauptstadtcharakter zu etablieren. So gelang es, erstrangige Theaterensembles zu Gastspielen einzuladen und bedeutende Dirigenten, Solisten und Orchester in die Beethovenstadt zu holen. »Fast immer hatte ich abends keine Zeit, ins Konzert zu gehen, Loki ging allein«, berichtet der Exkanzler. »Aber in vielen Fällen konnte sie meine Einladung auf einen Drink nach dem Konzert überbringen. So haben wir nacheinander fast alle großen Dirigenten der Welt spätabends im Kanzlerbungalow zu Gast gehabt, von Leonard Bernstein bis zu Zubin Mehta.«[24]

Zu dem amerikanischen Komponisten und Dirigenten Bernstein, den die Schmidts verehrten, entspann sich eine lebenslange Freundschaft. Wann immer es Bernstein bei seinen Konzerten in Deutschland möglich war, besuchte er das Ehepaar Schmidt. Bei einem Konzert des Schleswig-Holstein Musik Festivals übernachtete er sogar in ihrem bescheidenen Ferienhaus am Brahmsee. In den Erinnerungen der Schmidts waren diese Besuche von Musikern und Künstlern im Kanzlerbungalow äußerst unterhaltsam, es wurde diskutiert, Klavier gespielt, gesungen und manches Glas Whisky geleert. Die Hausherrin musste in den frühen Morgenstunden auch einmal ein Machtwort sprechen.[25] Jenseits ihrer repräsentativen Aufgaben im öffentlichen Leben der Hauptstadt unterhielten und pflegten die Schmidts nähere Bekanntschaften zu vielen Künstlern und Schauspielern. Die Liste prominenter Namen ist lang: In der Musik gehörten – neben dem bereits erwähnten Leonard Bernstein – Herbert von Karajan, Rolf Liebermann, Kurt Masur und Justus Frantz dazu, in der Kunst Henry Moore, Otto Modersohn, Olga Bontjes van Beek, Bernhard Heisig, in der Schauspielkunst Ida Ehre, Inge Meysel, Lilli Palmer, Peter Ustinov, Hardy Krüger und in der Literatur Siegfried Lenz und Max Frisch, um nur einige der prominentesten Künstler zu nennen, mit denen das Ehepaar Schmidt Kontakt pflegte.[26]

Helmut Schmidt konnte im persönlichen Umgang mit Mitarbeitern durchaus Blessuren hinterlassen. Seine Ansprüche an Effizienz, Genauigkeit und Durchhaltevermögen waren hoch. Blieb die Unterstützung und Zuarbeit von Fraktion und Partei in der von ihm erwarteten Qualität aus, konnte er scharf und auch grob werden. Zeit für ein freundliches persönliches Wort fand er selten. Loki Schmidts ausgleichende Fähigkeiten waren deshalb oft vonnöten. Der langjährige Referent im Kanzleramt Peter Walter erinnert sich, dass er sich an Loki Schmidt wandte, als seine Ehe zerbrach und er in der privaten Krise den Ansprüchen der Arbeit nicht angemessen genügen konnte. Er fand in ihr eine einfühlsame Zuhörerin und Ratgeberin. Sie empfahl ihm dann, den Kanzler selbst anzusprechen, bereitete diesen darauf vor und erleichterte in dieser Weise dem jungen Referenten das schwierige Gespräch. Ein solcher Dienst wird nicht mehr vergessen. Geschichten und Berichte von derartigen Interventionen Loki Schmidts konnte man von früheren Mitarbeitern und Kollegen des Kanzlers des Öfteren hören. In einem Brief von Klaus Bölling an Loki Schmidt aus dem Jahre 2006 heißt es: »Ich habe an der Seite Deines Kanzlergatten so manches Mal, wenn schwierige und schwere Entscheidungen zu bestehen waren, die Nähe von Loki Schmidt als etwas Wärmendes erlebt.«[27]

Willi Berkhan deutete in einer Art Laudatio auf die enge Freundin Loki Schmidt an, dass sie bei der Auswahl von Mitarbeitern und Beratern des Kanzlers eine Rolle spielte. Schmidt habe immer nur den Sach- und Fachverstand sowie – besonders wichtig für ihn – die Belastbarkeit als Auswahlkriterien gekannt. Seine Frau hingegen habe auch die sozialen Fähigkeiten im Blick gehabt und darauf geschaut, ob der Bewerber sich auch angemessen auf seinen Chef einstellen konnte. Damit habe sie ihm wertvolle Hinweise gegeben.[28] Wenn man diese verschiedenen Stimmen hört, so scheint Loki Schmidts direkter Einfluss auf die Entscheidungen ihres Mannes fast noch gewichtiger gewesen zu sein, als Helmut Schmidt es darstellte und sich selbst wohl auch eingestanden hatte.

Der Terror als Herausforderung

Die zunehmende Bedrohung des deutschen Staates durch die sogenannte Rote Armee Fraktion (RAF) gehörte mit Sicherheit zu den größten politischen Herausforderungen, mit denen sich Helmut Schmidt als Kanzler konfrontiert sah. In emotionaler Hinsicht war es wahrscheinlich seine größte Bewährungsprobe. Selbst privat wurde der Terror der RAF zu einem sehr persönlichen und in diesen Jahren lebensbegleitenden Thema.

Die tödlichen Schüsse auf den Studenten Benno Ohnesorg bei einer Demonstration in Berlin 1967 und der Anschlag auf den Studentenführer Rudi Dutschke zu Ostern 1968 hatten Teile der Studentenbewegung in erheblichem Maße radikalisiert. Die gewaltsame Befreiung des nach einem Brandanschlag auf ein Frankfurter Kaufhaus verurteilten Andreas Baader im Mai 1970 gilt in der bundesrepublikanischen Geschichtsschreibung als Geburtsstunde der RAF. Über Jahre hinweg verbreitete die Terrorgruppe mit ihren Bombenanschlägen, Überfällen und Schusswechseln mit der Polizei Angst und Schrecken im ganzen Land.

Die Ermordung des Berliner Kammergerichtspräsidenten Günter von Drenkmann im November 1974 war der Beginn einer Serie von brutalen Gewalttaten gegenüber führenden Repräsentanten des Staates. Peter Lorenz, CDU-Politiker in Berlin, wurde im Februar 1975 entführt, im April 1975 besetzten deutsche Terroristen die deutsche Botschaft in Stockholm. Im April 1977 wurden der Generalbundesanwalt Siegfried Buback und zwei seiner Beschützer ermordet. Noch im gleichen Jahr ermordete die RAF den Frankfurter Bankier Jürgen Ponto, entführte Hanns Martin Schleyer, den Präsidenten der Deutschen Arbeitgeberverbände, und erschoss seine vier Begleiter. Die Entführung Schleyers und der Versuch, mit diesem verbrecherischen Gewaltakt elf in Haft sitzende Terroristen der RAF freizupressen, mündete in die Entführung der mit Mallorcaurlaubern besetzten Lufthansa-Maschine »Landshut« durch palästinensische Terroristen, die mit der RAF sympathisierten. Nach einem langen Irrflug wurde schließlich die »Landshut« durch die Eingreiftruppe GSG 9 auf dem Flughafen Mogadischu gestürmt und alle Geiseln befreit. Unmittelbar darauf begingen Baader, Raspe und Ensslin in ihren Zellen in Stammheim Selbstmord und Hanns Martin Schleyer wurde von seinen Entführern kaltblütig ermordet.

Was hier in aller Kürze geschildert wurde, entwickelte sich in den langen Jahren des sich stetig steigernden Terrorismus für das Land, für die verantwortlichen Politiker, für den Kanzler, aber auch für dessen Frau und Tochter zu einer ernsten Bedrohung und Belastung.

Die ohnehin schon starke Bewachung des Kanzlers und seiner Frau wurden noch einmal intensiviert. Bei öffentlichen Auftritten wurden zusätzliche Beamte des BKA mit Maschinenpistolen eingesetzt, vorab wurden Fluchtwege festgelegt und die Kontrollen an den Auftritts- oder Versammlungsorten ausgeweitet. Bis in den Schlaf hinein verfolgten Loki Schmidt die Gewaltakte der RAF. Sie hatte Alpträume, die von Überfällen und Entführungen handelten und damit endeten, dass sie sich – um das Leben der jungen Begleiter besorgt – schützend vor sie warf.[29]

Auch im Langenhorner Wohnhaus und im Ferienhaus am Brahmsee wurden zusätzliche Maßnahmen zur Sicherung der Familie installiert: Schusssichere Fenster, gepanzerte Türen, hohe Zäune und Videoüberwachung rund um die Uhr. Selbst in dem sowieso schon vom Bundesgrenzschutz bewachten Kanzlerbungalow wurde weiter aufgerüstet. Experten der Sicherheitsgruppe hatten ausgerechnet, dass der Bungalow von der gegenüberliegenden Seite des Rheins mit tragbaren Raketenwerfern beschossen werden konnte. Die Schmidts mussten fortan mit einer Wand aus Panzerglas vor ihrer Wohnstatt im Park des Palais Schaumburg leben.

Natürlich ergibt sich selbst bei einer so bedrohlichen Lebenslage nach einiger Zeit ein gewisser Gewöhnungseffekt, den man auch als eine Art psychischen Selbstschutz verstehen kann. Niemand kann jeden Tag aufs Neue an die möglichen Gefahren für Leib und Leben denken, und auch der Anblick der schwer bewaffneten Begleiteskorte wird nach einer gewissen Zeit zur Normalität.

Das Ehepaar lernte, mit der Gefährdungslage zu leben. Woran sie sich als Eltern aber nicht gewöhnen konnten, war, dass auch ihre Tochter Susanne als höchst gefährdet eingestuft wurde und dauerhaft geschützt wurde. Ohne Sicherheitsbegleitung durfte sie nicht mehr das Haus verlassen. Wollte sie sich in einem Restaurant die Hände waschen, wurden vorab die Toilettenräume durchsucht. Noch Jahre später sei sie zusammengezuckt, wenn auf der Straße ein Pkw neben ihr anhielt.[30] Auch wenn die Schmidts nicht dazu neigten, Dinge zu dramatisieren, jetzt machten sie sich die allergrößten Sorgen um die Sicherheit und das Wohlergehen ihrer Tochter. Die über Jahre anhaltende Gefährdung durch den RAF-Terror führte 1979 sogar dazu, dass Susanne ihren Lebensmittelpunkt nach England verlagern musste. Ihr Arbeitgeber, die Deutsche Bank, wollte ihren Kunden den stets anwesenden schwer bewaffneten

Personenschutz nicht zumuten, und machte ihr daher das Angebot, nach London zu wechseln. Für die Kleinfamilie Schmidt wurde Susannes beruflicher Wechsel nach England zur dauerhaften Trennung. Die Tochter schlug dort Wurzeln und kehrte aus ihrer neuen Heimat nicht mehr nach Deutschland zurück.

Die immer brutaleren Terroraktionen der RAF zwangen Kanzler Schmidt im Verlauf seiner ersten Amtsperiode, sehr weitreichende Entscheidungen zu fällen. Nachdem Peter Lorenz im Februar 1975 durch den Austausch gegen fünf inhaftierte Terroristen freigekommen war, kamen Schmidt und sein enger Beraterkreis überein, dass ein demokratischer Staat sich nicht noch einmal durch terroristische Gewaltaktionen erpressen lassen dürfe. Bereits bei der Besetzung und Geiselnahme in der deutschen Botschaft in Stockholm im April 1975 hatte Schmidt diese Linie verfolgt und lehnte einen Geiselaustausch ab. Die Terroristen töteten zwei Geiseln, sie selbst überlebten bei der anschließenden Erstürmung des Gebäudes durch schwedische Sicherheitskräfte. Der erschütternde Ausgang dieser Terroraktion der RAF hatte das Kanzlerehepaar tief berührt und sie zu einem schweren persönlichen Schritt bewogen.

Bei einem Gang durch den Park des Palais Schaumburg kamen sie überein, dass sie in einem eigenen Entführungsfall nicht ausgetauscht werden sollten. Sie wollten für den deutschen Bundeskanzler und für dessen Ehefrau keine Sonderstellung geltend machen und sichergehen, dass im Falle einer Entführung ein Austausch ihrer Person gar nicht erst in Erwägung gezogen würde. Diesen Entschluss legten sie umgehend schriftlich nieder und übergaben das Schreiben am folgenden Tage dem Chef des Bundeskanzleramtes. Auch den Leiter des vierköpfigen Leibwächter-Teams setzten sie in Kenntnis.

Als am 5. September 1977 mit der Entführung Hanns Martin Schleyers der sogenannte »Deutsche Herbst« mit extremen Gewaltakten und Terroraktionen seinen blutigen Verlauf nahm, stand Kanzler Helmut Schmidt erneut in der Verantwortung für die Menschenleben, die sich in der Hand der Terroristen befanden. Vier Stunden nach der Entführung von Hanns Martin Schleyer gab er im Deutschen Fernsehen seine erste öffentliche Stellungnahme zu dieser verbrecherischen Tat ab: »Der Staat [...] muss darauf mit aller notwendigen Härte antworten. Alle Polizei- und Sicherheitsorgane [...] haben deshalb die uneingeschränkte Unterstützung der Bundesregierung und ebenso meine sehr persönliche Rückendeckung.«[31]

In dem unmittelbar nach der Entführung eingerichteten großen und kleinen Krisenstab wurden drei Leitlinien festgelegt: Die Geiseln sollen lebend befreit werden. Die Entführer sind zu ergreifen und vor Gericht zu stellen. Die Gefangenen werden nicht freigegeben. Von diesen drei Grundsatzentscheidungen wurde in den folgenden vierzig Tagen des immer weitere Kreise ziehenden Geiseldramas nicht mehr abgewichen.[32]

Bis zur Entführung der »Landshut« am 13. Oktober hatte die Bundesregierung vordringlich versucht, das Versteck von Hanns Martin Schleyer aufzuspüren und Zeit für die Suche zu gewinnen. Die Situation spitzte sich zu, als im Fernsehen eine Videobotschaft Schleyers ausgestrahlt wurde. In dieser wendete sich Hanns Martin Schleyer in verzweifelter Verfassung an die staatlichen Verantwortlichen und bat diese mit dramatischen Worten um seinen Austausch und die Erfüllung der Forderungen seiner Entführer, die RAF-Häftlinge in Stammheim freizusetzen. Die Schmidts waren sich völlig darüber im Klaren, dass diese Botschaft ganz direkt an den Kanzler gerichtet war. Aber Schmidt hatte sich entschieden, nicht auf die Erpressung der Terroristen einzugehen. Die RAF-Häftlinge in Stammheim wurden nicht freigelassen. Stattdessen sollten die entführten Passagiere und die Crew der »Landshut« befreit werden.

Im Falle eines Misslingens der Geiselbefreiung in Mogadischu wäre Helmut Schmidt von seinem Amt als Bundeskanzler zurückgetreten. Diesen Entschluss hatte er längst gefasst und mit seiner Frau besprochen. Dass aber die glückliche Befreiung der Geiseln gleichzeitig das Todesurteil für Hanns Martin Schleyer bedeutete, war allen klar. Mit dieser tragischen Logik des Handelns hatten die Menschen in den Krisenstäben, die Sicherheitskräfte, die Militärs, die verantwortlichen Politiker bis hin zum Kanzler – jeder für sich und an seiner Stelle – fertig zu werden.

Bei der Trauerfeier für Hanns Martin Schleyer am 25. Oktober 1977 verzichtete Loki Schmidt auf die Begleitung ihres Mannes, der Kanzler musste den Gang ohne sie tun. Als Ehefrau konnte es Loki Schmidt nicht über sich bringen, neben der Witwe und den verwaisten Söhnen Schleyers zu sitzen. Die Familie Schleyer hatte im Verlauf der Entführung nichts unversucht gelassen, um die Regierung und vor allem Kanzler Schmidt zu einem Nachgeben gegenüber der Forderung der Terroristen zu bewegen. Sie konnten kein Verständnis für sein unnachgiebiges Handeln aufbringen und haben die Entscheidung des Kanzlers, Hanns Martin Schleyer nicht gegen die Freilassung von RAF-Häftlingen auszutauschen, ihm nicht verzeihen können.[33]

Während der vierzig Tage des Geiseldramas um Hanns Martin Schleyer und die Entführung der »Landshut«, durchlebte Helmut Schmidt eine extreme Ausnahmesituation. Er hatte die Verantwortung für die Rettung der Geiseln und musste die endgültigen Entscheidungen zu deren Befreiung treffen. Man darf davon ausgehen, dass der Zuspruch und die Loyalität seiner Frau ihm Kraft dazu gaben. Ohne die Gewissheit, dass sie in den ethischen Richtlinien seines Handelns mit ihm übereinstimmte, wäre es schwer für ihn gewesen, die Situation durchzustehen.

Die von beiden Schmidts getroffene Entscheidung, sich im Entführungsfall selbst nicht austauschen zu lassen und damit den eigenen Tod oder den des Partners in Kauf zu nehmen, soll rückblickend noch einmal einer näheren Betrachtung unterzogen werden. Blickt man auf die Person Helmut Schmidt, auf seine Biographie und die von ihm auch öffentlich vorgetragene Haltung zu Führungskräften, dann ergibt sich der Entschluss, bei einer Geiselnahme den eigenen Austausch gegenüber den Geiselnehmern abzulehnen, fast zwangsläufig. Als Soldat und Offizier in der Wehrmacht hatte er gelernt, Vorbild zu sein. Von seinen Untergebenen hatte er nicht mehr an Mut und Einsatzbereitschaft zu erwarten, als er selbst bereit war zu geben, und andersherum war er in der eigenen Pflichterfüllung auch immer Maßstab für die Kameraden gewesen.

In seiner Rolle als Kanzler der Bundesrepublik Deutschland dachte er offensichtlich nicht anders. Beschließt eine Regierung im Kampf gegen den Terrorismus, der Forderung nach einem Austausch von Geiseln und anderen Erpressungsversuchen grundsätzlich nicht nachzugeben, dann konnte und wollte er die eigene Person nicht ausnehmen. Im Ernstfall hatte ein Regierungschef die gleichen Risiken zu tragen wie die eigenen Sicherheitskräfte, führende Vertreter von Staat und Gesellschaft oder der einfache Bürger auch. Eine solche Haltung war für Schmidt folgerichtig, im Grunde hatte jeder, der ihn näher kannte, nichts anderes von ihm erwartet.

Schwerer zu verstehen ist allerdings, dass er eine solch folgenreiche Erklärung zusammen mit seiner Frau abgab, und damit akzeptierte, dass ein Austausch der eigenen Frau bei einer eventuellen Geiselnahme von vornherein ausgeschlossen wurde. Auch drängt sich die Frage auf, warum Loki Schmidt selbst die Erklärung unterschrieb. Als Frau des Bundeskanzlers füllte sie kein politisches Amt aus und hätte keine Veranlassung zu einer solchen Äußerung gehabt. Sie hatte aber offenbar inzwischen ein so starkes Pflichtgefühl gegenüber dem Amt ihres Mannes und dem Staat entwickelt, dass sie eine so bemerkenswerte Entscheidung auch als Ehefrau tragen wollte. Vielleicht liegt der Schlüssel zum Verständnis aber in der Beziehung zu ihrem Mann. Ihre Bindung zu ihm war für sie so existenziell, dass man Lokis Handlungsweise auch als eine Entscheidung für ihren Mann interpretieren kann, denn im Ernstfall hätte sie ihm so geholfen, seine eigene Grundsatzentscheidung nicht für die Rettung der Ehefrau aufgeben zu müssen. So hätte sie ihn vor einem ausweglosen Dilemma zwischen privatem Glück und öffentlicher Verantwortung bewahren können. Ob das Ehepaar Schmidt einer solchen Deutung zugestimmt hätte, bleibt offen. Es spricht einiges dafür, dass sie die hier aufgeworfenen Fragen gar nicht verstanden hätten. Als Paar sahen sie sich in der Pflicht, und dieser waren sie nachgekommen.

Ob die Schmidts bei ihrem gemeinsamen Entschluss auch ihre Rolle als Eltern bedacht haben, muss ebenfalls unbeantwortet bleiben. Als sie jedoch Tage danach ihrer Tochter von ihrem Vorgehen berichteten, akzeptierte diese den Entschluss der Eltern. Mehr noch, sie wollte genauso behandelt werden.[34] Für Loki und Helmut Schmidt war das eine mutige, aber auch bedrückende Aussage.[35] In einem Interview von 2010 wird Susanne Schmidt die Frage gestellt: »Sie waren 30 Jahre alt, und Sie hätten sich fürs Vaterland erschießen lassen?« Sie beantwortet das mit einem unaufgeregten Satz, der nicht nur für sie, sondern auch stellvertretend für ihre Eltern als typisch gelten kann: »Das klingt viel zu heroisch. Aber im Ernstfall wäre es so gewesen.«[36]

Als Schlussfolgerung aus der gemeinsamen Erklärung des Ehepaars Schmidt bleibt zweifelsfrei stehen, dass sie politische und gesellschaftliche Herausforderungen der Kanzlerjahre als eine gemeinsame Aufgabe und ein »gemeinsames Projekt« nicht nur beschworen, sondern auch durchlebt haben.

Loki Schmidt auf eigenem Terrain

Eine Außen- und eine Binnenperspektive gibt es in jeder Beziehung und Ehe. Bei manchen Paaren scheinen sie nahezu identisch: wie das Paar nach außen wirkt, so funktioniert die Beziehung auch zwischen den beiden. Bei anderen Paaren gibt es bemerkenswerte Differenzen. So auch bei den Schmidts. Auf öffentlichen Veranstaltungen, auf ihren Reisen im In- und Ausland und in den Medien traten sie als ein sich ergänzendes und harmonisches Ehepaar auf. Betrachtet man die Beziehung der Schmidts jedoch aus der jeweiligen Innensicht der beiden, stellt sich das Verhältnis durchaus anders dar.

Ohne Zweifel hatten sie in Bonn eine neue wichtige Basis für ihre Gemeinsamkeit gefunden. Loki Schmidts Übernahme zahlreicher Aufgaben für ihren Mann und sein Amt, ihr endgültiger und sehr bewusst vollzogener Abschied aus ihrem Berufsleben als Lehrerin sprachen dafür, dass sie bereit war, neu in ihre Beziehung zu investieren, und dass die beiden die Jahre der Kanzlerschaft als Team gemeinsam erleben und gestalten wollten.

Ihr kontinuierliches Bestreben, sich als eine eigenständige Persönlichkeit in der Ehe mit dem deutschen Bundeskanzler Helmut Schmidt weiterzuentwickeln, kennzeichnet fortan Lokis Leben. Dies äußert sich zunächst – wie sollte es auch anders funktionieren – in einem längeren Suchprozess, den sie später wie folgt kommentierte: »Damals ist mir klar geworden, dass ich ein eigenes Feld brauchte, das ich für mich ganz selbstständig bearbeiten konnte. Ansonsten kann man wohl ein Leben mit einem so erfolgreichen und viel beschäftigten Mann auch nicht führen.«[37]

In der vorsichtigen Formulierung verbirgt sich allerdings ebenso die leidvolle Erfahrung, dass sie bei aller erneut gefundenen Gemeinsamkeit nicht auf die eheliche Treue Helmut

Schmidts bauen konnte. Nahestehenden Freunden vertraute sie an, dass sie ihren Mann immer mal wieder nicht »für sich alleine hatte«. Der Wunsch nach einem eigenen Terrain entsprang also auch dem Bedürfnis, von den Defiziten ihrer Ehe Abstand zu gewinnen. Schon lange hatte sie den Plan gehegt, sich für den Naturschutz zu engagieren. Das knüpfte an ihren Jugendtraum eines Biologiestudiums an. Auf diesem Gebiet hatte sie ihr Wissen bereits kontinuierlich weiterentwickelt, im privaten sowie beruflichen Umfeld genoss sie bereits den Ruf einer Naturexpertin.

Mit Hilfe von Freunden, wie den Hamburger Unternehmern und Mäzenen Kurt Körber und Alfred Toepfer, gründete Loki Schmidt im April 1976 unter dem Dach des Deutschen Naturschutzrings ein »Kuratorium zum Schutze gefährdeter Pflanzen«, aus dem 1979 eine bis heute agierende eigenständige Stiftung hervorging. Die wichtigsten Ziele waren damals und sind noch immer eine öffentliche Aufklärung über die steigende Gefährdung der Pflanzenwelt, eine Bestandsaufnahme aller in Deutschland wachsenden Pflanzen und ihrer Standorte sowie der Aufkauf von Grund und Boden mit einer besonders gefährdeten Pflanzenpopulation.

Der Erfolg, den Loki Schmidt mit dieser Stiftung in den nächsten Jahren erringen konnte, ist frappierend. Als sie damals – auf einer sehr begrenzten finanziellen Basis – mit dem Kuratorium für gefährdete Pflanzen loslegte, war sie nur wenigen in der Republik als eine versierte Amateurbotanikerin bekannt. Als sie Bonn Ende 1982 verließ, war sie zu einer der führenden Persönlichkeiten im deutschen Naturschutz avanciert. Gemessen am Bekanntheitsgrad war sie mit Sicherheit sogar allen anderen Naturschützern in der Republik überlegen.

Die Vielfalt ihrer Aktivitäten war beeindruckend. So entfaltete sie ab 1976 eine Öffentlichkeitsarbeit mit publikumswirksamen Auftritten und dem Verkauf von Schallplatten, Postkarten und Briefmarkensätzen. 1977 entwarf sie Pflanzenmotive für eine finanziell äußerst erfolgreiche Rosenthaler Porzellanserie von Sammeltellern und Tassen. Im gleichen Jahr erwarb die Stiftung ihr erstes Grundstück in Bayern zum Schutze einer Orchideenwiese, zahlreiche weitere naturgeschützte Grundstücke sollten folgen. Das bekannteste Projekt war der Ankauf einer Fläche bei Hollerath in der Nähe der deutsch-belgischen Grenze. Dort wurde im Tal des kleinen Flusses Olef der wild wachsenden Gelben Narzisse ihr ursprünglicher Lebensraum zurückgegeben. Bis heute erstreckt sich hier von Ende März bis Anfang Mai ein kilometerlanger, gelber Blütenteppich. Es ist Jahr für Jahr ein viel besuchtes Naturschauspiel und eine bleibende Erinnerung an Loki Schmidt und ihr Naturschutzkonzept.

Für ihre Stiftung wurde die Naturschützerin auch als Autorin tätig. Ihr erstes Buch *Schützt die Natur* erschien 1979. Inhaltlich geht es um Naturwanderungen durch alle elf Bundesländer der alten Bundesrepublik mit kenntnisreichen Schilderungen der jeweils typischen Flora und Fauna.

»Das erste für Dich! Deine Loki, 24. 4. 1979«, schrieb sie ihrem Mann in sein Exemplar, das sich heute im Archiv der Schmidts am Neubergerweg befindet. In der Widmung paart sich der Stolz über ihre Leistung auch mit einem Dank, denn die erste eigene Publikation war durchaus mit Helmut Schmidts Einfluss befördert worden. »Ich habe seinen Namen schamlos ausgenutzt«, sagte sie des Öfteren. Vieles in ihrer Stiftungsarbeit war schnell und wirkungsvoll möglich gewesen, weil sie eben die Ehefrau des Bundeskanzlers war. Das erste Exemplar widmete sie aber nicht dem Bundeskanzler, sondern dem Ehemann Helmut Schmidt und zeigte ihm damit vielleicht vor allem, wie wichtig er für sie war.

Im Jahr der Stiftungsgründung beginnt sie auch ihre Karriere als Naturforscherin und Forschungsreisende zu extremen

Lebensstandorten, wie dem Äquatorialgebiet, dem Regenwald, zu Wüsten und den beiden Polarkreisen. Ihre erste Reise führte sie 1976 zu einer Forschungsstation der Max-Planck-Gesellschaft am Nakuru-See in Kenia. Bis 1994 war sie an großen Forschungsprojekten beteiligt und unternahm Forschungsreisen, die sie auf alle Kontinente der Erde führten. Jedes Jahr, auch in den Jahren der Kanzlerschaft ihres Mannes, machte sie eine solche meist mehrwöchige Unternehmung, immer anstrengend, vor allem aber für sie auch persönlich bereichernd. Sie erweiterte, vertiefte und systematisierte ihre botanischen Kenntnisse zwar nicht im akademischen, aber im direkt erfahrenen und selbst erarbeiteten Studium der Natur. Nicht zuletzt erweiterte sie auch ihren Bekannten- und Freundeskreis um Menschen, die so ganz anders waren als die auf dem politischen Parkett im fernen Bonn und ihr meistens schnell herzlich zugewandt waren. Im Kreise dieser Forscher, denen sich Loki Schmidt auf ihren Reisen anschloss, war sie nicht die Kanzlergattin, sondern eine Kollegin, deren Erkenntnisdrang, Expertise und wissenschaftlicher Disziplin sie großen Respekt zollten. Mit ihrer menschlichen Geradlinigkeit gewann sie Sympathie und Freundschaft. »Sie war trotz ihrer herausgehobenen gesellschaftlichen Rolle gänzlich unverdorben geblieben von den Einwirkungen der Politik, das war etwas ganz Besonderes. Wie viel Kraft muss sie dafür aufgebracht haben«, merkte Andreas Gröger, ein mit Loki Schmidt bekannter Botaniker, in einem Gespräch mit mir an.[38]

Helmut Schmidt unterstützte die Forschungsvorhaben seiner Frau. Er kannte ihre Leidenschaft für Botanik und fand es richtig, dass sie neue Herausforderungen suchte. Ihre Reisen musste Loki Schmidt nicht gegen ihren Mann durchsetzen. Er und das Kanzleramt halfen bei den Vorbereitungen und informierten die jeweiligen deutschen Botschaften in den Ländern über ihre Reiseziele. Das Amt versuchte auch, Loki Schmidts

Wunsch zu unterstützen, von den Medien möglichst nicht auf ihren Reisen gestört zu werden. Die meisten ihrer Unternehmungen wurden öffentlich nicht kommuniziert, gab es dennoch Nachfragen der Medien, wehrte das Amt diese ab und verwies auf den privaten Charakter der Forschungsreisen. Dass dies nicht immer funktionierte, ist eine andere Geschichte.

Er habe seine Frau und ihre Expeditionen bewundert, sie manchmal auch ein wenig beneidet, erinnert sich Helmut Schmidt in einem Gespräch.[39] Loki kam von diesen Reisen mit neuen Erkenntnissen, starken Eindrücken und immer höchst angeregt zurück. Ob er schon damals die Leistungen seiner Frau und die Bedeutung der Reisen in ihrem Leben richtig eingeordnet habe, bezweifelte er. Später zeigte er sich jedoch uneingeschränkt stolz. Sie sei eine anerkannte Botanikerin geworden, ihre Auszeichnungen, Doktor- und Professorentitel seien hoch verdient. Er kannte die von ihr entdeckten und nach ihr benannten Pflanzen, auch den Skorpion »Tityus lokiae« vergaß er nie.

Für Loki Schmidt erbrachten die Reisen nicht nur neue wissenschaftliche Erkenntnisse und Freundschaften auf allen Kontinenten, sie ertüchtigten sie auch in körperlicher Hinsicht. Bereits ihre ersten beiden Reisen an den Nakuru-See 1976 und auf die Galapagosinseln 1977 hatten gezeigt, dass sie allen Strapazen standhalten konnten. Sie sei stets belebt nach Bonn zurückgekehrt, berichteten damalige Vertraute und Begleiter. Sie selbst hielt im Sommer 1977 nach der Rückkehr von den Galapagosinseln fest: »Als ich [...] zurückkam, hatte ich eine Sonnenallergie entwickelt. Ich sah aus wie ein Plattenkuchen mit Johannisbeeren drauf, aber nach zwei Tagen hier in Deutschland war der Ausschlag wieder weg, und darunter trat ein gut erholter Mensch zutage.«[40] Erst bei den letzten Reisen, als sie bereits das siebzigste Lebensjahr überschritten hatte, spürte sie selbst ihre körperlichen Grenzen, und es gab Momente der physischen und psychischen Überforderung.

Über die Anerkennung in wissenschaftlichen Kreisen hinaus erregte Loki Schmidt nun auch in der breiten Öffentlichkeit lebhaftes Interesse und erhielt von vielen Seiten Zuspruch für ihre gesellschaftlichen Anliegen. Selbstbewusst hatte sie sich auf einem Felde professionalisiert, das gänzlich abseits von dem lag, worin ihr Mann reüssierte. Mit ihrer Stiftungsarbeit und insbesondere mit ihren Forschungsreisen war sie aus seinem Schatten getreten. Die Stärke, die sie daraus ziehen konnte, wird ihr nicht zuletzt geholfen haben, auch den Herausforderungen ihrer Ehe standzuhalten. Hätte es diese Reisen nicht gegeben, wäre die Ehe vielleicht zerbrochen.

Der 40. Hochzeitstag und ein Bekenntnis von Helmut Schmidt

Am 27. Juni 1982 feierten die Schmidts ihren 40. Hochzeitstag. Alle wichtigen Familienfeste hatten sie bislang zu Hause in Hamburg gefeiert, dieses Mal jedoch luden sie einige wenige Freunde und Verwandte in den Kanzlerbungalow nach Bonn ein. Die Tischrede, die Helmut Schmidt an diesem Abend hielt, befindet sich im Hamburger Archiv. Den ersten Teil der Rede hatte er überwiegend mit Stichworten skizziert, erst die Schlusssätze hatte er ausformuliert. Sie waren ihm wichtig. Auch schien es angezeigt, zum Schluss der Rede in dem zwar kleinen, aber dennoch halb öffentlichen Kreis genau die richtigen Worte zu treffen für das, was er an seinem 40. Hochzeitstag zu sagen hatte.

Helmut Schmidts Ansprache setzt ein mit Bemerkungen darüber, wie die beiden sich kennengelernt hatten, dann spricht er über das, was sie zusammengehalten habe: »[…] menschliche Zuverlässigkeit in gemeinsam erlebten Fährnissen im Glück, im Krieg und im Frieden«. Hinzu kamen Liebe, die Gemeinsamkeit der Ehe und der Familie. Auch »Freundschaften, die uns im Leben begleiten«, erwähnt er ausführlich, denn natürlich waren die Berkhans, die wichtigsten Freunde des Ehepaares Schmidt, zugegen. Am Ende kommt er zu den schon erwähnten wichtigen Sätzen, es sind Sätze des Eingeständnisses und der Entschuldigung an seine Frau, aber auch an die eigene Tochter, die natürlich von den Problemen in der Ehe nicht unberührt geblieben war: »Ansonsten nur noch ein Wort an Loki und an Susanne. Ich weiß: Ihr hattet es viel schwerer mit mir als ich mit euch. Ohne Lokis Geduld und Langmut und ohne ihr Verständnis wäre ich wohl ein anderer Mensch geworden – wären wir vielleicht nicht mehr zusammen. Ich weiß: Das ist nicht selbstverständlich. Es war dies für eine Kriegsehe nicht und in den fünfziger, sechziger und siebziger Jahren auch nicht.«[41]

Nicht allen Anwesenden wird sich die Dimension der letzten Ausführungen gänzlich erschlossen haben, aber den näheren Freunden und vor allem seiner Frau und seiner Tochter war unmittelbar klar, was er hier zur Sprache brachte. Die Schlusssätze in Schmidts Tischrede zum Ehejubiläum mögen als eine Art Entschuldigung gedacht gewesen sein, indirekt aber sind sie ein Bekenntnis zu seiner außerehelichen Beziehung. In ähnlicher Form wiederholt er diese Sätze noch einmal im Februar 1994, als er auf einer Feier zu den gemeinsamen fünfundsiebzigsten Geburtstagen der beiden Eheleute das Wort ergreift.

Als Loki am 27. Juni 1982 der Tischrede Helmuts anlässlich des 40. Hochzeitstages lauscht, weiß sie nicht nur seit mehr als zwanzig Jahren über die außerehelichen Beziehungen ihres Ehemannes Bescheid. Sie weiß auch, dass die meisten anderen wissen, was im *Stern*, in der *Welt am Sonntag* oder der *ZEIT* über die Ehe der Schmidts geschrieben worden war, von ihrem Mann als »heimlichen Genießer«, vom »Abhauen, wenn die Reize schwinden«, von seinem »Ausweichen statt Ausbrechen« und vom Festhalten an der Ehe aus Gründen der Staatsräson.

Sehr zurückhaltend kommentierte sie ihre damalige Lage aus der Binnenperspektive eines im fortgeschrittenen Alter glücklichen Ehepaares: »Ich glaube, das ist für jede Frau schwierig, wenn der Ehepartner für andere attraktiv ist, und wenn man das zu deutlich merkt, ist das nicht immer ganz leicht. Und das galt natürlich auch für mich als Ehefrau von Helmut Schmidt.«[42] Loki Schmidt hatte sich wohl irgendwann in der langjährigen Ehe entschieden, die Herausforderungen ihrer Beziehung zu ertragen und zu überstehen.

Dass es ihr gelang, mit dieser – im wahrsten Wortsinn – »Lebensentscheidung« später eine außergewöhnlich reiche und erfüllende Ehe zu führen, ist den vielen Menschen, die das Ehepaar Schmidt ins Herz geschlossen haben, bekannt. Im Rückblick hat sie offenbar immer wieder verziehen, aber die Kränkungen doch nicht vergessen. Dass sich ihr Gatte Helmut Schmidt am 40. Hochzeitstag indirekt für ihr Verzeihen bedankte, kann man auch als Einsicht werten. Wenn er allerdings mehr als zehn Jahre später noch einmal Anlass hat, sich ähnlich zu äußern, kommen Zweifel an der Nachhaltigkeit seiner Entschuldigungen auf. Ebenso wenig überzeugend klingt auch seine Erinnerung aus seinem letzten Buch, dass das klärende Gespräch mit Loki über Helga R. die Ehekrise auf einen Schlag bereinigt hätte – man weiß schließlich, wie es weiterging.

2004 bezeugt Helmut Schmidt im Alter von sechsundachtzig Jahren in einem Gespräch mit Sandra Maischberger ausdrücklich – wenn auch sehr allgemein – sein Verständnis für eventuelle Seitensprünge von Politikern: »Die persönliche Moral eines Politikers muss in Ordnung sein, aber sie ist nicht notwendigerweise gleich in Unordnung, wenn er sich vorübergehenderweise in eine andere Frau verliebt. Das ist vielleicht in den Augen irgendwelcher Moralprediger unerhört – und in den Augen des Ehemanns jener Frau vielleicht auch –, aber so sind die Menschen, und nicht nur die Politiker. So sind sogar manche Bischöfe.«[43] Man darf wohl festhalten, dass sich die Binnenperspektiven der Eheleute Schmidt in dieser Hinsicht stark unterschieden haben.

An dieser Stelle erlaube ich mir einen kleinen Exkurs: Als ich im Juni 2013 mit meiner Biographie zu Loki Schmidt weit fortgeschritten war, habe ich Helmut Schmidt auf die Affären in seiner Ehezeit angesprochen.[44] Im Vorwege dazu, vor allem aber, als ich aus der Innenstadt nach Langenhorn in den Neubergerweg fuhr, hatte ich ein mulmiges Gefühl. Wie würde er auf solche Fragen reagieren? Würde er ein solches Gespräch in seinem Hause überhaupt zulassen oder meine Fragen von vornherein als unangemessene Einmischung zurückweisen? Zwar hatte ich ihn in den vielen Jahren meiner regelmäßigen Besuche im Haus der Schmidts nie unfreundlich, wenn auch manchmal kurz angebunden erlebt. Aber dass er auch barsch und abweisend sein konnte, war ja ein bekannter Wesenszug von Helmut Schmidt.

Das Gespräch, wie alle anderen, die ich nach dem Tode seiner Frau mit ihm in Langenhorn geführt habe, fand in seinem nicht sehr großen Arbeitszimmer im ersten Stock des Hauses statt. Die Sitzanordnung war immer gleich. Die Sessel waren so gestellt, dass er den jeweiligen Besucher möglichst gut hören und verstehen konnte. Immer trank er Tee aus einem großen Becher, immer rauchte er, und immer bot er mir an, dass ich mich gern an seinen Zigaretten bedienen dürfe. Wie immer waren auch alle Fenster geschlossen. Sein Schreibtisch war gut gefüllt, es war deutlich: hier wurde gearbeitet. Neben dem Schreibtisch stand eine schwarze, voluminöse Aktentasche, die – gefüllt mit zu bearbeitenden und fertig gestellten Vorgängen – täglich von seinem Fahrer zwischen dem Pressehaus der *ZEIT* und dem Neubergerweg hin- und hertransportiert wurde. Auf einem der Wandborde stand seit Längerem neben einem Foto seiner verstorbenen Frau ein etwas kleineres von Ruth Loah, die er im

August 2012 der Öffentlichkeit als seine »Lebensgefährtin« vorgestellt hatte.[45]

Erwartungsgemäß zeigte er sich bei diesem besonderen Gespräch zunächst wenig bereit, über die Binnenprobleme seiner Ehe mit mir zu reden. Wäre er nicht prominent, kommentierte er, würde das niemanden interessieren. Mein Hinweis, dass ich schlecht eine Biographie über seine Frau schreiben könne, ohne über ihre Beziehung zu dem für sie wichtigsten Menschen Auskunft zu geben, hat ihm dann jedoch eingeleuchtet.

So sprach er über die lebenslange große Liebe zu seiner Frau, dass sie ihm in all den Jahren das Gefühl des Zuhauseseins gegeben habe. Nicht einmal im Traum habe er je daran gedacht, sich von ihr zu trennen. Ihr Angebot, wegen seiner Beziehung zu Helga R. einer Scheidung zuzustimmen, habe ihn entsetzt. Ja, es habe auch andere Affären gegeben – »Leidenschaften« war der Begriff, den er dafür benutzte –, das aber seien private Angelegenheiten, die mich im Detail doch nicht bewegen müssten. Das habe ich akzeptiert. Darüber, dass seine Beziehung zu Helga R. seine Frau in eine tiefe und langwährende Krise gestürzt hatte, sprachen wir hingegen offen. Mir schien allerdings, dass ihm das durch ihn verursachte Ausmaß ihrer Lebenskrise nicht – oder nicht mehr – bewusst war.

Als ich an diesem Nachmittag aus Langenhorn zurückfuhr, wurde mir klar, dass seine Differenzierung zwischen der »Lebensliebe Loki« und seinen »Leidenschaften« im Prinzip dem gleichen Duktus folgte, den seine Frau schon vor Jahren in einem Gespräch mit Reinhold Beckmann vorgegeben hatte. Da hatte sie ganz allgemein formuliert, dass man in einer langen Beziehung zwischen »Liebe« und »verliebt sein« unterscheiden müsse. Das eine sei beständig, das andere verginge auch wieder. Ich fand dies frappierend: Selbst für ihre eigene, doch sehr unterschiedlich wahrgenommene Eheproblematik hatten die Schmidts eine gemeinsame Sprache gefunden.

Die Abwahl in Bonn und Loki Schmidt am Amazonas

Als Helmut Schmidts Kanzlerschaft mit dem konstruktiven Misstrauensvotum der CDU/CSU und der Mehrheit der FDP-Abgeordneten am 1. Oktober 1982 zu Ende ging und Helmut Kohl zum Kanzler gewählt wurde, war Loki Schmidt nicht im Bonner Bundestag zugegen. Auch Tochter Susanne war nicht aus England angereist. Anwesend war hingegen die Familie des designierten Bundeskanzlers, und zwar vollzählig. Eigentlich war Hannelore Kohl krank und hätte wegen einer Gehirnerschütterung zu Hause in Oggersheim bleiben müssen. Diesen wichtigen Tag wollte sie aber nicht verpassen.

Loki Schmidt war schon Mitte September zu einer Forschungsreise in den brasilianischen Tropenwald aufgebrochen, mit Stationen in Belém, Cuiabá, Porto Velho und Manaus. Sie hatte vorher mit ihrem Mann besprochen, ob es in seiner schwierigen politischen Situation nicht besser wäre, die Reise abzusagen. Denn dass die Koalition aus SPD und FDP wahrscheinlich nicht halten würde, war allen politischen Beobachtern klar. Bei der Bundestagswahl von 1980 hatte die FDP noch auf der Welle der hohen Zustimmung, welche Bundeskanzler Schmidt in der Öffentlichkeit genoss, seinen Wahlkampf unterstützt und damit für die eigene Partei profitieren können. Ab dem Sommer 1981 aber hatten die beiden FDP-Minister Hans-Dietrich Genscher und Otto Graf Lambsdorff eine kühl kalkulierte Absetzbewegung aus der sozialliberalen Koalition eingeleitet. Anlass war die vorgeblich wirtschaftsfeindliche Finanz- und Wirtschaftspolitik der SPD und eine von der FDP favorisierte neoliberale Reform mit deutlichen Abstrichen und Einschränkungen für die Arbeitnehmer. Der Konflikt eskalierte mit dem sogenannten Lambsdorff-Papier zur »Überwindung der Wachstumsschwäche und zur Bekämpfung der Arbeitslosigkeit«, welches am 9. September 1982 von

der FDP vorgelegt wurde und das Ende der Koalition einge-
läutet hatte.

Es verwundert daher, dass Helmut Schmidt seiner Frau
gerade einmal eine Woche nach der Veröffentlichung des brisanten Papiers zuriet, ihre Reise an den Amazonas anzutreten.
Er hätte voraussehen können, dass das Ende der Koalition unmittelbar bevorstand. Als der Termin für das konstruktive Misstrauensvotum dann fest stand, beriet er sich mit seinem Vertrauten, dem ehemaligen Kanzleramtschef Manfred Lahnstein,
ob seine Frau benachrichtigt werden sollte, und entschied sich
dagegen.[45] Vielleicht wollte er seiner Frau den bitteren Moment
seiner Abwahl vor den Augen der Öffentlichkeit ersparen.

In ihrem Reisetagebuch hält Loki am Abend des 1. Oktober
fest: »Mißtrauensantrag ist angenommen – Kohl ist Kanzler
und ich am Ende der Welt. Nach kurzem Überlegen beschließe
ich, die Reise so schnell wie möglich abzubrechen.«[46] Das aber
war nicht so einfach. Bis sie schließlich in Hamburg zurück ist,
vergehen zwei Tage. Ihr Mann, von heute auf morgen einfacher
Bundestagsabgeordneter, erwartet sie am Flughafen. Äußerlich
wirkt er gefasst, aber die vergangenen Tage haben ihm zuge-
setzt. Am Abend zuvor haben die Hamburger Genossen und
andere politische Sympathisanten für ihn einen Fackelzug
organisiert. Helmut Schmidt habe starke Emotionen gezeigt,
berichtete Henning Voscherau. Auch Manfred Lahnstein, der
eigens von Bonn zur »moralischen Unterstützung« angereist
war, erlebte einen angeschlagenen Exkanzler. Loki konnte diesen ergreifenden Moment nicht mit ihm teilen. Sie wäre sicher
gern an der Seite ihres Mannes gewesen.

In einer nun folgenden politischen Angelegenheit konnte
Loki Schmidt allerdings doch noch für ihren Mann aktiv wer-
den. Wenige Tage nach dem Misstrauensvotum hatte Helmut
Schmidt die sozialdemokratischen Minister zu einem letzten
Essen in den Kanzlerbungalow eingeladen. Natürlich ging es

Bei der Übergabe des Bundeskanzleramts an Helmut Kohl am 4. 10. 1982

auch um die Frage des zukünftigen Spitzenkandidaten der SPD in der nächsten, bald folgenden Bundestagswahl. Loki Schmidt war zu Ohren gekommen, dass es im Kreis der ehemaligen Regierungsmannschaft gewichtige Stimmen gab, die Helmut Schmidt gern erneut als Spitzenkandidaten gesehen hätten. Das wollte sie aus Sorge um die Gesundheit ihres Mannes verhindern. Sie lud deshalb Schmidts Regierungssprecher Klaus Bölling am Vorabend der Zusammenkunft zu sich in den Bungalow ein und erläuterte ihm, dass sie ihrem Mann die enorme Belastung einer erneuten Kanzlerkandidatur nicht mehr auferlegt sehen wollte.

»Helmut ist am Rande seiner Kräfte, und wir beide wissen ja, dass die Wahl gegen Kohl nicht zu gewinnen ist«, so in etwa erinnert sich Bölling an Loki Schmidts eindringliche Worte.[47] Als dann am nächsten Abend Björn Engholm in der Runde der SPD-Minister gleich zu Beginn Helmut Schmidt zu einer erneuten Kandidatur ermuntern wollte, machte sich Bölling Lokis Mahnung zu eigen. Schmidt habe seine Pflicht erfüllt, jetzt müsse jemand anderes übernehmen, argumentierte er und brachte auf diese Weise die Diskussion um eine erneute Kandidatur des abgewählten Kanzlers relativ schnell zu einem Ende. Loki Schmidt hat ihm die Unterstützung gedankt.

Ihr Mann hätte auch einigen Anlass gehabt, seinem Regierungssprecher und seiner Frau zu danken. Die vierzehn Jahre als Minister und Bundeskanzler hatten seine Gesundheit stark in Mitleidenschaft gezogen. Zahlreiche ernsthafte Erkrankungen und mehrere Krankenhausaufenthalte hatten seine Bonner Jahre begleitet. Ob er eine weitere Amtszeit gesundheitlich durchgestanden hätte, darf mit Recht bezweifelt werden. Loki Schmidts verantwortungsvolle Intervention im Sinne seines endgültigen Abschieds aus den enormen Verpflichtungen eines politischen Spitzenamtes kann man ohne Umschweife als ihren letzten gewichtigen Beitrag zu den Minister- und Kanzlerjahren von Helmut Schmidt betrachten. Er selbst betonte später immer wieder, dass er keine Verlustgefühle nach seiner Abwahl durchzustehen hatte. Sieht man sich allerdings heute die Fernsehbilder von der Übergabe des Kanzleramts an Helmut Kohl an und schaut in die versteinert wirkenden Gesichter der beiden Schmidts, hat man einen anderen Eindruck. Der plötzliche Abgang von der politischen Bühne wird zumindest ambivalente Gefühle evoziert haben, und die beiden brauchten wohl erst einmal Zeit, um die Vorteile ihres so grundlegend veränderten Lebens zu realisieren.

10.

Was die Schmidts zusammenhielt

Geteilte Freundschaften und Berührungspunkte

Freunde tun jedem Menschen gut. Die Forschung belegt, dass sich freundschaftliche Beziehungen positiv auf Seele, Körper und Gesundheit auswirken. Wirkliche Freundschaften – das weiß jeder – gibt es in einem Leben nicht viele, denn sie zeichnen sich durch Vertrauen, gegenseitige Fürsorge und aufrichtige Anteilnahme am Leben des anderen aus. Das bedeutet mehr als befreundet zu sein oder Bekanntschaften zu pflegen.

Schaut man sich im Langenhorner Archiv an, mit wie vielen, höchst unterschiedlichen Menschen die Schmidts nicht nur kurzzeitig, sondern über lange Jahre Briefkontakte pflegten, dann versetzt die schiere Anzahl dieser Brieffreundschaften in Erstaunen. Auch in ihren Veröffentlichungen sind die Namensregister allein der persönlichen Bekanntschaften verblüffend umfangreich. In seinem Buch *Weggefährten* nennt Schmidt sicher weit mehr als hundert Personen, denen er den Begriff »Freunde« zuteilt. Helmut und Loki Schmidt hatten viele gemeinsame und jeder auch eigene, zum Teil völlig voneinander getrennte Kontakte. Er vorrangig in Politik und Medienwelt, sie in Biologie und Pädagogik. Berührungspunkte gab es vor allem in den Bereichen von Kunst und Gesellschaft. Beide äußerten sich zu diesen Themen auch ausführlich in ihren autobiographischen Büchern.

Enge Freundschaften, vor allem solche, die sie als Paar pflegten, gab es aber auch bei den Schmidts nur in begrenzter Zahl.

Das waren zuallererst die Ehepaare Ingrid und Hans Apel, Friedel und Willi Berkhan, Ursel und Kurt Philipp, Sonja und Peter Schulz sowie Liebgard und Walter Tormin. Diese Freundespaare haben die Schmidts über Jahrzehnte begleitet. Die Berkhans und Tormins kannten sie seit den ersten SDS-Anfängen im Jahr 1946, die Schulzens und Apels seit den fünfziger Jahren von der gemeinsamen politischen Arbeit der Männer im Distrikt Nord der Hamburger SPD, und Kurt Philipp war 1942 Trauzeuge bei den Schmidts gewesen. Für die beiden Kinder des Ehepaars Schulz übernahmen die Schmidts die Patenschaften, Peter Schulz assistierte Schmidt in allen Fragen der Freitagsgesellschaft und übernahm den Vorsitz der 1992 gegründeten Helmut und Loki Schmidt Stiftung. Er war am Ende eine Art persönlicher Notar des Ehepaars. Der frühe Hamburger Freundeskreis der Schmidts erweiterte sich später noch einmal mit ihren Freundschaften zu den Ehepaaren Lilo und Siegfried Lenz und Liselotte und Hans-Jochen Vogel.

In der persönlichen Nähe und Bedeutung dieser Freundschaften gab es jedoch eine klare Abfolge. »Zuallererst kamen die Berkhans, dann kam lange erst einmal nichts, dann die Hamburger Freunde und alle anderen«, so beschrieb Susanne Schmidt das Freundschaftsgeflecht ihrer Eltern. Dabei galt das nicht nur für die Eltern, auch für Susanne standen die Berkhans an erster Stelle: »Wäre den Eltern was zugestoßen, dann wäre ich zu den Berkhans gezogen«, das war für alle Beteiligten eine ausgemachte Sache.[1]

Die Berkhans hatten die Schmidts schon in ihren kleinen Wohnungen in Neugraben und in Othmarschen besucht. Willi Berkhans Sympathie galt von Beginn an nicht nur dem begabten Freund und Jungpolitiker Helmut, sondern auch dessen Frau. »Kam ich zu jener Zeit unverhofft in die Wohnung der beiden, so konnte ich beobachten, wie die junge Frau zwischen Kleinkind, Mann, Herd und kümmerlichem Hausrat schuftete.

Nie habe ich in dieser schweren Zeit [...] ihr Unmut oder Verdrossenheit angemerkt. Und in dieser Enge konnte ich zusätzlich bewundern, wie sie noch die Vorbereitungen für den Unterricht des nächsten Tages traf und Hefte nachgesehen wurden. Und das alles wirklich immer mit heiterem Gesicht.«[2]

Willi Berkhan teilte mit Helmut Schmidt eine lange politische Wegstrecke. Im SDS hatten sie sich 1946 kennen- und schätzen gelernt, von 1949 bis 1954 leitete Berkhan als Vorsitzender den SPD-Kreis Hamburg-Nord, und Schmidt vermutete, dass der Kreisvorsitzende Berkhan seinen Einfluss geltend gemacht hatte, als ihn die Partei 1953 im Wahlkreis für die Bundestagswahl aufstellte.[3]

Als Willi Berkhan 1957 in den Bundestag einzog, oder wie Helmut Schmidt es ausdrückte, nach Bonn »nachkam«, mieteten sie dort eine kleine, gemeinsame Wohnung. Das war nicht nur wirtschaftlich sinnvoll, sie ergänzten sich auch menschlich gut. Willi Berkhan war ein lebensfroher und meist heiterer Mensch. Dem Morgenmuffel und Nachtmenschen Schmidt tat es persönlich gut, mit einem Freund zusammenzuwohnen, der morgens schon gute Laune verbreitete: »Ich wurde immer zehn Minuten zu früh wach, weil Willi aus dem Badezimmer Gesang ertönen ließ, meist falsch, aber dafür laut.«[4]

Bis 1985 waren die beiden in Bonn gemeinsam aktiv: In den Anfängen als einfache Bundestagsabgeordnete für ihre Hamburger Wahlkreise, dann von Ende 1969 bis 1972 gemeinsam im Verteidigungsministerium – Schmidt als Minister, Berkhan als sein parlamentarischer Staatssekretär –, und schließlich übernahm Berkhan 1975, als Schmidt Bundeskanzler war, auf Bitten des Freundes das wichtige Amt des Wehrbeauftragten des Bundestages. Als Willi Berkhan nach zehn Jahren aus diesem Amt ausschied, schrieb Helmut Schmidt als Herausgeber der *ZEIT*: »Wenn er jetzt mit siebzig Jahren aus dem öffentlichen Dienst für das Vaterland ausscheidet, so empfinde ich darüber ein ganz klein wenig Wehmut, sehr viel Dankbarkeit und noch mehr Stolz auf die Leistungen meines Freundes.«[5] Für Schmidts Verhältnisse liest sich das schon fast wie eine Huldigung.

Die tiefe persönliche Bindung zwischen den beiden Männern war bei aller politischen Übereinstimmung aber gewiss das wichtigere Merkmal in ihrer Beziehung. Willi Berkhan war für Helmut Schmidt nah und vertraut wie ein älterer Bruder. Er schätzte an ihm Wesenszüge, die ihm selbst so nicht gegeben waren: »Von allen Seiten [brachte man ihm] persönliches Vertrauen entgegen, weil er andere nie verletzte, fast immer freundlich war und doch keinen Zweifel an seinen Überzeugungen aufkommen ließ.«[6]

Berkhan wiederum bewunderte an Schmidt dessen lebendige Intelligenz und Durchsetzungsfähigkeit und hielt zu ihm in allen wichtigen Fragen, ohne dabei unkritisch zu sein. Vor allem aber gab es bei ihm nicht einmal eine Spur von Neid auf die Erfolge des Freundes. Sich selbst sah er als Volksvertreter und Politiker, Schmidt war für ihn ein »Staatsmann«.[7]

Die persönliche Seite ihrer Freundschaft pflegten die beiden vor allem in ihrer gemeinsamen Freizeit: »Von Hamburg aus sind wir bisweilen mit alten SDS-Freunden auf der Elbe und sogar auf der Ostsee gesegelt, vor allem aber zu zweit mit unserer Conger-Jolle auf dem Brahmsee, […] fast 40 Jahre lang der geographische Mittelpunkt unserer Freundschaft.«[8]

Das galt auch für die Paare und für Tochter Susanne. Loki und Susanne trafen die kinderlosen Berkhans nicht nur im Sommer, sondern manchmal auch in den kleinen Ferien zu Ostern und Pfingsten, wenn Helmut Schmidt, anders als Willi Berkhan, häufig in Bonn oder auf dienstlichen Reisen war. Mit dem Ehepaar Berkhan spielten sie Karten, wanderten und sammelten Pilze und Beeren. Wenn Loki Schmidt Sorgen hatte, wandte sie sich an Willi. Er erwies sich immer als ein guter Zuhörer und

Willi Berkhan, der beste Freund und engste
Vertraute der Schmidts

Ratgeber auch für sie. »Mit Willi konnte ich über alles reden«,
sagte Loki Schmidt über diese Freundschaft.[9] Seine Frau Friedel
galt als der ruhende Pol in der Ehe. »Wenn Willi seine Späße
zu toll trieb, sagte sie bloß ›Aber Willi!‹ – mit Vorwurf in der
Stimme. Und mit Erfolg.«[10] Friedel Berkhan, SPD-Genossin wie
ihr Mann, war eine emanzipierte und couragierte Frau, die sich
im politischen Gespräch mit den Männern nicht scheute, klar
und scharf zu urteilen.

Die Familien Berkhan und Schmidt mochten sich und halfen
einander, wann immer es nötig war, und so werden sie auch für
den Zusammenhalt der Ehe ihrer Freunde Helmut und Loki
eine bedeutsame Rolle gespielt haben.

Willi Berkhan starb im März 1994. Helmut Schmidt begann
die Trauerrede auf den Freund mit folgenden Worten: »Es fällt
mir schwer, heute das Wort zu ergreifen. Denn für Loki und

für Susanne und für mich war Willi Berkhan unser nächster Freund. Und beide – Friedel und Willi Berkhan – haben wir immer als Teile unserer eigenen Familie betrachtet.« Und er endet: »Liebe Friedel! [...] Auch wenn jetzt die Familie kleiner geworden ist: Wir werden unsere Familie gleichwohl zusammenhalten.«[11] Dieses Versprechen konnten die Schmidts nur für kurze Zeit einlösen, denn wenige Monate nach Willi Berkhans Tod verstarb auch seine Frau Friedel.

In dem Buch *Weggefährten* aus demselben Jahr widmet Helmut Schmidt seinem Freund ein eigenes Kapitel. Wehmütig erinnert er sich: »Wie oft haben wir gemeinsam in der Sauna am See gesessen und uns gegenseitig Ratschläge gegeben, wenn wir Sorgen hatten oder Probleme lösen mussten. Wie oft haben wir zusammen gegessen und dabei über die Wasservögel und über unsere Bäume geredet und natürlich auch über die Politik. [...] Jüngst ist es am Brahmsee zweimal vorgekommen, dass ich zu Loki gesagt habe: ›Ich gehe mal eben zu Willi rüber.‹ Aber er war ja doch schon tot.«[12] Der frühe Tod der Berkhans war ohne Zweifel ein großer Verlust und ein tiefer Einschnitt im Leben der Schmidts.

Mit den Ehepaaren Vogel und Lenz hatten die Schmidts nicht so eine enge und vertrauliche Freundschaft wie zu den Berkhans. Aber wenn man die Schmidts nach gemeinsamen Freunden fragte, nannten sie immer auch diese zwei Freundespaare, das eine mehr aus dem Kontext der Politik, das andere aus dem Kreis der Literatur und Kunst.

Die privaten Kontakte zwischen dem Ehepaar Liselotte und Hans-Jochen Vogel und den Schmidts entwickelten sich in den späteren Jahren der Kanzlerschaft von Helmut Schmidt. Die Freundschaft vertiefte sich schnell, sodass das Ehepaar Vogel in den Sommerferien regelmäßig an den Brahmsee eingeladen wurde und dort, trotz der Enge, in »Susannes Zimmer« auch übernachtete.[13]

An Jochen Vogel schätzte der Kanzler vor allem dessen juristischen Sachverstand, sein konsequentes Einstehen für den Rechtsstaat und seine nüchterne und pragmatische Haltung: »Für mich war er eine große Stütze in den Jahren des RAF-Terrorismus. [...] Auf sein Urteil und seinen Rat weit über seine Funktion als Bundesminister der Justiz hinaus konnte ich mich immer verlassen.«[14] Auf der persönlichen Ebene empfand er Jochen Vogels Loyalität und dessen Besonnenheit als wohltuend. Jochen Vogel teilte mit Schmidt das hohe Pflichtgefühl gegenüber den Aufgaben in Staat und Gesellschaft. Im Kern ihres Wesens waren die beiden Männer sich nah.

Auch die Frauen hatten einen besonderen Zugang zueinander. Beide unterstützten ihre Männer, beide brachten Verständnis und Interesse für das politische Geschäft der Männer auf. Jenseits der Politik verband sie die gemeinsame Leidenschaft für eine »Schönheitsfarm«. Von Loki weiß man, dass Liselotte Vogel sie auf diese wunderbare Einrichtung aufmerksam gemacht hatte, die »Schönheitsfarm« der Gertrud Gruber am bayerischen Tegernsee. Obwohl anfänglich skeptisch, hatte Loki Schmidt der erste gemeinsame Aufenthalt dort so sehr gefallen, dass sie über mehrere Jahre, auch alleine, immer wieder für eine oder zwei Wochen Gertrud Grubers – heute noch legendäre – Wellness-Oase besuchte.

Die Sommerferien gaben auch Gelegenheit für die immer wiederkehrenden Treffen der Schmidts mit Liselotte und Siegfried Lenz. Auch zum Jahreswechsel trafen sich die Paare entweder am Brahmsee oder im dänischen Ferienhaus des Schriftstellers in Lebøllykke auf der Ostseeinsel Alsen. Über die Freundschaft der beiden Männer hat Jörg Magenau 2014 ein lesenswertes Buch vorgelegt und die wesentlichen Stationen dieser Freundschaft im Gespräch mit den beiden Protagonisten nachgezeichnet: Lenz' Eintreten für den sozialdemokratischen Politiker durch Artikel und öffentliches Auftreten seit den

Sechzigern, Schmidts Bewunderung des Schriftstellers wegen dessen sensibler Wahrnehmungsgabe und sprachlicher Ausdruckskraft.

Den genauen Beginn ihrer Freundschaft wussten die beiden älteren Herren im Gespräch mit Magenau nicht mehr zu benennen. Loki Schmidt jedoch erinnerte, dass man sich anlässlich der Premiere von Lenz' Drama *Zeit der Schuldlosen* im Hamburger Schauspielhaus im September 1961 kennengelernt hatte und die Schmidts bei dieser Gelegenheit den Schriftsteller und seine Frau zum Kaffee zu sich nach Hause eingeladen hatten.[15] Der Napfkuchen, den Loki für die Gäste gebacken hatte, sollte viele Jahre später eine gewisse Berühmtheit erlangen. Er hatte Siegfried Lenz offenbar so nachhaltig beeindruckt, dass er diesen bei einem gemeinsamen Fernsehauftritt mit Loki noch 2008 wortreich beschreiben konnte.

Nach der Einladung entspann sich zunächst eine nähere Bekanntschaft und seit den späteren achtziger Jahren eine sehr besondere Freundschaft zwischen den Paaren, besonders intensiv wohl zwischen Loki Schmidt und Siegfried Lenz. Helmut Schmidt habe ihn stark beeindruckt, er habe Respekt und Bewunderung empfunden, bei Loki sei es vor allem auch Zuneigung gewesen, differenzierte Lenz seine Gefühle für die beiden.[16]

Der umfangreiche, im Archiv der Schmidts erhaltene Briefwechsel zwischen Loki Schmidt und Lenz ist für diese Aussage ein eindrucksvoller Beleg. Nach den jeweiligen Sommertreffen tauschten sie sich lebhaft aus, auch telefonierten sie ausgiebig miteinander. Erstaunlich ist, dass sie erst 1986 zum vertrauten »Du« übergingen. Offenbar bedurfte es einer »langen Bewährungsprobe zwischen uns«, kommentierte Lenz das ein wenig schelmisch. Mit Helmut Schmidt pflegte er das »Hamburger Sie«. Die beiden Herren sprachen sich – kaum zu glauben – mit »Siggi« und »Helmut« an, siezten sich aber weiterhin.

Loki Schmidt mit Siegfried Lenz bei Beckmann, 26. Mai 2008

Besondere Zeichen der Nähe zwischen Loki Schmidt und Siegfried Lenz sind vor allem zwei Texte aus der Feder des Schriftstellers Lenz.[17] Der eine ist ein inzwischen mehrfach abge-
druckter Essay mit dem Titel »Mit Lokis Augen«, in dem Lenz
über Loki Schmidts Blickweise auf die Natur schreibt und ihren
Einfluss auf seine eigene, durch sie geweckte Wahrnehmung
preist. Der andere Text ist ein Gedicht, welches er für Loki geschrieben und ihr zu ihrem siebzigsten Geburtstag in die west-
afrikanische Namib-Wüste nachgeschickt hatte. Dort nämlich
beging Loki auf einer Expedition ihren runden Geburtstag.
Ihre Forschungsreise galt der Suche nach der uralten Wüsten-
pflanze Welwitschia mirabilis, eine Pflanze von absonderlicher
Hässlichkeit und nicht zu überbietender Widerstandskraft in
den Geröllwüsten Namibias und Angolas. »Brachland« hat
Lenz sein Geburtstagsgeschenk betitelt und für sich und seine
Frau dazu geschrieben: »Liebe, liebe Loki, so fern Du auch sein
magst: Wir denken uns hin zu Dir, grüßen Dich, geben Dir die

228

Hand und gratulieren. Unsere Wünsche, die gebündelten, finden Dich überall, selbst in Namibia.«[18]

An sein Gedicht konnte sich Siegfried Lenz nicht mehr erinnern, als ich es ihm 2014 vorlesen durfte. Es erinnerte ihn aber an die vielen Spaziergänge mit Loki allein oder zusammen mit dem Ehepaar Schmidt am Brahmsee. Die gegenseitigen Besuche und gemeinsamen Wanderungen in der Natur seien das tragende Element und Bindeglied in der Freundschaft gewesen.

Nur sehr wenige der Freunde hatten gleichermaßen eine jeweils eigenständige Freundschaft zu Loki und zu Helmut Schmidt. Für Willi Berkhan und Siegfried Lenz traf das zu, aber auch für den Physiker und Wissenschaftsmanager Reimar Lüst. Die Schmidts kannten den jüngeren Reimar Lüst seit den frühen siebziger Jahren, und die Freundschaft zu beiden hielt bis zu deren Lebensende. Als Schmidt Verteidigungsminister war, stritt Reimar Lüst mit ihm über die Notwendigkeit von Bundeswehr-Universitäten, während Schmidts Kanzlerschaft stritt man über den nach Lüsts Ansicht viel zu gering bemessenen Haushalt für Wissenschaft und Forschung. Vor allem aber war Reimar Lüst für den Kanzler Helmut Schmidt ein guter Berater und kompetenter Ansprechpartner in Grundsatzfragen der Wissenschaftspolitik. Für Loki Schmidt vermittelte er einen ersten Besuch bei Konrad Lorenz und ebnete ihr den Weg für ihre Forschungsreisen zu den Instituten der Max-Planck-Gesellschaft in Afrika und Südamerika. Wann immer Reimar Lüst in Bonn war, rief er Loki Schmidt an, und meist gab es Zeit für ein Zusammentreffen.

Mit Reimar Lüst über die Schmidts zu sprechen ist deshalb so interessant, weil er sehr präzise die Unterschiede in seinen beidseitigen Freundschaftsbeziehungen benennen kann. Seine Beziehung zu Helmut Schmidt wertet er als eine »Sachfreundschaft«, die zwar sehr unterschiedliche Fragen berühren konnte, sich aber immer um die Erörterung von öffentlichen oder halb öffentlichen Fragestellungen oder Vorhaben drehte.[19] Lüst erinnert sich nur an eine einzige Gelegenheit, bei der es um Privates ging. Als nach Lokis Tod die neue Lebensgefährtin von Helmut Schmidt, Ruth Loah, die Rolle der Gastgeberin in der »Freitagsgesellschaft« am Neubergerweg übernehmen sollte, rief Helmut Schmidt ihn vorab an und fragte, ob er dem zustimmen könne. Er war überrascht, weil eine Frau Loah ihm gar nicht bekannt war. Einen Einwand mochte er nicht formulieren.

Seine Beziehung zu Loki Schmidt charakterisiert Reimar Lüst hingegen als eine persönliche Freundschaft. Zwar hatten die beiden viele naturwissenschaftliche und forschungsstrategische Fragen zu besprechen, aber es gab immer eine persönliche Dimension in ihren Gesprächen. Er konnte mit ihr über seine Ehe und Scheidung sprechen, sie hatte Kontakt zu seinen Kindern und erzählte ihm ebenfalls von den Problemen ihrer Ehe. Zwar nicht im Detail, aber so, dass er verstehen konnte, worüber sie traurig war und worunter sie litt. Noch einen weiteren wesentlichen Unterschied konnte Reimar Lüst in den Freundschaften zu den beiden Schmidts benennen: Mit Loki Schmidt waren die Gespräche immer unkompliziert und einfach. Bei Schmidt fühlte sich selbst der erfahrene Wissenschaftsmanager immer gefordert und es gab immer auch ein Gefühl der Anspannung in diesen Gesprächen. Viele, die mit Helmut Schmidt vertraut waren, haben das nicht anders erlebt.

Die Freundschaft mit Horst Janssen – ein Kuriosum in Briefen und Zeichnungen

Eine ebenso bemerkenswerte wie kuriose Beziehung unterhielten die Schmidts zu dem Hamburger Graphiker und Maler Horst Janssen. Es ist eine Bekanntschaft »auf Entfernung«

und besteht im Austausch von Briefen. Im Verlaufe dieser eigentümlichen Freundschaft übersendet Horst Janssen etliche Zeichnungen an das Ehepaar Schmidt.

Ausgangspunkt war ein schriftliches Bekenntnis Janssens zu dem Politiker Helmut Schmidt, wenige Monate nachdem dieser seine Kanzlerschaft angetreten hatte. Da der Künstler sich aber scheute, Schmidt selbst anzuschreiben, adressierte er die Post an Loki Schmidt und legte eine Zeichnung anbei: »Monsieur – dies ist aus der Zeit als – Missjö – und die Ihren noch nicht dran waren – ansonsten neige ich Ihnen zu – ohngeachtet, dass ich einer der typischen unpolitischen bin. Also – viel Glück. Ihr Janssen.«[20]

Es ist der Beginn einer Briefbeziehung, die sich fast bis in die Mitte der neunziger Jahre zieht. Loki Schmidt hat daraus eine knappe, aber vergnügliche Geschichte gemacht und sie in einer Publikation, die 1999 – vier Jahre nach dem Tod des Künstlers und anlässlich seines siebzigsten Geburtstags erschien – zum Abdruck gebracht:

»Anfang der 80er Jahre wurde ein Treffen […] verabredet. Da es kurz vor Weihnachten war, machte ich ein Körbchen mit selbstgebackenem Kuchen zurecht. Horst Janssen kam nicht zur Verabredung, aber wenige Tage später kam ein Brief:

Liebwerte Frau Loki. Allein schon wie's eingepackt war – ganz entzückend … Also: mampfend – schleckend – dankend! Aber wenn wir uns irgendwann wie rein zufällig sehen sollten, begegnen sollten, oder sonstwie treffen sollten, muß meine Eitelkeit Ihnen noch Janssen-total zukommen lassen: das sind meine Bücher.

Es folgten Büchersendungen, und in einem Brief vom 17. Dezember 1982 stand:

An Frau Loki … passen Sie bitte gut auf – auf Ihren »Jungen«.
Es lohnt sich! Und außerdem will ich ihn irgendwann noch
mal sehen. Ihr Horst Janssen.

Wir luden ihn zum 65. Geburtstag meines Mannes im Dezember 1983 ein. Er kam nicht. Aber er schickte vorweg einen langen Brief, der endete:

Prima, daß Sie am 21. 12. abends zu Haus sind. Oh ja, es ist
sehr hübsch geworden, was ich mir da ausgedacht habe.

Am 21. 12. 1983 kamen zwei große Zeichnungen. Für meinen Mann ein wunderbares Kant-Portrait und für mich eine Zeichnung von drei Steinen, die ich ihm einmal geschickt hatte. Auch 1984 ging der Briefwechsel weiter. Gerührt war ich über einen Geburtstagsgruß in dem Büchlein »Witzwort«, in das er schrieb:

… und dies – Loki – ist so'n Beispiel ungekürzter Liebe. Nur so,
Ihr Janssen«[21]

Am 28. 7. 1989 wendet sich Janssen dann direkt an Helmut Schmidt. Anlass sind die Schwierigkeiten von Justus Frantz im Management des Schleswig-Holstein Musik Ferstivals. Dazu schreibt Janssen:

»Lieber Helmut Schmidt – Respektvoll – mein Herr! Sie, Hel-
mut Schmidt, könnten mir eine Bitte erfüllen: Sie – Du großer
Freund des Justus: sagen Sie Justus (betreffs diesen derzeitigen
Scheußlichkeiten) bitte meine Solidarität! Grad WEIL Justus
»nicht mein Fall ist«, und ich mich auch des öfteren von frech
bis »wütend« über ihn geäußert habe – grad deswegen möge es
ihn vielleicht ein bisschen trösten, daß ich hier ganz auf seiner

28.7.89
Lieben Helmut Schmidt
Respektvoll – mein Herr!

"human condition"

Brief mit Zeichnung von Horst Janssen an Helmut Schmidt

*Seite, AN seiner Seite stehe!!! oh, wie hasse ich die Journaille.
Und Ihnen, Helmut Schmidt und Frau Loki wünsche ich Gesundheit. Sehr Ihr Horst Janssen.«*[22]

Helmut Schmidt antwortete wenig später und wird Janssen mit
seinen Zeilen erfreut haben:

*»Lieber Herr Janssen, Ihr Brief vom 28. Juli – einschließlich
der wunderbaren maritimen Zeichnung im Kopf – war eine
große Freude für mich. Ebenso freue ich mich über Ihre moralische Unterstützung für meinen Freund Justus Frantz; ich
werde ihn in den nächsten Tagen wieder sehen und ihm entsprechend berichten. Da Sie mich kaum im Verdacht haben
werden, Ihnen schmeicheln zu wollen, nutze ich die Gelegenheit zu einem ganz ernst gemeinten Kompliment: meine Frau
und ich, wir halten Sie schon lange nicht nur für einen ganz*

*hervorragenden Zeichner, sondern darüber hinaus für einen
der großen deutschen Künstler dieser Jahre. Ihnen dieses einmal zu sagen, lag mir schon lange am Herzen. Mit herzlichen
Grüßen zugleich im Namen meiner Frau, Ihr ergebener Helmut Schmidt.«*[23]

Am 13.11.1989 schickten die Schmidts per Telegramm noch
einmal Glückwünsche zum runden sechzigsten Geburtstag
von Janssen, danach hörten sie längere Zeit nichts mehr von
ihm. Erst Jahre später stellte ihr Freund Dieter Grassy die Verbindung wieder her. Loki Schmidt schickte dem Künstler auf
seinen Wunsch eine der Elblotsen-Mützen ihres Mannes, und
im August 1994 gab es einen letzten Grußaustausch per Brief.

Horst Janssen starb ein Jahr später, zwischen ihm und den
Schmidts blieb es eine Geschichte, der Loki Schmidt den treffenden Titel gab: »Sie konnten zueinander nicht kommen.«

Alle Zeichnungen, die Janssen geschickt hatte, ließen die
Schmidts rahmen und fügten sie in ihre Sammlung ein, weitere
Werke Janssens erwarben sie dazu. Immer wenn ein Brief von
ihm kam, waren sie neugierig, wie es denn nun wieder weitergehen würde mit ihm. Janssens Zeichnungen mochten sie,
der Briefaustausch mit ihm war für sie eine Bereicherung, der
Mensch Horst Janssen aber blieb ihnen eher rätselhaft.

Musik und Kunst

Aus dem Jahr 1929, dem Jahr ihres Kennenlernens, wusste Helmut Schmidt eine berührende Begebenheit zu erzählen. Ein-,
zweimal habe er vor Lokis Wohnungstür in Hamm gestanden
und gewartet, weil die Glasers – Vater und Kinder – zusammen
Hausmusik machten. Erst als er sicher war, dass sie zu Ende
gekommen waren, habe er sich bemerkbar gemacht.

Loki Schmidt hatte das Geigenspiel bereits im Elternhaus erlernt. An der Lichtwarkschule hatte sie ihre musikalische »Karriere« im Schulorchester zunächst als Geigenspielerin begonnen, war dann aber, weil eine Bratsche fehlte, auf dieses neue Instrument umgestiegen. Der Musiklehrer hatte ihr die Bratsche zugetraut und Loki selbst verfügte über genügend Selbstvertrauen in ihr musikalisches Talent. »Du musst die Finger nur ein bisschen spreizen, und los geht's!«, hatte Ludwig Moormann gesagt,[24] die Bratsche mitgebracht und sie ihr für die gesamte Schulzeit ausgeliehen.

Helmut Schmidt schreibt es der musikalischen Bildung an der Lichtwarkschule zu, dass das ungeliebte Klavierspiel aus seiner Kindheit für den Heranwachsenden zu einer großen Freude wurde.[25] In allen Stationen seines Lebens und zu allen Zeiten der Ehe der Schmidts begleitete ihn dieses Instrument, eine Tatsache, die in seiner aktiven Politikerzeit erst spät wahrgenommen wurde. Klavier gespielt hat Helmut Schmidt, wo immer er lebte, ob zu Hause am Neubergerweg, im Ferienhaus am Brahmsee oder im Bonner Kanzlerbungalow. Selbst zur Kriegszeit in ihrer bescheidenen Wohnung im »Schnitterhaus« des Guts Schmetzdorf, stand das – damals geliehene – Klavier für ihn bereit. Die Gänse seien von draußen die Treppe herauf in die Wohnung gewatschelt, wenn er zu spielen begann, erzählte er später. In allen diesen Lebensstationen war ihm das eigene Klavierspiel innerer Ausgleich und Inspiration gleichermaßen.

In den achtziger Jahren, als prominenter und international anerkannter Politiker, konnte er mit den befreundeten Pianisten Justus Frantz und Christoph Eschenbach zwei Konzerte für eine Schallplattenproduktion einspielen. Ohne Lokis energischen Zuspruch hätte er in dieses anspruchsvolle Unterfangen wohl nicht eingewilligt.[26] Das erste Stück, Mozarts Konzert für drei Klaviere, wurde 1981 in einem Londoner Studio aufgezeichnet. Unter den drei Klaviersolisten hatte Schmidt den einfachsten Solopart des Klavierkonzertes übernommen. Mozart hatte diesen Part für die elfjährige Gräfin Maria Josepha Lodron komponiert, aber eine Herausforderung war es dennoch für den amtierenden Kanzler, der im prall gefüllten Kalender nur am Vortag der Konzertaufnahme Zeit für ein Einspielen fand. 1985 überredeten Justus Franz und Christoph Eschenbach Schmidt noch einmal zu einer Aufnahme. Gerhard Oppitz war dieses Mal der vierte Pianist im Bunde. Eingespielt wurde Bachs Konzert für vier Klaviere.

Auch wenn Helmut Schmidt mit diesen Auftritten sicher nicht Musikgeschichte geschrieben hat, so sind es doch für einen amtierenden Kanzler außergewöhnliche musikalische Veröffentlichungen, mit denen er im Übrigen bis heute in der Reihe der deutschen Kanzler eine singuläre Erscheinung geblieben ist. In den achtziger Jahren war der singende Bundespräsident Walter Scheel mit seinem volkstümlichen »Hoch auf dem gelben Wagen« populär geworden, auf jüngere Menschen wirkte das aber auch eigentümlich. Schmidt dagegen gelang es mit seinen Klavieraufnahmen, seinem Image als kalkulierender »Macher« etwas Kreatives entgegenzusetzen – oder zumindest hinzuzufügen. Dieser vorgeblich nur nüchterne, pragmatische Politiker liebte nicht nur klassische Musik, er konnte zusammen mit renommierten Pianisten ein Klavierkonzert spielen.

Zu Schmidts neunzigstem Geburtstag vermarktete die Deutsche Grammophon die beiden Konzerte noch einmal. Er selbst konnte wegen seines fortgeschrittenen Gehörschadens die Aufnahmen gar nicht mehr hören. Musik nahm er mit seinem Hörgerät nur noch als Gepolter und Gekrächze wahr. An seinen Flügel im Neubergerweg setzte er sich dennoch zwei- bis dreimal in der Woche und fragte dann seine Frau, ob noch zu erkennen sei, was er spielte.

Loki Schmidts aktives Musizieren lag damals schon lange zurück. Bis in die sechziger Jahre musizierten sie noch hin und wieder einmal gemeinsam, dann aber legte sie die Geige zur Seite. Als nach einem Konzert in Hamburg der virtuose Geiger Gustav Schmahl aus der DDR sie in den achtziger Jahren am Brahmsee besuchte und die Hausherrin animieren wollte, es noch einmal mit der Geige zu versuchen, legte sie die Geige an – aber ließ es dann doch.

Wenn die Schmidts nach ihrer Lieblingsmusik gefragt wurden, war es immer Johann Sebastian Bach, den sie nannten. Viele Bach-Konzerte haben sie gemeinsam besucht, sie fühlten sich durch Bachs Musik emotional und intellektuell verbunden. Helmut Schmidt beschrieb das so: »Musik sei zur Rekreation des Gemütes, so hat bekanntlich Bach einmal geschrieben. Und das ist wohl wahr. Rekreation – das bedeutet in unserer heutigen Sprache wohl Erholung. Heute würde Bach vielleicht sagen: Musik gilt der Erneuerung der Seele des Menschen.«[27] Allerdings bedürfe es auch der »Anleitung, um zu lernen, Musik zu hören. Das ist wie mit Sprechen und Lesen und Schreiben, das muss man als Kind auch alles erst lernen. Ich hatte Glück in meiner Kindheit; denn dank der Anleitung durch meine Mutter und dank der Übung in meiner Schule habe ich relativ früh gelernt, Musik zu hören.«[28] Das galt ganz genauso für seine Frau, und so war sich das Ehepaar verwandt und vertraut in der Musik.

Anfang der siebziger Jahre waren die Schmidts in die DDR zur Leipziger Messe gereist. Dort fanden sie heraus, dass abends in der Thomaskirche eine Bach'sche Kantate gespielt wurde. Es stand außer Frage, dass sie das Kirchenkonzert besuchen wollten. Noch mehr als zehn Jahre danach fand Helmut Schmidt für den Abend eindrückliche Worte, er war für beide zu einem unvergesslichen Erlebnis geworden:

»*Der Pastor führte meine Frau und mich zu unseren Plätzen im Chor der Kirche, die vollends gefüllt war. Die Musik begann,*

kaum dass wir uns hingesetzt hatten. Etwas verstohlen und
unauffällig ließen wir unsere Augen durch die Kirche gehen,
und sie fielen auf eine einzelne rote Rose, die vor uns auf dem
Boden lag. Genauer besehen, lag die Rose auf einer Grabplatte,
die in den Fußboden eingelassen war. Sie war schmucklos und
trug Johann Sebastian Bachs Namen und seine Lebensdaten.
Mich ergriff eine unbeschreibliche Rührung und Erregung.
Ich hatte Mühe, mich selbst in Disziplin zu nehmen. Denn
dieser Augenblick, Bachs Musik im Ohr, seine Thomaskirche
und seinen Namen vor Augen – dieser Moment rief mir alles
das auf einmal ins Bewusstsein, was ich im Laufe des Lebens
der Bachschen Musik verdankte. Zu Besuch in der DDR zu
sein war allein schon erregend genug. Nun aber kam die Be-
gegnung mit einem der größten Geister hinzu, die unser Volk
hervorgebracht hat. Kaum jemals habe ich tiefer gefühlt, was
es bedeuten kann, ein Deutscher zu sein. Und ebenso habe ich
kaum jemals deutlicher empfunden, welches Glück aus der
Musik fließen kann.«[29]

Die Verbundenheit der beiden Schmidts mit der Musik Johann
Sebastian Bachs blieb ein Leben lang bestehen, sie wirkte wie
eine Bindeglied in ihrer Beziehung und natürlich war es ein
ausdrücklicher Wunsch der beiden, dass bei ihren Trauerfeiern
in der Hamburger Hauptkirche St. Michaelis 2010 und 2015
Kantaten von Johann Sebastian Bach gespielt wurden.

In den bildenden Künsten gab es zwischen den Ehepartnern
Schmidt eine ähnlich hohe Übereinstimmung von Vorlieben für
Künstler und Stilrichtungen. Ihre Begeisterung galt den norddeutschen Künstlern und der Kunst der klassischen Moderne.
Die eigene Kunstsammlung im Haus im Neubergerweg ist Ausdruck dieser Vorlieben. Das Interesse an Kunst stiftete Gemeinsamkeit zwischen Loki Glaser und Helmut Schmidt, selbst als
sie noch kein Liebespaar waren. Nachdem Helmut Schmidt

zu Ostern 1937 zum Reichsarbeitsdienst eingezogen worden war, trafen sich die beiden gelegentlich an seinen Wochenendurlauben in Hamburg, eigens um die Galerien Commeter nahe dem Rathausplatz und Maria Kunde am Hauptbahnhof aufzusuchen. Natürlich hatten sie kein Geld, etwas zu kaufen, aber die Kunstwerke anzuschauen und sich an ihnen zu erfreuen, das war auch ohne Geldausgabe möglich. »Von den zeitgenössischen Deutschen ließen uns Thorak und Breker kalt, auch Kolbe. Aber wir hingen an Barlach, Renée Sintenis, Käthe Kollwitz, Schmidt-Rottluff, Pechstein, Feininger, Franz Marc, Nolde, Paula Modersohn-Becker und an dem Hamburger Eduard Bargheer«, schreibt Helmut Schmidt im Rückblick über seine »Freundin Loki« und sich. »Gelegentlich gingen wir auch ins Theater, wo es uns Manfred Hausmanns romantische *Lilofee* eigentümlich angetan hat – sein *Abel mit der Mundharmonika* war ein gemeinsames Lieblingsbuch.[30]

Die Musik- und Kunstbegeisterung der Schmidts äußerte sich zeitlebens als ein aktives Handeln, das sie in ihr gemeinsames Leben integrierten. Während der Sommer am Brahmsee gehörten die Ausflüge nach Seebüll ins Nolde Museum und nach Schleswig in die Kunstsammlung ebenso wie der Besuch von Konzerten beim Schleswig-Holstein Musik Festival zu den Höhepunkten des Aufenthalts. Die von ihnen initiierten Kunstausstellungen und Konzerte im Kanzleramt und im Kanzlerbungalow unterstreichen tätiges Engagement für die Kunst und Musik. Helmut Schmidts Betreiben, für den Vorplatz des Kanzleramts eine Plastik von Henry Moore zu erwerben, fand die aktive Unterstützung seiner Frau. Zusammen besuchten sie Henry Moore auf seinem Anwesen im englischen Much Hadham. Sein Bericht über die Begegnung mit dem Bildhauer zeigt, wie tief die Kunstwerke Henry Moores das Ehepaar berührten und das gemeinsame Empfinden bestärken konnten: »Loki und ich waren nicht nur beeindruckt, sondern auf Anhieb begeistert, auch von den großen plastischen Entwurfsarbeiten, die auf mehrere Gebäude verteilt waren. [...] Der überwältigende Höhepunkt jenes Besuchs aber blieb ein Gang über die weiten, von Wallhecken eingefriedeten Wiesen und Weiden, auf denen Moore viele seiner großen Stücke aufgestellt hatte. Es waren organische, natürlich und menschlich wirkende Formen. Uns schien, als gehörten sie wie selbstverständlich zur Landschaft, die uns sehr an Schleswig-Holstein erinnerte.«[31] Die Gespräche und Verhandlungen mit Henry Moore zogen sich weit über ein Jahr, und tatsächlich bot er schließlich – zur besonderen Freude des Ehepaares – seine Skulptur »Large Two Forms« für den Vorplatz des Kanzleramts an. An diesem hervorgehobenen Ort betrachteten die Schmidts die großartige Plastik auch als ein Symbol des damals noch geteilten Deutschland: »Zwei Teile, die doch organisch zusammengehören.«[32]

Beide Schmidts hatten Freude am eigenen künstlerischen Tun. Er spielte Klavier, und sie malte und zeichnete. Über die Pflanzenzeichnungen seiner Frau konnte Helmut Schmidt ins Schwärmen geraten. Loki habe in der Pflanzenmalerei eine Begabung gehabt und sie dann meisterhaft weiterentwickelt. Und in der Tat, Loki Schmidts Pflanzenzeichnungen finden bis heute unter professionellen Botanikern – die mitnichten immer über zeichnerische Fähigkeiten verfügen – Bewunderung. Für die interessierte Öffentlichkeit wurden Loki Schmidts Zeichnungen auf Einzelblättern, Briefkarten und in Buchproduktionen reproduziert und sind bis heute zu erwerben.[33] Buchstäblich bis zu ihrem Lebensende stellte sie ihre beliebten zeichnerischen Kunstwerke konsequent in den Dienst von Natur- und Pflanzenschutz. Dazu gehören 1977 ihre Kollektion von Pflanzenzeichnungen auf Rosenthaler Porzellan, ab 1980 ihre Zeichnungen der »Blume des Jahres«, welche von ihrer Stiftung bis heute jährlich benannt wird. Loki Schmidts letzte Zeichnung einer Jahresblume datiert vom Spätsommer 2010, es ist die Moorlilie;

Blume des Jahres 2011, die sie noch wenige Wochen vor ihrem Tod mit aussuchte und auch zeichnete.

Aus Loki Schmidts Jugendzeit hat ein Sonnenblumenbild, Öl auf Leinwand, den Krieg überstanden. Es hing bis zuletzt im Wohnzimmer des Hauses am Neubergerweg. Loki hatte das Bild ihrer ersten großen Liebe, Willi Jacob, geschenkt. Der hatte Lokis Sonnenblumen über den Krieg gerettet und später, als er erfuhr, dass sie kein einziges eigenes Bild mehr besaß, an sie zurückgegeben – eine schöne Geschichte aus Loki Schmidts langem Leben.

Dass auch Helmut Schmidt sich in der Malerei versuchte, ist eher weniger bekannt. Anders als sein Klavierspiel wollte er seine Malkunst nicht öffentlich werden lassen. Alles kam in den Keller – Schmidt als Künstler, damit wollte er nicht reüssieren. Eine Ausnahme stellt aber sein Pastell »Der Hahn« dar, das in den Siebzigern einen Platz in dem kleinen Museum Rade an der Oberalster in Hamburg-Wellingsbüttel fand. Der Museumsbegründer, Rolf Italiaander, hatte Schmidt angeschrieben und um seinen »Hahn« für eine Ausstellung »prominenter Laienmaler« gebeten. Zu seinem großen Erstaunen wurde er von Loki Schmidt nach Langenhorn eingeladen, sie fand die Idee gut und gab ihm das Bild ihres Mannes gleich mit. Dort hing es dann lange Zeit weit über die eigentliche Ausstellung hinaus und wurde für das kleine Museum schließlich zu einer Art Aushängeschild.[34] Zu Recht, denn Helmut Schmidt war mit Abstand der prominenteste Laienmaler an der Oberalster!

Die Kunstsammlung im Langenhorner Wohnhaus des Ehepaares ist sicher der eindrucksvollste Beleg für ihre gemeinsame Liebe zur Kunst. Fast alle Kunstwerke sind in drei Räumlichkeiten des Hauses gehängt, im hohen Eingangsbereich des Wohnzimmers, im Wohnzimmer selbst und im Esszimmer.

Dicht gedrängt finden sich hier weit über hundert Bilder, Zeichnungen und Drucke, die sie selbst gesammelt oder aber

Loki Schmidts Blumenbild aus der
Lichtwarkschulzeit

Helmut Schmidt: Der Hahn.
Ein Pastell

geschenkt bekommen haben. Viele große Künstler des 20. Jahrhunderts sind vertreten: Gemälde von Paula Modersohn-Becker, Erich Heckel, Bernhard Heisig, Oskar Kokoschka, Otto Modersohn, Graphiken von Chagall, Miró und Picasso und nicht zuletzt Emil Nolde, der Lieblingsmaler von Helmut Schmidt. Die Nähe von Nolde zum Nationalsozialismus war kein Grund für Schmidt, sich von diesem als Maler zu distanzieren. Nolde sei auf die Nazis »reingefallen«, pflegte er beschwichtigend zu sagen, aus seiner Sicht tue das der Bedeutung von Noldes Kunst keinen Abbruch. Nach dem Krieg, wohl 1948, hatte er seinen ersten Nolde, eine kleine Graphik, in London erstanden. Ein Pfund hatte er dafür zahlen müssen, etwa 20 Reichsmark, das war damals für die Schmidts eine beträchtliche Summe. Seine Frau zeigte sich aber trotz der hohen Ausgabe erfreut, als er das Kunstwerk aus London mitbrachte. Später erwarb das Ehepaar weitere Noldes, besonders zu erwähnen ist das beeindruckende Meeresbild, ein Glanzstück der Schmidt'schen Sammlung.

Als Helmut Schmidt Kanzler wurde, ließ er neben der Eingangstür zum neuen Dienstzimmer im Kanzleramt ein Schild mit der Beschriftung »Nolde-Zimmer« anbringen, auf ein eigenes Namensschild verzichtete er. Den Raum selbst richtete

er so ein, dass er auf ein großes Ölgemälde und drei Tusche-
zeichnungen von Emil Nolde schauen konnte. Bei seinen Ame-
rikareisen warb er erfolgreich für eine Ausstellung deutscher
Expressionisten in den USA und bewirkte eine finanzielle Unterstützung des Projektes durch die Deutsche Lufthansa. Mehr als
dreihundert Werke von Künstlern des Expressionismus, davon
sechsundsechzig Bilder allein von Emil Nolde, waren dann
1980/81 bei Ausstellungen in New York und in San Francisco zu
bewundern.[35] Zweifelsohne konnten diese von Helmut Schmidt
initiierten Ausstellungen im Osten und im Westen der USA den
Bekanntheitsgrad und die Wertschätzung des deutschen Expressionismus im amerikanischen Kunstbetrieb deutlich steigern.

Spricht man über die Kunstsammlung der Schmidts, dürfen die Plastiken von Ernst Barlach nicht unerwähnt bleiben.
Barlach war ein Künstler, den beide seit jungen Jahren liebten.
Die Skulpturen aus der Sammlung der Schmidts sind nicht die
kantigen, »starken« Figuren, sie sind eher sanft und rund, nie
heroisch. Als »menschliche Menschen« hat Loki Schmidt sie
bezeichnet und damit einen Ausdruck kreiert, den sie beide für
»ihre Barlachs« gern benutzten. Liest man Helmut Schmidts
letztes Interview aus dem Jahr 2013 mit Hanno Rauterberg
über die Kunstsammlung am Neubergerweg, so scheint ihm
die Kunst Barlachs am Ende seines Lebens noch einmal näher
gerückt zu sein. Für ihn ist Barlach der »größte Bildhauer des
20. Jahrhunderts«, und dass Barlach heutzutage von einigen als
eher kitschig empfunden wird, stört ihn gar nicht.[36]

Seine Frau hätte ihm wohl nicht widersprochen: Sie feierte
ihren 85. Geburtstag im Barlach-Museum im Hamburger Je-
nischpark an der Elbe – ein starkes öffentliches Bekenntnis zu
der Bedeutung dieses Künstlers. Vielleicht faszinierte die beiden die fast greifbare Ruhe, welche die Figuren ausstrahlen.
Bilden sie doch damit einen Gegenpol zu dem hoch aktiven
Leben, das das Ehepaar Schmidt bis ins hohe Alter geführt hat.

Zu fast allen Bildern ihrer Sammlung hatten die Schmidts sehr persönliche Beziehungen, sie taten sich deshalb schwer, »ältere« Bilder gegen »neue« auszutauschen. Daraus resultierte eine äußerst enge Hängung, an die sich der Besucher erst einmal gewöhnen musste – die Schmidts störte es gar nicht. Zwar kam nicht allen Bildern ein gleicher Rang zu, aber als Lebenszeugnisse hatten sie fast alle eine individuelle Bedeutung.

Das erste Kunstwerk im gemeinsamen Besitz des Paares war ein kleines Ölbild des heute vergessenen Hamburger Malers Hugo Schmidt. Es zeigt einen winterlichen Hinterhof in Barmbek, ein Stadtteil, der dem jungen Ehepaar durch die Wohnung der Eltern von Helmut sehr vertraut war. In den fünfziger Jahren sollten sie selbst in Barmbek am Schwalbenplatz eine Wohnung finden. Soweit sich die Schmidts erinnern konnten, hatten sie das Bild kurz nach ihrer Ausbombung im Juli 1943 dem Künstler und Nennonkel von Helmut Schmidt für eine beträchtliche Summe damals abgekauft.

Hugo Schmidt und dessen Frau Emma, Lehrerin an der Barmbeker Reformvolksschule Tieloh, gehörten zum Freundeskreis der Eltern von Helmut Schmidt, und es war sehr wahrscheinlich Emma Schmidt, die für Helmut die Lichtwarkschule als weiterführende Schule empfohlen hatte.

Dieses kleine, aber einprägsame Bild besaß als Grundstein ihrer Kunstsammlung einen besonderen Wert für die Schmidts. Nach dem Verlust ihrer Hamburger Wohnung im Bombenkrieg hing es als einziges Ölbild in der Wohnung auf Gut Schmetzdorf bei Bernau. Bei ihrem hastigen Abschied von Bernau im März 1945 konnten die Schmidts nur wenige Habseligkeiten mitnehmen, das Bild von Hugo Schmidt – zum besseren Transport aus der Rahmung herausgenommen – gehörte dazu. Als Loki Schmidt mir die Geschichte des kleinformatigen Ölgemäldes erzählte, konnte ich verstehen, warum ein Bild von einem winterlichen Barmbeker Hinterhof, gemalt von einem weitgehend unbekannten Hamburger Maler, einen so prominenten Platz über der Anrichte im Esszimmer der beiden gefunden hatte. Ich spürte auch, dass mit der liebevollen Beachtung, die diesem Bild geschenkt wurde, das Ehepaar Schmidt auf den eigenen gemeinsamen Lebensweg zurückblickte.

Die letzten Gemälde für ihre Sammlung erstanden die Schmidts fast ausnahmslos in der Hamburger Galerie Herold, die auf moderne norddeutsche Kunst spezialisiert ist und zu dessen Besitzer, Rainer Herold, die Schmidts eine freundliche Beziehung unterhielten. Insgesamt elf Bilder erwarben sie bei Herold, allerdings schauten sie auch immer auf die Preise. »Kann ich mir nicht leisten«, habe Helmut Schmidt manchmal gesagt, meist aber dann doch: »Schicken Sie mir die Rechnung zu«, wenn es ihm besonders gut gefiel.[37] Der Erwerb von Ernst Eitners »Dampfer auf der Binnenalster« war der bedeutendste Kauf bei Herold. Eitner gehörte zu den Gründungsmitgliedern des »Hamburgischen Künstlerclubs von 1897«, er ist der wichtigste Repräsentant des norddeutschen Impressionismus und hat einen Ruf als »Monet des Nordens«. Bei einer Vernissage der Galerie hatten die beiden das Alsterbild entdeckt, und es gefiel ihnen auf Anhieb. Wegen des hohen Preises musste aber ein besonderer Anlass her: »Helmut hat es uns dann zu Weihnachten geschenkt«, formulierte Loki Schmidt in ihrer unnachahmlichen eigenen Sprache. »Das Bild passt einfach so gut zu uns.«[38]

Rainer Herold lieferte die Bilder stets selbst bei den Schmidts an. Nach einem Kaffee suchten die drei dann einen Ort für die Hängung aus. All das wurde schon ein bisschen zelebriert, die Schmidts waren »stolz auf ihre kleine Sammlung«.[39]

Der Galerist Rainer Herold konnte im Gegenzug aus der Sammlung Schmidt auch einmal ein Bild von Thomas Herbst für eine Ausstellung entleihen. Nach dem Tod seiner Frau lehnte Helmut Schmidt jedoch solche Anfragen ab. Er brauchte alle seine Bilder nun für sich allein. Sie erinnerten ihn an die Jahre der Lichtwarkschule, an viele Begegnungen mit Künstlern, an ein Leben, das er und seine Frau sich ohne Kunst nicht hätten vorstellen können.

Faszination der Vogelwelt und Schachspiel

Das Ehepaar Schmidt verbanden nicht nur die gemeinsamen Freundschaften und ihre Liebe für die bildenden und musischen Künste, sie fanden auch in ihren Freizeitaktivitäten zueinander. Beide hatten sie eine Leidenschaft für das Schachspiel und waren einander auch die liebsten und häufigsten Gegner in diesem königlichen Brettspiel. Sobald sie in der Natur waren – vorzugsweise am Brahmsee –, beschäftigten sie sich mit Begeisterung als Hobby-Ornithologen. »Birdwatching« nannten sie ganz weltläufig ihren Hang zur Beobachtung der heimischen Vogelwelt.

Bereits zur Lichtwarkschulzeit hatte Loki Glaser in ihrem Klassenkameraden Helmut den Sinn für Naturbeobachtungen geweckt. Auf dem gemeinsamen Schulweg durch den Hamburger Stadtpark achteten sie – unter Lokis Anleitung – auch auf die Pflanzen- und Tierwelt und entdeckten so einiges, was ihnen auch in der Schule nähergebracht worden war. Im Laufe seines Lebens festigten sich bei ihm nicht nur gute Kenntnisse der heimischen Flora, sondern auch eine echte Leidenschaft für die Vogelbeobachtung. Das begann mit dem Ferienhaus am Brahmsee und setzte sich fort auf gemeinsamen Reisen mit seiner Frau zu den Lofoten, nach Island, auf die Färöer-Inseln und an den Neusiedler See, der mit mehr als 300 verschiedenen Vogelarten für Vogelkundler aus ganz Europa eine große Attraktion darstellt. So auch für die Schmidts, die nicht nur einmal zum Neusiedler See kamen. Ihr Mann sei »ein hervorragender Ornithologe«, sagte Loki Schmidt 2003 in einem Interview, und das hörte sich aus dem Munde einer anerkannten Naturforscherin fast wie ein Ritterschlag an.[40]

1971 begleitete sie ihren Mann auf den Marinestützpunkt Olpenitz und ließ sich von dort zu einem nah gelegenen Vogelschutzgebiet in der Schleimündung übersetzen, welches vom Verein Jordsand e.V., eine der ältesten Naturschutzorganisationen Deutschlands, betreut wurde. Loki Schmidt war von der Arbeit des Vereins so begeistert, dass sie noch vor Ort Mitglied wurde. Unangemeldet traf im Lauf dieses Nachmittags auch Verteidigungsminister Schmidt auf Jordsand ein. Das Treffen mit den Militärs des Stützpunktes hatte er zügig beenden können, sodass noch Zeit für einen Besuch auf der Vogelstation blieb. Wegen des zuvor avisierten Besuchs von Loki Schmidt war der Vorsitzende des Vereins eigens angereist. Nun musste er sich zusätzlich den Fragen Helmut Schmidts stellen. Das prominente Ehepaar habe ihn mit einem fundierten Fachwissen sehr beeindruckt, erinnert er sich. Sie stellten viele Fragen, wollten alles sehr genau und im Detail wissen. Dass er bei einigen Nachfragen die Antwort schuldig bleiben musste, war dem Vorsitzenden der Vogelschützer ein wenig unangenehm, wie er mir in einem Gespräch über die Schmidts als Birdwatcher erzählte.[41]

Am Brahmsee gehörte das Beobachten der Vögel zum täglichen Ritual der Schmidts. Das Fernglas stand immer griffbereit und hatten sie etwas entdeckt, machten sie einander sofort darauf aufmerksam. Sie kannten sich aus in der Vogelwelt, und wo der Normalbürger mit dem Erkennen von Amsel, Drossel, Fink und Star schon zu tun hat, gingen den beiden Vogelnamen wie Feldschwirl, Heckenbraunelle, Zilpzalp oder Trauerschnäpper nicht nur flott über die Lippen, sie konnten die Vögel auch sofort erkennen. Von seiner Vogelliebe berichtete Helmut Schmidt noch 2014 auf einer Veranstaltung der *ZEIT* und fügte folgende kleine Geschichte aus der Region des Brahmsees hinzu: »Ich weiß zum Beispiel von einem Eisvogel, den die Engländer ›Kingfisher‹ nennen, der lebt versteckt abseits der Straße von Nortorf nach Rendsburg. Ich weiß genau, wo das ist, aber ich werde das nicht verraten.«[42]

Eine Partie Schach geht immer

Die große gemeinsame Leidenschaft der Schmidts war das Schachspiel. Zahlreiche Fotos zeigen die beiden konzentriert und versunken beim Schachspielen an den unterschiedlichsten Orten: zu Hause in Langenhorn, im Urlaub, im Zug, im Flugzeug, am Brahmsee auf der Wiese oder auch am Bootssteg.

Im eigenen Haus am Neubergerweg gab es die Schachecke, Schachbrett und Figuren standen immer spielbereit, dazu – für beide unverzichtbar – die Utensilien Zigarettenkiste, Aschenbecher und Feuerzeug. Wann immer es für ein, zwei Tage oder länger zusammen auf Reisen ging, ein Schachspiel war im Gepäck. Gespielt wurde grundsätzlich ernsthaft und mit dem Ziel, den gegnerischen Ehepartner schachmatt zu setzen. In Schachkreisen ist bekannt, dass ohne Spannung und Konkurrenz Schachpartner ein regelmäßiges gemeinsames Spielen nicht über längere Jahre durchhalten. Helmut und Loki Schmidt haben ein Leben lang zusammen Schach gespielt. Beide hatten das Spiel als Kinder in ihren Familien erlernt. Loki erkannte ihren Mann als besseren Spieler an, verlor aber darüber nie den unbedingten Willen, ihn auf dem Schachbrett zu besiegen. Geredet wurde kaum etwas. Beim Schachspiel »müssen wir uns ernsthaft bekämpfen«, lautete Loki Schmidts Beschreibung der von beiden eingenommenen Spielhaltung.[43] Man spielte, wenn die Zeit reichte, auch mehrere Partien. Das ging dann zwei zu eins oder vielleicht auch drei zu eins für Helmut Schmidt aus. Wenn sie gewinne, würde ihr Mann erst einmal ordentlich schimpfen, dann aber seine Frau auch zur Leistung beglückwünschen. Ob Schach ein Paar verbinden könne, habe ich Loki Schmidt einmal gefragt. »Uns auf jeden Fall«, antwortete sie, »wir freuen uns auf jede gemeinsame Partie.«[44]

Mit Lokis Tod vermisste er auch schmerzlich das gemeinsame Schachspiel mit seiner Frau. In der Redaktion der ZEIT bot sich ihm Ulrich Stock, ein versierter Schachspieler, als Partner an, und Schmidt ging dankend auf das Angebot ein. Wenn das Telefon ging und die Nummer aus Schmidts Büro auf dem Display erschien, wusste Ulrich Stock, dass ihn sein Herausgeber zu einer Partie in sein Büro bitten wollte. Da musste dann schon mal das gerade in Arbeit befindliche Manuskript zurückstehen. Nur einmal spielten die beiden Männer auch in Schmidts Haus am Neubergerweg. Das war wenige Tage vor seinem Tod. Dass dies die letzte Schachpartie im Leben von Helmut Schmidt werden würde, habe er überhaupt nicht vorausgesehen, berichtet Stock. Schmidt habe wie immer gespielt: angriffslustig, manchmal unkonventionell, aber auch fähig, Strategien zu wechseln.[45]

Zu Hause bei den Schmidts: Wohnhaus in Langenhorn und Ferienhaus am Brahmsee

Die Menschen in Deutschland hat es immer interessiert, wie und wo die Bundeskanzler der Republik privat leben und gelebt haben. Wenn man etwas über die alltäglichen Wohn- und Lebensverhältnisse so bedeutender Politiker erfährt, glaubt man, sich ein besseres Bild vom Charakter der Repräsentanten des Staates machen zu können. Sicher spielt auch Neugier eine Rolle. Leben sie abgehoben auf großem Fuß oder in gutbürgerlichen Verhältnissen, wie es einem Durchschnittsbürger eher vertraut wäre?

Adenauers Haus in Rhöndorf am Rhein, Kohls Bungalow im pfälzischen Oggersheim bei Ludwigshafen und Schmidts »Reihenhaus« im hamburgischen Langenhorn – in Wirklichkeit war es natürlich ein Doppelhaus – sind der deutschen Öffentlichkeit besonders vertraut. Alle drei Kanzler empfingen in ihren Privathäusern Staatsgäste, und alle drei Staatsmänner haben den Medien manchmal mehr als nur einen Türspalt breit Blicke in das Innere ihrer Wohnungen erlaubt. Mit ihren Familien lebten sie über Jahrzehnte in diesen Häusern, und alle drei starben schließlich auch in ihren Häusern. Bilder und Gefühle, die sich in der eigenen Biographie mit den Kanzlern Adenauer, Kohl und Schmidt verbinden, werden oft auch Assoziationen zu ihren privaten Domizilen wecken. Bei Konrad Adenauer ist es ein Haus am Hang des Rheinufers mit herrlichem Blick, sind es seine Rosenbeete und die Bocciabahn im Garten. Beim Gedanken an den Bungalow von Helmut Kohl tauchen Bilder einer kleinbürgerlich wirkenden Familie an der Heimorgel auf, der Schäferhund im Garten, Präsident Clinton mit Ehefrau Hillary vor dem Hauseingang und, später dann, das Drama um die Ehefrau Hannelore. Bei den Schmidts kommt einem vor allem die Ausstrahlung eines unprätentiösen, fast unscheinbaren Siedlungshauses aus Hamburger rotem Backstein in den Sinn, das sich auf den ersten Blick nur durch die Bewachung von den anderen Häusern im Viertel unterscheidet. Das Haus wirkt so, wie man sich die Schmidts vorstellt: bodenständig, funktional und bescheiden halt.

Wenn man das Langenhorner Doppelhaus der Schmidts betrat, wurde der Besucher sofort eingenommen vom Anblick des stattlichen Steinway-Flügels im großzügigen Eingangsbereich und den vielen Kunstwerken an den Wänden von Wohn- und Esszimmer. Die Schachecke des Ehepaares mit den beiden

Stühlen, die ihre Namen als Intarsienarbeit auf den Rückenlehnen trugen, zeugten von ihrer Verbundenheit im Schachspiel, genauso wie ihre Bibliothek mit historischen, literarischen und biologischen Buchbeständen nicht nur von den privaten Interessen des Ehepaares, sondern auch von einem reichen Arbeitsleben zeugten. Der enorm große Buchbestand im Haushalt der Schmidts führte dazu, dass faktisch jeder Wohnraum des Hauses für die Unterbringung der Bücher genutzt werden musste. Die Privatbibliothek der Schmidts umfasst annähernd 5000 Bücher, von denen inzwischen jeder einzelne Titel, einschließlich der Kommentare des Altkanzlers, in einer Datei erfasst ist. Es lohnt sich, den Gesamteindruck des Hauses bei einem virtuellen Rundgang auf der Internetseite der Helmut und Loki Schmidt Stiftung am heimischen Computer einmal nachzuerleben.

Das Haus der Schmidts war und ist ein Spiegel ihrer gemeinsamen Interessen und der »Leidenschaften«, die sie als Ehepaar verbanden. Natürlich ist das Haus damit auch das Produkt einer langen, fast fünfzigjährigen Entwicklung. Es hat sich mit dem Paar verändert, seine Geschichte ist auch ein Stück der Geschichte des Paares.

Schon wenige Tage nach ihrem Einzug am 15. Dezember 1961 zeigten sich die Schmidts mit dem neuen Haus sehr zufrieden. »Und siehe, es war gut« steht neben einigen der ersten Fotos in einem der vielen Alben der Schmidts. Als der Fotograf Sven Simon – ein Sohn Axel Springers und ehemaliger Schüler an Loki Schmidts Othmarscher Schule – Loki und Helmut im Sommer 1962 vor ihrem Hause ablichtete, bot sich dem Fotografen ein offenbar stolzes und gut gelauntes, schick gekleidetes und jugendlich wirkendes Paar (siehe Bildteil). Der Bauträger, die Wohnungsbaugesellschaft »Neue Heimat«, hätte daraus ein Werbefoto machen können!

Ja, die Schmidts waren mit ihrem Haus hochzufrieden. Es

war funktional, es gab viel Grün um das Haus herum, und es war, wie wir sehen werden, ausbaufähig. Über die vielen Jahrzehnte, die sie hier lebten, haben die Schmidts Haus und Umgebung so gestaltet, dass sie sich hier wohl fühlen konnten, zunächst zu dritt mit Tochter Susanne und ab Ende der siebziger Jahre zu zweit als Paar.

In diesem Haus stand Loki Schmidt Mitte der Sechziger ihre tiefe Lebenskrise durch. Die vertraute Häuslichkeit, der Garten und das geliebte, nur wenige Hundert Meter entfernte Diekmoor waren sichere Terrains und gaben ihr Halt. In glücklichen wie in schweren Zeiten war der Neubergerweg für Helmut und Loki Schmidt immer eine Heimat. Das Haus in Langenhorn aufzugeben und, als sie das Geld hatten, in ein feineres Domizil an Alster oder Elbe umzuziehen, wäre ihnen nie in den Sinn gekommen.

»Wo immer wir nach langen Reisen her kamen, Loki und ich haben uns immer gefreut, in unser Haus hierher zurückzukommen«, hat Helmut Schmidt mir gegenüber einmal geäußert,[46] ein Satz, der zeigt, wie sehr das Paar sich mit seinem Haus in Langenhorn identifizierte. Im Dezember 1961, wenige Tage vor Weihnachten, waren die Schmidts vom Zickzackweg aus dem vornehmen Othmarschen ins eher kleinbürgerliche Langenhorn gezogen. Sie lebten am äußersten nördlichen Rand dieses Stadtteils, denn vom Neubergerweg ist die Landesgrenze nach Schleswig-Holstein kaum mehr als einen Kilometer entfernt, die Stadt Hamburg ist hier zu Ende. Dass der Neubergerweg im Wahlkreis des Bundestagsabgeordneten lag, war natürlich ein gewichtiges Argument für den Hauskauf gewesen. Als die Schmidts einzogen, war die Wohnsituation noch nahezu ländlich, heute hat sich die Vorstadt mit ihrer Wohnbebauung längst bis zum Neubergerweg ausgebreitet. Auch wenn es heute noch viel Grün gibt, die Schnepfen und Rebhühner, über die sich die zwei »Birdwatcher« damals freuten, kann man hier heutzutage nicht mehr beobachten.

Das Ehepaar Schmidt hatte verhältnismäßig spät von den Bebauungsplänen der Wohnungsbaugesellschaft »Neue Heimat« erfahren. Um den bislang ländlichen Neubergerweg herum sollte eine neue kleinere Anlage mit Doppelhäusern errichtet werden. Als die Schmidts den Kaufvertrag für ihr Haus unterschrieben, war das Fundament bereits gelegt. Für den Hauskauf mussten sie 128 000 DM aufbringen, ein erheblicher Teil der Kaufsumme wurde über ein Bankdarlehen abgedeckt. Mit dem Erwerb einer Doppelhaushälfte hatten die Schmidts zusätzlich eine gute Lösung für die inzwischen im Ruhestand lebenden Eltern Helmut Schmidts gefunden. Die gemeinsame Wohnsituation am Neubergerweg gestaltete sich unkompliziert: In den vorderen, zur Straße gelegenen Teil des Doppelhauses zog Familie Schmidt Junior ein, das hintere Haus bewohnten die Eltern, Familie Schmidt Senior. Im Grundbuch sind beide Ehepartner, Loki und Helmut Schmidt, als Besitzer eingetragen, aber auf dem Türschild aus Messing stand nur »Helmut Schmidt«. Man könnte meinen, dies sei dem damaligen Zeitgeist geschuldet, wenn nicht eben dieses Schild – leicht verwittert – den Besucher noch heute so empfangen würde. Varianten wie »Schmidt«, »Familie Schmidt« oder gar »Hannelore und Helmut Schmidt« hatten nicht zur Debatte gestanden.

Nach dem Tod von Ludovika, der Mutter Helmut Schmidts, im Jahre 1968 und dem Umzug des Vaters in ein Altersheim 1971 übernahmen die Schmidts auch die zweite Haushälfte, sodass Tochter Susanne aus dem elterlichen Teil dorthin wechseln konnte. 1974 bildete den Auftakt für diverse Veränderungen. In diesem Jahr gab es umfangreiche Um- und Erweiterungsbauten: Zu Lokis siebzigstem Geburtstag entstand der Anbau eines Gewächshauses, 1992 erwirbt das Paar eine Hälfte des benachbarten und ursprünglich baugleichen Doppelhauses, und schließlich kommt der Neubau eines eigenen Archivhauses hinzu. Letzteres war notwendig geworden, weil das

Das Türschild im Neubergerweg

Archiv Helmut Schmidts auch nach seiner Kanzlerzeit weitergeführt worden war und bereits Ende der neunziger Jahre zum größten privaten Nachlass eines bundesdeutschen Politikers angewachsen war. Betrachtet man rückblickend die Geschichte des einst unprätentiösen Wohnhauses am Neubergerweg, so war aus einer anfänglich eher bescheidenen Doppelhaushälfte der »Neuen Heimat« am Ende ein durchaus großzügiger Wohnkomplex für ein gut situiertes, prominentes Ehepaar geworden.

Mit der gemeinnützigen und gewerkschaftsnahen Wohnungsbaugesellschaft »Neue Heimat« hatten die Schmidts seit den frühen fünfziger Jahren gute Erfahrungen gemacht. Schon die Wohnung in Barmbek hatten sie von der »Neuen Heimat« gemietet, ihr erstes Haus am Zickzackweg von ihr gekauft, und am Neubergerweg konnte der für Architektur begeisterte Helmut Schmidt schon während der Bauphase eigene Ideen einbringen. So entstand nach seinen Plänen durch die Aussparung einer Zwischendecke ein bis unter das Dach reichender Eingangsbereich zum Wohnzimmer. Diese Veränderung verlieh dem Haus räumliche Großzügigkeit und ließ gleichzeitig eine etwa sechs Meter hohe Innenwand entstehen, die viel Platz für die Kunstschätze des Paares bot.

Durch den Erweiterungsbau Mitte der Siebziger wurde in diesem Vorbereich des Wohnzimmers auch Raum für den schon erwähnten Steinway-Flügel geschaffen: mächtig, schwarz, der Deckel belegt mit einem kunstvollen, schweren Läufer. Der Flügel ist Blickfang und Aussage zugleich: In diesem Haus hat Musik Bedeutung! Tatsächlich gehörte das Klavierspiel zum Leben im Hause Schmidt, der Hausherr spielte regelmäßig. Das große, kostbare Instrument war also nicht Dekor, sondern notwendiger Teil der Einrichtung. Ebenso war eine vollständig eingerichtete Schachecke unverzichtbarer Bestandteil des Wohnens für die Schmidts. So viel »Luxus« musste sein.

Das Mobiliar der Schmidts – Sessel, Sofas, Tische und Gestühl – orientierte sich mit den klaren Formen, hellen Farbtönen und der Leichtigkeit am Stil der skandinavischen Moderne. Plüschiges Dekor oder schwere Sessel hätte man sich in der Wohnung des jungen Paares auch gar nicht vorstellen können.

Bereits 1973, als Schmidt noch Finanzminister war, hatte sich das Paar für einen Umbau und eine Erweiterung seines Hauses entschlossen. Insbesondere wollten sie ein größeres Esszimmer haben, dafür musste zur Straße hin angebaut werden. Vor den 1974 fertiggestellten Anbau setzten sie einen Trakt mit vier Garagen und einer kleinen Wache für die Personenkontrolle und die Videoüberwachung des gesamten Grundstücks. Seitlich, zum Garten hin, wurde auf Wunsch von Loki Schmidt ein mit Glas umbautes, etwa acht Meter langes Schwimmbecken mit einer Gegenstromanlage gebaut. Für die Hausherrin war das tägliche Schwimmen ein echter Gewinn an Lebensqualität. Im Keller fand dann noch eine kleine Sauna Platz. Mit diesen Umbauten sowie der Erneuerung von Bädern und Küche hatten die Schmidts das Haus mit Weitblick modernisiert und dem Lebensstandard der Zeit angepasst, größerer Veränderungen hat es danach im engeren Wohnbereich allerdings nicht mehr gegeben. Zumindest Küche und Bad wirken daher für den heutigen Besucher ein wenig wie aus der Zeit gefallen.

Über alle Veränderungen baulicher Art und in der Inneneinrichtung berieten und entschieden die Schmidts im Einvernehmen. Ein einziges Mal blitzte Helmut Schmidt mit einem Vorschlag bei Tochter und Ehefrau ab: Als er zwischen Wohn- und Esszimmer eine kleine Bar mit einem Flaschenregal, Tresen und Barhockern einrichten wollte, sprachen sich Loki und Susanne strikt dagegen aus. So eine Bar sei etwas für Snobs, den Vorschlag hielten sie – im wahrsten Sinne des Wortes – für eine Schnapsidee, und überhaupt, bei welcher Gelegenheit wolle man denn da sitzen?

Die Einwände fruchteten aber nicht, und der Hausherr setzte sich durch. Sein Hauptargument war, dass so eine kleine Bar bei größeren Gesellschaften im Hause Schmidt ein zwangloses Miteinander fördere, was sich nach Aussage von Loki Schmidt auch tatsächlich bewahrheiten sollte. Nicht nur bei privaten Feiern, auch bei den exklusiven »Freitagsgesellschaften« und bei vielen Besuchen prominenter Politiker bot die ehemalige »Schnapsidee« Gelegenheit zum entspannten Gespräch. Es gibt ein Foto von Valéry Giscard d'Estaing, auf dem er auf einem der Barhocker sitzt und vom Hausherrn bedient wird. Daneben sitzt Loki Schmidt. Das berühmt gewordene Foto zeigt unbestreitbar eine entspannte, fast private Atmosphäre zwischen dem französischen Präsidenten und dem deutschen Kanzlerehepaar.

Auch die ab 1985 im Winterhalbjahr einmal pro Monat stattfindenden Treffen der Freitagsgesellschaft begannen immer hier an diesem Ort. Dicht gedrängt standen und saßen dann gut zwölf Mitglieder dieses Kreises an der Bar – vom Hausherrn auch »Kneipe« genannt –, nahmen einen von dem »Barkeeper« und früheren Personenschützer Otti Heuer servierten Drink und knüpften die ersten Gesprächsfäden. »Ottis Bar«, so der inoffizielle Name der Schmidt'schen Hausbar, diente dazu, dass alle miteinander warm wurden, als Übergang von draußen nach drinnen, für Neulinge oder Gäste in der Freitagsgesellschaft auch zum Ablegen von anfänglichen Hemmungen.

Der Dissens über die Einrichtung einer Bar war in der Familie nach der Inbetriebnahme schnell vergessen. Man könnte sagen, die Schmidts hatten einen guten Kompromiss gefunden: ein Schwimmbecken für sie und eine Bar für den Hausherrn.

An der Hausbar mit Loki Schmidt und Valéry Giscard d'Estaing

Die Umbauten am Langenhorner Wohnhaus brachten den Schmidts zehn Jahre später Unannehmlichkeiten aus gänzlich unerwarteten Gründen, als nämlich im Gefolge des Skandals um die »Neue Heimat« auch Fragen nach der Finanzierung des Umbaus und einer Bevorzugung durch mögliche Vergünstigungen in der Öffentlichkeit auftauchten. Die Sache verlief ohne weitere Konsequenzen, denn Vorteile habe sich die »Neue Heimat« vom Ehepaar Schmidt nicht erhoffen können. »Sie schafften sich einfach mit solchen Gesten ein wohlwollendes Umfeld«, befand der *Spiegel* und stellte fest, dass der Politiker Schmidt sich ohnehin nicht mit den finanziellen Fragen des Umbaus beschäftigt habe: »Mit solchen Dingen war üblicherweise Ehefrau Hannelore befasst.«[47]

Ein tägliches Zusammenleben mit ihren Eltern gab es für Susanne Schmidt nur in den knapp vier Jahren nach dem Einzug in das Haus am Neubergerweg 80, als Helmut Schmidt Innensenator von Hamburg war, und das auch hauptsächlich nur mit ihrer Mutter. Helmut Schmidt bekamen Tochter und Ehefrau in dieser Zeit eher selten zu Gesicht. Das Hamburger Senatorenamt war schon zeitaufwändig genug, da er aber auf der Bonner Bühne weiter präsent und vertreten sein wollte, war er zusätzlich viel in der Republik unterwegs. Am Neubergerweg hatte Helmut Schmidt im ersten Stock des Hauses ein Arbeitszimmer bezogen. Tochter Susanne erinnert sich lebhaft, dass er dort – wenn er denn zu Hause war – vorrangig anzutreffen war und viele Stunden an seinem Schreibtisch verbrachte. Ihren Vater erlebte sie, wie sie selbst formuliert, als »ein Arbeitstier«, sein Arbeitszimmer sei tabu gewesen, und sie klopfte nur an, wenn sie etwas Besonderes von ihm wollte.[48] Dennoch gibt es in den Alben der Schmidts auch Fotos von gemeinsamen Musik- und Spieleabenden der Familie, allzu häufig wird es dazu jedoch nicht gekommen sein.

Die traditionelle Rollenteilung zwischen den Eheleuten blieb auch nach der Kanzlerschaft und der Rückkehr aus Bonn bestehen. Für die Geschäfte des Alltags sah sich Loki zuständig. Ihr Mann war beruflich weiterhin an die zehn Stunden am Tag beschäftigt, ihn mit Dingen des Haushalts zu befassen, kam ihr auch nach seiner Zeit als aktiver Politiker nicht in den Sinn. Sie hatte mittlerweile eine Haushaltshilfe, die alle Besorgungen und die Vorbereitungen der Mahlzeiten erledigte. Das Kochen übernahm Loki Schmidt dann selbst. In der Familie Schmidt bevorzugte man eine kräftige Kost, man aß gern »gutbürgerlich«. Loki erfüllte jedoch mitnichten das landläufige Hausfrauenklischee, sie war ganz im Gegenteil eine emanzipierte Frau, die nicht nur im Beruf aktiv gewesen war, sondern als Naturschützerin und Stiftungsvorsitzende gesellschaftliche Aufgaben erfüllte, die ihr viel bedeuteten. Als Autorin, Rednerin und Interviewpartnerin war sie zudem eine gefragte Persönlichkeit des öffentlichen Lebens.

Wenn Helmut Schmidt in Hamburg war, arbeitete er zwei bis drei Tage in der Woche in der *ZEIT*, zu deren Herausgebern er seit 1983 gehörte. Freitags nahm er fast immer an wichtigen Redaktionssitzungen teil. In den letzten zehn Jahren ihres gemeinsamen Lebens reduzierte er die Arbeitstage auf sechs bis sieben Stunden. Das hieß, dass er den Neubergerweg spätestens gegen 11 Uhr verließ und gegen 18 Uhr zurückkam. Seine Neigung zur Nachtarbeit am Schreibtisch war geblieben. Er ging also regelmäßig sehr spät zu Bett und schlief morgens gern länger. Er sei ein »Nachtmensch«, sagte er von sich selbst. »Unser ganzes Leben lang musste ich ihn wecken«, sagte Loki über ihn. Beim gemeinsamen Frühstück kamen dann bis zu vier Tageszeitungen auf den Tisch: die *Süddeutsche Zeitung*, das *Hamburger Abendblatt*, die *Welt* und die *FAZ*. Gelesen wurde in einer festen Abfolge, meist gaben sie sich Hinweise, was der andere auf keinen Fall auslassen sollte.[49] Nachmittags oder abends wurden die Wochenzeitschriften *ZEIT* und *Spiegel* gelesen. Wichtige Artikel wurden »gegilbt« und für den anderen aufbewahrt. Nachrichten und politische Sendungen, auch Naturdokumentationen, schaute man sich im Fernsehen an. Unterhaltungssendungen oder der *Tatort* gehörten nicht zur Fernsehkost der Schmidts. Da spielten sie dann doch lieber zwei oder drei Partien Schach, fanden sie.

Auch nach der Bonner Zeit empfing das Ehepaar Schmidt am Neubergerweg bekannte Politiker aus aller Welt, ob Valéry Giscard d'Estaing, Giulio Andreotti, Königin Beatrix aus den Niederlanden oder Henry Kissinger. Gerald Ford blieb sogar über Nacht. Er wurde im Gästezimmer in der Doppelhaushälfte der Eltern einquartiert. Dort hatten die Schmidts zwar nach dem Auszug des Vaters streichen lassen, aber eine bauliche

Modernisierung hatte es nicht gegeben. Sicher war das für den amerikanischen Spitzenpolitiker eine eher ungewohnte Umgebung. Die internationalen Gäste brachten die große Welt und internationales Flair nach Langenhorn. Sie kamen gern und fühlten sich ganz offensichtlich wohl, ungeachtet des im Vergleich einfachen Wohnstandards der Schmidts.

Zwei besonders wichtige Tage im Jahr waren die Geburtstage des Paares. Zu seinem Geburtstag wurden über sehr viele Jahre immer wieder Gäste aus dem engeren Hamburger Freundeskreis geladen. Die Feier von Lokis Geburtstag verband das Ehepaar mit dem von ihnen so betitelten »Sippentreffen«. In ihrer Kindheit hatte Loki die Tradition des großen Familientreffens bei der Großmutter kennen- und lieben gelernt. Nun war sie es, die diese Familientradition fortsetzte. Außer ihren Verwandten waren immer auch die Familie Wolfgang Schmidt, von Helmuts jüngerem Bruder, und natürlich das Ehepaar Berkhan eingeladen. Friedel und Willi Berkhan gehörten zur Familie, darüber gab es keine zwei Meinungen. Das Haus war dann gefüllt, selbst das große Esszimmer war zu klein, denn es kamen wirklich alle von Jung bis Alt. Nach Lokis Tod fand das jährliche Treffen der Großfamilie ein abruptes Ende. Obwohl Helmut Schmidt es vermisste, mochte er allein nicht mehr dazu einladen.

Neben der Wohnung am Neubergerweg 80 hatte das Ferienhaus am Brahmsee eine nahezu gleichrangige emotionale Bedeutung für die Familie Schmidt. Der etwa drei Kilometer lange Eiszeitsee fügt sich harmonisch in die Moränenlandschaft ein, hier kann man baden und segeln, Vögel beobachten und in der Natur leben. Sommerferien ohne den Brahmsee konnten sich die Schmidts über fast fünf Jahrzehnte hinweg nicht vorstellen, und so fuhren sie jedes Jahr im Juli oder August hierher.

Ganze 30 Quadratmeter groß war das außen mit Eternitplatten verkleidete Holzhaus der Schmidts, das sie 1958 hatten errichten lassen. Es war Platz für zwei halbe Schlafzimmer, ein Wohnzimmer und eine Kochnische. Eine Heizung gab es nicht, zunächst auch keinen Strom, für Wasser und zum »Plumpsklo« musste man nach draußen.

Im Frühjahr und bei Besuchen im Winter wurde mit einem Petroleumofen geheizt. Einmal, in den Sechzigern, funktionierte der Abzug des Ofens nicht, und es war nur dem Zufall zu verdanken, dass Loki in der betreffenden Nacht aus dem Bett fiel, ihr Mann davon aufwachte und Schlimmeres verhindern konnte. »Sonst wären wir beide tot gewesen«, berichtete Helmut Schmidt später eher nüchtern.[50] Anfang der Siebziger und noch einmal in den Achtzigern wurde das Haus umgebaut. Es gab nun eine Heizung, eine abgeschlossene kleine Küche, ein Arbeitszimmer für ihn und eine Außensauna. Für die Sicherheitsbeamten wurde eine Wache errichtet.

Bei allem neuen Komfort, das Feriendomizil der Schmidts war weit entfernt von dem Standard, den die meisten anderen Häuser um den See herum inzwischen hatten. Die Schmidts aber vermissten nichts, und sie lebten gut mit dem Ruf ihrer sympathischen Bescheidenheit, die sich nicht nur in Langenhorn, sondern auch hier am Brahmsee zeigte. Erst als Loki Schmidt im hohen Alter in ihrer Beweglichkeit stark eingeschränkt war, beklagte sie die Einschränkungen in ihrem Ferienhaus.

Ansonsten erzählten die Schmidts ausschließlich Positives über den Brahmsee, sehen wir einmal davon ab, dass der Hausherr einige Male mit seinem Segelboot kenterte und im Anschluss hämische Kommentare darüber in der Presse lesen musste. »Einen so schlechten Steuermann kann man nicht länger als Bundeskanzler brauchen«, hieß es 1977 zum Beispiel im *Spiegel*.[51]

In das Segelboot stieg Helmut Schmidt meist zusammen mit Willi Berkhan, sie waren eingespielte Segelfreunde. Wenn Loki und Helmut zusammen segelten, übernahm sie meist den Part des Vorschoters, das Segeln war nicht ihre Leidenschaft. Sie fand das Schwimmen im See deutlich attraktiver, täglich absolvierte sie frühmorgens ihre Strecken, manchmal schwamm sie die etwa 500 Meter bis auf die andere Seeseite und zurück. Für den begleitenden Personenschützer war das nicht immer ein Vergnügen, denn auch bei Wassertemperaturen von 15 Grad ließ sie das morgendliche Schwimmen nicht aus.

Am Brahmsee konnte die Familie Schmidt (fast) ungestört von Dienstpflichten ein vertrautes Familienleben führen, und die Einheimischen halfen dabei. Als mit Beginn der siebziger Jahre zahlreiche Touristen eigens zur Besichtigung der Schmidts anreisten, wimmelten die Ortsbewohner diese norddeutsch freundlich ab. »Welche Schmidts?«, hieß es dann, oder »Da kommen Sie doch nicht ran! Und auch vom See her ist nichts zu erkennen.«[52] Fraglos hatte Helmut Schmidt auch hier Vorgänge zu erledigen, und natürlich reisten auch hier politische Besucher an, aber grundsätzlich herrschte für die Familie das Gefühl vor, sich am Brahmsee von den Arbeitslasten erholen zu können und Zeit füreinander zu haben. Man genoss den See und die Natur rundum, freute sich über den Besuch von Freunden, wanderte und unternahm Ausflüge. Oft auch zusammen mit Tochter Susanne. Der Brahmsee verband sich für die Schmidts mit einem Gefühl von Freiheit. Das zeigte sich bei Helmut Schmidt auch in der äußeren Erscheinung. Statt in korrekter und stets gepflegter Kleidung traf man ihn hier im unkonventionellen Freizeitlook und gelegentlich sogar mit Bart.

Die Freunde Friedel und Willi Berkhan waren wie die Schmidts jeden Sommer im eigenen Ferienhaus, das nur einen Steinwurf entfernt lag. Ein einziges Mal wagten sie sich zwecks Abwechslung in die Berge, brachen ihren Urlaub dort aber vorzeitig ab und kreuzten reumütig wieder am Brahmsee

Die Familie in den traditionellen Sommerferien am Brahmsee, 1960

auf. Wenn ihr Mann am Schreibtisch saß, ging Loki Schmidt gern zu den Berkhans, spielte mit ihnen Skat oder ging mit ihnen auf kleinen Wanderungen zum Beerenpflücken oder Pilzesammeln.

In der Idylle am Brahmsee empfingen die Schmidts auch prominente Freunde, zum Beispiel Justus Frantz, dessen Konzerte beim Schleswig-Holstein Musik Festival sie oft besuchten. Sie freuten sich auf die regelmäßigen Besuche des Ehepaares Hans-Jochen und Liselotte Vogel und auf Siegfried Lenz und dessen Frau Lilo.

Bei ihren Museumsbesuchen in der norddeutschen Umgebung standen immer das Nolde Museum in Seebüll und die für den Expressionismus bekannte Gemäldesammlung des Landesmuseums Schloss Gottorf in Schleswig an oberster Stelle. Im Sommer 2014, als Loki Schmidt schon mehrere Jahre verstorben war, stattete er beiden Museen spontan noch einmal eine Art Abschiedsbesuch ab.

Zu Martin Urban, dem Leiter der Nolde Stiftung Seebüll,

unterhielten die Schmidts ein nahezu freundschaftliches Verhältnis. Fuhren sie dorthin, wurden sie von Urban geführt und anschließend privat eingeladen. »Loki und ich haben über sehr viele Jahre hinweg im Sommer vom Brahmsee aus Seebüll besucht; es war jedes Mal eine ergreifende Freude für uns, so viele und so unterschiedliche Noldes an einem Tage zu erleben – und jedes Mal Gespräch und Kaffee und Kuchen bei den gastfreundlichen Urbans. Ich verdanke Martin Urban mehr an Einsichten, als er vielleicht ahnt.«[53]

Mitte der achtziger Jahre gab es am Brahmsee noch einmal ein großes neues Projekt. Die Schmidts erwarben in ihrer Nachbarschaft ein etwa 6,5 Hektar großes Gelände, einen ehemaligen Roggenacker, um dort dem Prozess der »natürlichen Sukzession«, also der von Menschen nicht gestörten Entwicklung von Pflanzen- und Tierbesiedlung freien Raum zu geben. Seit zehn Jahren war diese ehemalige Ackerfläche nicht mehr landwirtschaftlich genutzt worden. Loki Schmidt hatte bereits beobachtet und dokumentiert, welche Pflanzen sich dort quasi naturwüchsig angesiedelt hatten. Mit dem Kauf des Grundstücks wollte das Ehepaar sicherstellen, dass dieser Prozess sich ohne menschliche Eingriffe auch weiterhin fortsetzen konnte. Ermuntert und begleitet vom Interesse ihres Mannes setzte Loki einiges an Zeit und Energie in dieses neuerliche Naturprojekt. Alle Veränderungen in Flora und Fauna wurden übers Jahr immer vom gleichen Standort aus fotografiert und in Listen dokumentiert. Sie bahnte eine Kooperation mit dem Botanischen Institut der Universität Kiel an, schuf öffentliche Aufmerksamkeit und veröffentlichte 1997 in einer naturwissenschaftlichen Zeitschrift einen detaillierten eigenen Forschungsbericht. Der Ordinarius und Leiter des Botanischen Gartens der Universität Bonn, Wilhelm Barthlott, charakterisierte »Lokis Urwald« – so hieß das Projekt inzwischen im Freundeskreis der Schmidts – als *die* »herausragende wissenschaftliche Leistung« unter den vielen biologischen Projekten Loki Schmidts und als eine »Pionierleistung des wissenschaftlich fundierten Naturschutzes«.[54]

Für Helmut Schmidt war es das erste Projekt seiner Frau, welches er hautnah miterlebte und das für ihn zu den Besonderheiten der Aufenthalte am Brahmsee zählte. »An den Brahmsee kommen Wissenschaftler aus Kiel, die sich mit Ornithologie und Biologie beschäftigen; sie haben inzwischen auf unserem Grundstück über dreißig verschiedene Vogelarten kennengelernt«,[55] berichtete er noch 2014 mit einiger Begeisterung. »Lokis Urwald« hatte für ihn bis zuletzt auch eine emotionale Bedeutung, war dieses Stück Natur doch ein sichtbarer Ausdruck von Lokis Lebensleistung als Botanikerin und Naturschützerin und gleichermaßen auch ein Sinnbild des gemeinsamen Lebens am Brahmsee.

Kitt für die Gesellschaft: SPD und Kirche

Zu den ideellen Übereinstimmungen, welche die Schmidts miteinander hatten, zählten auch ihre Haltungen zur Sozialdemokratie und zur Kirche.

»Aus der SPD tritt man nicht aus«, das war die feste und auch erklärte Meinung der beiden. Als sie 2005 die meisten ihrer Mitgliedschaften in Vereinen und Verbänden mit dem Hinweis auf ihr fortgeschrittenes Alter kündigten, gab es zwei Ausnahmen: ihre Mitgliedschaft in der evangelischen Landeskirche und die in der Sozialdemokratischen Partei Deutschlands. In der SPD summierte sich für das »einfache« SPD-Mitglied Loki Schmidt am Ende die Zeit ihrer Mitgliedschaft auf fast fünfzig Jahre, für den ehemaligen Abgeordneten, Senator, Bundesminister und Bundeskanzler Helmut Schmidt waren es nahezu siebzig Jahre.

Freiheit, Gerechtigkeit und Solidarität sind die im Godesberger Programm 1959 eingeschriebenen Grundwerte der deutschen Sozialdemokratie. Schmidt selbst hatte an diesem Programm maßgeblich mitgewirkt, er und seine Frau konnten sich mit diesen Wertvorstellungen bis zum Ende ihres Lebens identifizieren. Mit seinem Bekenntnis zur sozialen Marktwirtschaft, zu einem starken Staat, zu einem militärischen Gleichgewicht der Weltmächte und mit seiner Befürwortung der Atomenergie gehörte er nach der Arithmetik der Partei zum rechten Flügel der SPD. Das galt auch für seine Frau, da sie in diesen Grundsatzfragen der Politik nie eine abweichende Meinung zu ihm formuliert hatte. Auch in der sehr rigorosen Ablehnung der 68er Bewegung stimmten sie überein, und selbst dem gesellschaftlich-kulturellen Umbruch, der von dieser Bewegung angestoßen wurde, konnten sie wenig Positives zuerkennen. Ihr Bild von den 68ern blieb entscheidend geprägt von dem doch quantitativ sehr kleinen, aber verhängnisvoll wirkungsmächtigen Flügel dieser Bewegung, der sich in den siebziger und achtziger Jahren den sogenannten »bewaffneten Kampf« auf die Fahnen geschrieben hatte oder ideologisch unterstützte.

Die große Übereinstimmung in politischen Fragen rührte nicht zuletzt auch daher, dass Loki Schmidt die politische Expertise ihres Mannes anerkannte, sich darauf verlassen wollte und das auch konnte. Das blieb so bis ins hohe Alter des Ehepaares, seine eher »linksorientierte« Kritik am »Raubtierkapitalismus« der Finanzmärkte teilte sie ohne Einschränkung. Womöglich hätte sie sich in seiner Kanzlerzeit von ihm und der Regierungspartei SPD ein stärkeres Engagement in Umweltfragen gewünscht, öffentlich geäußert hat sie das aber nie. Ohnehin vertrat sie in der Umweltpolitik einen Kurs, der die Interessen von Naturschutz *und* Wirtschaft im Auge behielt. Loki Schmidt war also politisch eine Parteigängerin ihres Mannes. Im Übrigen galt das auch weitgehend für Susanne Schmidt. 1980 trat sie der SPD bei, ohne damit eine Funktion in der Partei anzustreben. Innerparteilich ordnete sie sich auf dem Flügel ihres Vaters ein, »konservativ«, wie sie knapp formulierte.[56]

Loki Schmidt trat auch nach außen vorbehaltlos für die Positionen ihres Mannes ein. Friede Springer, mit der Loki gut befreundet war, schilderte, diese habe Helmut Schmidt in politischen Fragen selbst in privater Runde »wie eine Löwin« verteidigt.[57] Das galt auch bei innerparteilichen Konflikten um die Linie des Kanzlers. Als Oskar Lafontaine 1982 auf dem Höhepunkt der parteiinternen Diskussionen zum NATO-Doppelbeschluss im *Stern* formulierte, dass man mit den von Schmidt angeblich hoch gehaltenen »Sekundärtugenden« auch »ein KZ betreiben« könne,[58] war das für beide Schmidts sehr verletzend. »Sollte es auch sein. Das hat gewirkt«, sagte Schmidt noch Jahre später.[59] Loki Schmidt war in der Sache und in der Form von dieser unsäglichen Äußerung so aufgebracht, dass sie im Freundeskreis verkündete: »Wenn ich den Kerl treffe, dann knall ich ihm eine.« Wer sie aus der Schulzeit kannte, wusste, dass sie es mit so einer Drohung ernst meinen könnte. Die Vernunft setzte sich durch: »Wir begegneten uns kurze Zeit später, doch da war viel Presse dabei, und ich wollte denen dieses Vergnügen nicht gönnen.«[60] Gesprochen aber hat sie mit Oskar Lafontaine kein einziges Wort mehr.

Helmut und Loki Schmidt waren politische Profis und wussten natürlich, dass man auch in der eigenen Partei mit Attacken zu rechnen hatte und die »Parteifreunde« durchaus nicht immer Freunde waren. Ihre optimistische Grundannahme von den Parteien als wichtige Faktoren im Prozess der politischen Willensbildung und der Gestaltung des demokratischen Staates konnte das jedoch nicht erschüttern. Für sie persönlich kam hinzu, dass sie mit vielen der Weggefährten aus der eigenen Partei auch engere persönliche Kontakte knüpfen konnten. Auf den Hamburger Freundeskreis von SPD-Genossen ebenso wie

Im Wahlkreisbüro in Hamburg-Bergedorf

auf Vertraute aus den Bonner Jahren konnten sie ein Leben lang bauen.

Loki Schmidt hatte in Bonn auch nähere Bekanntschaft mit zwei Frauen im Umkreis der SPD geknüpft. Das war zum einen Marie Schlei, die zunächst parlamentarische Staatssekretärin und dann Ministerin im ersten und zweiten Kabinett Schmidt war, und zum anderen Dorothea Bahr, die erste Ehefrau Egon Bahrs, mit der sie auch nach deren Trennung im engeren Kontakt blieb.

Für die Schmidts war die SPD also nicht nur eine abstrakte politische Gemeinschaft, in der SPD fanden sie Weggefährten, die ihnen auch persönlich viel bedeuteten. Wenn man sich auch nach den Bonner Jahren nicht mehr regelmäßig sah, ein Gefühl der Verbundenheit blieb bestehen. Die SPD war für die Schmidts auch ein Stück gemeinsame Heimat geworden.

Zur evangelischen Kirche gestaltete sich das Verhältnis der Schmidts – trotz der Zugehörigkeit über viele Jahrzehnte hinweg – bedeutend diffiziler. Seit ihrer Heirat (und Taufe) im

Sommer 1942 bis zu ihrem Tod blieb Loki Schmidt Kirchenmitglied. Helmut Schmidt wurde am 2. August 1919 in der Heilig-Geist-Kirche in Barmbek getauft und feierte seine Konfirmation mit der Familie in der Uhlenhorster St.-Gertrud-Kirche, die übrigens seine zukünftige Frau Loki wenige Wochen vor ihrer kirchlichen Hochzeit auch zu ihrer eigenen Taufkirche wählte. Er sah sich zwar als Christ, aber eine tiefer gehende Beziehung zum Glauben hatte sich daraus nicht entwickelt.

Die eher weltliche Begründung ihrer kirchlichen Hochzeit ist bereits erwähnt worden. Tiefere religiöse Gefühle verbanden sie nicht mit ihrer kirchlichen Trauung. Beide konnten sich nicht an einen Trauspruch erinnern, und als die Zeremonie beendet war, standen bei Loki Schmidt die Sorgen des Alltags sofort wieder im Vordergrund: »Da die Trauung nach dem Gottesdienst stattfand, war die Kirche schon leer, doch auf der Empore standen meine ehemaligen Schülerinnen und Schüler und sangen. Mir gingen viele Gedanken durch den Kopf: Wie wird unsere gemeinsame Zukunft aussehen? Werden wir überhaupt zusammen leben? Wird es eine Zeit ohne Krieg und ohne Nazis für uns geben?«[61]

Die Schmidts hatten sich als Ehepaar den kirchlichen Segen geholt, also folgte für sie daraus, 1944 ihren Sohn Helmut Walter und 1947 auch ihre Tochter Susanne taufen zu lassen. Einen Grund für die Erziehung ihrer Tochter im christlichen Glauben sahen die Schmidts mit der christlichen Taufe allerdings nicht gegeben. Zumindest kann sich Susanne Schmidt nicht an Gespräche über den Glauben, Gebete oder regelmäßige Kirchbesuche erinnern. Das änderte sich auch nicht, als sie sich – auf eigene Faust – zum Konfirmationsunterricht angemeldet hatte, so wie alle anderen Mitschüler auch.

Kirche und Glauben spielten im Leben der Familie Schmidt kaum eine Rolle, auch nicht zu Weihnachten. Keine Weihnachtslieder, kein Verlesen der Weihnachtsgeschichte, noch nicht einmal an einen Weihnachtsbaum konnte sich Loki Schmidt erinnern. Man habe vielleicht früher eine Lichterkette draußen an einem Nadelbaum gehabt, aber einen geschmückten Weihnachtsbaum, »den hat es bei uns wahrscheinlich vor dem Krieg zuletzt gegeben«.[62] So folgte nur das Weihnachtsessen einer – angeblich norddeutschen – Tradition: Heiligabend gab es Würstchen mit Kartoffelsalat. In den späten sechziger und siebziger Jahren besuchten sie ab und zu auch den Weihnachtsgottesdienst, meist ging es in die Hauptkirche St. Petri, da sie deren Hauptpastor Carl Malsch persönlich kannten.

Die Beziehungen der Schmidts zu Geistlichen, Priestern und Kirchenvertretern waren überkonfessionell und hatten weitgehend persönlichen Charakter. So pflegte Loki Schmidt in Bonn eine vertrauliche Beziehung zum Benediktinerpater Athanasius Wolff aus dem Kloster Maria Laach. Ihr Briefwechsel zeigt, dass sie ihm mit ihrer Lebensklugheit in spirituell schwierigen Lebenslagen helfen und er mit großem Feingefühl auch auf sie eingehen konnte. Lokis Freundschaft mit dem katholischen Pater Wolff scheint auch Auswirkungen auf Helmut Schmidt gezeitigt zu haben, zumindest berichtete er später von drei Vertretern der katholischen Kirche als persönliche Ansprechpartner: den Jesuiten Oswald von Nell-Breuning, den ersten Bischof der neu gegründeten Diözese Essen, Franz Hengsbach, und den Wiener Kardinal Franz König. Als engagierte Befürworter der katholischen Soziallehre wurden sie für Schmidt wichtige Ratgeber in der Sozialpolitik.[63]

Zu der Gemeinde ihrer Hochzeitskirche in Hambergen nahmen die Schmidts in den achtziger Jahren erneut Kontakt auf, was dazu führte, dass Loki Schmidt 1983 die Schirmherrschaft für das 230. Kirchenjubiläum übernahm. Auch anlässlich ihrer goldenen und diamantenen Hochzeit bedachten die Schmidts die Kirche in Hambergen mit einer großzügigen Spende.[64]

Ihre Treue zur evangelischen Kirche und ihre Verbundenheit mit der Kirche in Hambergen bedeuten aber nicht, dass die Schmidts im Verlaufe ihres Lebens zu gläubigen Christen geworden wären. Im Gegenteil, für Helmut Schmidt, der sich selbst immerhin als einen »distanzierten Christen« beschrieb, wurde die Religionszugehörigkeit im Alter eher unwichtig.[65] Als »bekennende Heidin« traf das für seine Frau ohnehin zu. »Aber wenn Sie so wenig glauben, warum sind Sie dann noch in der Kirche?«, fragte der Chefredakteur der ZEIT Giovanni di Lorenzo seinen Gesprächspartner Schmidt im Sommer 2010 einmal. Dieser antwortete knapp, wie es sich für ein »Zigarettengespräch« gehörte: »Weil Traditionen nützlich sind. Die Kirchen gehören zum Kitt, der die Gesellschaft zusammenhält.«[66]

Der Tradition der Hansestadt Hamburg entsprechend, werden Trauerfeiern für bedeutende Bürger in der Hauptkirche St. Michaelis abgehalten. Daher gaben auch die Schmidts ihre Einwilligung dafür. Der kirchliche Anteil solle nicht allzu groß sein und es müsse eine deutliche Trennung zum Staatsakt erkennbar sein, hatte Helmut Schmidt zuvor für seinen Abschied verfügt. So gab es den Kitt der Kirche, der gerade auch in der Trauer eine Gesellschaft zusammenhält, am Ende dann auch für das Leben von Loki und das von Helmut Schmidt.

11.
Zurück in Hamburg und der Welt:
Die achtziger und neunziger Jahre

Zeitenwende

Einige Wochen, nachdem ihr Mann sein Kanzleramt an Helmut Kohl hatte abtreten müssen, wünschte sich Loki von ihm ein wenig mehr Gemeinsamkeit im Alltagsleben, erhielt aber eine überraschend deutliche Absage. Sie wusste zu diesem Zeitpunkt, dass ihr Mann bereits konkrete Vorstellungen für die nähere berufliche Zukunft hatte. Das Ausmaß seiner weiteren Berufstätigkeiten war am Ende des Jahres 1982 allerdings nicht abzusehen. Sein Entschluss, das Mandat für den Wahlkreis Hamburg-Bergedorf im Bundestag zu behalten und die ersten Kontakte bezüglich einer Mitarbeit bei der *ZEIT* ließen allerdings ahnen, dass sich die Aktivitäten des Exkanzlers vielfältig und zeitintensiv gestalten würden.

Für die weitere Arbeit in Bonn mietete das Paar im Dezember 1982 nicht weit entfernt vom Regierungsviertel im Oberen Lindweg 31 ein kleines Haus, das für ihre Zwecke genügend Platz bot. Für die weiterhin angeordnete engmaschige Bewachung des Altkanzlers bot das Haus ebenfalls Vorteile. Im Souterrain gab es zwei Schlafräume und einen Aufenthaltsraum für »seine Hamburger Personenschützer«. Auch am Oberen Lindweg waren die Schmidts in sehr engem Kontakt zu ihren Bewachern. »Die Männer«, wie er manchmal sagte, gehörten längst zur Familie. Für längere Perioden kamen die Schmidts aber nicht

272

mehr nach Bonn – die Stadt Hamburg und ihr Haus am Neubergerweg waren jetzt der Mittelpunkt ihres Lebens.

Aus der ersten Reihe der Bonner Politik zog Schmidt sich zurück, aber zu den Sitzungswochen des Bundestages bemühte er sich redlich, in der Hauptstadt anwesend zu sein und war bei wichtigen Fraktionssitzungen präsent; im Bundestag selbst hielt er bis zu seinem endgültigen Ausscheiden am Ende der Wahlperiode des 10. Deutschen Bundestages im Februar 1987 immerhin noch fünf größere und viel beachtete Reden. In seiner zweistündigen Abschiedsrede am 10. September 1986 spannte er noch einmal einen großen Bogen von der Sicherheitspolitik bis zu den im Grundgesetz verankerten und für die Politik bindenden Grundrechten. Das ganze Haus spendete Beifall, allen war deutlich vor Augen, dass sich hier ein herausragender Politiker und engagierter Parlamentarier verabschiedet hatte.

Als Loki Schmidt nach dem endgültigen Rückzug ihres Mannes aus dem Bundestag die Wohnung im Oberen Lindweg auflöste, hoffte sie, dass dies nun endlich der letzte Umzug der beiden sein würde. Die meisten ihrer mehr als ein Dutzend Umzüge hatte sie allein organisieren müssen, man kann also verstehen, dass sich bei aller Wehmut über den endgültigen Abschied aus Bonn auch Erleichterung bei ihr einstellte. Aber das Ende der gemeinsamen Bonner Jahre bedeutete keineswegs, dass sie von nun an mehr Zeit miteinander verbringen würden. Die letzten vier Jahre hatten dafür eindeutige Zeichen gesetzt.

Neue Aufgaben, viele Reisen und wenig gemeinsame Zeit

Blickt man im Zeitraffer auf die von Helmut Schmidt seit dem Jahresbeginn 1983 entfalteten Tätigkeiten, kann es einem selbst im Nachhinein noch schwindelig werden. Im April 1983 war er als Herausgeber bei der *ZEIT* eingestiegen. Dort war es seine

Aufgabe, Verlag und Redaktion zu beraten, wie es relativ unbestimmt in der Vereinbarung mit dem Verleger Gerd Bucerius hieß. Im Mai meldete er sich mit seinem ersten großen Artikel zu Wort, neun weitere folgten bis zum Jahresende. Auch in den Jahren danach blieb es in etwa bei dieser Richtmarke.

Wenn er in Hamburg war, arbeitete er mindestens zwei bis drei Tage pro Woche in der *ZEIT*, an wichtigen Konferenzen in der Redaktion nahm er regelmäßig teil. Sein relativ kleines, wenig prestigeträchtiges Büro befand sich im traditionsreichen Pressehaus, zentral gelegen, nicht weit vom Hamburger Rathaus entfernt.

Zu seiner Co-Herausgeberin, der Gräfin Dönhoff, entwickelte Schmidt ein intensives und vertrautes Verhältnis. Von seinen Weggefährten hätten Klaus Bölling und die Gräfin ihn am besten gekannt, sagte er einmal. Er schätze an der Gräfin die bemerkenswerte innere Unabhängigkeit, den klaren Blick und ihre Zivilcourage. Häufig war er auch zu privaten Gesellschaften oder Essenseinladungen in ihrem Blankeneser Haus zu Gast.

Loki Schmidts Beziehung zur Gräfin Dönhoff war höflich, aber auch distanziert. Insgesamt war ihr das Leben ihres Mannes als Herausgeber der *ZEIT* deutlich fremder als sein früheres Leben als Politiker. In Bonn war sie auf dem Felde der Politik selbst zu einer Handelnden geworden, jetzt konnte sie die publizistische Tätigkeit ihres Mannes bestenfalls aus der Ferne des Neubergerwegs begleiten. Auch spürte sie, dass Gräfin Dönhoff sich für ihre eigenen Projekte, wie den Naturschutz oder die Forschungsreisen, nicht interessierte. Man sah sich gelegentlich bei Einladungen, pflegte das »Hamburger Sie«, blieb ansonsten aber auf Distanz. Frau Dönhoff unternahm einige Versuche, das Verhältnis zu Loki Schmidt zu verbessern, aber gelungen ist ihr das nicht. Gleich im ersten Jahr der neuen Tätigkeit Helmut Schmidts bei der *ZEIT* hatte sie Lokis Geburtstag vergessen, holte die Glückwünsche zwar schriftlich nach, merkte dabei aber gleichzeitig an, dass Helmut sie an Lokis Geburtstag erst habe erinnern müssen. Einen weiteren, nicht unsympathischen, aber dennoch misslungenen Versuch kann man einem Brief der Gräfin aus dem Mai 1992 anlässlich eines Besuchs von Henry Kissinger entnehmen: »Ich Trottel, ich habe vergessen, als ich Helmut fragte, ob er am 24. Mai abends mit Kissinger bei mir essen könnte, zu sagen, dass ich mich natürlich besonders freuen würde, wenn Loki auch mitkommt. Also, jetzt noch einmal die Frage: Haben Sie Lust am 24.5. um 20 Uhr?«[1] Bei allem Bemühen, besser wurde das Verhältnis der beiden auch in den nächsten zehn Jahren nicht mehr.

Neben seiner Tätigkeit in der *ZEIT* und den Verpflichtungen als Abgeordneter entwickelte der Exkanzler eine erstaunlich umfangreiche Reisetätigkeit, die er bis zur Jahrtausendwende nahezu unvermindert fortsetzen sollte. Im Sommer übermittelte Loki Schmidt eine kleine Zwischenbilanz an ihren in Kanada lebenden Bruder Christoph, die ein wenig die Atemlosigkeit seiner Aktivitäten nachempfinden lässt.

Im März begleitete Loki Schmidt ihren Mann auf einer vierwöchigen USA-Reise, bei der auch ein kurzer Besuch ihres Bruders in Kanada auf dem Programm stand. Danach »waren Helmut und ich zweimal in Frankreich – einmal bei dem jetzigen Regierungschef und einmal bei dem verflossenen. Wir waren auch zu Henry Kissingers Geburtstag Ende Mai wieder einige Tage in den Vereinigten Staaten. Übrigens sind wir zum ersten Mal mit der Concorde geflogen. Von Paris bis New York dauert es nur dreieinhalb Stunden. Allerdings ist der Flug so teuer, dass es wohl auch unser letzter Flug mit der Concorde war. Helmut war inzwischen noch ein drittes Mal in Frankreich, hat aber auch noch Stationen in Italien gemacht. Und wir waren, diesmal wieder zu zweit in England, wo Helmut von der Universität Cambridge einen Ehrendoktor bekam. Das schöne dabei war, dass wir zwei Tage mit Susanne zusammen waren. […] So viele Auslandsreisen wie im letzten halben Jahr hat es in all den Jahren vorher kaum gegeben.«[2]

Diese von Loki Schmidt beschriebene Amerikareise erwies sich im Nachhinein als Karrierebeginn Schmidts für seine Rolle als Elder Statesman und professioneller Vortragsredner. In den vier Wochen ging es kreuz und quer durch die USA, es gab einen mehrtägigen »Abstecher« nach Tokio und einen kurzen Aufenthalt in Kanada. Schmidt traf alte politische Freunde und absolvierte ein Dutzend Vorträge oder sogenannte »After-Dinner-Speeches« – alle sehr gut bezahlt und professionell vorbereitet von der New Yorker Agentur Harry Walker. Schmidt war sowohl in der Politik als auch in Wirtschaftskreisen sehr gefragt, seine Fähigkeit zur Analyse wirtschaftlich-politischer Zusammenhänge, die geschliffene Rhetorik und das perfekte Englisch verschafften ihm Anerkennung und Respekt, auch wenn er nun kein Kanzler mehr war.

Die USA blieben das Hauptziel seiner vielen Auslandsreisen. Im Schnitt besuchte er die USA drei bis vier Mal pro Jahr, bis Ende der neunziger Jahre ergaben sich somit allein siebzig USA-Reisen. Dass Helmut Schmidt 1984 sogar vom amtierenden Präsidenten Ronald Reagan im Weißen Haus empfangen wurde, darf man getrost nicht nur als eine freundliche Geste an den Exkollegen werten. Schmidts Einschätzungen zur Weltpolitik waren auch im Weißen Haus gefragt.

In der Reihenfolge der meistbesuchten Länder folgten nach den USA auf den vorderen Rängen Frankreich, Japan und China. Während bei den Gesprächen mit seinen französischen Freunden außenpolitische und militärische Fragen der Zusammenarbeit im Vordergrund standen, ging es bei den über zwanzig Besuchen in Japan meist um wirtschaftliche Fragen. Die Volksrepublik China schließlich faszinierte den Altkanzler Schmidt geradezu. Er interessierte sich lebhaft für die frühe

Kultur des Landes, verfolgte den jüngeren ökonomischen Aufschwung Chinas zu einer Weltmacht mit Bewunderung und fand stets die für ihn wichtige Aufmerksamkeit bei führenden Politikern, einschließlich der amtierenden Staatspräsidenten des Riesenreichs.

Weiterhin besuchte er Großbritannien, die skandinavischen Staaten, Spanien und Portugal, Singapur, Ägypten, Saudi-Arabien, Lateinamerika, Ungarn und Polen, Russland und die DDR, in der er bis zum Mauerfall mindestens einmal pro Jahr zu Gast war, meist bei von der evangelische Kirche organisierten Veranstaltungen.

Den Großteil dieser Reisen unternahm Helmut Schmidt ohne seine Frau, bei den DDR-Besuchen war sie allerdings immer dabei. Das hatte nicht etwa mit der geographischen Nähe zu tun, sondern die Verbindungen in die DDR zu erhalten und den Faden zu den Menschen in diesem zweiten deutschen Staat nicht abreißen zu lassen, das war auch für Loki Schmidt ein Anliegen.

Alle seine Auslandsreisen bereitete Schmidt akribisch vor und schrieb im Anschluss ausführliche Vermerke, die an den jeweiligen Chef des Bundeskanzleramts sowie an von ihm ausgewählte aktive Politiker versandt wurden. Offenbar war er überzeugt, dass seine Einschätzungen und die Ergebnisse seiner Gespräche von der aktuellen deutschen Politik wahrgenommen und für wichtig gehalten wurden. In welchem Maße das tatsächlich so war, bleibt offen. Die mit dem Alter zunehmenden Klagen über das aktive politische Personal in der Bundesrepublik deuten allerdings darauf hin, dass der tatsächliche Einfluss des Elder Statesman nicht so groß war, wie er es sich vielleicht erhofft hatte.

In besonderem Maße engagierte sich Helmut Schmidt als Vorsitzender des internationalen »InterAction Council« (IAC), einer 1983 gegründeten Vereinigung ehemaliger Staats- und

Regierungschefs, die vom früheren japanischen Premierminister Takeo Fukuda initiiert worden war. Ein Jahrzehnt, von 1985 bis 1995, fungierte Schmidt als Chairman dieses Gremiums und hatte damit wie kein anderer Einfluss auf Themen und Wirkungsweise des Councils. Das Amt war wie geschaffen für den umtriebigen deutschen Exkanzler, dessen größtes Interesse immer mehr den weltumspannenden Themen galt. Unter seiner Leitung beschäftigte sich der Council mit Fragen einer gerechten Weltwirtschaftsordnung, mit der Rolle der Weltbank, den Entwicklungsmöglichkeiten der Schwellenländer, mit Umwelt- und Ressourcenfragen und insbesondere auch mit einem der Lieblingsthemen Schmidts, dem interreligiösen Dialog.

Von den zahlreichen Resolutionen und Vorschlägen des IAC fand Loki Schmidt den 1997 vorgelegten Entwurf einer »Allgemeinen Erklärung der Menschenpflichten« am bedeutendsten. Sie erinnerte dieser Katalog an John F. Kennedys berühmten Ausspruch: »Frage nicht, was dein Land für dich tun kann, frage, was du für dein Land tun kannst.« Wenn sie darüber sprach, konnte sie richtig in Fahrt kommen. Dass jeder Einzelne nicht nur Rechte, sondern auch Pflichten gegenüber der Gesellschaft habe, kam ihr oft zu kurz im gesellschaftlichen Diskurs.[3] Für die Schmidts, als leidenschaftliche Demokraten und mit ihren eigenen Erfahrungen in einer Diktatur, galten die Menschenrechte als das natürliche Fundament einer gerechten und solidarischen Gesellschaft. Aber erst im ausgewogenen Zusammenspiel von Menschenrechten und Pflichten des Individuums in der Gesellschaft funktioniert ein demokratisches Gemeinwesen, das war ihr Credo.

Die Jahre seines Vorsitzes im IAC waren für den Altkanzler eine arbeitsreiche, aber auch in hohem Maße befriedigende Zeit. Im Gremium saßen die herausragenden politischen Akteure der siebziger und frühen achtziger Jahre. So unter anderem die persönlichen Freunde Schmidts Valéry Giscard d'Estaing,

James Callaghan, Pierre Trudeau und Richard von Weizsäcker, außerdem der Australier Malcolm Fraser, die ehemaligen US-Präsidenten Carter und Clinton, Michail Gorbatschow und der charismatische Freiheitskämpfer Nelson Mandela. Nicht alle Mitglieder des Councils waren in gleicher Weise aktiv, aber den Vorsitz eines Gremiums mit so bedeutenden internationalen Politikern innezuhaben, empfand Schmidt durchaus als Auszeichnung.

Konkrete Unterstützung erhielt er von der umsichtigen Geschäftsführerin des Councils, der Japanerin Keiko Atsumi. Ihr bis zum Jahr 2013 anhaltender, umfangreicher Briefwechsel belegt diese intensive Beziehung, die auch auf persönlicher Ebene eine hohe Bedeutung für Helmut Schmidt gewann. Wann immer er nach Japan reiste, standen die beiden in einem engen Kontakt. Als Übersetzerin und PR-Agentin betreute sie Schmidt auch als Autor und Redner, begleitete ihn bei allen Veranstaltungen und sorgte dafür, dass er in Japan vergleichbar lukrative Honorare und Verträge erhielt, wie er dies aus seinen Verpflichtungen in den USA gewohnt war. Als Schmidt 1995 den Vorsitz des IAC niederlegte, honorierte die Versammlung sein erfolgreiches Engagement und seine professionelle Arbeit und wählte ihn zum Ehrenvorsitzenden, ein Amt, das er bis zu seinem Tod beibehielt.

Blickt man auf all die hier dargestellten Tätigkeitsfelder Helmut Schmidts nach 1982, so ist unübersehbar, dass der bei seiner Abwahl fast vierundsechzigjährige Schmidt wohl mit keinem Gedanken eine – altersgemäße – Reduzierung seiner Arbeitslast erwogen haben wird. Wie er zusätzlich zu seinem beruflichen Engagement noch die Vorbereitungen und zeitaufwändigen Schreibprozesse seiner bis ins Jahr 2015 erschienenen mehr als zwanzig Buchpublikationen in seiner Agenda unterbringen konnte, bleibt den Zeitgenossen ein Rätsel! Große Teile seiner Bücher verfasste er im Übrigen in der Finca von

Justus Frantz auf Gran Canaria. Über lange Jahre flog er dort immer im Frühjahr für einige Wochen zum Schreiben hin. Loki Schmidt begleitete ihn manchmal. Heute kann man eine »Helmut Schmidt Suite« in diesem Haus tatsächlich unter diesem Namen im Internet buchen.

Die Rolle des Elder Statesman füllte Schmidt mit einer Verve und Intensität aus, die im nationalen wie im internationalen Maßstab ihresgleichen sucht. Natürlich schmeichelte diese Rolle seinem Ego. Die ihm als ehemaligen Bundeskanzler zustehenden Insignien der ehemaligen Macht taten diesbezüglich ein Übriges. Er verfügte über ein Büro in Berlin und hatte Mitarbeiter sowohl in der Hauptstadt als auch in Hamburg. Bis an sein Lebensende stand ihm ein Dienstwagen zur Verfügung. Das Haus des Ehepaares in Langenhorn wurde vierundzwanzig Stunden am Tag von Polizeibeamten bewacht und wenn er das Haus verließ, egal wohin, begleitete ihn ein Sicherheitstrupp von vier Personenschützern in zwei Limousinen. Wenn es wegen dieses auch finanziellen Aufwands öffentliche Kritik an seiner Eskorte gab, verwies Helmut Schmidt darauf, dass nicht er, sondern die verantwortlichen Stellen über seine Gefährdungslage entschieden. Fakt war, dass für ihn die höchste Sicherheitsstufe galt. Richtig ist aber auch, dass beide Schmidts im Alter die Vorzüge ihrer immerwährenden Begleitung sehr zu schätzen wussten. Das sicherte ihre Mobilität im Alltag und brachte Annehmlichkeiten bei längeren Reisen mit sich. Besonders Loki Schmidt empfand den Personenschutz und die damit verbundenen Fahrdienste als großes Privileg, wusste sie doch, dass gerade zum Ende ihres Lebens die Welt ohne die Unterstützung der Personenschützer sehr viel enger geworden wäre.

Ein annähernd normaler Ehealltag, den das Ehepaar Schmidt auch mit gemeinsamen Unternehmungen hätte füllen können, war angesichts der vielfältigen beruflichen Verpflichtungen, den zeitaufwändigen Reisen und damit verbundenen

Abwesenheiten von Helmut Schmidt völlig unvereinbar. 1983 hatte Loki Schmidt ja bereits angemerkt, dass die Reisetätigkeit ihres Mannes gleich in den ersten Monaten nach der Amtsaufgabe unverändert intensiv war. An einigen Reisen des ersten Halbjahres 1983 hatte sie noch teilgenommen, aber der Takt und das Tempo der Reisetätigkeit ihres Mannes wurden ihr bald zu hoch. Zudem gab es, anders als in seiner Kanzlerzeit, bei seinen Kongressen, Vorträgen und Gesprächen weder einen festen Platz noch eine aktive Rolle für sie. Sie reiste als Ehefrau mit, nicht als Kanzlergattin, die als First Lady Verpflichtungen übernommen hatte, eigene Akzente im Damenprogramm gesetzt und die Reisedelegation des Bundeskanzlers betreut hatte. Jetzt war sie – im günstigsten Fall – die »Begleitung« ihres Mannes.

Loki Schmidt hatte sich nach den Bonner Jahren nicht etwa ein beschauliches Leben mit ihrem Mann erhofft, dafür kannte sie ihn zu gut. Dass er aber als Publizist und Herausgeber einer großen Wochenzeitung und als Elder Statesman, also als Politiker, eine gänzlich neue berufliche Karriere angehen und dafür enorm viel Zeit und Energie aufbringen würde, das hatte sie nicht geahnt und sich wohl so auch nicht gewünscht.

Ihr Eheleben war also nicht unkomplizierter geworden. In einem Brief an einen ihr nahestehenden Freund beklagt sie im Juni 1994 ganz offen: »So seltsam es klingt, wir sehen uns jetzt beinahe weniger als in der Bonner Zeit. Helmut ist viel unterwegs und auch ich habe mich vielleicht ein bisschen aus diesem Grunde sehr in die Arbeit gestürzt.«[4] Als sie diesen Brief schreibt, ist Helmut Schmidt in New York als Jury-Mitglied Gast beim »Praemium Imperiale«, einem vom japanischen Kaiserhaus gestifteten »Nobelpreis« für die Künste und fliegt direkt im Anschluss, so notiert er in seinem privaten Taschenkalender, für einige Tage in den bekannten Ski-Urlaubsort Vail in Colorado.

Lokis Brief zeigt, wie irritiert sie über die Unternehmungen ihres Mannes war und wie diese auch ihre eigenen Projekte überschatteten.

Susanne in England

Für Besuche seiner Tochter Susanne in England fand Helmut Schmidt nur sehr gelegentlich Zeit. Susanne war mit ihrem Mann, dem Banker Brian Kennedy, in einen kleinen Ort in der Grafschaft Kent im Südosten von England gezogen. Ihr Arbeitsplatz war in London, wo sie, nach ihrem Engagement bei der Deutschen Bank, bis zur Finanzkrise 2008 als Analystin bei einer japanischen Investmentbank und dann als Journalistin beim Wirtschaftskanal Bloomberg TV tätig war. Es ist schon erstaunlich, dass ihr viel reisender Vater den Weg über den Ärmelkanal nur wenige Male antrat. »Ganz selten« habe er sie besucht, gab er 2010 in einem gemeinsamen Interview mit seiner Tochter unumwunden zu, und der letzte Besuch sei »schon lange her«.[5] Seine öffentlichen Auftritte und beruflichen Verpflichtungen im In- und Ausland hatten auch nach den Bonner Jahren die höhere Priorität. 2013, als er seine Abschiedsvisiten in Frankreich und Großbritannien absolvierte, besuchte er dann auch noch einmal seine Tochter in Kent – es war sein letzter Besuch bei Susanne. Das Verhältnis zu ihrem Vater hat Susanne mit den Worten umschrieben: »Es war ein sehr freundliches Verhältnis.«[6] Gern fügte sie auch den Begriff »hanseatisch« als kennzeichnend für die Beziehung zu ihrem Vater hinzu.

Dazu passt, wie sie in einem Interview erzählt, dass ihr Vater sich auch bei ernsten persönlichen Problemen nicht ein einziges Mal an sie gewandt habe. Nie habe er sich anmerken lassen, was in ihm vorging. Sogleich fügt sie aber hinzu, dass sie selbst, ähnlich wie der Vater, die meisten ihrer eigenen Probleme auch mit sich selbst ausmache. »Wir sind ohnehin keine Familie, die ewig Nabelschau macht oder ständig Emotionen zeigt«, beschreibt sie das an anderer Stelle.[7]

Es war Loki Schmidt, die sich um die Kontakte zur Tochter in England kümmerte, und umgekehrt war es auch die Tochter, die sich um die Eltern bemühte und sie fünf bis sechs Mal im Jahr in Langenhorn – oder im Sommer am Brahmsee – besuchte. Vom Kopf her sei sie ein »Papa-Kind«, »vom Herzen her eher ein Mama-Kind« gewesen, hat Susanne ihre innere Einstellung zu den Eltern rückblickend beschrieben.[8]

Was Berufswahl und Berufsalltag anging, teilte sie sicher vieles mit dem Vater. Als sie 1975 ihre Doktorarbeit zum Thema Kapitalverkehrskontrollen abschloss, hätte sie sich gut mit dem ehemaligen Bundesfinanzminister und damaligen Bundeskanzler Helmut Schmidt austauschen können, nur mangelte es schon damals an Zeit. Später, als sie für den Londoner Wirtschaftskanal Bloomberg TV arbeitete, hätte sie ihren Vater als Interviewpartner gewinnen können, aber das kam für sie nicht infrage, das hätte ihre professionelle Distanz beeinträchtigen können. Diese klare Haltung war typisch für Susanne Schmidt. Als 2010 ihr Buch *Markt ohne Moral* erschien, gab es Gelegenheit zu Fachgesprächen zu Hause in Langenhorn und einem ersten gemeinsamen Zeitungsinterview mit dem Vater. Dabei konnten beide feststellen, dass sie in der Einschätzung der 2008/2009 kulminierenden Bankenkrise sowohl in der Analyse – Verlust von Risikobewusstsein und Moral – als auch in den Lösungen – stärkere staatliche Regulierungen – übereinstimmten.[9]

Mit ihrer Mutter telefonierte Susanne regelmäßig. Beide teilten eine große Liebe für Garten und Tiere und tauschten sich auch über Alltägliches gern aus. Loki kam auch zu Besuch nach England und entwickelte eine Beziehung zu den drei Kindern, die ihr Schwiegersohn Brian Kennedy aus der ersten Ehe hatte. Dass sich Loki Schmidt ebenso wie ihr Mann eigene Enkelkinder gewünscht hatte, daraus machte sie kein Geheimnis. Sie sprach über ihren Enkelwunsch auch öffentlich, Susanne Schmidt mag das mit gemischten Gefühlen gehört haben, aber beschwert hat sie sich nicht darüber. »Jammern ist nicht angesagt«, beschrieb sie das Leitmotiv der Familie,[10] das galt nicht nur nach außen, sondern auch in der Familie. Die drei Schmidts konnten sich immer hundertprozentig aufeinander verlassen, eine innige oder gefühlvolle Familienbeziehung pflegten sie jedoch nicht. So veranlagt, nahmen sie wechselseitig auch die räumliche Trennung der Familie zwischen Hamburg und England nahezu klaglos hin. Hanseatisch halt.

Der wirtschaftliche Erfolg

Das neue Leben des Altkanzlers Helmut Schmidt bot dem Ehepaar bei aller Arbeit auch Vorteile. Im Wahlkampf 1980 hatte er als amtierender Kanzler seine Vermögensverhältnisse offengelegt und damit seinen deutlich wohlhabenderen Konkurrenten um das Kanzleramt, Franz Josef Strauß, in Bedrängnis gebracht. Die Veröffentlichung hatte ergeben, dass die Familie Schmidt alles andere als wohlhabend war, ihr blieb von seinem Jahreseinkommen als Bundeskanzler »nach Einkommen- und Kirchensteuer DM 121 000. [...] Bei der letzten Vermögensteuererklärung besaßen meine Frau und ich ein Haus in Hamburg. Einheitswert DM 196 000 (das Haus ist mit einer Resthypothek von DM 49 000 belastet) und ein Ferienhaus am Brahmsee mit einem Einheitswert von DM 41 000. Dazu kommen Bundesanleihen in Höhe von rund DM 98 000. Der Wert der Lebensversicherung betrug 1978 DM 21 000.«[11]

Sieben weitere Jahre später, 1987 also, zitierte ihn die *Bild am Sonntag*: »Ich habe jetzt zwei Millionen.«[12] Schmidt hatte nie einen Hehl daraus gemacht, dass Geld zu verdienen für ihn keine Schande war und dass Spitzenpolitiker in der Bundesrepublik eher zu wenig als zu viel verdienten. »Ich habe in der Zeit als Minister und später als Kanzler häufig das Gefühl gehabt, unterbezahlt zu sein«, äußerte er gegenüber Sandra Maischberger, und seine Frau ergänzte: »Und warst ein bisschen neidisch auf Menschen, die halb so viel arbeiteten und doppelt so viel verdienten.«[13] Helmut Schmidt hat diese Haltung in der Öffentlichkeit nicht geschadet – ganz anders als bei Kanzlerkandidat Peer Steinbrück, der 2012 mit der gleichen Meinung eher Empörung auslöste.

Der beachtliche Vermögenszuwachs bei den Schmidts lässt sich erklären, wenn man weiß, dass in den USA das Honorar des Exkanzlers für einen Vortrag mindestens 20 000 Dollar betrug. Mit seiner ersten Vortragsreise 1983 summierte sich das bei einem Wechselkurs von etwa 1 zu 2,55 immerhin auf einen Betrag von mehr als 50 000 DM. In der Bundesrepublik Deutschland war das damals eine fast unvorstellbar hohe Summe für einen einzelnen Vortrag. Allein im März 1983 hatte er zusammengerechnet mehr als 300 000 DM in den USA verdient. Kein Kanzler vor Schmidt hatte nach seiner Amtszeit auch nur annähernd einen solchen wirtschaftlichen Erfolg. Es spricht für Schmidt, dass er bei öffentlichen Auftritten in der Bundesrepublik für Vorträge und Reden keine Vergütungen verlangte. Er hatte genug Gespür und Bodenhaftung, um zu wissen, dass dies in der Öffentlichkeit nicht gut angekommen wäre.

Im Vergleich zu den hohen Rednerhonoraren, die Schmidt im Ausland erzielte, nahmen sich die 10 000 DM Monatsgehalt, die er bei Amtsantritt als Herausgeber der *ZEIT* verdiente, eher bescheiden aus. Bei seinen Vertragsgesprächen mit dem Verleger Gerd Bucerius hatte Schmidt keine Summe nennen wollen. Er hatte stattdessen das gleiche Gehalt wie seine Herausgeber-Kollegin Gräfin Dönhoff für sich beansprucht, war aber dann doch etwas verwundert über die Summe, die die *ZEIT* ihren Führungskräften auf das Gehaltskonto überwies.

Wenn Loki und Helmut Schmidt später über den erworbenen Wohlstand berichteten, dann sprachen beide nicht über seine Rednerhonorare, nicht über seine Vergütung bei der *ZEIT* und schon gar nicht über seine Pension, die er als ehemaliger Kanzler erhielt. Immer bezogen sie sich als Erstes auf die zahlreichen und stets sehr erfolgreichen Bücher. Gewiss machten diese den größten Anteil an den Einnahmen des Ehepaares aus, aber gleichzeitig wurden sie von der kritischen Öffentlichkeit auch am wenigsten hinterfragt. Die Schmidts wussten genau, wie weit sie die Öffentlichkeit an ihrem Leben teilhaben lassen wollten.

Um die Verwaltung und Anlage des gemeinsamen Bankvermögens kümmerte sich Helmut Schmidt im Übrigen nicht selbst. Ein Vertrauter bei der Deutschen Bank erledigte dies für das Ehepaar. Der international anerkannte Finanzexperte und Weltökonom hat also die Sicherung und Anlage der eigenen Gelder einem Bankangestellten überlassen. Als dieser Vertraute in Pension ging, baten ihn die Schmidts, die Bankgeschäfte für sie dennoch weiterzuführen. Am Ende dürfte daraus ein respektables Vermögen entstanden sein.

Loki Schmidt in der Welt

Mit ihren jährlichen Forschungsreisen hatte Loki Schmidt in der Zeit von 1976 bis 1982 einen eigenständigen Weg aus Bonn heraus in fast immer sehr weit entfernte Welten gefunden. Zurück in Hamburg setzte sie ihre Reiseprojekte in den Jahren 1984 bis 1994 fort, ihr Schwerpunktthema »Pflanzen an Extremstandorten« war noch lange nicht erschöpft. Gewiss hing es aber auch damit zusammen, dass ihr Mann ihr mit seinen weltweiten Engagements und vielen Abwesenheiten dafür mehr als nur einen Anlass geboten hatte.

1984 führte sie eine Orchideenexkursion in den Kaukasus und nach Jalta, 1985 und 1986 ging es noch einmal in die Regenwälder am Amazonas, 1986 und 1987 flog sie zur Unterstützung des Aufbaus eines botanischen Gartens in Jerusalem nach Israel. 1989 erkundete sie auf zwei Expeditionen an Bord des Forschungsschiffs »Polarstern« die Regionen der Arktis und Antarktis – die Arktisreise war die einzige Forschungsreise, an der auch ihr Mann teilnahm. 1991 machte sie sich für Vegetationsaufnahmen ins wirklich sehr weit entfernte Neukaledonien auf. Ihren siebzigsten Geburtstag erlebte sie, durchaus sentimental gestimmt, frühmorgens in einem Zelt in der Namib-Wüste, und ihre letzten beiden Reisen (1993 und 1994) führten sie noch einmal in den Tropenwald, dieses Mal nach Venezuela.

Insgesamt unternahm sie in den Jahren 1976 bis 1994 neunzehn Forschungsreisen, sie legte dabei eine Strecke zurück, die zusammengelegt mehr als zehnmal für eine Erdumrundung gereicht hätte. Sie bereiste alle Kontinente und alle Klimazonen, stieg auf Berge von über 4000 Metern Höhe, schwamm in diversen Meeren, Flüssen und Seen, oft unter sorgenvoller Beobachtung der sie begleitenden Sicherheitsbeamten und Wissenschaftler.

Auf allen ihren Erkundungen legte sie Herbarien an, führte Forschungstagebücher und fertigte vor allem genaue und detaillierte Zeichnungen von Pflanzen an. Die ihr besonders nahestehenden botanischen Gärten in Deutschland versorgte sie mit Lebendexemplaren und Samen seltener Pflanzen. Mit diesen Fähigkeiten und ihrer Bereitschaft, große Anstrengungen auf sich zu nehmen, stand sie »ganz in der Tradition der alten Naturforscher«, wie Professor Peter Gruss, Präsident der Max-

Planck-Gesellschaft, anlässlich ihres neunzigsten Geburtstages schrieb.[14]

Bei ihren Reisen baute sie auch ein umfangreiches Netzwerk von Wissenschaftlern, Fachleuten und engagierten Laien auf, nach ihren Reisen stand sie mit diesen Menschen in einem intensiven und oft jahrelangen Brief- und Telefonkontakt. Der Austausch mit ihnen bedeutete ihr viel, mit diesen Wissenschaftlern verband sie eine große Leidenschaft für die Naturerforschung und -erhaltung, mit einigen auch eine tiefe Freundschaft. Loki Schmidt führte als Forscherin und Naturschützerin ein ganz und gar eigenständiges und von ihrem Ehemann erstaunlich abgetrenntes Leben.

Nicht ohne Stolz verwies sie am Ende auf die vorzeigbaren Ergebnisse: Co-Autorenschaften in renommierten wissenschaftlichen Zeitschriften und nachweislich eigene Entdeckungen – in Mexiko eine bis dato nicht bekannte Bromelienart (Pitcairnia loki-schmidtiae), eine Feigenwespe in Venezuela, in Amazonien ein seltenes Kaktusgewächs und einen Skorpion (Tityus lokiae), in der Antarktis das bis dahin dort nicht gefundene Gras Poa annua und am Nakuru-See und seiner Umgebung drei dort bis dato nicht belegte Pflanzenarten.

Auf den letzten drei Reisen gelangte sie schließlich jedoch an die Grenzen ihrer Kräfte. 1993 erlitt sie im Tropenwald bei Mérida einen Schwächeanfall, auf der Inselgruppe Neukaledonien ging es ihr 1991 über viele Tage schlecht. Sie hatte Schmerzen, schlief kaum und durchlebte Angstzustände. »Warum bin ich nur so abenteuerlustig? Ich weiß es ja«, schrieb sie in ihr Reisetagebuch – eine Selbstoffenbarung, die mehr als eine Deutung zulässt.[15]

Die Freitagsgesellschaft

Am Jahresbeginn 1985 berichtete Helmut Schmidt seiner Frau von der Idee, einen Kreis von interessanten Hamburger Persönlichkeiten zu einem regelmäßig tagenden Gesprächszirkel in den Neubergerweg einzuladen. Wichtig war ihm, Menschen aus verschiedenen Berufsfeldern dafür zu gewinnen, die Bedeutendes geleistet hatten und über den eigenen Tellerrand hinausschauen konnten. In Bezug auf die Frequenz des Zusammenkommens hatte er auch schon Vorstellungen: Nur im Winterhalbjahr und einmal im Monat, genauer an jedem zweiten Freitag des jeweiligen Monats, sollte dieser Kreis sich in Langenhorn treffen.

Schmidt war selbst schon einmal Mitglied einer vergleichbaren Runde im Hause der Gräfin Dönhoff in den sechziger Jahren gewesen. Daran hatte er sich erinnert, so etwas wollte er nun mit Hilfe seiner Frau ebenfalls ins Leben rufen. Ob Helmut Schmidt ihr bei diesem ersten Gespräch angetragen hat, selbst eines der Mitglieder der zukünftigen Gesellschaft zu werden, bleibt ungewiss. Gewiss ist aber, dass er gefragt hat, ob sie bereit sei, die Rolle der Gastgeberin zu übernehmen. Immer sollte es am Anfang ein schlichtes Essen geben, dazu Tischgespräche und dann im Wohnzimmer einen etwa halbstündigen Vortrag mit anschließender Aussprache. Nach Loki Schmidts Erinnerung stimmte sie seinem Vorschlag spontan zu. Für sie war es auch kein Problem, »bloß« Gastgeberin zu sein. Dass er aber in seinem ersten Schreiben an die zukünftigen Mitglieder der Gesellschaft vom 17. März 1985 seine Frau mit keiner Silbe erwähnt, ist zumindest für einen außenstehenden Betrachter irritierend.

Das erste Treffen der von Schmidt selbst titulierten »Freitagsgesellschaft«[16] wurde für den 11. Oktober 1985 angesetzt. Alle von ihm persönlich angeschriebenen Teilnehmer waren gekommen: der Architekt Gerhart Laage, der Schriftsteller Siegfried Lenz, die Journalistin Hélène Liebermann, Michael Otto vom Otto-Versand, der aktive SPD-Politiker und Senator Alfons Pawelczyk, Volker Rühe, zu diesem Zeitpunkt stellvertretender Fraktionsvorsitzender der CDU/CSU im Bundestag, Peter Schulz, Jurist und ehemaliger Erster Bürgermeister der Hansestadt, Henning Voscherau, Jurist und zukünftiger Erster Bürgermeister der Hansestadt sowie der Bankier Max Warburg. In den dreißig Jahren des Bestehens der Freitagsgesellschaft kamen auch neue Mitglieder hinzu, jedoch der weibliche Anteil blieb mit insgesamt drei Damen äußerst klein. Bei manchem Treffen war die Freitagsgesellschaft ein reiner Herrenclub, der von einer Gastgeberin empfangen wurde. Weitere aktive Politiker stießen nach der ersten Ernennung der Teilnehmer nicht mehr zur Gesprächsrunde dazu, denn aktuelle politische Themen sollten die Debatten nicht allzu sehr bestimmen. Die Programmstruktur wurde durch Gastreferenten erweitert, darunter Prominente wie Richard von Weizsäcker oder Wolfgang Schäuble. Seit den neunziger Jahren gab es gelegentlich thematisch bestimmte Ausflüge. Die Lebenspartner der Mitglieder wurden dann dazu geladen, eine Geste des Initiators der Gesellschaft, die mit großer Zustimmung aufgenommen wurde und auch die Frauenquote zumindest bei diesen Gelegenheiten drastisch erhöhte.

Zu den jeweiligen Vorträgen des Abends diskutierte die Gesellschaft offen und kontrovers. Die Vorträge waren von hohem Niveau, 1999 und 2012 veröffentlichte Schmidt eine Auswahl unter den Titeln *Beiträge* und *Neue Beiträge zum Verständnis unserer Welt.* Zum Abdruck kamen auch die beiden Vorträge, die Loki Schmidt in der Freitagsgesellschaft gehalten hat. Sie referierte über ihre botanischen Spezialgebiete: die Entwicklungsgeschichte der Pflanzenwelt und das botanische Leben an Extremstandorten. Loki Schmidt selbst erinnerte sich, dass sie vor und zu Beginn ihrer Vorträge angespannt und nervös gewesen sei. Die Expertise der Referentin hinterließ Eindruck, erinnern sich Katharina Trebitsch und Manfred Lahnstein. Helmut Schmidt war stolz auf seine Frau, der Abdruck ihrer Referate in den benannten Bänden ist ein Beleg dafür.

Während der Diskussionen bemühte sich Schmidt um Zurückhaltung, oft ergriff er am Ende noch einmal das Wort. Der eher nüchterne Physiker und ehemalige Präsident der Technischen Universität Harburg, Hauke Trinks, bemerkte dazu: »Schmidt war ein Meister darin, scharfsinnige Fragen zu stellen, die exakt auf den schwachen Punkt einer Debatte zielten. Unglaublich, was er für ein Gedächtnis hatte und wie er bis zuletzt alles durchblickt hat. [...] Alle waren beeindruckt.«[17]

Das stimmt nicht ganz. Peter Schulz äußerte sich fast ein wenig mokant: »Unter dem Strich hatte Helmut Schmidt diese Runde ins Leben gerufen, um schlauer zu werden. Sein Ziel war es schlicht und ergreifend, aus profundem Munde Wissen aufzusaugen.«[18] Ein anderer Teilnehmer litt sogar ein wenig an der spürbaren Dominanz des Hausherrn, vor allem aber daran, dass im großen Kreis kaum einmal ein persönliches Wort gefallen sei, selbst dann nicht, wenn ein Mitglied schwer erkrankt oder gar verstorben war.

Zu Loki Schmidts Rolle gab es keinerlei geteilte Meinungen: Sie erfüllte die Rolle der Gastgeberin perfekt. Wenn die Gäste eintrafen, war dafür gesorgt, dass an der Bar des Hauses vom früheren Sicherheitsbeamten Otti Heuer Getränke serviert wurden und dass pünktlich nach einer halben Stunde gemeinsam gegessen wurde. Über lange Jahre bereitete Loki Schmidt das Essen für die Gesellschaft in der eigenen Küche zu. Erst als ihr die Vorbereitungen merklich schwerer fielen, beauftragten die Schmidts einen Catering-Service.

Das Wichtigste an Loki Schmidts Gastgeberrolle war allerdings, dass sie für eine freundliche Atmosphäre sorgte. Für alle hatte sie am Anfang und zum Abschied ein persönliches Wort. Auch wusste sie genau, wann, wie und welche Gemüter zu besänftigen waren, wenn die Debatten hitzig wurden. Vor allem gegenüber dem Hausherrn wirkte sich das förderlich für den Verlauf des Abends aus.

Fünfundzwanzig Jahre lang haben die Schmidts die Freitagsgesellschaft gemeinsam vorbereitet und waren sehr zufrieden, dieses Vorhaben umgesetzt zu haben. Die Debattierrunde war Helmut Schmidts Idee gewesen, aber ohne die Gastgeberin Loki Schmidt und ihre aktive Unterstützung wäre der Gesprächszirkel wohl nicht so erfolgreich gewesen. So gesehen war die Freitagsgesellschaft auch für das Ehepaar ein gelungenes gemeinsames Projekt.

Nach Loki Schmidts Tod gab es die Freitagsgesellschaft bis zu ihrer Auflösung im Oktober 2015 fünf weitere Jahre. Auf dem Platz, den Loki Schmidt fünfundzwanzig Jahre am Esstisch der Freitagsgesellschaft eingenommen hatte, saß nun Ruth Loah, die neue Lebensgefährtin von Helmut Schmidt. Gesprochen wurde darüber in der Runde nicht. Vielen mag es aber so gegangen sein wie Reimar Lüst, Mitglied der Freitagsgesellschaft von Beginn an: »Alles was Helmut Schmidt nach dem Tod von Loki guttat, habe ich befürwortet.«[19]

Die Schmidts und die DDR

Am Abend des 9. November 1989, als in Berlin die Mauer fiel, vergossen die Schmidts vor dem heimischen Fernseher Tränen der Freude. Eine vergleichbare innere Berührung hatten sie nur an dem Tag erlebt, als Helmut aus der Kriegsgefangenschaft zurückkehrte. Damals hatte für sie eine neue Zeitrechnung begonnen, und diesen Eindruck hatten sie auch an diesem Tag wieder.

Natürlich waren die deutsche Teilung und das Verhältnis der Bundesrepublik zur DDR all die Jahre ein großes Thema gewesen. Als Minister im Kabinett Brandt hatte Schmidt die Ostpolitik der sozialliberalen Koalition befürwortet und gefördert, als Kanzler setzte er diese Politik seit 1974 fort. Zudem hatten sie tatkräftig dabei geholfen, dass die befreundete Arztfamilie Arnold aus Bernau sich 1962 aus der DDR absetzen konnte.

Zum ersten Mal war Loki Schmidt 1979 in die DDR gereist. Sie hatte über den DDR-Rechtsanwalt Wolfgang Vogel – dem bekannten und heute umstrittenen Mittler zwischen Ostberlin und Bonn – Kontakt zu dem Pfarrer Norbert Lautenschläger in Schönow aufgenommen und so erfahren, dass das Grab ihres Sohnes Helmut noch existierte. Zwischen ihnen und dem Pfarrerehepaar entwickelte sich eine enge Verbindung. Loki schickte Päckchen für die Familie und half auch finanziell. 1981 besuchte sie die Lautenschlägers und das Grab ein zweites Mal, 1982 erhalten Angelika und Norbert Lautenschläger eine Einladung zum Sommerfest des Bundeskanzlers nach Bonn, wo sie dann tatsächlich die zwei aufregendsten Tage ihres Lebens verbringen durften.[20]

Nach dem Ende seiner Kanzlerschaft gehört ab 1983 ein Besuch der DDR zum alljährlichen Reisezyklus des Altkanzlers.[21] Die Einladungen und Vorbereitungen gingen von der evangelischen Kirche aus, Schmidt sprach in Kirchen und bei Zusammenkünften der Landeskirchenvertreter. Er war der Auffassung, dass die erhoffte Wiedervereinigung mittelfristig nur möglich sei, wenn der Zusammenhalt der Menschen in Ost und West nicht verloren ginge. Die Resonanz war groß, zu dem von ihm ausgegebenen Ziel lieferte er selbst einen erkennbaren Beitrag.

Bei Schmidts Auftritten wurde der in der DDR beliebte Altkanzler von den staatlichen Organen sorgfältig abgeschirmt und überwacht. Spontane Sympathiebekundungen und Kontakte mit der Bevölkerung sollten verhindert werden. In das Sicherheitskonzept der DDR-Organe ließ Loki Schmidt sich allerdings nicht einbeziehen, wie Manfred Stolpe, der als hoher DDR-Kirchenvertreter alle Besuche der Schmidts vorbereitete und begleitete, zu berichten weiß.[22] Wenn ihr Mann durch Hintereingänge in die Kirchen, in denen er sprach, geleitet wurde, nahm sie demonstrativ den Haupteingang, ging auf Gesprächsersuche des Publikums ein und nahm auch alle Zettel oder Briefe an, die ihr zugesteckt oder überreicht wurden. Nach den ersten Erfahrungen wählte sie sogar fortan immer Jacken mit besonders großen Taschen aus. Alle Botschaften wurden von ihr beantwortet, Ausreiseersuche gab sie weiter an die dafür amtlichen Stellen in Bonn. Wenn ihr Mann als übergeordnetes Ziel der Politik die Stärkung des Zusammenhalts zwischen den Menschen propagierte, dann setzte Loki Schmidt dies im Kleinen um.

Zu einem besonderen Erlebnis für das Paar wurde gleich der erste dreitägige Besuch der DDR im September 1983. Eingebettet in sein Programm, besuchen die Schmidts zum ersten Mal gemeinsam das Grab ihres Sohnes. Sie erinnern sich an ihren letzten Besuch hier vor mehr als achtunddreißig Jahren. Vieles, was seitdem geschehen war, kommt in ihnen auf. Loki ist auch äußerlich anzusehen, wie stark sie der Besuch bewegt. Es war ein guter Weg, den sie von der ersten Kontaktaufnahme mit den Lautenschlägers, der Wiederherstellung des Grabes und den weiteren Besuchen gegangen ist.[23] 2013, etwa drei Jahre nach ihrem Tod, löst Helmut Schmidt das Grab des Sohnes in Schönow auf und holt den Grabstein auf das Grundstück am Neubergerweg. Es ist, als schließe sich ein Kreis.

Nicht nur bei ihrem Besuch bei den Lautenschlägers, bei allen ihren Aufenthalten in der DDR waren die Schmidts im Visier der Stasi, immer wurden sie von verdeckten Mitarbeitern begleitet, bespitzelt und abgehört. Die sogenannte Aufklärung gegen den Altkanzler hieß im Stasi-Jargon »Aktion Mütze«, die gegen Loki »Aktion Porzellan«, offenbar wegen ihrer früheren Zusammenarbeit mit dem Porzellanhersteller und Unternehmen Rosenthal. Als Loki Schmidt und Dorothea Bahr 1985 rein privat eine touristische Reise nach Weimar, Erfurt und Eisenach unternehmen, werden selbst die Papierkörbe ihrer Hotels durchsucht und akribisch die von ihnen gezahlten Trinkgelder notiert.[24]

Zu dem Pfarrerehepaar hielten die Schmidts auch nach dem 9. November 1989 weiter Kontakt. Sie luden sie in den Neubergerweg und ihr Ferienhaus an den Brahmsee ein. Wenn die Schmidts nähere Bekanntschaften geschlossen hatten, dann waren die meist langlebig.

Das gilt auch für Manfred Stolpe und Wolfgang Vogel. Als gegen beide Vorwürfe wegen ihrer Zusammenarbeit mit der Staatssicherheit der DDR erhoben wurden, stellte sich Helmut Schmidt auch öffentlich an ihre Seite. Im Februar 1992, als publik wurde, dass die Stasi Stolpe als inoffiziellen Mitarbeiter geführt hatte, fuhr Schmidt nach Potsdam, um Stolpe medienwirksam zu unterstützen. Im November 1993 besuchte er Wolfgang Vogel im Untersuchungsgefängnis Moabit, ein Glas mit Quittengelee seiner Frau in der Hand. Ein Bild davon schaffte es sogar in die Fernsehnachrichten.

Beide, so Schmidt, hätten Funktionen eingenommen, in denen der Kontakt zur Staatssicherheit unumgänglich gewesen sei. Helmut Schmidt konnte sich in seiner Einschätzung auf die Menschenkenntnis seiner Frau verlassen, der er besonders vertraute. Die Schmidts hatten Stolpe und Vogel in ihren Bonner Jahren als verlässliche und vertrauenswürdige Partner und Menschen kennengelernt. Dass es in einer Diktatur nicht nur weiße und schwarze Westen gab, hatten sie unter den Nazis nur allzu gut selbst erfahren müssen.

12.
Das eigene Haus bestellen:
Ein letztes großes Projekt der Schmidts

In dem Psalm 90/10 des Alten Testaments heißt es: »Unser Leben währet siebzig Jahre, und wenn es hoch kommt, so sind's achtzig Jahre; und worauf man stolz ist, das war Mühsal und Nichtigkeit, denn schnell enteilt es, und wir fliegen dahin.«

Obwohl beide Schmidts nach eigenem Bekunden kritisch gegenüber dem religiösen Glauben waren, gehörte dieser Psalm zu ihrem aktiven und häufig genutzten Zitatenschatz. Man braucht nicht an Gott zu glauben, um die Lebensweisheit dieses Psalms zu erkennen. Dennoch ist es erstaunlich, wie konsequent die Schmidts sich das »Bestellen des eigenen Hauses« am Beginn ihres achten Lebensjahrzehnts als Aufgabe gestellt haben. Vieles von dem, was sie angestoßen hatten, sollte nicht gleich in Vergessenheit geraten, anderes sollte auf jeden Fall möglichst langfristig weitergeführt werden, vor allem aber sollte nichts von dem, was ihnen wirklich wichtig war, ungeordnet übergeben werden.

So hatte Loki Schmidt die von ihr gegründete Stiftung zum Schutze gefährdeter Pflanzen, die nach den Bonner Jahren immer mal wieder in Schwierigkeiten geraten war, bereits Anfang der Neunziger auf eine neue und solide Basis gestellt. Mit Hilfe von Hamburger Freunden aus Politik und Naturschutz war es ihr gelungen, 1991 die eigene Stiftung mit der Hamburger Landesstiftung Naturschutz zu fusionieren, die einige

Jahre später den griffigen Namen Loki Schmidt Stiftung annahm. Die finanzielle Basis und eine organisatorische Struktur zur Fortführung der von ihr benannten Naturschutzaufgaben waren nun auch unabhängig von den Möglichkeiten ihres persönlichen Engagements langfristig gesichert.

1993 hatte Helmut Schmidt mit der von ihm betriebenen Gründung der Deutschen Nationalstiftung die für ihn zentrale Frage nach der nationalen Identität im wiedervereinigten Deutschland im öffentlichen Raum verankert. Für die Gründung der Stiftung hatte er Freunde und Bekannte wie Kurt Körber, Gerd Bucerius, Reimar Lüst und Hermann Josef Abs zusammengeführt. »Die Idee der deutschen Nation und die Bestimmung unserer nationalen Identität in einem vereinten Europa dürfen wir weder extremen politischen Kräften noch den Gegnern der europäischen Integration überlassen«, heißt es in dem Gründungsaufruf von 1993, und es ist geradezu beängstigend, wie sich heute in Zeiten des Rechtsrucks in Deutschland und Europa diese Zielsetzung als besonders weitsichtig und aktuell erwiesen hat.

Anlässlich seiner goldenen Hochzeit im Jahr 1992 gründete das Ehepaar Schmidt dann seine ganz eigene und nach ihm benannte Helmut und Loki Schmidt Stiftung. Damit verband sich ein folgenreicher Schritt: Sie entzogen ihr Anwesen am Neubergerweg dem privaten Erblass und machten es für eine öffentlichen Nutzung frei. Für unsere Betrachtung der Schmidts als Paar ist diese Stiftung und das damit verbundene Anliegen von besonderer Bedeutung, denn es ist ihr letztes großes gemeinsame Projekt, ein Vermächtnis sozusagen, das über ihre eigene Lebenszeit hinausweisen soll. Die Übergabe ihrer Immobilien in die öffentliche Nutzung erscheint im Hinblick auf das Erbe ihrer Tochter auch als ein ungewöhnlicher Schritt, selbst wenn sie das Vorhaben mit ihr abgestimmt hatten.

Im Austausch mit dem Freund und Juristen Peter Schulz besprachen die beiden ihr Ansinnen, wie und in welcher Form das private Anwesen am Neubergerweg der Öffentlichkeit zugänglich gemacht werden könnte. Peter Schulz brachte das US-amerikanische Vorbild der »Presidential Libraries« ins Spiel, die Schmidts selbst dachten eher an eine Nutzung wie die des Wohnhauses von Konrad Adenauer in Rhöndorf, das zusammen mit einem kleineren Ausstellungshaus mit Dokumenten und Fotos seit langem als eine Gedenkstätte zum Leben und Wirken des ersten Bundeskanzlers der Bundesrepublik Deutschland umgestaltet ist und große öffentliche Anziehungskraft entfaltet. Das ehemalige Wohnhaus Adenauers, beschaulich am Rheinhang gelegen, umgeben von Rosenanlagen, mit Bocciabahn und einer separat angelegten, ganz aus Holz gefertigten Arbeitsexklave des ehemaligen Kanzlers, ist dabei das attraktivste Exponat der Ausstellung. Zumindest was die Lage dieses Wohnhauses und die Weitläufigkeit des Grundstücks angeht, kann das Langenhorner Anwesen der Schmidts einem Vergleich nur schwer standhalten.

Ohne bereits fertige Vorstellungen für die zukünftige Nutzung festlegen zu wollen, wurde mit Gründung der Helmut und Loki Schmidt Stiftung zunächst einmal die organisatorische Basis für eine spätere konkretere Ausgestaltung gelegt. Als wichtigste Initiative der Stiftung wird in den ersten zwei Jahrzehnten ihrer Existenz die Initiierung und Unterstützung von Publikationen zum Wirken und Leben des Stifterpaares gelten.

Nach dem Tod des Altkanzlers hat die Stiftung die Aufgabe angenommen, eine neue adäquate und attraktive Nutzung des Anwesens am Neubergerweg zu finden. Die Idee einer Presidential Library wurde aufgegeben, und auch Rhöndorf wird nur noch bedingt als Modell herangezogen. Im Wesentlichen wird der Neubergerweg für folgende öffentliche Nutzungen offenstehen: das Archivhaus für weitere Forschung zu Helmut

Schmidt, Loki Schmidt und Wilhelm Berkhan; das Wohnhaus als Zentrum von Führungen zum Leben und Wirken des Ehepaares; das Esszimmer des Wohnhauses als Ort für kleinere Kolloquien, Seminare oder auch Profile, wie sie die Freitagsgesellschaft entwickelt hat. Im Zentrum sollen hier Fragen zu den großen gesellschaftlichen und politischen Themen des 21. Jahrhunderts oder zum Leben und Wirken der Schmidts stehen.

Für die breite Öffentlichkeit wird vor allem der Zugang zu dem Wohnbereich und der Gartenanlage des Ehepaares Schmidt von besonderem Interesse sein. Wie haben sie gelebt, wo steht der Steinway-Flügel, wer hat sie besucht, wie war der Tagesablauf, welche interessanten alltäglichen Gegenstände gibt es und welche Geschichten gibt es dazu zu erzählen? So gewiss, wie man die Fragen und das Interesse antizipieren kann, so gewiss ist auch, dass es nur einen stark gelenkten Besucherzugang geben wird. Zu kleinteilig sind Gelände und Haus, und zu wertvoll sind die für die Schmidts ja gerade so typischen Kunst- und Buchbestände. Auch auf die Nachbarschaft muss Rücksicht genommen werden. Darauf haben die Schmidts bereits hingewiesen, auch das gehört zu ihrem Vermächtnis.

Das Wohnhaus der Schmidts wird also nur nach Voranmeldung und zu begrenzten Zeiten von kleinen, geführten Gruppen besucht werden können. Beim Kanzlerbungalow in Bonn, wo Loki und Helmut Schmidt fast acht Jahre gewohnt haben, hat sich eine solche Regelung bewährt. Man darf sich also in naher Zukunft freuen auf den eigenen Besuch am Neubergerweg bei den Schmidts in Hamburg-Langenhorn.

13.

Geglückte Altersbeziehung

Jenseits der achtzigsten Geburtstage des Paares, also etwa um die Jahrtausendwende, kamen mehrere, für die Beziehung der Schmidts wichtige Entwicklungen zusammen. Die Reduzierung der Reise- und Vortragstätigkeit von Helmut Schmidt erbrachte freie Zeit für das Paar und seine Gemeinsamkeiten. Seine Beliebtheit in der Bevölkerung schaffte subjektive Zufriedenheit und stärkte seine Gelassenheit. Zudem hatten die seit den neunziger Jahren einsetzenden vielfältigen Ehrungen und Anerkennungen Loki Schmidt inzwischen zu einer völlig eigenständigen Marke werden lassen. Nicht vergleichbar mit ihm, aber eigenständig und stark genug, um sich neben diesem so außerordentlich erfolgreichen Mann zu behaupten. Und es kam hinzu, was bei vielen Paaren im Alter wichtig wird: Die Gemeinsamkeit wurde zu einer starken Basis, um auch den Herausforderungen des Alters gemeinsam zu trotzen.

In der Öffentlichkeit wurden die beiden inzwischen so sehr als Einheit gedacht, dass beim Empfang des Bundespräsidenten aus Anlass des neunzigsten Geburtstags von Helmut Schmidt niemand überrascht war, als Horst Köhler in seiner Laudatio auf Schmidt nicht mit dem Altkanzler, sondern mit den Schmidts als Paar einsetzte.

»*Liebe Loki Schmidt, lieber Helmut Schmidt, genau zehn Wochen liegen zwischen Ihren Geburtstagen. Wir alle gratulieren Ihnen noch einmal von Herzen – und sind dankbar und froh,*

dass wir heute mit Ihnen gemeinsam hier zusammensein
können. Sie beide haben die meiste Zeit Ihres Lebens Seite an
Seite verbracht. [...] Jeder von Ihnen steht für sich mit seinen
eigenen Aufgaben, Interessen und Botschaften. Sie verstehen
es, dem anderen Raum für Eigenes zu geben. Das ist bei Loki
Schmidt vor allem das Engagement für den Naturschutz, das
sie rund um den Globus geführt hat, und mit dem sie sich welt-
weit Ansehen erworben hat. Zuletzt hat ihre gemeinsame Hei-
matstadt Hamburg ihr eine ganz besondere Ehre zuteilwerden
lassen: Wie ihr Mann wurde nun auch Loki Schmidt Ehren-
bürgerin der Freien und Hansestadt – womit die beiden das
erste Ehrenbürger-Ehepaar sind, das getrennt für jeweils eigene
Verdienste ausgezeichnet wurde. Das ist charakteristisch für
die beiden – eigenständig und doch zu zweit.« [1]

Mit diesen Worten sprach Horst Köhler an diesem Abend vie-
len Gästen aus dem Herzen. Allem Anschein nach trafen diese
Worte auch das, was die Schmidts selbst fühlten und lebten:
Am Ende ihres langen Zusammenseins waren sie ein glück-
liches und mit sich und ihrer Beziehung sehr zufriedenes Paar.
Sie hatten einen passenden Weg des Zusammenseins gefunden.

Schon 1998 hatte Loki Schmidt bei einem Fragebogen der
FAZ unter der Rubrik »Lieblingsbeschäftigung« an erster Stelle
genannt: »Mit meinem Mann Schach spielen und reden.« Erst
danach folgten Botanik und Malen. Dass sie diese Rangfolge
ursprünglich anders, und zwar mit Botanik und Malen begonnen hatte, und, wie man dem im Archiv abgelegten, hand-
schriftlich ausgefüllten Original entnehmen kann, nachträglich
noch einmal korrigierte, kann als Zufall, aber auch Indiz für
das gewandelte Verhältnis der beiden gedeutet werden.

2003 äußerte sich Loki erneut öffentlich zu ihrer Ehe. In einer
Fernsehproduktion aus Anlass des bevorstehenden fünfundachtzigsten Geburtstags stellte der Filmemacher Stefan Troller

Die Schmidts 2003 bei der Präsentation des Buches
Die Blumen des Jahres

ihr in seiner Dokumentation die Frage, ob sie sich eigentlich ein Leben auch ohne Helmut Schmidt hätte vorstellen könne.[2] Sie antwortete wohlüberlegt und knapp: »Nun nicht mehr.«

Mit drei Worten sprach sie gleich zwei Wahrheiten aus. Die Verwerfungen der Vergangenheit waren nicht vergessen, aber nunmehr ohne Bedeutung, und zur Gegenwart ihrer Beziehung gab es keine Alternative für sie. Im Sommer 2010 schließlich gibt sie in ihrem letzten Buch auf die abschließende Frage, ob sie denn ihren Mann noch einmal heiraten würde, die mit Verve vorgetragene Antwort: »Was für einen Frage! Selbstverständlich würde ich das!«[3]

Wenn die Schmidts getrennt auftraten, kam der andere Ehepartner in der eigenen Rede an irgendeiner Stelle so gut wie immer vor. So dachte man als Zuhörer den nicht anwesenden Partner schon fast zwangsläufig mit. Auch scheuten sie sich im Alter nicht, öffentlich Gesten der Nähe und Zuneigung zu zeigen. Auch aus früheren Zeiten hatte es Fotos eines sich umarmenden Ehepaares Schmidt gegeben, doch wirkten sie auch wie demonstrative Bilder für die begleitende Presse. In den letzten Jahren waren es eher kleine, ehrliche Gesten der Zärtlichkeit. Wenn sie ihn streichelte, ihn zu sich zog und seine Nähe suchte, oder er seine Wange zärtlich in ihre Hände drückte, nahm der Beobachter dies als eine spontane Bekundung der tiefen Verbundenheit auf, ohne darin eine Inszenierung zu vermuten.

Dass sie gefilmt, fotografiert und als Paar in den Medien vermarktet wurden, das wussten die Schmidts natürlich, nur mussten sie niemandem mehr etwas beweisen. In solchen Momenten wirkten sie meist ganz auf sich selbst bezogen.

Für den hohen Stellenwert, den die Schmidts seit der Jahrtausendwende auch bei einem jüngeren Publikum einnahmen, spricht, dass sie seit 2007 als »Loki und Smoky« Eingang in die satirische Kultsendung *Mitternachtsspitzen* des WDR fanden und auch hier zum Klassiker avancierten. Man lachte gern über das Paar und fand es selbst in der Parodie einzigartig und sympathisch.[4]

Zu Hause im Neubergerweg hatte es etwa seit der Jahrtausendwende eine andere Zeitordnung gegeben. Auch wenn er noch immer viele Stunden an seinem Schreibtisch verbrachte – die Zeit, die sie zusammen verbrachten, war deutlich mehr geworden.

Aus seinen Politikerjahren kannte man Schmidt als agilen, viel beschäftigten und umtriebigen Mann. Mit den treffenden Worten »Tempo konnte er auch« hat Horst Köhler das in seiner Laudatio charakterisiert. Viele Mitarbeiter Schmidts hatten den Eindruck, dass Tempo sein persönlicher Takt war und er gar nicht anders konnte, aber auch das hatte sich inzwischen verändert. Die Schmidts entdeckten das bequeme Reisen mit dem Schiff, ließen sich mit dem Auto zu Orten aus ihren früheren Jahren fahren, verfolgten mit Interesse und mit regelmäßigen eigenen Erkundungen bauliche Entwicklungen wie Hafencity und Elbphilharmonie in ihrer Heimatstadt. Nun hatten sie endlich mehr gemeinsame Zeit, ja, sie hatten sogar genügend Zeit, um abends zusammen zu albern, Lieder aus der Jugendzeit anzustimmen und sich gegenseitig an gemeinsame Erlebnisse zu erinnern. Wenn Loki Schmidt sich in ihrer Beziehung oft mehr erwartet hatte, als er zu geben bereit – oder fähig – war, die letzten Jahre ihrer Ehe scheinen hier einen Ausgleich zu bringen.

Diese neue Situation beschrieb Loki Schmidt in einem Gespräch mit Reinhold Beckmann wie folgt:

»R. B.: Was sind die lebenswerten und tollen Momente einer fast lebenslangen Beziehung?

L. S.: Die Vertrautheit. Es kommt ja jeden Tag vor, dass wir wie aus einem Munde dasselbe sagen, weil wir dasselbe gedacht haben. Vielleicht auch, dass man gar nicht mehr viel reden muss, weil man weiß, was der andere denkt, aber wir reden natürlich trotzdem dauernd miteinander.

R. B.: Mehr als früher?

L. S.: Weil wir mehr Zeit haben.

R. B.: Ja, aber auch, weil Sie gegenseitig eine größere Aufmerksamkeit füreinander haben?

L.S.: Heute bekomme ich jede Rede, jeden Aufsatz vorher: Lies mal. Was hast du dazu zu sagen?

R.B.: *Sie haben vor kurzem gesagt, Sie hätten heute einen Mann, der zuhören würde.*

L.S.: Weil er mehr Zeit hat.

R.B.: *Hat er vielleicht auch andere Qualitäten dazugewonnen?*

L.S.: Er ist natürlich mit allen Menschen geduldiger geworden, weil nichts mehr drängt. Es muss nichts mehr sofort entschieden werden, und die Verantwortung ist weg.«[5]

Auch als Besucher merkte man, dass die beiden Schmidts sorgsam, liebevoll und entspannt miteinander umgingen. Die eigene Lebensgeschichte war inzwischen ein großes Thema für die beiden geworden. 1992 hatten sie mit dem von ihnen herausgegebenen Band *Kindheit und Jugend unter Hitler* eine gemeinsame Annäherung und Sprache für ihre eigene Vergangenheit gefunden. Helmut Schmidt hatte sich 2002 in einem Gesprächsband mit Sandra Maischberger erneut intensiv auf die eigene Lebensgeschichte eingelassen, beide Schmidts zeigten sich in vielen Fernsehdokumentationen als Zeitzeugen zu einer Vielzahl von Themen.

Die Schmidts waren übereingekommen, dass auch Loki Schmidt mit ihren Lebensthemen Naturforschung, Biologie, Pädagogik und Politik an die Öffentlichkeit gehen sollte. Mit einer alleinigen Autorenschaft fühlte sich die über achtzigjährige jedoch überfordert, und so entstanden ihre Veröffentlichungen als »Gesprächsbücher« in Zusammenarbeit mit ihr vertrauten Autoren. Mit *Loki – Hannelore Schmidt berichtet aus ihrem Leben* begann sie 2003, bis 2010 folgten fünf weitere Publikationen. »Wir können nicht mehr viel, aber Bücher schreiben«, offenbarte sie einmal schelmisch einem Briefpartner.

Zu beider Zufriedenheit trug bei, dass sich alle ihre Bücher gut verkauften. Viel tun mussten sie dafür nicht. Lesungen gab es bei ihm nicht, Loki Schmidt machte einige wenige an ausgesuchten Orten und mit Veranstaltern, die sie kannte. In den Jahren 2003, 2005, 2008/2009 und 2010/2011 standen die beiden mit ihren Publikationen sogar gemeinsam auf der *Spiegel*-Bestsellerliste. Mit Helmut Schmidts *Außer Dienst* und Loki Schmidts *Erzähl doch mal von früher* gelang ihnen das in den Jahren 2008 und 2009 über 41 Wochen![6] Niemand im Buchgeschäft konnte sich erinnern, dass einem Ehepaar so etwas auf dem deutschen Buchmarkt schon einmal geglückt war. Für Loki Schmidt kam der Erfolg mit ihren Publikationen noch einmal einer ganz neuen Karriere gleich: Nach den beruflichen Stationen als Lehrerin, den Aufgaben als Frau des Bundeskanzlers, dem Leben als Naturschützerin und Naturforscherin kam am Ende die Karriere einer erfolgreichen Buchautorin im Genre Sachbuch dazu.

Die Arbeiten für Loki Schmidts Gesprächsbücher fanden alle in ihren privaten Räumen am Neubergerweg statt. Entweder in ihrem Arbeitszimmer im ehemaligen Haustrakt der Schwiegereltern oder im Wohn- und Esszimmer des Ehepaares. War Helmut Schmidt im Haus, gesellte er sich manchmal hinzu, hatte Zeit für ein Tasse Kaffee und die Frage: »An welchem Punkt seid ihr denn gerade?« Meist fiel ihm dann auch einiges zu den infrage stehenden Themen ein: Schulzeit, Elternhaus, Freunde, Krieg, Wiederaufbau oder Bonn. Man merkte, dass die eigene und die Vergangenheit seiner Frau in ihm präsent waren, dass die beiden tatsächlich in fast allen wesentlichen Fragen die gleichen Erinnerungen teilten. Wenn die eine oder andere Jahreszahl oder mancher Name erst einmal diskutiert werden musste, kamen oft noch weitere Details den beiden ins Gedächtnis zurück. Als Dritter im Bunde erlebte man förmlich mit, wie das Paar seine Erinnerungsprozesse betrieb. Auch wenn die Sicherheitsleute bereits vor dem Haus bei geöffneter Wagentür auf die Abfahrt des »Chefs« warteten, Helmut Schmidt hatte nun auch Zeit für die Dinge, die seine Frau bewegten. Dass sie das gern mochte, war deutlich zu spüren.

Zu der Zufriedenheit des Paares trugen auch die letzten großen gemeinsamen Projekte bei, zuallererst die Einrichtung ihrer eigenen Stiftung und die damit einhergehenden Überlegungen und Pläne für die Zukunft der Häuser und des Geländes am Neubergerweg. Auch ihr beiderseitiges Engagement in der *ZEIT*-Stiftung bewirkte Verbundenheit. Loki Schmidt übernahm die Schirmherrschaft für schulische Projekte der Stiftung zur Unterstützung von Kindern und Jugendlichen aus schwierigen sozialen Verhältnissen. In dieser Rolle wirkte sie als Ratgeberin und sorgte für Aufmerksamkeit in der Öffentlichkeit. Ihr Mann, der im Kuratorium der *ZEIT*-Stiftung saß, mischte sich zwar nicht in konkrete Details der Schulprojekte ein, ließ aber nie einen Zweifel daran aufkommen, dass ein derartiges Engagement für die Stiftung eine wichtige Aufgabe sei. Das Zusammenspiel der Schmidts auf diesem Feld war beeindruckend.

Die Fürsorge um seine Frau nahm bei Helmut Schmidt nach ihrer schweren und langwierigen Wirbelsäulenoperation im Mai 2007 noch einmal deutlich zu. Wenn er ins Büro fuhr, ermahnte er sie, sich mittags auszuruhen, war ein Besucher da, machte er darauf aufmerksam, dass Loki nach spätestens zwei Stunden ihre Pause benötigte. Meist rief er später aus dem Büro an und erkundigte sich, ob alles in Ordnung sci.

Zweimal hatte Loki Schmidt ihrem Mann mit ihrer Umsicht wohl das Leben gerettet. 1990 und 2002 erlitt er am Brahmsee zwei schwere Herzinfarkte. 2002 war er selbst gar nicht mehr in der Lage, Alarm zu schlagen. Ohne das rasche Einschreiten seiner Frau hätte es sein Ende sein können. Beide Male flog man ihn nach Kiel ins Universitätskrankenhaus, Loki besuchte ihn täglich. Nach seiner Bypass-Operation von 2002 machte sie mit ihm Erinnerungs- und Sprachübungen und entwickelte eine Art eigenes Reha-Programm.

Mit dem Krankendienst für ihren Mann kannte sie sich zu diesem Zeitpunkt bereits aus. Während seiner Zeit als Verteidigungsminister litt er an einer schweren und zunächst nicht erkannten Schilddrüsenkrankheit, die unter anderem einen erheblichen und sichtbaren Gewichtsverlust verursachte. Jahre später machten ihm wiederkehrende kurze Phasen der Bewusstlosigkeit zu schaffen. Er litt an dem sogenannten Adams-Stokes-Syndrom, welches aufgrund von Herzrhythmusstörungen immer wieder zu einer kurzfristigen Unterversorgung des Gehirns mit Sauerstoff führen kann. Er fiel bei so einem Anfall einfach um, ob im Kanzleramt, zu Hause in Langenhorn, im Kanzlerbungalow – einmal sogar bei einem Staatsbesuch im Élysée-Palast. Erst mit dem Einsetzen eines Herzschrittmachers hörte diese besorgniserregende Serie von Ausfällen endgültig auf.

Im Alter plagten ihn seine Gehörlosigkeit und orthopädische Probleme beim Gehen und längerem Stehen. Die Hörfähigkeit des linken Ohres war bereits seit dem Krieg deutlich reduziert, die Hörfähigkeit des rechten Ohres verlor er schlagartig durch einen Hörsturz im Jahre 1998. Auf dem Weg zu seinem Friseur sei das gewesen, berichtete er, er habe im gleichen Augenblick auch das Gleichgewichtsgefühl eingebüßt und sich wie ein Betrunkener gefühlt. Der Gleichgewichtssinn kam zurück, die Hörfähigkeit des rechten Ohres war jedoch für immer verloren.

Die verbliebene Hörfähigkeit reichte meist zum Verstehen von Gesprächen in kleiner Runde. Im Zusammensein mit seiner Frau kam er immer ohne technische Hilfe aus. Bei großen Veranstaltungen jedoch verstand er ohne Hörgerät oder Kopfhörer nahezu nichts mehr. Die übergroßen Kopfhörer wurden daraufhin bald zu seinem Markenzeichen.

Musik konnte Helmut Schmidt seit 1998 allerdings auch mit technischer Hilfe nicht mehr vernehmen. Nicht nur für ihn, sondern auch für seine Frau bedeutete das einen herben Einschnitt. Die von beiden so sehr geschätzten Konzertbesuche gaben sie auf, denn allein zu gehen, lehnte Loki Schmidt ab. Dass sie sich im Konzert vergnügte und er zu Hause saß, war für sie keine schöne Vorstellung. Mehrere Male kamen Akustik-Spezialisten von Siemens in den Neubergerweg und probierten neue Technik und Geräte. Genutzt hat es nichts, die Musik war aus seinem Leben verschwunden.

Im fortgeschrittenen Alter stellten sich bei beiden ernsthafte orthopädische Probleme ein. Seit seinen Achtzigern nutzte Helmut Schmidt einen Stock als Gehhilfe, Loki behalf sich einige Zeit damit, sich auf längeren Strecken bei ihren Begleitern unterzuhaken. Nur gelegentlich nahm sie in der Öffentlichkeit den Stock zu Hilfe. Einige Wochen nach ihrem fünfundachtzigsten Geburtstag jedoch stolperte sie im Hause und stürzte schwer. Dieser Vorfall war der Auslöser für eine fortschreitende Einschränkung ihrer Mobilität. Auch längeres Sitzen bereitete ihr nun erkennbar Schwierigkeiten. 2007 wurden zahlreiche Wirbelbrüche entlang der Wirbelsäule diagnostiziert, sie drohte ein Pflegefall zu werden. Nach einem langen Gespräch mit ihrem Mann und den Ärzten des Hamburger Klinikums St. Georg entschied sie sich schließlich für einen komplizierten Eingriff. Ohne Risiko war das nicht, aber das wollte sie eingehen. In zwei jeweils mehrstündigen Operationen legte ihr ein Ärzteteam eine Art inneres Stützkorsett für die Wirbelsäule an, eine eingeschränkte Beweglichkeit sollte damit gesichert werden. Die schwere Operation glückte, aber in der folgenden Zeit schwanden ihre Kräfte langsam, aber stetig. Nach dieser Wirbelsäulenoperation nutzte sie im Hause wie bei Außenterminen einen Rollator. Ein Jahr später standen im Erdgeschoss und oben im ersten Stock des Neubergerwegs jeweils gleich zwei dieser Gehwagen, denn auch Helmut Schmidt war inzwischen darauf angewiesen. Ab 2010 wechselte er bei Auswärtsterminen sogar in einen Rollstuhl. Das war bequemer und vor allem deutlich weniger schmerzvoll als das eigene Laufen.

Am Ende ihres gemeinsamen Lebens ließen sich die Schmidts noch einen Treppenlift einbauen: Schlafräume und sein Büro lagen im ersten Stock, die Treppen dorthin erwiesen sich inzwischen für beide als ein fast unüberwindliches Hindernis. Der Neubergerweg sei nun zu einer »Seniorenresidenz« geworden, sagten sie manchmal, wenn sie gut gelaunt auf die Tücken des Alters schauen konnten. Beide äußerten sich aber auch weniger fröhlich zum Alter: »Alt zu werden ist kein Vergnügen«, sagte Loki Schmidt dann. Er hielt seine Hand auch schon mal an den Kehlkopf und schimpfte gegenüber vertrauten Besuchern: »Bis hierher alles Scheiße!«

Allerdings konnten sie sich im Alter gegenseitig stützen, darin fanden sie Kraft und Energie für den Alltag. Angst vor dem Tod zeigten sie nicht, sie klammerten sich nicht ans Leben, im Gegenteil. Sprachen sie über den Tod, hörte sich das rational und abgeklärt an. Schon in ihrem Gespräch mit Stefan Troller hatte Loki Schmidt im Jahr 2003 geäußert, dass sie nicht an ein Leben nach dem Tode glaube, sondern dass nach dem Tod der eigene Körper Bestandteil eines neuen organischen Lebens werde. Einige Jahre später präzisierte sie: »Ich bin wirklich der Meinung, dass man sich, weil man aus vielen Atomen und

Molekülen besteht, in all die Bestandteile auflöst, und Mutter Natur setzt das alles neu und anders wieder zusammen. Man lebt in einer völlig anderen Weise oder bleibt der Erde auf eine völlig andere Weise erhalten.«[7] Diese Sichtweise auf den eigenen Tod gefiel auch ihrem Mann, wie seiner Frau erwuchs ihm daraus Gelassenheit beim Gedanken an das Ende.

Zu einer letzten großen öffentlichen Demonstration ihrer glücklichen Beziehung wird der Film *Wir Schmidts*, produziert von Katharina Trebitsch anlässlich ihrer neunzigsten Geburtstage, mit Giovanni di Lorenzo als Gesprächspartner. Bei allen körperlichen Beeinträchtigungen durch ihr hohes Alter wirken die beiden doch fidel und zufrieden. Allen gemeinsamen Stationen des Lebens, wie Kennenlernen und Lichtwarkschule, Heirat, Krieg und Nachkriegszeit, aber auch ihrem Altersleben, wenden sie sich mit offenkundigem Interesse zu. Obwohl über all das schon vielfach an anderer Stelle berichtet worden war, wirkt hier keine ihrer Antworten routiniert. Man gewinnt den starken Eindruck, dass die beiden mit der eigenen Geschichte im Reinen sind und gern von ihrer Vergangenheit erzählen. So erlebt man zwei betagte, aber hellwache Menschen, die sich möglichst genau erinnern wollen: an historische Details, an Orte und Namen, ja, sogar an Texte und Melodien von Liedern aus Kindheit und Jugendzeit.

Das Interview ist auch deshalb ein Erlebnis, weil der Zuschauer von einer unerwarteten Rollenverteilung zwischen den beiden überrascht wird. Hatte Loki Schmidt in den Bonner Jahren viele ihrer Reden mit dem Satz eingeleitet, dass eigentlich ihr Mann für das öffentliche Sprechen zuständig sei, dominiert sie in diesem letzten großen Filminterview geradezu das Gespräch. Bei zwei Drittel der Fragen übernimmt sie das Antworten, und auch ihre Zeitanteile im Gespräch sind erheblich länger als früher. Helmut Schmidt lässt ihr gern den Vortritt und unterstreicht damit ganz ohne Worte die Bedeutung seiner Frau für ihn. Loki Schmidt ist selbstbewusst, und sie ist es auch, die für ihre Ehe spricht. Man merkt, dass sie gern diese Rolle einnimmt. Oft bestätigt er sie nur oder wirft kurze Zusätze ein. Richtig widerspricht er ihr nur einmal. Als Loki Schmidt am Ende den Wunsch äußert, »dass wir beide gemeinsam davongehen«, wirft er ein: »Das hast du nicht zu bestimmen, und ich auch nicht.« Ein Jahr später stirbt Loki Schmidt. Bei aller Trauer um den Verlust, ihr Mann hatte noch die Kraft und den Willen für fünf weitere Lebensjahre.

Letzte gemeinsame Wochen

Am 21. September 2010 fährt das Ehepaar Schmidt noch einmal nach Langwedel am Brahmsee. Loki Schmidt war der Aufenthalt im Ferienhaus mit seinem geringen Komfort seit längerem schon zu beschwerlich geworden. Ihr Mann dagegen drängte bisweilen. Er kam nach wie vor gern an den See.

An diesem kühlen Septembertag probieren sie es noch einmal, es soll auch nur ein Tagesausflug sein. Zurück in Langenhorn schreibt Loki am nächsten Tag einen Brief an ihren Bruder Christoph und dessen Frau. Es sind melancholisch gestimmte Zeilen, getragen von schönen Erinnerungen und einer Vorahnung, dass sie vielleicht nie mehr an den Brahmsee zurückkehren wird. Tatsächlich ist es der letzte Brief, den sie schreibt.

»Liebe Liesel, lieber Christoph, herzliche Grüße von Helmut und von mir aus einem schon recht herbstlichen Hamburg. Wir haben gestern wieder einen Versuch unternommen zum Brahmsee zu fahren. Bei einem heißen Tee, den Helmut uns gemacht hat, haben wir auf den lang gestreckten See geschaut, der kleine weiße Schaumkronen hatte. Von all den vielen Wasservögeln, die man normalerweise beobachten kann, war

nichts zu sehen. Eine verlorene Möwe flog über dem Wasser,
aber weder Blesshühner, Schwäne oder Gänse haben wir zu se-
hen bekommen und auch nicht gehört. Wir haben also erst mal
in dem kalten Haus einen Mittagsschlaf gemacht, sind abends
zum Essen in die nächste Stadt und waren froh, als wir um
22.00 Uhr wieder in der Dunkelheit zu Hause [in Hamburg]
waren. Man bekommt zwar sentimentale Gefühle, wenn man
in dem Haus ist und sich erinnert an so viele schöne und inter-
essante Erlebnisse in den 50 Jahren, seit wir das Grundstück
haben. Aber jetzt sind wir beide zu alt, um länger dort bleiben
zu können.[8]

Als sie am 23. September nach einer längeren Fernsehaufnah-
me im Neubergerweg stürzt, bricht sie sich das Sprunggelenk
des rechten Fußes. Sie wird sofort im nahe gelegenen Heid-
berg-Krankenhaus operiert, kann sich aber von den Folgen der
Narkose nicht mehr erholen. Das Risiko der Operation und der
damit notwendigen Narkose war sie bewusst eingegangen, sie
wollte sich unbedingt ihre Mobilität und die damit verbundene
Eigenständigkeit erhalten. Im Krankenhaus war sie teilweise
noch ansprechbar und Helmut Schmidt bat einige enge Freunde, seine Frau zu besuchen. Die Ärzte hatten gehofft, dass bekannte Gesichter und eine vertraute Ansprache eine Besserung
ihres Zustandes einleiten könnten. Auch ihre Verlegung in das
Haus am Neubergerweg brachte keine Änderung, stattdessen
wurde bald deutlich, dass sie nicht wieder gesunden würde.
»Loki ist sehr krank. […] Susanne ist seit 10 Tagen hier. Wir
sind beide sehr traurig«, berichtet Helmut Schmidt am 15. Oktober an Lokis Bruder Christoph. Er sitzt am Krankenbett und
versucht, sie ins Leben zurückzuholen. Einmal glaubt er, ein
leichtes Lächeln auf ihrem Gesicht zu sehen. Er hatte es dieses
Mal mit dem Familienpfiff der Schmidts versucht, so wie am
24. August 1945, als er aus der Gefangenschaft zurückkam und

vor ihrer Tür in Hamburg-Neugraben gestanden hatte. Mehr als fünfundsechzig Jahre war das nun her.

Am 20. Oktober sollte Helmut Schmidt in Berlin bei einem Festvortrag zum 25. Jubiläum des Deutsch-Japanischen Zentrums sprechen. Da die Ärzte davon ausgingen, dass seine Frau noch etwa zwei Wochen hatte und er seine Tochter Susanne am Krankenbett wusste, sagte er nicht ab und fuhr nach Berlin. In seine Rede »Deutschland, Japan und ihre Nachbarn« fügte er eine kleine Geschichte von Loki und dem japanischen Tenno anlässlich eines gemeinsamen Staatsbesuchs im Jahre 1978 ein. Bei einem Festbankett im Palast des Tennos hatte sie ihn in ein längeres Gespräch über sein Interesse an Fischen verwickelt. Und obwohl das Protokoll eine direkte Ansprache des Kaisers verbietet, war dieser gern darauf eingegangen. Helmut Schmidts Zuhörer erfreute diese Anekdote, und der Altkanzler konnte sich sogar ein wenig mitfreuen. Für die, die im Publikum um Loki Schmidts ernsten Zustand wussten, war es ein berührender Moment. Helmut Schmidt ließ sich an diesem Abend nicht mehr zurück nach Hamburg fahren. Während er in seinem Berliner Hotel übernachtete, verstarb seine Frau im gemeinsamen Zuhause am Neubergerweg. Ihre Tochter Susanne war bei ihr.

Bei der Trauerfeier von Loki Schmidt am 1. November 2010 sieht man in der Hauptkirche St. Michaelis einen tief trauernden, in sich versunkenen Helmut Schmidt, der mehr als einmal um Fassung ringen muss. Die Tochter sitzt neben ihm, stützt und tröstet ihn. Als er drei Wochen später dem *Hamburger Abendblatt* ein bereits vor dem Tode Loki Schmidts abgemachtes Interview gibt, ist zu spüren, dass er mit der Einsamkeit und dem Gefühl der Verlassenheit kämpft. Gleichzeitig ist der Wille deutlich, durch die Fortsetzung aller beruflichen Tätigkeiten dagegen ankämpfen zu wollen.[9] Schon wenige Tage nach der Trauerfeier nimmt er seine Arbeit in der *ZEIT* wieder auf.

Vielleicht noch wichtiger wird für ihn die Unterstützung durch Ruth Loah. Seit mehr als fünfzig Jahren kannte er sie, nach seiner Rückkehr 1983 nach Hamburg hatte sie zunächst in der *ZEIT* für ihn gearbeitet, später dann das Archiv in Langenhorn geführt und war zum Schluss in der Funktion einer Privatsekretärin tätig gewesen. Zu ihr hatte Helmut Schmidt, wie er in seinem letzten Buch schreibt, »ein vertrauensvolles, enges Verhältnis« und »ohne diese langjährige Freundin [...] hätte ich den Tod von Loki wahrscheinlich nicht überlebt«.[10] Diesen Dank an Ruth Loah drückte er auch im Thalia Theater in seiner Rede zur Feier seines fünfundneunzigsten Geburtstags aus. Der Kernsatz zum Schluss dieser Rede aber war: »Ohne Loki wäre ich nur die Hälfte.«

Nach Lokis Tod hat Helmut Schmidt noch sieben Bücher veröffentlicht, etliche Artikel geschrieben, Interviews gegeben und einige Reisen unternommen, die längste – in Begleitung eines Arztes – als Abschiedsbesuch über Singapur, wo er seinen alten Freund Lee Kuan Yew besuchte, der den Stadtstaat jahrzehntelang autoritär geleitet hatte, nach China.

Am 10. November 2015 verstarb Helmut Schmidt – wie seine Frau im Haus des Ehepaares in Langenhorn am Neubergerweg 80. Das gemeinsame Grab von Loki und Helmut Schmidt befindet sich auf dem Friedhof Ohlsdorf. Ein kleines, gusseisernes Schild weist den Weg von der Mittelallee des Friedhofes zu dem denkbar schlichten Grab.

14.

Mythos »revisited«

»Das soll uns erst einmal jemand nachmachen«, ist ein von den Schmidts oft wiederholter und in den Medien viel zitierter Satz. Das Ehepaar verweist mit dieser einprägsamen Formulierung auf die außerordentliche Beständigkeit und den Erfolg ihrer Ehe. Auch die Tochter Susanne benutzte diesen Satz in einer launigen Rede auf die Eltern bei einer Feier, welche die *ZEIT* und die *ZEIT*-Stiftung anlässlich des neunzigsten Geburtstags ihres Vaters ausgerichtet hatten. »Das soll uns erst einmal jemand nachmachen« – mit diesem selbstbewussten Resümee ihrer Lebensbeziehung hatten die berühmten Eltern sich Respekt und Zuneigung verschafft. Susanne Schmidt nimmt das wohlbekannte familiäre Narrativ auf und bestätigt mit diesem Blick von außen, was die Öffentlichkeit ohnehin zu wissen glaubte: Die Schmidts konnten beide auf ein bemerkenswert vielfältiges Leben und jeder für sich auf eine außergewöhnliche Lebensleistung zurückschauen. Und da sie offenbar zu zweit so gut miteinander gelebt hatten, waren sie auch als Paar eine Art Vorbild geworden. Man hörte es einfach gern, wenn der Bundespräsident an Helmut Schmidts neunzigstem Geburtstag sagte: »Die Wertschätzung füreinander, das Verständnis, die Sorge umeinander, der Umgang miteinander, die Freude aneinander. Und die Dankbarkeit dafür. Dies wirkt ansteckend – auch auf Außenstehende. Und wir freuen uns mit Ihnen.«[1]

Hätten die Schmidts nicht selbst ab und zu vorsichtig angedeutet, dass es in ihrer Beziehung Konflikte und Krisen gegeben hatte, so hätte im letzten Jahrzehnt ihres Lebens in der Öffentlichkeit wohl niemand an der »ewigen Ehe« der Schmidts irgendwelche Zweifel gehegt. Doch selbst die vagen Anmerkungen, die beide gelegentlich zu ihren Eheproblemen machten, schienen den Mythos ihrer geglückten Verbindung eher noch zu verstärken: »Ja, selbst bei den Schmidts gab es mal Probleme, ihrer Ehe hat das aber nichts anhaben können!« Der Mythos ihrer »ewigen Ehe« brachte es eben auch mit sich, dass es niemand richtig genau wissen wollte, ob der Ruf der Ehe mit der Wirklichkeit so ganz übereinstimmte.

Über das tatsächliche Ausmaß der Belastungen, die die Ehe der Schmidts aushalten musste, hat die Öffentlichkeit allerdings nichts erfahren. Dabei war die in den sechziger Jahren beginnende außereheliche Beziehung Helmut Schmidts zu Helga R. wohl deutlich mehr als nur eine zeitlich begrenzte Affäre. Zur Trennung von Loki und Helmut Schmidt kam es jedoch nicht, Loki Schmidt fand einen Weg, mit den Herausforderungen ihrer Ehe zu leben. Das Gemeinsame wog stärker

Die Schmidts im September 1975

als das Trennende, auch für Helmut Schmidt. Dass der Anteil Loki Schmidts an dem Bestehen der Beziehung der ausschlaggebende war, hat diese Paar-Biographie der Schmidts belegen können. Besonders bemerkenswert dabei ist, dass ihr »zweites Leben« für Naturschutz und Naturforschung Loki Schmidt als unabhängige, selbstbewusste Persönlichkeit stärkte und ihr Kraft gab für die Herausforderungen der Ehe.

Die von Helmut Schmidt mehrfach wiederholten, etwas sybillinischen Worte, es sei vorrangig Lokis Verdienst gewesen, dass die Ehe so lange gehalten habe, gewinnen unter diesem Aspekt noch einmal eine andere Bedeutung. Es stimmt: Loki Schmidt hat vieles geduldet und verziehen, aber vor allem hat sie einen eigenen Weg für sich gefunden, den privaten Herausforderungen zu begegnen und ihre Ehe aufrechtzuerhalten. Auf die Frage von Reinhold Beckmann, warum es sich für Paare lohnen könne durchzuhalten, antwortete sie, gewiss auch mit Blick auf ihr eigenes Leben: »Jungen Ehepaaren, die so nach sechs, sieben Jahren ihre erste Krise haben, würde ich sagen: Ich kann mir vorstellen, dass ein anderer Mensch dich sexuell viel mehr anzieht als der alte, aber das ist nur ein kleiner Teil des Lebens. Die Vertrautheit, die du mit dem anderen hattest, musst du erst wieder herstellen, und das ist ein langer Prozess. Und komm bloß nicht auf die Idee, ihn erziehen zu wollen. Du findest ihn oder sie ja attraktiv, weil sie so ist, wie sie ist, und nicht anders.«[2] Das mag ein hilfreicher Rat sein, allerdings gehört zum Erfolg dieses Ehekonzeptes ein ausreichendes Selbstwertgefühl in der Partnerrolle und im eigenen Leben, so wie es Loki Schmidt für sich verwirklichen konnte.

Die Entstehung des Mythos von Helmut und Loki

Ohne Zweifel wären die öffentliche Aufmerksamkeit und der Zuspruch, den die Schmidts als Paar erlebten, ohne Helmut Schmidts Amt als Bundeskanzler und seiner anschließenden Rolle als Elder Statesman nicht denkbar. Schon zu seiner Zeit als aktiver Politiker war Helmut Schmidt in Deutschland hoch angesehen. Zu seinem Ansehen trug bei, dass seine politischen Ansichten und sein Handeln nicht nur in der SPD und bei SPD-Wählern, sondern bis weit in die Wählerschaft der konservativen Parteien respektiert wurden. Doch auch wenn das Kanzlerpaar Schmidt in Bonn beliebt war, von einem Mythos, der sie zum Paar der Republik erhöhte, waren sie damals noch weit entfernt.

Als Helmut Kohl 1998 abgewählt wurde, hatte Schmidt, wie es Thomas Karlauf zutreffend ausgedrückt hat, mit seiner Popularität quasi »überwintert«.[3] Er hatte sich als Mahner und Deuter etabliert und sich als Herausgeber der *ZEIT* eine wunderbare Möglichkeit geschaffen, eine Öffentlichkeit für seine Ansichten herzustellen und präsent zu bleiben. So musste sich Schmidt 1998 wenig Sorgen machen, dass der Altkanzler Kohl ihm seine Rolle als Elder Statesman der Nation streitig machen könnte. Mit dem Spendenskandal der CDU und Kohls Weigerung, die angeblichen Spender zu benennen, hatte dieser seinen Ruf als integrer Politiker zudem dauerhaft beschädigt.

Umso mehr gewann Schmidt in seiner Position als Vordenker, Mahner und kluger Deuter der Weltpolitik an Bedeutung. Die globalen Verunsicherungen in der Folge des 11. September 2001 und der Finanzkrise in den Jahren 2007/08 taten ein Übriges. In derart unübersichtlichen wirtschaftlichen wie auch politischen Lagen ist der Wunsch nach vertrauenswürdigen Leitfiguren besonders ausgeprägt. Vertrauenswürdigkeit ist eine Eigenschaft, die man sich von deutschen Politikern an erster Stelle wünscht, wenn dann Sachautorität und Urteilskraft hinzukommen, ist die Mischung perfekt. Schmidt stand für alle diese Eigenschaften. Das öffentliche Renommee, das Helmut Schmidt nach der Jahrtausendwende erfuhr, erschien selbst dem Paar erstaunlich. Manchmal wurde es ihm auch schlicht »ein bisschen viel«.[4]

Gleichgültig, wonach gefragt wurde, in den Meinungsumfragen belegte Schmidt nach der Jahrtausendwende immer vordere Plätze, oft sogar den ersten Rang. 2002 wird er zum »weisesten Deutschen«, 2007 mit über 50 Prozent zum beliebtesten lebenden deutschen Exkanzler (Kohl 25 Prozent, Schröder 14 Prozent) gewählt. Im Sommer 2012 kürt ihn die Zeitschrift *Hörzu* zum größten lebenden Vorbild der Deutschen, Ende 2013 erreicht er bei einer Umfrage für den *Stern* nach dem bedeutendsten Kanzler seit Gründung der BRD noch vor Adenauer (23 Prozent) den ersten Platz mit einem Viertel aller Stimmen. Und wäre dies nicht alles schon genug an Zustimmung, wird er 2008 sogar vom befragten Publikum – und zwar deutlich vor den Schauspielern Til Schweiger und Jürgen Vogel – zum »coolsten Mann Deutschlands« gekürt.[5]

Für seine Beliebtheit und Breitenwirkung sprechen auch die Verkaufswerte seiner über zwanzig Bücher, die er nach Beendigung seiner politischen Laufbahn veröffentlichte. Etwas mehr als vier Millionen verkaufte Bücher machen ihn zu einem der meistgelesenen Autoren in Deutschland.[6]

Auch Schmidts Ehefrau Loki konnte sich auf öffentliche Zustimmung verlassen. Neben zahlreichen wissenschaftlichen Auszeichnungen stehen für Loki Schmidts Akzeptanz- und Beliebtheitswerte die Verleihung sehr unterschiedlicher Preise und Auszeichnungen: neben akademischen Würden wie Doktoren- und Professorentitel zuallererst der »Deutsche Umweltpreis« der Deutschen Bundesstiftung Umwelt für ihr Lebenswerk, verliehen durch den damaligen Bundespräsidenten Horst Köhler im Jahre 2004; 2007 die Verleihung der »Goldenen Feder« durch die Bauer Verlagsgruppe für ihre publizistische Arbeit oder die Wahl zur »Top Frau 2005« durch die Leserschaft der *Bild* im Jahre 2005.

Wie ihr Mann setzte Loki Schmidt in ihrer letzten Lebensphase mit großem Erfolg auf das Medium Buch, um ihre Ansichten und Sichtweisen publikumswirksam zu präsentieren. Besonders ihre autobiographisch angelegten fünf Gesprächsbücher der Jahre 2002 bis 2010 erzielten mit über einer halben Million verkaufter Exemplare eine erhebliche Breitenwirkung. Wie stark ihre breite öffentliche Wahrnehmung und Akzeptanz von der Woge der Popularität ihres Mannes beeinflusst wurde, ist nicht auszumachen, aber es wird schon eine gewisse Rolle gespielt haben.

In ihrer Heimatstadt Hamburg erlangten die Schmidts sehr besondere Auszeichnungen: Beide sind Ehrensenatoren der Universität und beide tragen den Titel »Ehrenbürger« der Hansestadt. Selbst öffentliche Einrichtungen werden bereits zu ihren Lebzeiten nach ihnen benannt: die Helmut-Schmidt-Universität der Bundeswehr in Wandsbek, das Helmut-Schmidt-Gymnasium in Wilhelmsburg bzw. das Loki-Schmidt-Haus, ein naturkundliches Museum im Botanischen Garten. Nach ihrem Tod folgten weitere Benennungen öffentlicher Einrichtungen wie der Helmut Schmidt Flughafen in Fuhlsbüttel, das Helmut-Schmidt-Haus, ehemals Pressehaus, die Loki-Schmidt-Schule in Othmarschen oder der Loki-Schmidt-Garten, ehemals Botanischer Garten, in Klein Flottbek.

Ihre Bedeutung als eigenständige Persönlichkeiten und ihre Wertschätzung als Paar scheinen sich dabei sogar wechselwirksam positiv zu beeinflussen. Als Paar sind sie bekannt, da sie als Einzelpersonen Bedeutung tragen, ihre Wertschätzung als Einzelpersonen wiederum wird dadurch gesteigert, dass sie auch als Paar eine scheinbar so einzigartige Verbindung repräsentieren. Für die Wahrnehmung von Helmut Schmidt wird die Beziehung zu seiner Frau Loki von besonderer Relevanz. Durch sie gewann der in der Öffentlichkeit als kopfbetont, fast unnahbar, manchmal auch als abweisend oder sogar mürrisch wahrgenommene Schmidt an Sympathie und Nähe. Loki ließ schlicht sein soziales Wesen aufscheinen, neben und mit ihr wirkte er fröhlicher, wie Horst Köhler beobachte, man könnte hinzufügen, er wirkte auch zugänglicher und menschlicher. Viele meinten, dass es leichter gewesen sei, auf Helmut Schmidt zuzugehen und ihn anzusprechen, wenn seine Frau ihn begleitete. Vielleicht ist aber auch das schon ein Teil des Mythos.

Was an Loki und Helmut Schmidt besonders geschätzt wurde, ist die Beständigkeit ihrer Ehe, ihre Bodenhaftung, ihre offenen Meinungsäußerungen und sicher auch, dass sie sich als hochbetagte Menschen immer noch für Fragen des Gemeinwohls engagierten. Auch der fast ein wenig anarchische Hang, sich nicht verbiegen zu lassen – besonders zu sehen an dem Festhalten an ihren Rauchgewohnheiten –, hat vielen gefallen. Wenn man jemandem das Rauchen nicht verübelte, dann den beiden Schmidts, zumindest galt das für eine Mehrheit der Bevölkerung. Die Schmidts hatten also nicht nur Außergewöhnliches geleistet, auf eine etwas altmodische Weise hielten sie an ihren Prinzipien fest, und das fanden viele sympathisch.

Gemeinsamkeiten und gegenseitige Wertschätzung

Als tragendes Fundament für ihre Beziehung hatten sich die Schmidts über lange Jahre viele verbindende Gemeinsamkeiten geschaffen: den engen Hamburger Freundeskreis, den Familienverbund mit ihrer Tochter Susanne, die gemeinsamen Leidenschaften für Kunst und Musik, Theater und Literatur, für Schach und das Naturerleben am Brahmsee. Was die Politik anging, nahm Loki Schmidt gerade in den Bonner Jahren eine wichtige Rolle ein, ob im engen Umfeld von Partei und Mitarbeitern, im Auftreten in der Öffentlichkeit und bei Staatsbesuchen, im Wahlkreis und bei Wahlkämpfen. So verwundert es nicht, wenn Helmut Schmidt selbst einen Teil seiner Popularität als Politiker dem Einfluss seiner Frau und der Ehe gutgeschrieben hat.[7]

Auch in der Familie war Loki Schmidt die Säule, auf der alles ruhte: Sie sorgte für die Eltern der beiden und die gemeinsame Hauswirtschaft im weitesten Sinne. Es war Loki, welche die Verbindung zur Tochter Susanne zuverlässig aufrecht hielt, als diese nach England ging. Ohne Loki Schmidt wäre die meisten Verbindungen zum näheren Freundeskreis nicht so langlebig und lebendig geblieben. Es ist nachvollziehbar, wenn Helmut Schmidt rückblickend schrieb: »Für mich war Lokis absolute Zuverlässigkeit das Wichtigste [...]. Ich zögere nicht zu sagen: Loki war der Mensch in meinem Leben, der mir am wichtigsten war.«[8]

Für das Binnenverhältnis der beiden war es nicht untypisch, dass Loki Schmidt bei der Charakterisierung ihres Zusammenlebens oft das Wort »Vertrautheit« in den Mittelpunkt stellte. Diese resultierte aus den gemeinsamen Erfahrungen seit frühester Kinderzeit, welche für Schmidts eine einzigartige Basis ihres Zusammenlebens waren. Die stetige gegenseitige Vergewisserung dieser frühen Gemeinsamkeiten ihres Lebensweges lässt sich in allen ihren autobiographisch angelegten Büchern wiederfinden.

Darauf, dass ihr Mann erst als Politiker, dann als Publizist und Elder Statesman so erfolgreich war und zum Schluss durchaus in einer eigenen Liga spielte, war sie nie neidisch. Seine besonderen Begabungen, seine wache Intelligenz und Willensstärke konnte sie mitsamt seiner Popularität ohne Einschränkungen anerkennen. Wenn auch sie sich zielbewusst um öffentliche Aufmerksamkeit für ihre Anliegen bemühte, muss man darin gewiss nicht als Erstes ein Konkurrenzverhalten sehen.

Stattdessen wusste sie es zu schätzen, dass ihr Mann in seiner herausgehobenen Position ihr viele Türen öffnen konnte. Die Chancen, die sich ihr mit seiner Unterstützung boten, hat sie dankbar genutzt und sie auch als seinen Beitrag zu ihrer Selbstverwirklichung anerkennen können. Ohne die Eigenständigkeit, Durchsetzungsfähigkeit und die Erfolge von Loki Schmidt kleinreden zu wollen, der Rahmen, den ihr dieser erfolgreiche Mann bieten konnte, machte vieles erst möglich, was am Ende Loki Schmidt ausgemacht hat. Sie wäre die Letzte gewesen, die dies nicht anerkannt hätte.

Den Naturschutz als ihr ureigenes Anliegen und ihre Leidenschaft für die Naturforschung hat ihr Mann immer aufmerksam und anerkennend begleitet. Sein oft gehörter Hinweis, dass er auf diesem Feld vieles von seiner Frau gelernt und übernommen habe, war ehrlich gemeint: »Was Ökologie [und ihre Bedeutung für die Menschen] angeht, muss ich mir keinerlei Vorwürfe machen; insofern bin ich, unter dem starken Einfluss meiner Frau Loki, seit mehr als einem halben Jahrhundert ein Grüner.«[9] Dieses Interesse in ihm geweckt und ihn mit ihrem Engagement beeinflusst zu haben, hat Loki Schmidt mit großer Zufriedenheit und auch mit Stolz erfüllt.

In der Paarpsychologie spricht man bei so vielfältigen und tragfähigen Übereinstimmungen, wie man sie bei den Schmidts sieht, von einem die Beziehung stützenden »Framing«. Es gibt Paare, die ohne »Framing« auskommen oder gar in der Unterschiedlichkeit ihrer jeweiligen Persönlichkeiten eine tragfähige Basis finden. Bei den Schmidts trifft beides zu, sie hatten einen starken gemeinsamen Beziehungsrahmen und dazu den Vorteil, sich in vielen Aspekten ihres unterschiedlichen Wesens und Charakters auch zu ergänzen. Insofern konnten auch beide voneinander profitieren. Um in dem oben gewählten Bild zu bleiben: Er öffnete ihr eine Tür in die Welt, und ohne sie hätte er sich in der weiten, von ihm immer wieder bereisten und gedeuteten Welt vielleicht verloren. Susanne Schmidt sagte kürzlich über ihren Vater: »Ohne meine Mutter wäre er ein anderer geworden.« Dies gilt andersrum auch für Loki Schmidt, vielleicht auf eine andere Weise, aber dennoch in gleichem Maße.[10]

Die Schmidts »in eigener Sache«

Am Schluss bleibt ein kritischer Blick auf das, was die Schmidts selbst zu ihrem Ruf als sehr besonderes Paar beigetragen haben. Denn dass die beiden einiges getan haben, um dem eigenen Mythos Nahrung zu geben, ist nicht zu übersehen. Hilfreich dafür waren zuallererst ihre exzellenten Verbindungen zu den Medien. Seit den sechziger Jahren hatten sie Kontakt zu den Herausgebern von *Spiegel*, *Stern*, *ZEIT* und *Bild*. Schmidt wird inzwischen von der Medienforschung sogar als *der* Medienkanzler der Bundesrepublik beschrieben, als ein Politiker, der besonders erfolgreich durch Nähe und Distanz sowie seine Fähigkeit zur Zuspitzung und Personalisierung die Medienlandschaft zu nutzen wusste. Nach seiner politischen Laufbahn wurde er dann selbst Teil des Medienbetriebs, mit all den sich daraus ergebenden Möglichkeiten der eigenen Darstellung für seine politischen Analysen und Wertungen, aber auch für die Einordnung seiner selbst als Person und Persönlichkeit des öffentlichen Lebens.

Auch Loki Schmidt nutzte und pflegte enge Kontakte zu den Medien. Augstein, Springer, Nannen und Bucerius kannte sie alle persönlich, mit Friede Springer verband sie sogar eine engere Freundschaft. Schon in den siebziger Jahren ließen die Schmidts die Medien auch an ihrem Privatleben teilhaben, 1976 brachte der NDR eine erste Homestory aus dem »kleinen

Privathaus« am Neubergerweg. In den späteren Jahren empfing vor allem Loki Schmidt ausgewählte Journalisten zu speziellen Anlässen, gern zum Kaffee im heimischen Wohnzimmer. Man kann sicher sein, wenn die Schmidts ein Thema in die Öffentlichkeit bringen wollten, hatten sie sehr gute Möglichkeiten, die geeigneten Medienpartner dafür zu gewinnen. Der Einfluss auf die öffentliche Meinung wuchs noch einmal, als beide zu Premiumgästen in den Talkshows des öffentlich-rechtlichen Fernsehens wurden.

Ihren letzten großen Auftritt als Paar erlebte das Fernsehpublikum anlässlich der neunzigsten Geburtstage der beiden. Hier festigten sie noch einmal den zuvor schon von ihnen selbst evozierten Ruf eines »ewigen Paares«. Was daran Wirklichkeit war und was Mythos, ist in diesem Buch deutlich geworden. Sympathisch war an ihrer Haltung, dass sie die Beständigkeit ihrer Ehe nie im Duktus moralischer Bewertungen anderer vertreten haben. Eine moralische Instanz wollten sie definitiv nicht sein. Das gehörte nicht zu ihrem Selbstverständnis.

Bei einem kritischen Blick auf die Schmidts als Paar kann neben der Medienarbeit in »eigener Sache« auch die Einrichtung der eigenen Helmut und Loki Schmidt Stiftung als ein weiteres Instrument der Sicherung öffentlicher Wahrnehmung gesehen werden. Mit dieser Stiftung und den von den Schmidts ja selbst gesetzten Aufgaben scheint eine langfristig wirkende Erinnerungskultur gesichert zu sein. Auch die Einrichtung einer eigenen Schriftenreihe ausschließlich zum Leben und Wirken der beiden spricht nicht nur eine völlig uneigennützige Sprache. Dennoch werden die mit den Schmidts verbundenen großen Themen der Zukunft in der Erinnerung an sie besonders wirkungsmächtig sein. Um nur die beiden wichtigsten zu nennen: Natur- und Umweltschutz als Sicherung der Grundlagen menschlicher Existenz und das vereinte (strukturell reformierte) Europa als Antwort auf die neuen politischen und wirtschaftlichen Machtverhältnisse in der Welt.

In gewisser Weise gehört zum Mythos der Schmidts auch die schon fast legendär gewordene Beschreibung des Hauses am Neubergerweg als das »Reihenhaus« des Kanzlerehepaares. Noch nach Schmidts Tod im Oktober 2015 titelte eine Zeitung: »Weltbürger aus dem Reihenhaus«.[11] Das hätte gewiss beiden gefallen. Tatsächlich war das Haus im Neubergerweg ein Doppelhaus. Auch dass die zweite Hälfte ihres Doppelhauses von den Eltern Helmut Schmidts bewohnt wurde und sich damit schon von Beginn an im Familienbesitz befand, war wenig bekannt. Erst recht nicht, dass die Schmidts ihre ehemalige Doppelhaushälfte durch verschiedene Erweiterungen und Zukäufe in ein durchaus stattliches Anwesen fortentwickelt haben. Zwar blieben alle Veränderungen in einem für die Umgebung sehr verträglichen Rahmen, aber der Neubergerweg 80 war am Ende weit mehr als eine einfache Doppelhausanlage.

Natürlich hätten sich die Schmidts andere Wohnorte leisten können, aber sie hatten es sich am Neubergerweg so eingerichtet, wie sie es für ihr Wohlbefinden benötigten. Der Neubergerweg passte zu ihnen und der damit einhergehende Ruf einer gewissen Bescheidenheit des Wohn- und Lebensstils war treffend und kam gleichermaßen auch ihrem Selbstverständnis sehr gelegen.

Am Ende ihres Lebens war der Neubergerweg als gemeinsame Heimat den beiden fast noch wichtiger geworden als in den Jahrzehnten zuvor. Hier hatten sie sich mit ihrer Kunst- und Buchsammlung und mit der kleinen Gartenanlage um das Haus eine von ihnen geliebte Umgebung geschaffen. Am Neubergerweg arbeiteten sie an ihren Büchern, hier tagte bis zuletzt die ihnen wichtige Freitagsgesellschaft, hierher kamen Freunde und Familie, und von hier aus entfalteten sie noch viele Verbindungen und Engagements in ihrer Heimatstadt

Hamburg. Die Schwierigkeiten und Herausforderungen ihrer Beziehung in der Vergangenheit zählten nur noch als Erlebtes, nicht mehr als Gefühltes. Für ihn war sie nach seiner eigenen Darstellung immer das Gefühl, zu Hause und bei sich zu sein. Für Loki war das ein hohes Gut: »[...] das ist ein Schatz, wenn man für einen anderen Menschen das Zuhause ist.«[12]

Das Geheimnis geglückter Beziehungen und Ehen besteht wohl auch darin, bereit zu sein, das Positive zu bemerken, das Gemeinsame zu stärken und in schwierigen Phasen nicht gleich auseinanderzugehen. Nicht allen gelingt das, bei den Schmidts muss es so gewesen sein. Eine Freundin des Ehepaares Schmidt hat mir gegenüber eine treffende Äußerung dazu gemacht: »Am Ende zählt der Schluss.« Für die Schmidts trifft das besonders zu, vielleicht könnte man sogar sagen: Am Ende hatte die Wirklichkeit den eigenen Mythos fast eingeholt.

Danksagung

Für das sorgfältige Lektorat des Textes und weiterführende Hinweise geht mein Dank an Christine Hellwig und das Lektoratsteam des Verlags Hoffmann und Campe.

Frau Franziska Zollweg vom Helmut Schmidt Archiv danke ich für ihre freundliche Unterstützung bei der Archivarbeit und den Fotoaufnahmen.

Für Gespräche, Hinweise und Informationen gilt mein Dank besonders: Peter Daschner, Andreas Gröger, Angela Grützmann, Stefan Herms, Rainer Herold, Eckart Krause, Manfred Lahnstein, Bernd-Peter Lange, Angelika Lautenschläger, Hans-Peter de Lorent, Reimar Lüst, Christian Ring, Jan Rosenkranz, Ortwin Runde, Rudolf Scharping, Susanne Schmidt, Ulrich Stock, Katharina Trebitsch, Hans-Jochen Vogel, Liselotte Vogel und Günter Warnholz.

Anmerkungen

In den Anmerkungen finden sich die folgenden Abkürzungen:
H. S. für Helmut Schmidt, L. S. für Loki Schmidt.
HSA für Helmut Schmidt Archiv, StA für Staatsarchiv Hamburg.

Einleitung

1 Die wichtigsten Titel finden sich im Literarturverzeichnis. Die Biographien von Hartmut Soell und Thomas Karlauf sind wegen ihrer akribischen Quellenarbeit besonders hervorzuheben. Zeitlich ergänzen sie sich – Soell endet mit der Abwahl Schmidts als Kanzler, Karlauf bearbeitet die verbleibenden mehr als drei Jahrzehnte bis zum Tode Helmut Schmidts.

2 Vgl. Sabine Pamperrien, Helmut Schmidt und der Scheißkrieg, 2014.

3 H. S. et al. (Hg.), Kindheit und Jugend unter Hitler, 1992.

Kapitel 1

1 Detailliert beschrieben in: L. S., Mein Leben für die Schule, S. 62 f.

2 Vgl. auch L. S., Bedeutung der Orgel für die damalige Lichtwarkschule, S. 61 ff.

3 L. S., Mein Elternhaus, S. 61 ff. Viele Details übernimmt Loki Schmidt aus einem von ihrer Mutter für die Familie erstellten Manuskript: Gertrud Glaser, Über das Leben von Mantje und August Martens. MS in Kopie im Privatbesitz des Verfassers.

4 Vgl. Reiner Lehberger, L. S., Früchte der Reformpädagogik, S. 3–8.

5 H. S., Politischer Rückblick, S. 188 ff. Hier findet sich die detaillierteste eigene Sicht auf die Herkunft und Jugend. Ausführlich vor allem bei Hartmut Soell, Bd. I, S. 47–90. Vgl. Sabine Pamperrien, Helmut Schmidt,

S. 19–106, dort auch für die Diskussion von einigen Widersprüchen in Helmut Schmidts eigenen Darstellungen.

6   H. S., Politischer Rückblick, S. 194.

7   Ebd., S. 195.

8   Percy Gerd Watkinson, So war es auf der Lichtwarkschule, in: Rolf Italiaander (Hg.), Loki, S. 97.

9   Ebd., S. 99.

10 Ebd.

11 L. S., Erzähl doch mal, S. 54.

12 H. S., Verwandlungen in der Jugend/Notizen für das Jahr 1939. Zitiert nach Hartmut Soell, Bd. I, S. 133.

13 L. S., Erzähl doch mal, S. 55.

14 H. S., Brief an den Verfasser vom 6. 1. 2014.

15 H. S., Politischer Rückblick, S. 204.

16 H. S. im Gespräch mit dem Verfasser vom 27. 6. 2013 und Hartmut Soell, Bd. I, S. 58.

17 Die »Verwandlungen« bestehen aus einem durchlaufenden handschriftlichen Text zu seiner frühen familiären Situation und kurzen Notizen zu den vorangegangenen Jahren. Das Manuskript hat H. S. im Zeitraum Juni bis August 1945 erstellt. Nur Teile davon sind im Helmut Schmidt Archiv zugänglich.

18 H. S., Verwandlungen/Notizen. Dieses und folgende Zitate nach Hartmut Soell, Bd. I, S. 132 f.

19 H. S. im Gespräch mit dem Verfasser vom 12. 10. 2012.

20 L. S., Gezwungen, früh erwachsen zu sein, S. 49.

21 Ebd.

22 L. S., Der Glücksfall einer besonderen Schule, S. 7 f.

23 Vgl. zur Lichtwarkschule die Studien von Beer 2007 und Wendt 2000.

24 Alfred Lichtwark, Bild der Schule, in: Arbeitskreis Lichtwarkschule, Hamburg 1903, S. 12.

25 L. S., Mein Leben für die Schule, S. 67 f.

26 Ebd., S. 97.

27 Vgl. Hartmut Soell, Bd. I, S. 68 f.

28 Vgl. Joachim Wendt, Lichtwarkschule, S. 357 f.

29 H. S., Unser Jahrhundert, S. 67 f.

30 Ebd., S. 69.

31 Vgl. Reiner Lehberger, Loki Schmidt, S. 261 f.

Kapitel 2

1 Zitiert nach Joachim Wendt, Lichtwarkschule, S. 344.

2 Joachim Wendt, Lichtwarkschule, S. 346.

3 L. S., Mein Leben für die Schule, S. 107 f.

4 H. S., Politischer Rückblick, S. 202.

5 Dieses und die folgenden Zitate in: Gertrud Glaser, Das Leben.

6 Ebd.

7 Brief von Gertrud Glaser vom 8. 4. 1935, HSA.

8 Vgl. Joachim Wendt, Lichtwarkschule, S. 359.

9 Brief von Erwin Zindler vom 1. 6. 1935, HSA.

10 L. S., Mein Leben für die Schule, S. 115.

11 L. S., Gezwungen, früh erwachsen zu sein, S. 27.

12 H. S., Politischer Rückblick, S. 204 f.

13 Zitiert nach Sabine Pamperrien, Helmut Schmidt, S. 84.

14 H. Scaruppe. Zitiert nach Sabine Pamperrien, Helmut Schmidt, S. 91.

15 Die NS-Behörde ersetzte meist die aus ihrer Funktion entlassenen Schulleiter mit NSDAP-Mitgliedern. Bei den Leitern der Berufsschulen betrug die Entlassungsquote der Schulleiter nahezu 90 Prozent. Gustav Schmidts Schule wurde mit anderen Berufsschulen zusammengelegt, auch in diesem Fall wurde ein Mitglied der NSDAP als neuer Schulleiter eingesetzt.

16 H. S., Politischer Rückblick, S. 207.

17 Ebd., S. 208.

18 Ebd., S. 210.

19 Ebd., S. 208.

Kapitel 3

1 L. S., Gezwungen, früh erwachsen zu sein, S. 48.

2 H. S. im Gespräch mit dem Verfasser vom 12. 10. 2012.

3 H. S., Verwandlungen / Notizen. Zitiert nach Hartmut Soell, Bd. I, S. 92.

4 H. S., Was ich noch sagen wollte, S. 41.

5 H. S., Politischer Rückblick, S. 217.

6 Ebd., S. 225 f. und H. S., Was ich noch sagen wollte, S. 43 f.

7 H. S. in einem Brief an Olga Bontjes van Beek vom 21. 8. 1992. Zitiert nach Hartmut Soell, Bd. I, S. 111.

8   H. S., Was ich noch sagen wollte, S. 42.

9   H. S. im Gespräch mit dem Verfasser vom 12.10.2012.

10 Beurteilung von H. S. vom Dezember 1939. Zitiert nach Hartmut Soell, Bd. I, S. 99.

11 H. S., Politischer Rückblick, S. 219.

12 H. S., Verwandlungen/Notizen für das Jahr 1943. Zitiert nach Hartmut Soell, Bd. I, S. 141.

13 Reiner Lehberger, KLV, in: ders. und Hans-Peter de Lorent (Hg.), Schulpolitik und Schulalltag, S. 370 ff.

14 H. S., Politischer Rückblick, S. 221.

15 L. S., Gezwungen, früh erwachsen zu sein, S. 48.

16 L. S., Loki – Hannelore Schmidt erzählt aus ihrem Leben, S. 70.

17 L. S., Gezwungen, früh erwachsen zu sein, S. 50.

18 Ursula Philipp, Loki musste immer wieder neu anfangen, in: Rolf Italiaander (Hg.), Loki, S. 140.

19 H. S., Verwandlungen/Notizen für das Jahr 1942. Zitiert nach Hartmut Soell, Bd. I, S. 137.

20 L. S., Gezwungen, früh erwachsen zu sein, S. 52.

21 H. S., Außer Dienst, S. 291.

22 L. S., Gezwungen, früh erwachsen zu sein, S. 53; Mein Leben, S. 125.

23 Sabine Pamperrien, Helmut Schmidt, S. 167.

24 Ob Helmut Schmidt seine zukünftige Frau in das Geheimnis um den jüdischen Großvater eingeweiht hat, muss offen bleiben. 1992 berichtet Loki Schmidt, sie habe erst nach dem Krieg davon erfahren (Gezwungen, früh erwachsen zu sein, S. 51). 2008 erinnert sie es anders und datiert ihr Wissen darum auf die Zeit unmittelbar vor ihrer Hochzeit (Erzähl doch mal, S. 120).

Kapitel 4

1   Taschenkalender, 26. bis 31.7.1943. Zitiert nach Hartmut Soell, Bd. I, S. 142.

2   Taschenkalender, 25.6.1943. Zitiert nach Hartmut Soell, Bd. I, S. 141.

3   H. S., Verwandlungen/Notizen für das Jahr 1944. Zitiert nach Hartmut Soell, Bd. I, S. 878.

4   H. S., Politischer Rückblick, S. 232.

5   Sterbeurkunde vom 29.1.1945. Personalakte Hannelore Schmidt, StA.

6   Taschenkalender, 1.3.1945. Zitiert nach Hartmut Soell, Bd. I, S. 156.

7   L. S., Erzähl doch mal von früher, S. 88.

8   Verwandlungen/Notizen für das Jahr 1945. Zitiert nach Hartmut Soell, Bd. I, S. 158.

9   Taschenkalender, 30.4. bis 2.5.1945. Zitiert nach Hartmut Soell, Bd. I, S. 160.

10 Taschenkalender, 15.5., 25.5.1945. Zitiert nach Hartmut Soell, Bd. I, S. 16.

11 L. S., Erzähl doch mal von früher, S. 98.

12 Taschenkalender, 3.6.1945. Zitiert nach Hartmut Soell; Bd. I, S. 161.

13 H. S., Politischer Rückblick, S. 234. Dass Bohnenkamp seit 1933 Mitglied der SA, seit 1937 auch der NSDAP war, hat Helmut Schmidt in den neunziger Jahren, als er seinen *Politischen Rückblick* schrieb, offenbar nicht gewusst.

14 H. S., Verwandlungen in der Jugend, Einleitung, S. 2, HSA.

Kapitel 5

1   So in einem Gespräch mit dem Journalisten Reinhard Appel. In: Dieter Zimmer (Hg.), First Ladies, S. 172.

2   Nach Gertrud Glaser, Das Leben.

3   Fritz Köhne, Schreiben vom 30.4.1946. Personalakte Hannelore Schmidt, StA.

4   L. S., Gezwungen, früh erwachsen zu werden, S. 67.

5   H. S., Hand aufs Herz, S. 162.

6   Verwandlungen/Notizen für die Jahre 1939 und 1940. Zitiert nach Hartmut Soell, Bd. I, S. 98.

7   Verwandlungen/Notizen für das Jahr 1938. Zitiert nach H. S., Politischer Rückblick, S. 215.

8   Verwandlungen/Notizen für das Jahr 1941. Zitiert nach Hartmut Soell, Bd. I, S. 105.

9   H. S., Politischer Rückblick, S. 223.

10 Ebd., S. 214.

11 Personalakte der Wehrmacht von H. S. Zitiert nach Sabine Pamperrien, Helmut Schmidt, S. 221 und 247 f.

12 Zitiert nach Hartmut Soell, Bd. I, S. 154 f.

13 H. S., Hand aufs Herz, S. 163 f.

14 Zitiert nach Hartmut Soell, Bd. I, S. 138.

15 H. S., Politischer Rückblick. S. 229.

16 H. S., Unser Jahrhundert, S. 79.

17 H. S., zitiert nach Hartmut Soell, Bd. I, S. 149.

18 H. S., Politischer Rückblick, S. 230.

19 Ebd., S. 231.

20 Verwandlungen/Notizen für das Jahr 1938. Zitiert nach H. S., Politischer Rückblick, S. 215.

21 Willi Berkhan, Überstandene Jahre. In: H. S. (Hg.), Kindheit und Jugend unter Hitler, S. 100.

22 H. S., Politischer Rückblick, S. 245.

23 Susanne Schmidt, zitiert nach H. S., Politischer Rückblick, S. 243.

24 H. S., Verstehen Sie das, Herr Schmidt?, S. 259.

Kapitel 6

1 Taschenkalender 6. 9. 1945. Zitiert nach Hartmut Soell, Bd. I, S. 169.

2 Schriftliche Auskunft an den Verfasser von Eckart Krause, Arbeitsstelle für Universitätsgeschichte der Universität Hamburg, vom 3. 4. 2018.

3 Taschenkalender 20. und 28. 10. 1945. Zitiert nach Hartmut Soell, Bd. I, S. 170.

4 Detailliert hierzu: Erich Lüth (Hg.), Neues Hamburg. Zeugnisse zum Wiederaufbau der Hansestadt. Hamburg 1947.

5 Vgl. Reiner Lehberger, Schule zwischen Zerstörung und Neubeginn 1945–1949. Geschichte – Schauplatz Hamburg. Hamburg 1995, S. 7.

6 Fragebogen Military Government of Germany, 21. 6. 1945. Personalakte Hannelore Schmidt, StA. Alle folgenden Informationen zur Entnazifizierung wurden aus der Personalakte von Hannelore Schmidt rekonstruiert.

7 Schreiben der Schulverwaltung vom 4. 6. 1946, Personalakte Hannelore Schmidt, StA.

8 L. S., Schreiben vom 24. 3. 1946, Personalakte Hannelore Schmidt, StA.

9 L. S., Schreiben an Heinrich Landahl vom 24. 3. 1946, Personalakte Hannelore Schmidt, StA.

10 Fragebogen Military Government of Germany, StA.

11 Schriftliche Auskunft von Eckart Krause.

12 H. S., Politischer Rückblick, S. 235.

13 Ebd., S. 235 f.

14 H. S., zitiert nach Hartmut Soell, Bd. I, S. 173.

15 Schriftliche Auskunft von Eckart Krause, a. a. O.

16 Taschenkalender, 9. 3. 1949. Zitiert nach Hartmut Soell, Bd., S. 174.

17 L. S., Schreiben vom 25. 5. 1949, Personalakte Hannelore Schmidt, StA.

18 Taschenkalender, 2. 7. 1946. Zitiert nach Hartmut Soell, Bd. I, S. 182.

19 L. S., Gezwungen, früh erwachsen zu sein, S. 67.

20 H. S., Redeentwurf vom 25. Januar 1948, HSA.

21 Taschenkalender, 6. 10. 1948. Zitiert nach Hartmut Soell, Bd. I., S. 215.

22 Ursula Philipp, Loki musste immer wieder neu anfangen, in: Rolf Italiaander (Hg.), Loki, S. 143.

23 Susanne Schmidt im Gespräch mit dem Verfasser vom 5. 6. 2014.

24 H. S., Politischer Rückblick, S. 236.

25 H. S., Liebeserklärung an eine alte Dame, in: *DIE ZEIT*, 4. 10. 1985.

26 Ebd.

27 Zitiert nach Nina Grunenberg, Frauen der Stunde Null, in: *DIE ZEIT*, 21. 6. 1985.

28 Ida Ehre, Auch Schmidts stellten sich nach Theaterkarten an, in: Rolf Italiaander (Hg.), Loki, S. 239 f.

29 H. S., Weggefährten, S. 23 f.

30 H. S., Außer Dienst, S. 24.

31 H. S., Menschen und Mächte, S. 164.

32 Ebd.

33 L. S., Auf einen Kaffee, S. 142.

34 Ebd., S. 143.

35 L. S., Mein Leben, S. 169.

36 L. S., Auf einen Kaffee, S. 144.

37 Ebd., S. 172.

38 Ebd., S. 148.

39 Rede von Susanne Schmidt am 31. 8. 2012, MS im Besitz des Verfassers.

40 H. S. im Gespräch mit dem Verfasser vom 5. 3. 2012.

41 H. S. im Gespräch mit dem Verfasser vom 30. 6. 2015.

42 Katharina Trebitsch im Gespräch mit dem Verfasser vom 16. 4. 2014.

Kapitel 7

1 1953 erhielt ein Bundestagsabgeordneter Diäten in der Höhe von 600 DM, zuzüglich 30 DM pro Sitzungstag. Unkosten wurden bei Beleg bis zu maximal 300 DM erstattet. Im Vergleich: Ca. 300 DM betrug der Durchschnittslohn in der damaligen Bundesrepublik, vgl. www.flegel.de/entwicklung-abgeordneten-entschaedigung.html

2 H. S., Weggefährten, S. 411 f.

3 L. S., Erzähl doch mal, S. 131.

4 Günther Flocken, In echter Kollegialität, in: Rolf Italiaander (Hg.), Loki, S. 122.

5 L. S. im Gespräch mit dem Verfasser vom 29. 4. 2010.

6 H. S., Weggefährten, S. 407.

7 Hans Apel, Lebenserinnerungen, S. 115.

8 Ebd., S. 113 f.

9 H. S., Weggefährten, S. 480.

10 Zitiert nach Hartmut Soell, Bd. I, S. 299.

11 Ebd., S. 300.

12 H. S., Das Reizvolle der Politik. September 1960 (Manuskript). HSA.

Kapitel 8

1 H. S., Geleitwort, in: Lieselotte Kruglewsky-Anders (Hg.), Graphik im 20. Jahrhundert. 50 Jahre Griffelkunst. Hamburg 1975.

2 Jüngst hat der Historiker Helmut Stubbe da Luz darauf aufmerksam gemacht, dass die Medien die Rolle Schmidts als Retter der Flut überhöht hätten und einige von ihm selbst gegebene Einordnungen nicht immer mit der Faktenlage übereinstimmten. Vgl. *DIE ZEIT*, 26. 7. 2018.

3 Personalakte Hannelore Schmidt, StA.

4 Im Gespräch mit dem Verfasser vom 5. 3. 2010.

5 *Stern*, 29. 5. 1966.

6 H. S., Was ich noch sagen wollte, S. 85 f.

7 »Schmidts Zweite«, *Stern* vom 19. 3. 2015.

8 Ebd.

9 »Ich hatte eine Beziehung zu einer andern Frau«, *Stern*, 5. 3. 2015.

10 »Schmidts Zweite«, *Stern*, 19. 3. 2015

11 L. S. im Gespräch mit dem Verfasser vom 8. 7. 2010.

12 L. S., Auf einen Kaffee, S. 204.

13 L. S., Schreiben vom 16.6.1964, Personalakte Hannelore Schmidt, StA.

14 Schreiben vom 6.10.1966, Personalakte Hannelore Schmidt, StA.

15 Vermerk vom 19.6.1968, Personalakte Hannelore Schmidt, StA.

16 »Schmidts Zweite«, *Stern*, 19.3.2015.

17 Siehe *Welt am Sonntag*, 24.9.1972.

18 Siehe *DIE ZEIT*, 25.8.1972.

Kapitel 9

1 Theo Sommer im Gespräch mit dem Verfasser vom 24.4.2013.

2 L. S., Brief an Rudolf Scharping, 16.10.1998, HSA.

3 Schreiben von Rudolf Scharping an den Verfasser vom 30.7.2018.

4 L. S., Ansprache, 16.12.1970, HSA.

5 L. S. im Gespräch mit Maria Marchetta vom 17.8.1999, HSA.

6 In: *DIE ZEIT*, 7.12.2015.

7 L. S., Auf dem roten Teppich, S. 74.

8 L. S., Loki – Hannelore Schmidt erzählt aus ihrem Leben, S. 131.

9 Klaus Bölling im Gespräch mit dem Verfasser vom 30.12.2013.

10 Angela Nacken, Kaffeeklatsch bei Loki, in: Rolf Italiaander (Hg.), Loki, S. 40.

11 Rolf Italiaander (Hg.), Loki, 1988.

12 *Berliner Stimme*, 21.8.1976.

13 *Die Welt*, 25.7.1976.

14 L. S. im Gespräch mit dem Verfasser vom 5.3.2010.

15 Etwa: *Die Welt*, 2.10.1976.

16 *Hessische Zeitung*, 25.9.1976.

17 *Neue Westfälische*, 3.9.1976.

18 *Hamburger Morgenpost*, 28.9.1976.

19 *Passauer Neue Presse*, 25.9.1976.

20 Vorwort von Helmut Schmidt. In: L. S., Auf dem roten Teppich, S. 11.

21 *Offenbacher Tageblatt*, 17.9.1976.

22 L. S., Auf einen Kaffee, S. 163.

23 H. S., Was ich noch sagen wollte, S. 84.

24 H. S., Weggefährten, S. 45.

25 Ebd.

26 Zu dem Komplex ausführlich: H. S., Weggefährten, S. 21–120.

27 Brief von Klaus Bölling an L. S. vom 27.11.2006, HSA.

28 Willi Berkhan, »Kommt zu mir, wenn ihr mich braucht«, in: Rolf Ita‑
    liaander (Hg.), Loki, S. 152.

29 Vgl. Angela Nacken, Kaffeeklatsch bei Loki, in: Rolf Italiaander (Hg.),
    Loki, S. 43.

30 Susanne Schmidt im Gespräch mit dem Verfasser vom 30.8.2012.

31 Wolfgang Kraushaar, Der nicht erklärte Ausnahmezustand, Bundeszen‑
    trale für politische Bildung, 2007.

32 Ebd.

33 Erst nach dem Tod der Frau von Hanns Martin Schleyer kam es zu einer
    Annäherung zwischen dem Altkanzler und der Familie Schleyer. Im April
    2013 wurde Schmidt sogar mit dem Preis der Hanns-Martin-Schleyer-
    Stiftung für seine Verdienste um das Gemeinwesen ausgezeichnet.

34 »Kein Platz für Befindlichkeiten«, Interview mit Susanne Schmidt, *Stern*,
    14.4.2010.

35 L. S., Auf einen Kaffee, S. 16.

36 »Kein Platz für Befindlichkeiten«, *Stern*, 14.4.2010.

37 L. S., Auf einen Kaffee, S. 204.

38 Andreas Gröger, Oberkonservator am Botanischen Garten München,
    im Gespräch mit dem Verfasser vom 30.7.2018. Gröger forschte in den
    frühen neunziger Jahren in Venezuela, wo Loki Schmidt ihn 1993 auf‑
    gesucht hat.

39 H. S. im Gespräch mit dem Verfasser vom 18.12.2013.

40 L. S., Loki – Hannelore Schmidt erzählt aus ihrem Leben, S. 191.

41 H. S., Tischrede am 27.6.1982, HSA.

42 L. S., Auf einen Kaffee, S. 202.

43 H. S. im Gespräch mit Sandra Maischberger, Hand aufs Herz, S. 39. Vgl.
    dort auch S. 231.

44 H. S. im Gespräch mit dem Verfasser vom 27.6.2013.

45 Seine Aussage zu Ruth Loah machte er – bewusst beiläufig – in einem
    seiner Gespräche mit Giovanni di Lorenzo im *ZEIT*-Magazin (2.8.2012).

46 Manfred Lahnstein im Gespräch mit dem Verfasser vom 5.4.2018.

47 L. S., Tagebuch der Brasilienreise Sept./Okt. 1982, HSA.

48 Klaus Bölling im Gespräch mit dem Verfasser vom 30.12.2013.

Kapitel 10

1 Susanne Schmidt im Gespräch mit dem Verfasser vom 30. 8. 2012 und 26. 3. 2018.

2 Willi Berkhan, »Kommt zu mir, wenn ihr mich braucht«, in: Rolf Italiaander (Hg.), Loki, S. 149.

3 Vgl., H. S., Weggefährten, S. 480.

4 Ebd.

5 *DIE ZEIT*, 15. 3. 1985.

6 H. S., Weggefährten, S. 478.

7 Willi Berkhan, »Kommt zu mir, wenn ihr mich braucht«, in: Rolf Italiaander (Hg.), Loki, S. 152.

8 H. S., Weggefährten, S. 480.

9 L. S. im Gespräch mit dem Verfasser vom 19. 3. 2010.

10 H. S., Weggefährten, S. 482.

11 H. S., Trauerrede auf Karl Wilhelm Berkhan, 21. 3. 1994, HSA.

12 H. S., Weggefährten, S. 484.

13 Hans-Jochen und Liselotte Vogel im Gespräch mit dem Verfasser vom 21. 7. 2016.

14 H. S., Geleitwort, in: Hans-Jochen Vogel, Reden, S. 8.

15 L. S. im Gespräch mit dem Verfasser vom 19. 3. 2010.

16 Siegfried Lenz im Gespräch mit dem Verfasser vom 27. 2. 2014.

17 Siegfried Lenz, Mit Lokis Augen, in: Rolf Italiaander (Hg.), Loki, S. 10–13. »Brachland« als MS im HSA. Vollständig wiedergegeben in: Reiner Lehberger, Loki Schmidt, S. 375 f.

18 Siegfried Lenz, Brief an L. S. vom 3. 3. 1989, HSA.

19 Reimar Lüst im Gespräch mit dem Verfasser vom 4. 4. 2018.

20 Brief von Horst Janssen vom 3. 10. 1974, HSA.

21 Maria und Eberhard Rüden (Hg.), Horst Janssen, S. 252 ff.

22 Brief von Horst Janssen vom 28. 7. 1989, HSA.

23 Brief von H. S. an Horst Janssen vom 7. 8. 1989, HSA.

24 L. S., Mein Leben, S. 70.

25 H. S., Politischer Rückblick, S. 193.

26 Justus Frantz, Sie entdeckte mich bei »Falschmeldungen«, in: Rolf Italiaander (Hg.), Loki, S. 236.

27 H. S., Vom deutschen Stolz. Bekenntnisse zur Erfahrung von Kunst. Berlin 1986, 6, S. 43.

28 Ebd.

29 Ebd., S. 44 f.

30 H. S., Politischer Rückblick, S. 213.

31 H. S., Weggefährten, S. 77 f.

32 Ebd. S. 80.

33 Zuletzt: Loki Schmidt und Axel Jahn, Die Blumen des Jahres. Hamburg 2015.

34 Rolf Italiaander, Loki, S. 17 f.

35 Schriftliche Auskunft von Christian Ring, Nolde Stiftung Seebüll, vom 9. 7. 2018. Zu sehen war die Ausstellung in New York im Guggenheim Museum, in San Francisco im Museum of Modern Art.

36 Kunstsammler Helmut Schmidt – Goya fehlt noch. *DIE ZEIT* 8. 5. 2013.

37 Matthias Naß, Helmut Schmidts Hamburg, Galerie Herold, *ZEIT Magazin*, 8. 5. 2017.

38 L. S. im Gespräch mit dem Verfasser vom 26. 3. 2010.

39 Rainer Herold, schriftliche Auskunft an den Verfasser vom 24. 6. 2018.

40 L. S., in: Johannes Marchl (Hg.), Lebensfragen. Biographische Gespräche. München 2009, S. 32.

41 Uwe Schneider im Gespräch mit dem Verfasser vom 31. 3. 2014.

42 H. S., Hafendirektor, S. 16.

43 L. S., Mitschrift zum Film »Wir Schmidts«, 2009, HSA.

44 L. S. im Gespräch mit dem Verfasser vom 26. 3. 2010.

45 Ulrich Stock im Gespräch mit dem Verfasser vom 8. 3. 2018.

46 H. S: im Gespräch mit dem Verfasser vom 25. 1. 2012.

47 *Der Spiegel*, 38/1984.

48 Kein Platz für Befindlichkeiten. Interview mit Susanne Schmidt, *Stern*, 23. 12. 2008.

49 L. S., Auf einen Kaffee, S. 71.

50 *Hamburger Abendblatt*, 6. 8. 2005.

51 Zitiert nach *Spiegel*, 35/1977.

52 Jürgen Leinemann, Da kommen Sie doch nicht ran, in: *Der Spiegel*, 22. 8. 1977.

53 H. S., Weggefährten, S. 73.

54 Gutachten zur Verleihung der Simon-Schwendener-Medaille, 12. 9. 2002. MS im Privatbesitz des Verfassers.

55 H. S., Hafendirektor, S. 16.

56 Interview mit Susanne Schmidt, *Stern*, 23. 12. 2008.

57 Friede Springer im Gespräch mit dem Verfasser vom 2.12.2013.

58 *Stern*, 15.7.1982.

59 H. S., Verstehen Sie das, Herr Schmidt?, S. 33.

60 L. S., Auf dem roten Teppich, S. 109.

61 L. S., Gezwungen, früh erwachsen zu sein, S. 59.

62 L. S., Auf einen Kaffee, S. 134.

63 H. S., Weggefährten, S. 390 ff.

64 *Osterholzer Kreisblatt*, 1.7.2012.

65 H. S., Verstehen Sie das, Herr Schmidt?, S. 99.

66 H. S., Verstehen Sie das, Herr Schmidt?, S. 101. Die Gesprächsreihe in der *ZEIT* »Verstehen Sie das, Herr Schmidt?« mit Giovanni di Lorenzo war die Fortsetzung der Gespräche mit dem Titel »Auf eine Zigarette mit Helmut Schmidt«.

Kapitel 11

1 Gräfin Dönhoff, Brief an L. S., 4.5.1992, HSA.

2 L. S., Brief an Christoph Glaser, 29.6.1983, HSA.

3 Analog zu den 30 Artikeln der »Allgemeinen Erklärung der Menschenrechte« sind in diesem Katalog Pflichten aufgeführt, die als moralische Leitlinien für jedes einzelne Individuum, aber auch für die Verantwortung tragenden Funktionsträger zu lesen sind.

4 Brief an Hans W., 16.6.1994, HSA.

5 Interview mit Susanne und Helmut Schmidt, *Bild*, 24.3.2010.

6 Susanne Schmidt im Gespräch mit dem Verfasser vom 26.3.2018.

7 Kein Platz für Befindlichkeiten. Interview mit Susanne Schmidt, *Stern*, 23.12.2008.

8 Interview mit Susanne und H. S., *Bild*, 24.3.2010.

9 Ebd.

10 Susanne Schmidt im Gespräch mit dem Verfasser vom 30.8.2012.

11 *Der Spiegel*, 29.9.1980, S. 27.

12 *Bild am Sonntag*, 29.3.1987.

13 H. S., Hand aufs Herz, S. 83.

14 Abgedruckt in: Petra Schwarz und Reinhard Lieberei, Loki Schmidt, S. 154.

15 Reisetagebuch Neukaledonien 1991, HSA.

16 H. S., Schreiben vom 17.3.1985, HSA.

17 Zitiert nach: Das Ende der Langenhorner Freitagsgesellschaft, *Hamburger Abendblatt*, 6.10.2015.

18 Ebd.

19 Reimar Lüst im Gespräch mit dem Verfasser vom 4.4.2018.

20 Angelika Lautenschläger im Gespräch mit dem Verfasser vom 10.8.2013.

21 Vgl. H. S., Weggefährten, S. 370ff.

22 Manfred Stolpe im Gespräch mit dem Verfasser vom 1.12.2013.

23 Angelika Lautenschläger im Gespräch mit dem Verfasser vom 21.6.2018.

24 Hauptabteilung VI, Abschlussbericht 24.5.1985, Bundesarchiv Berlin.

Kapitel 13

1 Laudatio von Bundespräsident Horst Köhler auf Bundeskanzler a.D. Helmut Schmidt aus Anlass seines 90. Geburtstages, 11.3.2009, HSA.

2 Titel des Films: *Loki Schmidt – Leben als Abenteuer.*

3 L. S., Auf einen Kaffee, S. 205.

4 Nach Loki Schmidts Tod nahmen die Darsteller und Autoren Wilfried Schmickler und Uwe Lyko »Loki und Smoky« aus Pietät gegenüber Helmut Schmidt aus ihrem Programm. Nach dessen eigenem Ableben ließen sie am Jahresende 2015 jedoch noch einmal eine einzelne Episode folgen. Der Einstieg verfährt wie immer: »Loki, frag mich mal was!« Doch statt der gewünschten inhaltlichen Frage setzt Loki dieses Mal mit einer rhetorischen Frage ein: »Helmut, ist das nicht schön hier im Himmel? Wenn man so auf die Erde guckt. Die Alpen, das Meer und da: Hamburg im Nebel.« Und wie gewohnt, weiß ihr Mann es auch bei diesem letzten Wiedersehen noch einmal besser: »Loki, das ist kein Nebel. Das kommt von unserem Haus, da wird immer noch gelüftet.«

5 L. S., Erzähl doch mal, S. 252.

6 2003 waren das die Titel: H. S., *Hand aufs Herz* und L. S., *Loki erzählt aus ihrem Leben* (TB); 2005: H. S., *Mächte der Zukunft* und L. S., *Mein Leben für die Schule*; 2010/11: H. S., *Vertiefungen* und L. S., *Erzähl doch mal von früher* (TB).

7 L. S., Erzähl doch mal, S. 267.

8 L. S., Brief an Christoph und Liesel Glaser, 22.9.2010, HSA.

9 Jens Meyer-Odewald, Atemholen, weitermachen. *Hamburger Abendblatt*, 20./21.11.2010.

10 H. S., Was ich noch sagen wollte, S. 78.

Kapitel 14

1 Horst Köhler, a. a. O.
2 L. S., Erzähl doch mal, S. 253.
3 Thomas Karlauf, Helmut Schmidt, S. 370.
4 Z. B. nach seiner Rede auf dem SPD-Parteitag von 2011. H. S., Verstehen Sie das, Herr Schmidt?, S. 230.
5 Befragung des Forsa Instituts im Auftrag des TV-Senders Premiere.
6 Thomas Karlauf, Helmut Schmidt, S. 427.
7 H. S., Was ich noch sagen wollte, S. 85.
8 Ebd., S. 78.
9 H. S., Verstehen Sie das, Herr Schmidt?, S. 186.
10 Susanne Schmidt, Grußwort zur Eröffnung der Dauerausstellung SCHMIDT ERLEBEN im Helmut-Schmidt-Gymnasium am 24. 5. 2018.
11 Vgl. Frank Zimmer, *W&V Redaktion*, 11. 11. 2015.
12 L. S., Erzähl doch mal, S. 248.

Literaturverzeichnis

Weitere Literatur in den Anmerkungen.

Albrecht, Henning: »Pragmatisches Handeln zu sittlichen Zwecken«. Helmut Schmidt und die Philosophie. Bremen 2008.

Appel, Reinhart: Loki Schmidt, in: Dieter Zimmer (Hg.): Deutschlands First Ladies. Die Frauen der Bundespräsidenten und Bundeskanzler von 1949 bis heute. Stuttgart 1998, S. 155–176.

Arbeitskreis Lichtwarkschule (Hg.): Die Lichtwarkschule. Idee und Gestalt. Hamburg 1979.

Arntz, Jochen und Holger Schmale: Die Kanzler und ihre Familien. Köln 2017.

Beer, Anne-Kathrin: Eine Schule, die hungrig macht. Helmut und Loki Schmidt und die Lichtwarkschule. Bremen 2007.

Blasinski, Marianne: Marie Schlei. Vom Arbeiterkind zur Ministerin. Mit einem Geleitwort von Loki Schmidt. Metzingen 1994.

Bölling, Klaus: Die letzten 30 Tage des Kanzlers Helmut Schmidt. Ein Tagebuch. Reinbek 1982.

Brandt, Rut: Freundesland. Erinnerungen. Hamburg 1992.

Görtemaker, Manfred: Kleine Geschichte der Bundesrepublik Deutschland. München 2002.

Grunenberg, Nina: Vier Tage mit dem Kanzler. Hamburg 1976.

Hering, Rainer: »Aber ich brauche die Gebote …«: Helmut Schmidt, die Kirchen und die Religion. Bremen 2012.

Hofmann, Gunter: Helmut Schmidt. Soldat, Kanzler, Ikone. Biographie. München 2015.

Italiaander, Rolf (Hg.): Loki. Die ungewöhnliche Geschichte einer Lehrerin namens Schmidt. Erzählt von Freunden. Düsseldorf 1988.

Jarczyk, Henryk im Gespräch mit Loki Schmidt. In: Johannes Marchl (Hg.): Lebensfragen. Biografische Gespräche. München 2009, S. 24–33.

Karlauf, Thomas: Helmut Schmidt. Die späten Jahre. München 2016.

Lehberger, Reiner und Hans-Peter de Lorent (Hg.): »Die Fahne hoch«. Schulpolitik und Schulalltag unterm Hakenkreuz. Hamburg 1986.

Lehberger, Reiner: Schule zwischen Zerstörung und Neubeginn 1945–1949. Geschichte – Schauplatz Hamburg. Hamburg 1995.

Lehberger, Reiner und Loki Schmidt: Früchte der Reformpädagogik – Bilder einer neuen Schule. Geschichte-Schauplatz Hamburg. Hamburg 2002.

Lehberger, Reiner: Loki Schmidt. Die Biographie. Hamburg 2014.

Lehmann, Hans Georg: Öffnung nach Osten. Die Ostreisen Helmut Schmidts und die Entstehung der Ost- und Entspannungspolitik. Bonn 1984.

Lüst, Reimar: Der Wissenschaftsmacher. Reimar Lüst im Gespräch mit Paul Nolte. München 2008.

Magenau, Jörg: Schmidt – Lenz. Geschichte einer Freundschaft. Hamburg 2014.

Merseburger, Peter: Willy Brandt. 1913–1992. München 2002.

Meyer-Odewald, Jens: Helmut und Hannelore Schmidt. Ein Leben. Hamburg 2011.

Noack, Hans-Joachim: Helmut Schmidt. Die Biographie. Berlin 2008.

Pamperrien, Sabine: Helmut Schmidt und der Scheißkrieg. Die Biographie 1918 bis 1945. München 2014.

Rohwedder, Uwe: Helmut Schmidt und der SDS. Die Anfänge des Sozialistischen Deutschen Studentenbundes nach dem Zweiten Weltkrieg. Bremen 2007.

Rüden, Maria und Eberhard (Hg.): Horst Janssen zum Siebzigsten. Hamburg 1999.

Schmidt, Helmut: Vom deutschen Stolz. Bekenntnisse zur Erfahrung von Kunst. Berlin 1986.

Schmidt, Helmut: Menschen und Mächte. Berlin 1989.

Schmidt, Helmut et al. (Hg.): Kindheit und Jugend unter Hitler. Berlin 1992.

Schmidt, Helmut: Politischer Rückblick auf eine unpolitische Jugend. In: ders., Kindheit und Jugend unter Hitler. Berlin 1992, S. 188–254.

Schmidt, Helmut: Weggefährten. Erinnerungen und Reflexionen. Berlin 1998.

Schmidt, Helmut (Hg.): Erkundungen. Beiträge zum Verständnis unserer Welt. Stuttgart 1999.

Schmidt, Helmut: Hand aufs Herz. Helmut Schmidt im Gespräch mit Sandra Maischberger. München 2003.

Schmidt, Helmut: Auf dem Weg zur deutschen Einheit. Bilanz und Ausblick. Reinbek 2005.

Schmidt, Helmut: Außer Dienst. Eine Bilanz. München 2008.

Schmidt, Helmut und Giovanni di Lorenzo: Auf eine Zigarette mit Helmut Schmidt. Köln 2009.

Schmidt, Helmut und Fritz Stern: Unser Jahrhundert. Ein Gespräch. München 2010.

Schmidt, Helmut und Giovanni di Lorenzo: Verstehen Sie das, Herr Schmidt? Köln 2012.

Schmidt, Helmut (Hg.): Vertiefungen. Neue Beiträge zum Verständnis unserer Welt. München 2012.

Schmidt, Helmut: Mein Europa. Reden und Aufsätze. Hamburg 2013.

Schmidt, Helmut: Dann wäre ich Hafendirektor geworden. Hamburger Ansichten. Hamburg 2015.

Schmidt, Helmut: Was ich noch sagen wollte. München 2015.

Schmidt, Helmut: Konflikt zwischen Vernunft und Religion. Die Welt-Ethos-Rede. Hamburg 2016.

Schmidt, Hannelore: Ida Eberhardt – Eine der wichtigsten Persönlichkeiten unserer Lichtwark-Schulzeit, in: Diskussion über Probleme des Erkennens, Wertens und Handelns, 9./10. Jahrgang, Nr. 15, Mai 1977.

Schmidt, Loki: Schützt die Natur, Impressionen aus unserer Heimat. Freiburg 1979.

Schmidt, Loki berichtet über die Bedeutung der Orgel für die damalige Lichtwarkschule, in: Die Hans-Henny-Jahnn-Orgel der Lichtwarkschule jetzt Heinrich-Hertz-Schule in Hamburg, hg. vom Förderverein Hans-Henny-Jahnn-Orgel c.v. Hamburg 1986, S. 61–70.

Schmidt, Loki: Mein Elternhaus, in: Rolf Italiaander (Hg.), Loki. Düsseldorf 1988, S. 61–71.

Schmidt, Hannelore: Gezwungen, früh erwachsen zu sein, in: Helmut Schmidt et al. (Hg.): Kindheit und Jugend unter Hitler. Berlin 1992, S. 19–68.

Schmidt, Loki: Der Pfefferfresser, der die Banane brachte, in: Rudolf Pörtner (Hg.), Mein Elternhaus. Ein deutsches Familienalbum. Düsseldorf/Wien 1994, S. 223–230.

Schmidt, Hannelore: Glücksfall einer besonderen Schule, in: Reiner Lehberger (Hg.): Die Lichtwarkschule in Hamburg. Reden zu Ausstellungen des Hamburger Schulmuseums in der Staats- und Universitätsbibliothek Carl-von-Ossietzky und in der Hamburger Kunsthalle 1996 und 1997. Hamburg 1997, S. 5–10.

Schmidt, Loki: Die Botanischen Gärten in Deutschland. Hamburg 1997.

Schmidt, Hannelore: Horst Janssen, in: Maria und Eberhard Rüden (Hg.): Horst Janssen zum Siebzigsten. Hamburg 1999, S. 252–255.

Schmidt, Loki: Die Blumen des Jahres. Hamburg 2003.

Schmidt, Hannelore: Loki – Hannelore Schmidt erzählt aus ihrem Leben. Im Gespräch mit Dieter Buhl. Hamburg 2003.

Schmidt, Loki: Mein Leben für die Schule. Im Gespräch mit Reiner Lehberger. Hamburg 2005.

Schmidt, Loki: Erzähl doch mal von früher. Loki Schmidt im Gespräch mit Reinhold Beckmann. Hamburg 2008.

Schmidt Loki und Dieter Buhl: Auf dem roten Teppich und fest auf der Erde. Hamburg 2010.

Schmidt, Loki: Das Naturbuch für Neugierige. Unter Mitarbeit von Lothar Frenz. Berlin 2010.

Schmidt, Loki und Reiner Lehberger: Auf einen Kaffee mit Loki Schmidt. Hamburg 2010.

Schwan, Heribert: Die Frau an seiner Seite. Leben und Leiden der Hannelore Kohl. München 2011.

Schwarz, Petra und Reinhard Lieberei: Loki Schmidt – Forscherin und Botschafterin für die Natur. Bremen 2009.

Schwelien, Michael: Helmut Schmidt. Ein Leben für den Frieden. München 2008.

Soell, Hartmut: Helmut Schmidt. Bd. I: 1918–1969. Vernunft und Leidenschaft. München 2003.

Soell, Hartmut: Helmut Schmidt. Bd. II: 1969 bis heute. Macht und Verantwortung. München 2008.

Sommer, Theo: Unser Schmidt. Der Staatsmann und der Publizist. Hamburg 2010.

Vogel, Winfried: Karl Wilhelm Berkhan. Ein Pionier deutscher Sicherheitspolitik nach 1945. Beiträge zu einer politischen Biographie. Bremen 2003.

Walter, Peter: Stationen meines Lebens. Meine Zeit bei Helmut Schmidt und als Bürgermeister Geesthachts. Schwarzenbek 2010.

Wendt, Joachim: Die Lichtwarkschule in Hamburg. Hamburg 2000.

Wickler, Wolfgang: Wissenschaftliche Reisen mit Loki Schmidt. Heidelberg 2014.

Bildnachweise

Römische Ziffern beziehen sich auf den Bildteil.

Archiv Helmut Schmidt (HSA): 23, 61, 65, 75, 76, 84, 86, 134,
    143, 145, 155, 171, 188, 228, 233, 257, 263, 268, 317, I, IV o.,
    V o. l., VIII, IX, XII, XIII u., XIV u.
HSA/Jürgen Herschelmann für ZEIT Geschichte: II, III
Bildarchiv Preußischer Kulturbesitz (BPK)/Charles Wilp: XI
Botanischer Garten München-Nymphenburg: X
Bundesbildstelle (BPA): V o. r.
DPA: 104, 181, 218, 302, IV m., XV
Josef Darchinger: 224
Foto Kramer: XVI
Marco Grundt: 242 r., 254, VI u., VII o., VII u.
Hamburger Schulmuseum: 103
Ulrich Mack: XIV o.
Picture Alliance: IV u.
Picture Alliance/Sven Simon: V u., XIII o.
Susanne Schmidt: 242 l.
Sven Simon: VI o.

Matthias Naß
Der Elblotse
Helmut Schmidts Hamburg
144 Seiten, gebunden, illustriert
ISBN 978-3-455-00539-4
Hoffmann und Campe Verlag

Die Mütze und der Mann – Helmut Schmidts Lieblingsorte in Hamburg

Helmut Schmidt liebte Hamburg, und die Hamburger lieben ihn bis heute. Aber nicht viele kennen die Orte in der Stadt, denen er besonders verbunden war, und die typisch für ihn sind. Schmidt hing an seiner Heimatstadt und blieb ihr sein Leben lang treu. So lernt man im Buch den Mützenladen kennen, in dem er seine »Elblotsen« kaufte, die Galerien, in denen er einige seiner schönsten Gemälde erwarb, und die Hausbar, in der Siegfried Lenz seinen Gin Tonic trank. Matthias Naß folgt den sichtbaren und unsichtbaren Spuren von Helmut Schmidt durch Hamburg und entdeckt dabei nicht nur die Stadt, sondern auch den Mann, der wie kein Zweiter für Hamburg steht. Naß hat als ZEIT-Redakteur 32 Jahre lang mit Schmidt zusammengearbeitet. Liebevoll und detailreich schildert er »Schmidts Hamburg«.

Ein persönlicher, besonderer Blick auf Hamburg und seinen berühmtesten Sohn

Loki Schmidt und Reiner Lehberger
Auf einen Kaffee mit Loki Schmidt
208 Seiten, Taschenbuch
ISBN 978-3-455-00622-3
Hoffmann und Campe Verlag

Alle zwei Wochen trafen sich Loki Schmidt und Reiner Lehberger zum Gedankenaustausch. Im Wohnzimmer in Hamburg-Langenhorn sprachen sie bei einer Tasse Kaffee und vielen Zigaretten über die großen und kleinen Dinge des Lebens. Die hier versammelten 20 Gespräche zeugen vom facettenreichen Leben und Denken einer großen Persönlichkeit. Wie ist es, selbst beim Schwimmen Sicherheitsbeamte um sich zu haben? Was bedeutet Loki Schmidt die Ehrenbürgerwürde Hamburgs? Wie werden Geburtstage und Weihnachten im Hause Schmidt gefeiert, und wann hat sie angefangen, Hosen zu tragen? Was bedeutet ihr Kunst?

Wer Loki Schmidt befragt, hat es nicht immer leicht: Es gibt Themen, über die sie mit Begeisterung spricht: Naturschutz, und es gibt Themen, zu denen auch mal ein knappes »Ooch« in den Raum geseufzt wird: Mode. Dennoch: Ihr Interesse ist schnell geweckt, sobald die Sprache auf etwas kommt, das sie für wesentlich hält. In kurzen, launigen Gesprächen gibt Loki Schmidt Auskunft: über ihr Leben, ihre Ansichten, ihre Wünsche.

> »Es ist Loki Schmidts letztes Buch
> und zugleich ihr persönlichstes. Das Porträt
> einer lebensklugen und unverstellten,
> warmherzigen und wissbegierigen Frau.«
> *Die Welt*